무엇이 가치 있는 삶인가

무엇이 가치 있는 삶인가

1판 1쇄 발행 2014. 7. 11.
1판 6쇄 발행 2022. 4. 10.

지은이 로버트 노직
옮긴이 김한영

발행인 고세규
편집 임지숙

발행처 김영사
등록 1979년 5월 17일 (제406-2003-036호)
주소 경기도 파주시 문발로 197(문발동) 우편번호 10881
전화 마케팅부 031)955-3100, 편집부 031)955-3200
팩스 031)955-3111

ISBN 978-89-349-6855-9 03100 | 978-89-349-5063-9 (세트)

홈페이지 www.gimmyoung.com   블로그 blog.naver.com/gybook
인스타그램 instagram.com/gimmyoung   이메일 bestbook@gimmyoung.com

좋은 독자가 좋은 책을 만듭니다.
김영사는 독자 여러분의 의견에 항상 귀 기울이고 있습니다.

무엇이
가치 있는
삶인가 :
소크라테스의
마지막 질문

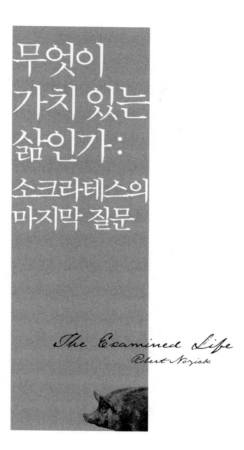

The Examined Life
Robert Nozick

로버트 노직 / 김한영 옮김

김영사

삶의 가치는 어디에 있는가

나는 사람에 대해, 그리고 삶에서 무엇이 중요한지에 대해 깊이 생각한 다음 내 생각과 삶을 명확히 밝히고자 한다. 나 역시 그렇지만 대개 우리는 자동 조종 장치에 몸을 맡긴 채 살아간다. 자신의 자아상과 어렸을 때 획득한 목표를 거의 수정하지 않고 그대로 따르며 산다. 최초의 목표를 비교적 수정하지 않고 별 생각 없이 추구하는 것도 분명 야망이나 효율성 측면에서 어떤 이득이 있다. 그러나 청소년기나 젊은 시절에 형성했던 불완전한 세계관에 의해 일생의 방향이 결정된다면 손실도 따르기 마련이다. 지그문트 프로이트Sigmund Freud, 1856~1939는 유년이 삶에 미치는 강하고 지속적인 효과에 대해, 즉 어린 시절의 강렬한 욕구나 부적절한 이해, 제한된 정서 환경과 기회, 한정된 대처 능력 등이 어떻게 성년기의 감정과 반응에 고착되어 계속 영향을 미치는지를 재미있게 묘사했다. 그런 상황은 (아무리 좋게 얘기해도) 부적절하다. **여러분**이 어느 지적 동물을 설계한다면, 그들의 삶이 유년기에 의해 계속 좌우되고, 그들의 감정에 반감기가 없으며, 평생 유년기의 방향에서 벗어나기 어렵게만 설계하겠는가? 이 논리는 청년기에도 해당한다. 젊은 시절에 일생의 방향을 정하거나 이해할 정도로 많은 것을 알지 못했다고 해서 누가 청년을 비방할 수 있겠는가. 인생의 중요한 것을 살아가면서 배울 수 없다면 얼마나 슬픈 일인가.

인생이나 삶은 철학자들이 특별히 보람을 느끼며 탐구하는 주제가 아니다. 철학자들에게 풀어야 할 특별한 문제나 해결해야 할 역설, 함정과 계략이 숨겨진 날카로운 질문, 파고들거나 수정해야 할 정교한 지적 구조물을 던져주면, 우리는 재빨리 이론을 만들어내고, 직관적 원리를 적용해 의외의 결과를 이끌어내고, 화려한 지적 묘기를 선보이며 성공의 명확한 기준을 충족시킨다. 그러나 인생을 생각한다는 것은 단지 그것을 숙고하는 것 이상이며, 인생을 더 완전히 이해한다고 해서 배턴을 떨어뜨리지 않고 결승선을 통과했다고 느끼지 않는다. 인생을 이해한다는 것은 좀 더 성숙해졌다고 느낄 뿐이다.

삶에 관한 철학적 명상은 이론이 아니라 초상화를 보여준다. 이 **초상화**는 이론의 조각들, 즉 질문·차이·설명으로 이루어질 수도 있다. 왜 행복만 중요한 것이 아닌가? 불멸이란 무엇이며, 그 요점은 무엇일까? 여러 세대에 걸쳐 재산을 상속하는 것은 정당한가? 동양의 깨달음은 효과가 있는가? 창의성이란 무엇이고, 왜 사람들은 유망한 계획을 시작하지 못하고 미루는가? 만일 우리가 아무 감정을 느끼지 못하고 즐거운 감정만 느낀다면 무엇을 잃게 되는가? 홀로 코스트는 인간성을 어떻게 변화시켰는가? 개인이 부와 권력에 집착하는 것은 무엇이 문제인가? 신이 왜 악의 존재를 허락했는지 신자들은 설명할 수 있는가? 낭만적 사랑이 개인을 변화시키는 과정에서 특별히 가치 있는 것은 무엇인가? 무엇이 지혜이고, 철학자는 왜 지혜를 그토록 사랑하는가? 이상과 현실의 간극을 우리는 어떻게 이해해야 하는가? 존재하는 어떤 것이 다른 것보다 더 진실할 수 있는가? 그렇다면 우리 자신도 더 진실할 수 있는가? 이와 같은 이론의 조각들을 짜 맞추면 하나의 초상화가 이루어진다. 예를 들어 라파엘로Raffaello Sanzio, 1483~1520나 렘브란트Rembrandt H. van Rijn, 1606~1669나 홀바인Hans Holbein, 1497~1543의 초상화 같은 그림을 전면에 걸어놓고 산다면 어떨지, 또는 당신의 내면에 초상화를 들여놓는다면 어떨지 생각해보라. 그리고 이것이 어느 개인의 임상 기록이나 일반 심리학 이론을 읽는 것과 어떤 면에서 다를지 생각해보라.

삶을 성찰하면서 얻는 이해는 그 자체로 삶에 스며들고 삶의 경로를 좌우한다. 성찰된 삶을 사는 것은 자화상을 그리는 것과 같다. 후기 자화상들 안에서 우리를 내다보는 렘브란트는 단지 그렇게 생긴 어떤 사람이 아니라, 용기를 내어 자신의 그런 모습을 보고 아는 사람이다. 그의 자화상은 그가 자기 자신을 알고 있다는 것을 보여준다. 그가 자기 자신을 당당하게 바라본다는 것을 우리는 알고 있으며, 그런 우리를 그는 아주 당당하게 바라본다. 그의 그런 모습은 아주 의도적으로 자신을 우리에게 보여줄 뿐 아니라, 우리도 정직하게 자신을 알 수 있기를 참을성 있게 기다려준다.

인물 사진이 초상화처럼 깊이 있지 못한 것은 왜일까? 초상화와 사진은 각기 다른 시간의 양을 구현한다. 사진은 자세 여부와 상관없이 순간적인 '속사速寫'라서 어느 한순간을 보여주고, 바로 그 순간에 개인이 어떤 모습인지, 그의 외양이 어떤지를 보여준다. 하지만 긴 시간 동안 앉아서 그림을 그리면, 대상은 각기 다른 빛 속에서 일련의 특징, 감정, 생각을 드러낸다. 개인의 다양한 일면을 결합하고 여기에 한 모습을 선택하며, 저기에 근육의 긴장을 나타내고, 한 줄기 빛과 짙은 선 등을 표현하면서 화가는 지금까지 한 번도 동시에 드러난 적이 없는 표면의 여러 부분을 섞어 짜 실물보다 더 풍부하고 더 깊은 초상화를 만들어낸다. 화가는 모든 모습 중 한순간에 드러난 작은 모습 하나를 선택해 최종 그림에 통합할 수 있다. 사진사도 이것을 흉내 내어 각기 다른 시간에 찍은 여러 얼굴의 사진 모습들을 분리하고 포개서 섞어 짤 수 있다. 그러나 그렇게 여러 번 세밀하게 선택한다고 해서 그림처럼 충분한 깊이를 최종 사진에 담을 수 있을까? (이는 실험해볼 가치가 있다. 고도로 조작할 수 있는 사진 처리와는 대조적으로 그림은 어떤 점이 **특별한지** 가려내는 것이다. 예를 들어 유화 물감의 특별한 색조가, 물감을 바르고 덧칠하는 여러 방법이 만드는 입체감이 어떻게 기여하는지 확인할 수 있다면 말이다.) 화가는 대상과 많은 시간을 보내면서 사람의 말, 다른 사람에 대한 행동 방식 등 가시적 표면이 보여주지 않는 것들을 알게 되고, 그럼으로써 세부적인 것들을 더하거나 강조하여 내면에 있는 것을 표면으로 끌어낼 수 있다.

화가는 장시간 동안 개인을 농축해 한순간의 존재로 표현하지만, 보는 사람은 한순간에 다 받아들일 수가 없다. 그림에는 사진보다 훨씬 많은 시간이 농축되어 있기 때문에, 그림 속의 개인이 펼쳐지기까지 그 앞에서 더 많은 시간을 보낼 필요가 있고, 또 그러기를 원한다. 우리는 사람들을 기억할 때에도 스냅사진보다는 그림에 더 가까운 방식으로 회상하는 듯하다. 여러 시간 동안 보면서 골라 모은 세부 사항들로 합성 이미지를 만들기 때문이다. 그렇다면 우리의 기억이 자연스럽게 하는 일을 화가는 기술과 수단을 들여 하는지도 모른다.

또한 농축성은 영화와 비교할 때 소설이 획득할 수 있는 초점의 풍부함, 깊이, 예리함의 기초이기도 하다. 소설가는 회화적 눈으로 동시에 존재하는 모든 것을 받아들이지만, 다른 모든 측면을 제외하고 하나의 두드러진 측면을 언어로 묘사할 수 있고, 두드러진 측면들을 섞어 짜서 하나의 풍부한 직물을 만들어낼 수 있다. 소설에는 세부적 농축도 존재하지만, 소설가가 초안을 손보고 자신의 문장을 다듬어 더 정교하고 통제된 하나의 작품을 완성하는 동안, 생각 자체도 농축된다. 이에 반해 필름 편집은 이미 존재하는 여러 장면을 그러모은다. 물론 많은 사람이 강조하듯 영화도 클로즈업 장면들과 여러 각도에서 여러 번 찍은 화면들을 섞어 짜서 농축성을 획득할 수 있다.

그러나 소설가는 내용 구성에 몇 년의 생각을 더 투입하고, 소설의 짜임새를 영화보다 더 밀도 있게 만들 수 있다. 19세기의 소설들을 생각해보라. 또한 사무엘 베케트Samuel Beckett, 1906~1989처럼 소설가는 생각과 고통스러운 노력을 기울여 언어를 잘라낼 수 있고, 이렇게 남은 알맹이는 초점의 강도(강렬함은 어떨까?)를 월등히 높인다. 나는 재능이나 영감의 차이를 무시하고 '주의 깊은 생산 시간 에 초점을 맞춘 지적 노동의 가치 이론을 주장하는 것이 아니다. 제작자들이 여러 해 동안 고심해 만든 밀도 있는 영화들이 있다는 것도 부정하지 않는다. 구로사와 아키라黑澤明, 1910~1998의 〈난亂〉과 잉그마르 베르히만Ingmar Bergman, 1918~2007의 〈화니와 알렉산더Fanny and Alexander〉가 최근의 예다. 그럼에도 모든 점이 같다고 볼 때, 어떤 것을 제작하는 일에 더 농축된 생각이 들수록 그것은 더 좋은 형태, 더 풍부한 표현, 더 깊은 의미를 지니게 된다.

삶의 활동은 성찰의 영향을 받을 뿐 아니라 성찰로 가득 차 있다. 농축된 반성의 결과들이 삶에 충만할 때 삶의 활동은 성격이 달라진다. 성찰이 빚어낸 이유와 목적의 체계 안에서 삶의 활동은 다르게 해석되고, 버려진 대안도 달리 해석된다. 게다가 성찰 같은 새롭고 독특한 요소가 추가될 때, 우리는 삶의 활동과 노력을 포함하여 인생의 요소들을 묶어 거기에서 하나의 패턴을 볼 수 있기 때문에 새로운 전체 패턴이 탄생한다. 그러면 낡은 요소도 달리 보이고 달리 이해된다. 과학적 측정값을 나타내는 그래프 위의 점들이 새로운 곡선이나 방정식을 이루듯이 말이다. 그러므로 성찰과 반성은 그저 삶의 다른 요소들을 대상으로 삼는 것이 아니라, 나머지 요소와 나란히 삶 속에 더해지고, 삶 속에 존재함으로써 삶의 각 부분에 대한 이해 방식을 뒤바꾸는 새로운 전체 패턴을 이끌어낸다.

성숙한 개인, 즉 완전한 성인이 무엇을 믿을 수 있는지 제시하는 책은 거의 없다. 아리스토텔레스Aristotle, BC 384~BC 322의 《니코마코스 윤리학Nicomachean Ethics》, 마르쿠스 아우렐리우스Marcus Aurelius, 121~180의 《명상록Meditations》, 몽테뉴Michel de Montaigne, 1533~1592의 《수상록

Essays》, 새뮤얼 존슨Samuel Johnson, 1709~1784의 수필 정도가 떠오른다. 심지어 이런 책들에서도 우리는 모든 것을 그대로 받아들이지 않는다. 저자의 목소리는 우리의 목소리와 절대 같지 않고, 저자의 삶도 우리의 삶과 같지 않다. 오히려 다른 사람이 나와 정확히 똑같은 견해를 갖고 있고, 나와 똑같은 감각으로 반응하고, 정확히 같은 것들을 중요하다고 생각한다면 오히려 당황스러울 것이다. 그럼에도 우리는 이 책들을 통해 그들의 관점에서 우리 자신을 평가하고 고찰하면서 배울 수 있다. 이 책들과 약간 덜 성숙한 책, 가령 헨리 소로Henry D. Thoreau, 1817~1862의 《월든Walden》과 니체Friedrich W. Nietzsche, 1844~1900의 저작들은 우리에게 손을 내밀어 그들과 함께 생각하라고 초대하거나 재촉한다. 우리는 그 책들과 똑같을 수는 없지만, 그것들이 없으면 지금과 같지 못할 것이다.

니체는 차라투스트라의 입을 빌어 이렇게 말했다. "이것은 나의 길인데, 당신의 길은 어디에 있는가? 길이란 존재하지 않는다." 나는 니체의 말대로 길이 존재하지 않는다고 주장하는 것이 아니다. 우리가 왜 그토록 삶의 길을 열망하는지 정말로 궁금하지만, 단지 모를 뿐이다. 나는 이 책에서 최대한 솔직하고 정직하고 신중하게, 단지 삶에 대한 나의 견해만을 제시하고자 한다. 그렇지만 나는 또한, 여기에서뿐 아니라 이 책 전체에서, 당신의 길은 무엇인지 묻는다. 어쩌면 이 질문은 마치 나에게 동의하지 않는 사람에게 나보다 더 적절한 견해를 제시해보라고 도전하는 듯해서 호전적으로 들릴 수도 있다. 그러나 나는 또 하나의 인간으로서, 아는 것과 평가하는 것에 한계가 있지만, 내가 분별하고 묘사할 수 있는 의미

안에서 다른 사람들에게 배우기를 원하는 한 인간으로서 질문을 던진다. 나의 생각은 여러분의 동의를 구하려는 것이 아니라, 단지 잠시 동안 나의 생각을 여러분의 의견과 나란히 놓으려는 것뿐이다.

나는 소크라테스Socrates, BC 469~BC 399처럼 성찰되지 않은 삶은 살 가치가 없다고 생각하지 않는다. 그것은 지나치게 가혹하다. 그러나 깊이 있는 사고를 앞세워 삶을 이끌 때, 우리는 남의 삶이 아니라 우리의 삶을 살게 된다. 이런 의미에서 성찰되지 않는 삶은 충분하지가 않다.

삶에 대한 성찰은 당신이 쓸 수 있는 모든 것을 활용하고, 그럼으로써 당신을 완전히 구현한다. 다른 사람이 삶에 대해 내린 결론을 정확히 이해한다는 것은, 그 결론과 잘 어울리고 결론에 도달한 사람이 어떤지를 보지 않고서는 좀처럼 어려운 일이다. 그러므로 우리는 개인을 만날 필요가 있다. 다시 말해 우리는 플라톤의 초기 대화에 나오는 소크라테스라는 인물, 복음서에 나오는 예수라는 인물, 몽테뉴의 목소리, 소로의 자서전, 부처의 행적과 설법을 만나야 한다. 그들이 들려준 것을 평가하고 고찰하기 위해서는 그들이 어떤 사람인지 평가하고 고찰해야 한다.

플라톤Plato, BC 427~BC 347 이후로 철학 전통은 도덕적 행동이 우리의 행복에 기여하거나 강화한다는 점을 입증하여 윤리학을 정립하려 노력해왔다. 이 점을 입증하기 위해서는 먼저 삶에서 무엇이 중요한지 이해해야 하고, 그다음 그에 의거하여 도덕적 행동의 역할과 중요성을 설명해야 할 것이다. 나의 명상도 윤리적 고찰과 약간

거리를 두고 출발할 것이다. 윤리학에 주의하지 않으면 윤리적 교정의 선을 넘어, 인간이 필사적으로 도움을 필요로 하지 않는 시기에 무엇이 삶을 사로잡는지 보기 쉬워진다. 그러나 나중에 윤리학이 등장할 때에도 윤리학은 비교적 작은 공간을 차지할 테고, 그때까지의 논의는 윤리학을 배제한 상태에서 이루어질 것이다. 인생에 관한 책이라면 원근 화법의 그림처럼 중요한 주제가 전경에 큼직하게 놓이고, 각 주제가 중요성에 비례하여 크거나 두드러지게 묘사되어야 더 적절하다. 이 책의 끝에 도달한 독자는 앞서 읽었던 것을 되새기면서 그것을 윤리학의 관점에서 새롭게 봐야 할 것이다. 이는 마치 그림 전체를 배회하다 배경 속으로 들어간 사람이 다시 돌아 나와 이전에 봤던 광경을 새롭고 매우 뚜렷한 관점에서 보는 것과 같다.

인생에서 중요한 것들을 숙고하는 시점에서 내가 가진 것은 현재 내가 이해하는 것이 전부다. 이것은 부분적으로 다른 사람이 이해한 것을 내 것으로 만들기도 했으며, 시간에 따라 분명히 변할 것이다. 그렇다면 우리는 다른 사람이 쓴 것을 더 읽으며 품위 있게 가장 성숙한 사고가 완성되길 기다리거나, 죽기 직전에 단 한 권의 책만 써야 할까? 그런 사상은 활력이나 생생함 같은 면이 약해질 것이다. 우리는 어쩔 수 없이 다른 사람의 잠정적 표현, 아직 진행 중인 견해에 따라 생각할 수 있다.

우리는 어느 특정한 이해에 몰두하거나 그것에 매이길 원하지 않는다. 작가들은 그럴 위험이 크다. 독자나 작가 자신이 생각하기에, 특정 '입장'과 쉽게 동일시될 수 있기 때문이다. 나는 예전에 옳다고 생각했지만 지금은 대단히 부적절하다고 생각하는 독특한 견해를 담은 정치철학 책을 발표한 적이 있다. 이에 대해선 나중에 언급하겠지만, 지적 과거를 씻어버리거나 피하는 일이 어렵다는 것을 특히 잘 알고 있다. 사람들은 나와 대화하는 중에 종종 내가 젊은 시절의 '자유주의적' 입장을 고수하기를 바란다. 그들은 그 입장에 반대하고, 누구도 그런 입장을 내세우지 않으면 더 좋았으리라 여기면서도 말이다. 이런 이유는 부분적으로 사람들의 심리적 경제성 때문일 것이다. 지금 나 역시 자신의 심리적 경제성을 따지는 중이다. 우리는 일단 사람들을 분류하고 그들의 말을 이해하고 나면, 새로운 정보가 나타나 그것을 다시 이해하고 재분류해야 하는 상황을 달가워하지 않는다. 그리고 이미 그들의 경향에 충분한 것 이상으로 에너지와 시간을 쏟은 후인데 거기에 새로운 에너지를 투입하게 만들면 우리는 분개한다! 다소 슬프지만, 이 책에 담긴 명상들 역시 자체적 중력을 가지리라 인정해야 할 듯하다.

그러나 이 책에서 내가 제시하고 싶은 것은 꼭 어떤 **입장**이 아니다. 젊었을 때 나는 거의 모든 주제에 대해 어떤 견해를 갖는 것이 중요하다고 생각했다. 안락사, 최저 임금법, 내년 아메리칸 리그 우승컵을 어느 팀이 차지할까, 사코와 반제티가 정말 유죄였는가 미국 재판사상 큰 오점으로 남은 1920년대 살인범 재판 사건 — 옮긴이 등에 대해서였다. 내가 아직 들어보지 못한 주제에 대해 어떤 견해를 갖고 있는 사람을 만나면, 나 역시 어떤 견해를 가져야만 한다고 느꼈다. 이제는 아주 편한 마음으로, 설령 어떤 주제가 대중적으로 뜨거운 논쟁을 불러일으킬 때에도, 나는 그에 대한 견해가 없고 견해를 가질 필요도 없다고 말할 수 있다. 그래서 때로는 과거의 입장 때문에 다소 곤혹스러움을 느낀다. 정확히 말하자면 내가 앞뒤가 꽉 막혀서 그런 것은 아니었다. 나는 견해를 변화시킬 수 있는 이유들을 상당히 개방적으로 받아들였고, 내 견해를 다른 사람들에게 강요하지 않았다. 나는 단지 이런저런 견해를 가져야만 하는 '견해 지향적' 사람이었다. 젊은이에게 견해란 특별히 유용한 듯하다. 철학 역시 견해들, 다시 말해 자유 의지, 지식의 본질, 논리의 지위 등에 대한 '입장들'을 유발하는 주제다. 그러나 이 책의 명상들에 대해서는 단지 주제들을 곰곰이 생각하는 것으로 충분하거나, 그편이 더 나을 것이다.

이 책에서 나의 관심사는 온전한 인간 존재다. 나는 당신의 온전한 존재에게 말하고 싶고, 나의 온전한 존재로부터 글을 쓰고자 한다. 이것은 무엇을 의미하는가? 다시 말해, 인간 존재를 구성하는 부분들은 무엇이고, 온전한 존재란 무엇인가? 플라톤은 정신을 세 부분으로 나눴다. 이성, 용기, 욕구 또는 열정이 그것이다. 플라톤은 이 부분들을 위의 순서대로 평가하면서, 조화로운 삶 또는 최고의 삶은 이성적인 부분이 다른 두 부분을 지배하는 삶이라고 주장했다(사람들은 아마 한 부분이 다른 부분들을 **지배하는** 관계보다는 훨씬 더 조화로운 관계를 추구할 것이다). 잘 알려진 대로 프로이트는 서로의 관계가 불확실한 두 가지 구분법을 제시했다. 하나는 자기self를 자아ego, 이드id, 초자아superego로 구분하는 것이고, 다른 하나는 의식의 양상을 의식과 무의식(그리고 전의식preconscious)으로 구분하는 것이다. 후세의 심리학자들은 대안적 범주들을 제시해왔다. 어떤 저자들은 자기self에 상상력 부분이 있으며, 이 부분은 이성과 나란히 놓고 평가하기가 어렵다고 주장했다. 동양의 관점은 에너지의 중심과 의식의 차원이 층을 이룬다고 말한다. 이런 관점에서 자기는 단지 하나의 특수한 구조물일 뿐이고, 우리의 전全 존재의 한 부분 또는 양상에 불과할 것이다. 어떤 이들은 다른 모든 부분보다 높은 영적인 부분이 있다고 주장한다.

오늘날 철학에서는 같은 부분끼리 말하고 듣는 일이 벌어지고 있다. 이성적 마음은 이성적 마음에게 말한다. 이성적 마음은 그 자체에 대해서만 이야기하는 것에 한정되지 않는다. 그 주제에는 우리 존재의 다른 부분들, 그리고 우주의 다른 부분들이 포함될 수 있다. 그럼에도 말하는 주체와 대상, 화자와 청자는 모두 마음의 이성적 부분이다.

그러나 철학의 역사는 훨씬 더 다양한 짜임을 보여준다. 플라톤은 추상적 이론들을 주장하고 발전시켰지만, 그 밖에도 동굴 속의 사람, 분리된 반쪽 영혼처럼 기억할 만한 신화들을 이야기했다. 데카르트René Descartes, 1596~1650는 자신의 가장 설득력 있는 글을 쓸 때 당시 가톨릭교회의 묵상 수행에 기초했다. 칸트Immanuel Kant, 1724~1804는 두 가지 대상, 즉 '별이 빛나는 하늘과 그 속의 도덕적 법칙'에 대한 경외를 표현했다. 이런 예는 니체와 키르케고르Sören A. Kierkegaard, 1813~1855, 파스칼Blaise Pascal, 1623~1662과 플로티노스Plotinus, 205~270 등으로 계속된다. 그러나 오늘날 철학의 주된 관점은 깨끗이 '정화'되어 이성적 마음이 단지 이성적 마음에게만 말하는 전통만 남았다.

이 정화된 활동은 실제적이고 지속적인 가치가 있으며, 나는 다음 저작에서 좀 더 근엄한 그 가치를 다룰 예정이다. 그러나 모든 철학을 그것에 한정할 특별한 이유는 전혀 없다. 원래 우리는 대상을 사유하고 싶어 하는 사람으로서 철학에 이르렀고, 철학은 그것을 하는 하나의 방법일 뿐이다. 철학은 수필가, 시인, 소설가의 방식 또는 그 밖의 상징적 구조물들의 제작 방식, 즉 철학과 다른 방법으로 진리에 다가가고, 진리 외에도 사물에 다가가는 방식들을 배제할 필요가 없다.[*]

그런 철학에서는 우리 존재의 각 부분이 자신과 일치하는 부분에게만 말을 할까, 아니면 각 부분이 모든 부분의 말을 들을까? 그런 일이 동시에 일어날까, 연속해서 일어날까? 그런 책은 여러 장르와 목소리의 뒤범벅이 되지 않을까? 우리는 각 장르가 가장 잘하는 일만 전담하는 노동 분업을 채택해서, 철학 책에는 추론·논증·이론·설명·사변만 담고, 그래서 철학이 금언·오페라·소설·수학적 모델·자서전·우화·요법·기호 창조·최면 등과 명확히 구분되도록 하는 것이 가장 좋지 않을까? 그러나 우리 존재의 여러 부분은 그런 식으로 분리되지 않는다. 어떤 것은 모든 부분에게 말을 걸고, 부분들의 결합을 위한 모델을 제공한다. 결국 실패할 시도라 해도 우리의 잠재적 욕구를 불러일으킬 수 있고, 그렇게 해서 도움이 될 수 있다.

• 그러나 철학적 사고와 질문은 그 본성상, 결국 제임스 조이스James Joyce나 마르셀 프루스트Marcel Proust의 소설이 아니라, 인간의 삶에 대해 지적인 화성인이 쓴 입문서에 더 가깝게 끝나지 않은가?

오래전에 철학은 사고의 내용 이상의 것을 약속했다. 소크라테스는 물었다. "아테네 시민이여, 오로지 돈을 벌고 명성과 위신을 높이는 일에 매달리면서, 진리와 지혜와 영혼의 향상에는 생각이나 주의를 조금도 기울이지 않는 것이 부끄럽지 않은가?" 그는 우리의 영혼 상태에 대해 이야기했고, 그의 영혼 상태를 우리에게 보여주었다.

차 례

The
Examined
Life

Chapter 1

죽음

우리는 마지막 순간을 어떻게 맞아야 하는가

사람들은 그 누구도 자신의 죽음에 대한 가능성을 심각하게 생각하지 못한다고 말하지만, 정확히 옳은 표현은 아니다. (모든 사람이 자기 삶의 가능성을 진지하게 생각할까?) 부모가 전부 죽은 뒤에야 자신의 죽음은 현실성을 띤다. 그때까지는 자기보다 먼저 죽기로 '되어 있는' 다른 사람이 있었지만, 이제 자신과 죽음 사이에 아무도 없다. 이제 자신의 '차례'가 된다. (죽음이 과연 순서를 인정해줄까?)

그러나 자세한 측면들은 안개에 싸여 있다. 외아들인 나는 손위 형제들이 먼저 가는 것이 당연한지를 모른다. 그리스 신화에 나오는 테살리아의 왕 아드메토스는 부모에게 자기 대신 죽어달라고 부탁하기까지 했고, 아내인 알케스티스에게도 같은 부탁을 했다 결국 아내가 대신 죽었다 — 옮긴이 82세인 나의 아버지는 지금 병들어 누워 있고, 어머니는 10여 년 전에 세상을 떠났다. 아버지에 대한 근심에는 아버지가 나에게 길을 보여준다는 생각이 뒤섞여 있다. 요즘 나도 언젠가 80대에 도달하고, 덜 반가운 얘기지만, 아버지와 비슷한 고난에 부딪힐지 모른다는 생각에 잠기곤 한다. 자살하는 사람들도 부모로서 자식들에게 인생을 끝내도 좋다고 허락해줌으로써 자식의 앞길을 표시해준다. 유전자의 성과물이 동일시 때문에 파괴되는 일이 벌어진다.

사람이 얼마나 죽기를 꺼리는지는 그가 이루지 못하고 남긴 것에, 그리고 일할 수 있는 여분의 능력에 좌우된다고 생각한다. 그가 중요시하는 것을 많이 성취했을수록, 그리고 그에게 남은 능력이 적을수록, 그는 좀 더 기꺼이 죽음과 대면할 것이다. 성취하지 못한 많은 것을 성취할 수 있는데도 죽음이 생명을 끝낼 때, 사람들은 그것을 '때 이른' 죽음이라고 말한다. 그러나 이루지 못한 것을 이룰 능력이 없거나, 중요시하는 것을 모두 이루었을 때, 감히 말하자면, 사람들은 죽음을 심하게 꺼리지 않을 것이다. (그러나 중요한 것을 더 이상 이룰 수 없거나 그것이 남지 않은 상황에서, 계속 그런 사람으로 존재하는 것도 중요한 존재 방식 중 하나 아닐까? 그리고 자신이 중요시하는 모든 것을 이루었다 해도, **새로운** 목표를 정할 수 있지 않을까?) 원칙상, 죽음이 다가올 때 개인이 느끼는 후회는 성취하지 못하고 남겨진 **모든** 중요한 행동에 좌우되어야 한다. 그러나 특별히 중요한 희망이나 업적이 나머지를 보완할 수도 있다. 그런 사람은 이렇게 생각할 것이다. "내 인생에 **저것**까지 포함시킬 순 없었다. 나는 **이것**을 했기 때문에 만족하며 죽을 수 있다."

공식이 있다면 이 문제들을 더 정확히 설명할 수 있을까? 한 개인이 지나온 삶에 대해 느끼는 **후회**(살아온 삶에 대한 후회와는 다르다)는, 그가 이루지 못하고 남겨둔(그가 할 수도 있었던) 중요한 것들과 그가 이룬 중요한 것들의 비율에 기인한다고 볼 수도 있다. (이 공식을 적용하면, 그가 이루지 못하고 남겨둔 것이 많을수록, 또는 그가 이룬 것이 적을수록 그는 더 많이 후회한다는 결론이 나온다.) 그리고 삶에 대한 **만족도**는 정반대 비율에 의해 정해진다. 그가 이룬 일이 많을수록, 또는 이루지 못하고 남겨둔 일이 적을수록 만족은 클 것이다. 그리고 죽는 순간의 후회는 그가 하고 있는 일이 죽음으로 중단되는 정도, 즉 그가 아직 이루지 못했지만 해낼 수 있는 중요한 일의 비율에 기인한다고 볼 수 있다. 우리는 그런 것들을 정확히 측정할 수는 없지만 이 비율들이 어떤 체계를 이루는지 주목할 필요가 있다.

노화는 일할 능력을 줄여 죽는 순간에 느끼는 후회의 양을 감소시킨다. 이와 관련된 능력은 자기가 갖고 있다고 생각하는 능력이며, 점진적인 노화는 그 생각을 변화시킨다. 그러나 죽는 순간의 후회를 줄일 요량으로, 살면서 자신의 능력을 최대한 축소하는 것은 좋은 전략이 아니다. 그것은 살면서 이루는 일의 양을 줄이고, 그 결과 살아온 삶에 대한 후회를 늘릴 것이다. 또한 그 전략은 중요한 일을 하고 싶은 마음을 줄이는 데서 그치지 않는다. 후회의 심리적 정도에 영향을 미칠지 몰라도, 그런 삶이 얼마나 후회스러운지에는 영향을 미치지 않을 것이다. 이것은 삶에서 이룬 것과 이루지 못한 것의 비율에 의해 정해지기 때문이다. 여기에서 나오는 일반적 교훈은 매우 분명하고 놀랍지도 않다. 중요한 일이 있다면 그 일을 해야 한다는 것이다.

이 책이 다루는 명상들의 주요 목적 중 하나는 무엇이 중요한지 파헤치는 것이다. 물론 죽음에 대비해서가 아니라 삶을 증진시키기 위해서다. 최악의 운명, 예를 들어 오랫동안 마비와 혼수상태에 빠지는 것, 사랑하는 사람이 고통당하는 것을 무기력하게 지켜보는 것 등을 피하는 것은 중요하다. 하지만 나는 긍정적이고 좋은 것, 활동, 존재 방식을 언급하고자 한다. 건강과 자신감, 자존감, 융통성, 배려와 같이 심리학자들이 말하는 '긍정적인 정신 건강'의 요소들로 말하자면, 우리는 그런 특성들이 이미 존재한다고 가정하고서 우리의 주제를 구체적으로 고찰할 수 있다. 하지만 그 후엔 다음 문제가 부상한다. 그런 특성들이 제공하는 탄탄한 발판에 올라선 사람은 어떻게 살아야 하는가? (그런 특성들이 존재한다는 가정을 소개하는 것은 단지 우리의 관심을 다른 문제로 돌리기 위한 지적 장치이기 때문이다. 먼저 그 모든 특성이 불충분해도 중요한 것들을 추구하고 획득할 수 있다.)

어떤 사람들은 죽기 전에 큰 고통을 겪는다. 쇠약하고, 도움 없이는 걷거나 침대에서 몸을 돌리지도 못하고, 지속적인 고통에 시달리며, 두려움에 사로잡히고, 도덕성을 상실한다. 그들에게 줄 수 있는 도움을 모두 준 뒤, 우리는 그들이 고통스러워한다는 **사실**을 그들과 공유할 수 있다. 그들은 혼자 고통스러워할 필요가 없다. 그런 공유가 고통을 덜어주든 아니든, 그것은 고통을 더 잘 참을 수 있게 해준다. 우리는 또한 누군가가 죽는다는 사실을 공유하여, 죽음이 타인들과의 연결을 끊을 때 찾아오는 충격을 일시적으로 줄일 수 있다. 타인의 죽음을 공유할 때 우리도 언젠가 **우리의 죽음**을 다른 사람과 공유할 것임을 깨닫는다. 언젠가는 나의 자식들이

나를 위로할 터이고, 나의 죽음을 공유하는 사람들도 그들의 차례가 되었을 때 그 죽음을 누군가와 공유하리라 생각하게 된다. 현재와 미래의 상황을 겹쳐놓고 볼 때, 우리는 그 관계가 끝날 때마다 우리가 위로를 주는 동시에 받는 사람임을 느낄 수 있다. 중요한 것은 지금 우리가 서 있는 구체적 위치가 아니라 죽음이라는 사실을 공유하는 것이 아닐까?

나는 내가 몰두하고 있는 중요한 일의 중간 지점을 훌쩍 넘었다고 생각하고 싶지 않다. 아직은 최종으로 그것이 무엇인지 결정의 여지가 있고, 그래서 그 일의 경계를 수정해 중간 지점을 새로 잡을 수 있다. 30대 후반이나 40세까지는 "아직 인생의 절반에도 이르지 못했다"가 유효했고, 45세에 이르러서는 "대학을 마친 뒤 인생의 중간쯤을 통과하고 있다"가 유효했으며, 이제는 "대학을 마친 뒤 최종 지점을 향해가는 중"이라고 생각한다. 다음 단계에서 나는 또 다른 중간 지점이 그리 멀지 않은 곳에 있으며 적어도 노년에 접어들기 전에는 계속 이렇게 수정해서 앞으로 통과해야 할 중간 지점이 많이 있기를 희망한다. 그 결과 나는 지나온 것만큼이나 남은 것이 많고, 앞으로도 좋은 것이 많이 남았다고 생각할 것이다. 이상한 사실은 빙긋이 웃으면서 경계를 이동시켜 새로운 중간 지점과 또 다른 후반부를 만들어내고, 그것은 여전히 유효하다는 것이다!

죽음이 항상 개인의 삶의 경계를 그 삶 너머에 있는 종점으로 표시하지는 않는다. 때로는 죽음이 그 삶의 일부이며 어떤 의미 있는 방식으로 그 줄거리를 계속 전개한다. 소크라테스, 에이브러햄 링

컨, 잔 다르크, 예수, 율리우스 카이사르의 죽음은 모두 끝이 아니라 그들의 삶을 연장한 그 이상의 일화들이었다. 그래서 우리는 그들의 삶이 불멸의 죽음을 향해 계속 **나아가고** 있음을 알 수 있다. 비범한 개인이 자신의 신념이나 삶의 양식을 위해 당해야 했던 모든 죽음이 삶의 생생한 **일부가** 되지는 않는다. 가령 간디Mohandas Karamchand Gandhi, 1869~1948의 죽음은 그렇지 못했다간디는 암살당했고, 그로 인해 그의 희망은 물거품이 되었다 ― 옮긴이 죽음이 삶의 완성에 참여할 때, 그로 인해 죽음을 더 기꺼이 맞이할 수 있을까?

우리는 우리의 존재가 죽음 속에 묻혀 깨끗이 지워진다고 믿고 싶어 하지 않는다. 우리는 자신에게 삶의 단순한 멈춤이 영향을 못 미칠 만큼 깊은 존재로 여겨진다. 그러나 '잔존'에 대한 글과 증거는 빈약하기만 하다. 어쩌면 계속되는 존재가 무엇이든 그 존재는 우리와 소통하지 못하거나, 더 중요한 일이 있거나, 우리도 어차피 곧 알게 되리라고 생각하는지도 모른다. 어쨌든 **우리도** 태아들에게 곧 만날 세상이 있다고 알려주기 위해 특별히 큰 힘을 쏟지는 않지 않은가?

정말로 **만일** 죽음이 소멸이 아니라면 그것은 무엇과 같을까? (잔존이라는 것이 극히 불가능하다고 해도 우리는 뒤이어 무슨 일이 벌어질지 생각해볼 수 있다. 그 불가능성이 틀렸다는 가정 하에 말이다.) 다른 사람보다 나을 것이 하나도 없겠지만, 내가 추측하기로 죽음은 힌두교나 불교에서 말하는 명상의 상태, 다시 말해 의식적 상태를 포함하고, 어쩌면 심상(물리적 지각은 제외)도 포함할 수 있는 삼매三昧, 열반, 또는 득도와 꽤 비슷한 성격을 띨 것이다.

혹은 어쩌면 죽은 뒤에도 각 개인은 화학 물질 등의 도움 없이, 살아 있는 동안 도달했다고 믿을 수 있는 가장 고귀하고 가장 진실한 상태로 영원히 존재하는지도 모른다. 이에 대한 깨달음이, 명상의 스승들이 침착하고 평온하게 죽음을 맞이하는(그랬다고 전해지는) 이유일까? 또는 어쩌면 잔존은 영원불멸이 아니라, 그 전에 살았던 삶의 일시적 메아리 같아서, 계획하고 발전시키기 위해 걸음을 더 내딛지 않으면 희미해지다 없어질지 모른다.

이렇게 볼 때 잔존이 순수하게 즐겁지만은 않다. 개인은 자기가 도달할 수 있는 최고의 의식에 도달하기 전에 죽을 수도 있고, 자신의 선택을 통해 더 낮은 상태에 영원히 머물기로 결정할 수도 있다. 그러나 도달할 수 있는 **최고**의 상태에 영원히 머무는 것은 가장 낮은 상태나 평균 상태로 영원히 존재하는 것보다 더 즐거운 예상이다. 어느 쪽이든 분명 우리는 새로운 기회를 기꺼이 받아들일 것이다. 만일 우리가 새로운 기회를 얻지만 그것이 두 번째 기회임을 모르고 첫 번째 기회처럼 헛되이 쓴다면, 모순된 일이 될 것이다.

그런 이론을 믿으면 좋을 수도 있지만 진실은 그보다 더 삭막하지 않을까? 이승은 유일한 삶이고, 그 후에는 아무것도 존재하지 않는다. 죽음을 생각할 때에도 어떤 밝은 대안을 숙고하는 편이 더 기분 좋다. 그리고 실제로 그런 식이거나, 어쨌든 그런 식이라고 믿고 사는 편이 좋다에 내 생각의 4분의 1을 할애하는 경향이 있다. 심지어 삭막한 관점에서 볼 때도 나는 죽음을 **종말**이라고 딱 잘라 말하기가 꺼려진다. 적어도 우리가 누렸던 존재와 살았던 삶이 항상 유지되리라 말하고 싶고, 또 우리의 삶은 다른 사람들이 관계를 맺을 수 있는 영원한 가능성이 될 수 있다고 말하고 싶다.

나는 때때로 어둡고 비극적인 견해를 외면하는 취향이 천박함의 증거는 아닌지 생각해본다. 그러나 아주 상반된 기질들이라도 동등하게 타당할 수는 없을까? 위대한 작곡가들에게는 저마다 고유한 가치가 있다. 우리는 어느 작곡가가 다른 작곡가의 방식으로 작곡하길 바라지 않는다. 우리에게도 각자 적당한 영역이 허용된다.

소멸은 음울하지만 불멸도 어두운 상상과 곧잘 어울린다. 현재로서는 공상 과학 소설처럼 들리는 예가 있다. 언젠가 컴퓨터 프로그램은 개인의 지적 양식, 개성 패턴, 성격 구조를 포착해 후세 사람들이 그것을 검색하게 할 것이다. 그렇게 된다면 불멸성의 두 측면 중 하나가 실현될 것이다. 다른 사람이 경험할 수 있는 한 인격의 일관된 패턴으로서 계속 존재하는 것이다. 다른 한 측면, 즉 계속 경험하고 행동하는 것은, 만일 개인을 흡수한 그 프로그램이 컴퓨터를 지배하고 그 컴퓨터가 그 세계에서 활동한다면, 부분적으로는 불멸이 실현될 것이다. 그러나 그런 불멸이 완전한 축복은 아니다. 개인의 생각이 잘못 사용되거나 저속해질 수 있듯, 후세의 문명 역시 어느 개인의 인격을 이용하거나 오용할 수 있다. 예를 들어, 그 사람이 육체를 갖고 살아 있을 때에는 절대 협조하지 않았을 계획이나 목표에 동원될 수 있는 것이다. 그리고 거기에 연루되는 것은 단지 당신의 '인격'만이 아닐 수도 있다. 만일 '당신의' 프로그램이 어느 유기체 안에 이식되고, 그 몸속에 경험들이 유도된다면, 그 경험을 하는 것은 과연 **당신**이라고 할 수 있을까? 그렇다면 미래 문명은 결국 천국과 지옥의 창조자가 되어 응분의 보상과 징벌을 나눠줄지 모른다.

육체의 죽음 뒤에도 계속 존재하려는 욕망은 지상에서 찾을 수 있는 것보다 더 큰 목적, 다시 말해 다른 어떤 세계에서 수행할 또 다른 과제를 가지려는 욕망에서 유래할까? 이 세계에서 우리 각자에게 스스로를 위해 영혼을 만들어야 하는 과제가 주어져 있다고 생각할 수 있다. 태어날 때 영혼이 없었으리라는 가정 하에서다. 그리고 그 영혼이 정확히 무엇을 위한 것인지 모르기 때문에 그 과제는 더 어려워진다. 어쩌면 그것은 우리가 만들 수 있는 각자의 영혼보다 더 큰 것, 영혼들을 합친 모자이크 이상의 것일지 모른다. 이 세계의 모든 현실, 복잡한 상호관계를 맺고 있는 그 과정들, 그 아름다움, 가장 근본적인 그 법칙들에 대응하면서, 그 모든 차원에서 우리 존재가 차지하는 위치를 알아가면서, 우리는 실재를 하나의 심오하고 경이로운 창조물로 보게 될 것이다. 그것이 실제로 어떤 창조적 활동을 통해 만들어졌든 아니든, 우리는 그런 창조의 증거가 되는 양상들을 간파하고 느끼기 원한다. 그리고 그런 탐구는 충분히 보상받는다. 언제 어디에선가, 혼자든 여럿이든, 우리는 어떤 창조에 참여할 기회를 만날 테고, 여기에서 우리는 그런 일이 이루어질 수 있는 하나의 방법을 알아가고 있다면, 기분이 상쾌해질 (그리고 진지해질) 수 있다. 그렇다면 우리의 과제는 되도록 실재를 많이 알고, 우리 차례가 왔을 때 즐거운 창조 작업을 할 수 있도록 최대한 능력을 갖추는 것일지 모른다. 우리의 창조자마저 놀라고 기뻐할 작업이 되면 더욱 좋을 터다. (그와 우리의 관계는 도제 관계일까?)

최근에 등장한 어느 사변적 이론은 블랙홀이 새로 창조된 우주일지 모르고, 우리의 과학 기술로 그것을 창조할 수 있을지도 모른다고 한다. 언젠가는 그렇게 창조된 우주의 특성도 계획적으로 창조할 수 있을지 모른다. 그보다 더 극단적 이론이 있다. 개인이 죽으면, 혹자가 영혼이라고 부르는 그의 조직화된 에너지는 죽는 순간, 그곳에서 곧바로 끓어넘치는 새로운 우주의 지배 구조가 된다는 추측이다. 그때 창조되는 새로운 우주의 특성은 그가 살면서 도달한 실재, 안정성, 평온함 등의 수준에 의해 결정된다. 어쩌면 그때 그는 그 우주를 창조하고 주관하는 종류의 신으로 영원히 존재할지 모른다. 이 불멸성은 흔히 설명하는 불멸설과는 달리, 적어도 **지루하지는** 않은 듯하다. 그러나 그렇게 되면 끔찍한 우주도 꽤 많이 창조되기 때문에, 우리는 조직화된 에너지의 **일부** 종류만 다른 우주로 발전하기 바랄 수도 있다. (그때 우리는 안정적인 과학 법칙과 과정 그리고 방대한 물리적 아름다움을 갖춘 우주로 발전할 수 있는 어떤 성질에 대해 신에게 감사해야 할까?)

그렇다면 인생의 궁극적 격언은 마치 나의 모습대로 하나의 우주가 창조될 듯이 살라는 것이다. (이런 생각들은 우리가 희망을 지키려면 과대망상증에 얼마나 가까이 가야 하는가에 대한 사색이 될까, 아니면 슬픈 징후가 될까?)

불멸이 우리가 도달할 수 있는 최고 상태의 의식 및 존재와 관계있을지도 모른다고 맨 처음 추측했을 때, 나는 분명 이 세계를 불멸에 투사했다. 우리의 현 존재와 의식에 크게 신경을 쓰기 때문이다. 하지만 우리는 그 투사를 반대 방향으로 적용할 수도 있다. 먼저 어떤 불멸 개념이 가장 좋을지 생각해보고(불멸은 대단히 오랫동안 지속된다), 그다음 (가능한 한) 바로 지금 그 상태로 산다. 그 이상의 불멸이 있든 없든, 불멸이 당신 자신의 어떤 양상과 당신의 삶에 단지 의존하는 것이 아니라, 마치 그것을 **존속시키고 되풀이하듯**이 사는 것이다.

그러나 어떤 특별한 것들은 약간 한정되어 있기 때문에 마음을 끈다. 만약 불멸이 없다면, 최고의 것과 그것의 대체물들이 영원히 존재하리라는 가정만으로 최상의 것을 얻는 대신 이러한 한정된 것들을 추구하는 것이 가장 좋지 않을까? 그래야 **결국엔** 그것이 단조로워지거나 마음에 차지 않게 되리라는 걱정이 없을 것이다. 나는 우리가 마치 우리의 삶과 존재의 어떤 양상이 영원한 것처럼 여기며 살아야 한다고 말하고 싶다. 내 생각의 4분의 3이 말하듯 우리가 완전히 유한하다면 그런 생각이 더욱 중요하다. 그렇게 생각함으로써 영원이라는 사실 자체는 아니더라도 그 존엄성에 애착을 갖기 때문이다.

하지만 나는 우리가 존재성에 그렇게 애착을 느껴야 하는지 확신하지 못하겠다. 왜 우리는 이윽고 존재하고, 죽음은 어쨌든 사실이 아니며, 끝이라기보다는 정지라는 말을 듣고 싶어 하는가? 우리는 정말 항상, 계속 존재하기 원하는가? 우리는 이 낡아빠진 정체성으로 영원히 여행하고 싶은가? 우리는 의식의 (변화된) 중심인 '나'로서 계속 존재하고 싶은가, 아니면 기존의 더 큰 의식에 통합되어 그에 참여하고 싶은가? 하지만 우리는 얼마나 탐욕스러운가? 우리가 이 정도면 **충분하다고** 느낄 시점이 오기는 할까?

나는 마지막 순간까지 삶에 매달리고 싶은 충동을 이해하지만 그와 다른 길이 더 매력적이라고 느낀다. 충분히 산 뒤에도 여전히 힘과 예민함과 과단성을 소유한 사람은 자신의 삶을 진지하게 위험에 내맡기거나, 타인이나 어떤 고상하고 품위 있는 대의를 위해 바치는 방향을 선택할 수 있다. 너무 이른 나이에 또는 가볍게 할 수 있는 일은 아니다. 하지만 자연적 종말(현재의 건강 수준으로 70~75세)을 어느 정도 앞둔 시점에, 개인은 자신의 마음과 힘을 모아 더 젊고 신중한 사람들이 시도할 만한 방식보다 더 극적이고 모험적으로 다른 사람을 돕는 일에 바칠 수 있다. 그런 활동을 하다 보면 병든 사람을 돕다가 건강이 위태로워질 수도 있고, 가해자와 피해자를 중재하는 도중 신체의 상해를 입을 수도 있다. 내가 생각하는 활동은 범죄자와 싸우는 자경단 활동이나 폭력이 난무하는 곳에서 사람을 구하는 활동이 아니라, 간디와 마틴 루터 킹Martin Luther King Jr., 1929~1968의 비폭력 저항 같은 평화적 종류다. 심각한 위험도 기꺼이 무릅쓰는 자발성과 그에 기초한 행동의 자유를 활용한다면, 사람의 독창성은 새로운 방식과 패턴의 효과적인 행동을 만들어낼 테고, 다른 사람이 그것을 배워 개인적으로나 집단적으로 실행할 것이다. 그런 길이 모두에게 어울리지는 않겠지만 어떤 사람들은 타인에게 도움이 되는 용감하고 고귀한 행동에, 또는 진선미나 신성함 같은 대의를 증진하기 위한 노력에 인생의 끝에서 두 번째 단계를 쓰는 일을 진지하게 고려할 것이다. 그들은 순순히 죽을 준비를 하거나 생의 소멸에 분노하는 대신, 생의 마무리 단계에서 더욱 밝은 빛을 발할 것이다.

Chapter 2

부모와 자식

세습을 통해 완성되는 인간 고유의 욕망

내가 아는 한 부모와 자식보다 더 강한 유대는 없다. 자식을 낳고 기르는 일은 부모의 삶에 실체를 부여한다. 자식을 낳고 기르다 보면 최소한 그렇게 된다. 자식들은 그 자체로 부모의 실체 일부로 자리 잡는다. 부모에게 순종하거나 부모의 목표를 만족시키지 않아도 자식들은 부모의 몸속 장기가 된다. 부모는 자식의 무의식 속에 존재하고 자식은 부모의 몸속에 존재한다. (사랑의 짝은 영혼 속에 거주한다.) 자식과의 유대에는 가장 깊은 사랑이 반드시 포함되고 때로는 괴로움이나 분노나 아픔이 포함되지만, 그 유대는 감정 수준에만 있지는 않는다. 가령 "나는 내 손을 사랑한다"라고 말하는 것은 옳거나 정확하지 않다.

나는 내가 아는 것들의 가치와 의미를 기술하고 있다. 지금은 부모와 삶과 자식에 대해 쓰고 있으며, 뒤에서는 성성과 이성애에 대해 쓸 것이다. 하지만 가치와 의미는 다른 경로를 통해서도 발견될 수 있다는 것을 안다. 다른 사람들도 **그들이** 두드러지게 알고 있는 특별한 (그리고 공통된) 가치와 의미를 제시하고 탐구하기 바란다.

자식은 부모가 가진 좀 더 넓은 정체성의 일부를 구성한다. 자식에게 부모의 야망을 충족시키라는 부담을 지우거나, 자식이 그런 부담을 느끼는 것은 부적절하다. 그러나 부모는 자식의 자질을 자신의 것으로 느낄 수 있고, 더 큰 정체성의 노동 분업 안에서 자식이 어떤 과제를 수행하고 있다고 느낄 수 있다. 부모의 성공은 자식에게 어떤 부담이 될 수 있지만, 부당하게 느껴질 만큼 불평등하게 자식의 성공은 부모에게도 돌아간다.

부모가 되는 것은 더 좋은 자식이 되는 데 도움이 된다. 성인이 되어 부모 노릇을 하다 보면 자신의 부모에게 더 관대해진다. 자신의 부모에게 부모가 되는 변화의 한 측면은 명백한 형태로 다가온다. 부모가 더 이상 스스로를 돌볼 수 없을 때 그들을 보살피는 것이다. 또 다른 측면은 그 관계에 대한 책임을 떠맡는 것이다. 자식이 어렸을 때, 관계를 관리하고 감시하고 어느 정도 안정을 유지하는 것은 부모의 과제였다. 짧은 기간 동안 그 관계는 좀 더 평등해지고, 그러고 나면 어느새 관계를 지키는 것은 성인이 된 자식의 몫이 된다. 이제 자식은 때때로 부모의 응석을 받아주고, 비위를 맞춰주고, 기분 나쁜 주제를 피하고, 혼자가 된 부모를 위로한다. 때때로 청소년기의 특징이 부모에 대한 반항이고, 성년기의 특징이 부모로부터의 독립이라면, 성숙기의 특징은 부모에게 부모가 되는 것이다.

셰익스피어William Shakespeare, 1564~1616의 4대 비극 중 하나인 《리어왕》에서 코델리아는 성숙기에 이른다. 처음에 코델리아는 가장 완전하고 순수한 정직함의 전형이다. 그녀는 부왕의 감정을 건드리거나 뭇사람 앞에서 부왕이 창피하지 않게 하려고 전혀 노력하지 않는다. 그리고 자신의 사랑을 과장하지 않고 "자식의 도리로서 사랑하지, 그 이상도 이하도 아니다"라고 표현한다. 사랑의 표현은 제한이 없어야 하지만, 코델리아는 언니들이 아버지만을 사랑한다고 하면서 왜 결혼하는지 의아해하고, 자신은 아버지를 절반만 사랑할 것이라고 선언한다. 특히 코델리아는 아버지와 함께 살기 때문에, 그를 다루고 비위를 맞추는 법을 알아야 하고, 그 관계를 관리하고 유지하는 법을 알아야 한다. 그런데도 그녀는 고통스럽게 그것을 깨닫는다. 나중에 리어왕이 코델리아는 자신을 원망할 이유가 있다고 말하자 그녀는 "아니, 아무 이유가 없다"라고 대답한다. 그러나 그녀에겐 언니들보다 더 큰 이유가 있다고 한 리어왕의 말은 옳았다. 1막 1장의 코델리아였다면 어느 정도는 이유가 있다고 말했을지도 모른다. 그녀는 너무 엄밀하게 정확한 진실만을 고집했고 그로 인해 꼭 그만큼 고통을 당했기 때문이다. 그러나 자신의 고통과 리어왕의 고통을 본 뒤로 코델리아는 자신의 사랑을 표현할 줄 알게 되었다. 그녀는 아버지 곁을 지키고, 그를 절반만 사랑한다고 말하지 않는다. 그녀는 아버지를 원망할 "아무 이유가 없다, 절대 없다"라고 말할 줄 (또 그렇게 느낄 줄) 알게 되었다.

어른이 되었다는 것은 더 이상 아이가 아니라는 뜻이고 그래서 부모에게 부모 역할을 할 뿐 아니라, 부모에게 자신의 부모 역할을 계속 해달라고 요구하거나 기대하지 않는다는 뜻이다. 그리고 여기에는 이 세계가 계속 상징적 부모 역할을 해주기를 기대하지 않는 것도 포함된다. 부모의 적절한 사랑을 상징적으로 대신하는 어떤 것을 세계에서 얻으려는 시도는 이제 불가능하다. 그 사랑의 **대체물**, 이제 성인이 된 우리에게 그와 똑같거나 비슷한 역할을 해주는 다른 어떤 것을 찾을 수 없다. 어떤 것의 대체물과 그것을 상징해야 하는 것의 차이는 복잡하고 난해하다. 그러나 어른이 되어 성숙기에 도달하기 위해서는 그 차이에 통달하고, 아무리 아쉬워도 성인에게 어울리는 대체물 쪽으로 방향을 돌려야 한다. 그때 우리는 결국 우리의 부모가 얼마나 자애로웠는지 깨달을 수 있다.

어떤 것을 누군가에게 물려준다는 것은 그에게 마음을 쓰는 하나의 표현이고, 그럼으로써 그들의 유대는 강화된다. 그것은 또한 확장된 정체성을 확인하고 때로는 창조한다. 자식이든 손자든 친구든 누구든 간에 받는 사람은 애써 벌지 않고 그것을 얻는다. 비록 어느 정도는 준 사람의 지속적인 애정을 애써 얻었을지 모르지만, 상속을 통해 그들의 유대에 표시를 남기고 기여할 권리를 힘들게 획득한 사람은 기증자다.

그러나 유산은 때때로 여러 세대를 거치면서 최초의 기증자가 알지 못하는 사람에게 전달되고, 결국 부와 지위의 지속적 불평등을 야기한다. 그들이 받는 것은 그의 친밀한 유대를 보여주는 표현도, 그 자연스러운 결과도 아니다. 그가 힘들게 모은 것을 그가 사랑하고 선택한 사람들에게 물려주는 것은 적절하다고 생각되지만, 다른 사람이 그렇게 할 때에는 과연 그것이 적절한지 훨씬 애매해진다. 그로 인한 불평등은 공정치 못하게 느껴진다.

이러한 문제를 해결할 수 있는 방법 중 하나는 사람들이 재산을 물려줄 때 자신이 상속받은 만큼의 액수를 세금으로 내고 물려주도록 상속 제도를 고치는 것이다. 그러면 사람들은 원래의 유산에 그들 자신이 더한 양만큼만 남에게 물려줄 수 있다. 상속은 배우자, 자식, 손자, 친구 등 당사자가 선택한 그 누구에게라도 해줄 수 있다. (상속자는 이미 기증자와 실질적인 유대와 관계를 맺고 있는 현존 인물이나 출생 예정자여야 한다는 제한을 추가로 둘 수도 있다.) 그러나 상속받는 사람은 자신이 직접 벌거나 추가한 것은 원하는 사람에게 물려줄 수 있지만 자신이 상속받은 것은 그렇게 물려줄 수 없을 것이다. 그러면 유산이 여러 세대로 계단처럼 흘러내려 가는 일은 없을 것이다.

단순한 뺄셈 법칙은 바로 다음 세대가 직접 기여한 부분에 대해서는 효력이 없지만(부의 상속은 더 많은 재산 축적을 쉽게 해준다), 그래도 유용한 실용책이다.* 개인에게 많은 재산을 물려주도록 허용하되, 상속이 반복되거나 되풀이될 수 없도록 한 번으로 제한한다면, 반드시 한 세대로 제한하지 않아도(손자에게도 직접 물려줄 수 있다) 보살핌·애정·동일시 같은 결속의 중요성을 존중하고, 실질적인 관계와 무관하게 상속이 계속되는 폐단을 차단할 것이다.

---

* 먼저 어느 정도를 세금으로 뺄지 결정할 때에는 물려받은 유산의 금전적 가치를, 실질 이자나 귀속 이자를 포함시키지 않고 인플레이션이나 디플레이션을 고려해 현재의 달러로 계산할 것이다. 유산을 이자 소득의 수단으로 사용한 경우에는 원래 유산의 양을 총액에서 뺀 뒤 나머지 양을 물려줄 수 있는 소득으로 간주해야 한다. 그러나 결정하기 더 어려운 문제들이 있다. 선물은 어떤 종류 또는 어느 정도의 양을 포함시켜야 할까? 생을 거의 마친 상속자의 재산이 세금으로 제외할 양보다 그리 많지 않을 때, 그의 입장에서 재산을 함부로 낭비하고 싶은 마음이 들 수도 있다는 허점을 어떻게 예방할 수 있을까?

사람들은 이렇게 물을지 모른다. 만일 중요한 것이 개인적 유대의 실재와 가치라면, 상속자가 왜 물려받은 부분을 공제당하지 않고 남에게 물려주는 것을 금지해야 하는가? 따지고 보면 유산을 물려받은 사람도 분명 그에게 유산을 물려준 사람과 똑같이 자신의 자식, 친구, 배우자와 유대를 맺고 있을 것이다. 그러나 헤겔Georg W. F. Hegel, 1770~1831을 비롯한 여러 철학자는, 벌어들였거나 창조한 재산은 여러 면에서 자아의 한 표현이자 구성 요소라고 평가했다. 그렇게 창조된 것에는 개인의 정체성이나 인격이 스며들어 있다는 것이다. 처음에 재산을 창조하거나 번 사람이 그것을 물려줄 때, 자아의 상당 부분이 그 행위에 관여하고 포함된다. 그 관여와 포함의 정도는 어떤 것을 창조하지 않고 단지 물려받은 사람이 그것을 물려줄 때보다 훨씬 크다. 만일 그 재산이 그것을 소비하고, 개조하고, 이전하고, 쓰고, 물려줄 일련의 권리라면 모든 권리가 이전되어서는 안 되고, 특히 그 물건을 유증할 권리는 제외되어야 한다. 이 권리는 최초의 취득자 또는 창조자에게만 국한된다.

엄청난 부를 가진 개인이 직계 후손에게만 부를 대물림하는 것을 막기 위해, 우리는 구체적 상속자가 반드시 존재해야 한다는 조건을 상속 제도에 추가할 수 있다. 첫 번째 제약에 반대하지 않은 사람들도 이 추가 제약에는 반대할지 모른다. 예를 들어, 데이비드 노직저자의 형제 ― 옮긴이이 나에게 제기한 반론을 살펴보자. 자식 없이 죽어가는 사람이라면 정자를 정자 은행에 기증하고 미래에 태어날 자식에게 유산을 물려주고 싶지 않겠는가? 그리고 만일 우리가 이 경우를 허용한다면, 현존하는 손자들에게 돈을 직접 남겨주는 것뿐 아니라, 죽은 뒤 불과 몇 년 후 태어날 손자들에게도 돈을 남겨 줄 수 있도록 허용해야 하는 것은 아닐까? 이런 것들을 허용하면서도, 부와 권력을 여러 세대에 걸쳐 자신의 가족에게 물려주고 싶어 하는 과도한 이해관계를 차단할 어떤 원칙적인 방법은 없을까? (이 마지막 경우는 우리가 진지하게 대책을 세워야 할 만큼 중요한 실질적 관계에 속하지 않는다고 생각한다.) 다음과 같이 완화된 제약이면 충분하다. 현존하는 마지막 대가 아닌 다음 대에 속하는 두 명 이상의 미출생 개인에게는 유산을 물려줄 수 없다. 물론 유산을 물려줄 때 자신이 상속받은 만큼 공제한다는 첫 번째 원칙은 유효하다.

무엇인가를 물려줄 수 있는 힘은 또한 지배력을 낳는다. 기증자는 잠재적 상속자들이 마음에 안 들게 행동한다면 재산을 물려주지 않겠다고 암묵적으로나 명시적으로 위협할 수 있다. 많은 부자들의 관심사가 개인적 관계의 유대를 증진하고 표현하는 능력이라기보다 바로 이 힘과 지속적 지배력이다. 그래서 고분고분한 자식이나 친척은 상속 제도가 없어도 유산을 물려받고 잘살리라 추측할 수 있다.

부자들은 돈을 축적하고 쓰는 일에 모든 시간을 바치고, 그 돈을 자식들에게 물려준다. 그렇다면 대다수의 사람은 자신과 관련된 무엇을 물려줄 수 있을까? 나는 생각하고, 읽고, 사람들과 대화하고, 어떤 주제를 공부하고, 여행하고, 탐구하는 일에 많은 시간을 썼다. 또한 내가 쌓아 모은 것, 즉 얼마간의 지식과 이해를 자식들에게 물려주고 싶다. 한 개인의 지식을 알약에 담아 자식들에게 줄 수 있다고 상상하면 기분이 좋아진다. 그러나 혹시 부자들이 그 약을 구입해서 자식들에게 먹이지는 않을까? 어쩌면 과학적 지식과 연구 능력을 가진 사람들이 성인의 지식을 전달하는 멋진 절차를 개발해서 수혜자의 신경세포가 기증자와 유전적으로 일치할 때에만, 즉 기증자의 유전자의 절반을 공유한 사람만이 그 지식을 물려받게 할 수도 있다. (애석하게도 입양아는 이 기술의 혜택을 보지 못할 것이다.) 그렇게 해도 자식은 부모의 복제품이 되진 않을 것이다. 자식들은 책을 읽을 때처럼 나름의 방식으로 그 지식을 흡수하고, 이용하고, 완성할 것이다. 이것이 가능할 때 사회가 여러 세대를 거치면서 어떻게 변할 수 있을지는 과학 소설의 주제로 남는다.

물론 이런 그림은 바람직하지 않다. 진정으로 가치 있는 것들 앞에서 모든 사람은 거의 평등하게 출발한다. 우리는 모두 사고의 세계에 빈손으로 도착한 이민자들이라고 어딘가에 썼다. 만일 이해와 지식의 불평등이 세대를 거치며 계속 쌓인다면, 그런 사회는 숨이 막힐 것이다. 그리고 어떤 지식이 다른 지식에 의존하고 그 위에 쌓이는 과정을 감안할 때, 물질적 부에 대한 우리의 제안과 유사한 체계를 숙고하는 것은 터무니없다. 어떤 사람이 누군가에게 물려받은 지식을 제외하고 자신이 직접 획득한 지식을 물려주는 일이 가능한 얘기일까? 어쨌든 우리는 지식과 이해, 호기심과 활력, 친절함, 사랑, 의욕처럼 진정으로 가치 있는 것들을 나만을 위해, 또는 자식들만을 위해 몰래 저장하고 싶어 하진 않는다. 그럼에도 우리가 직접 전해줄 수 있는 것이 있다. 정말로 소중한 가치, 그리고 본보기가 그것이다.

Chapter 3

창조

자기 자신을 표현하는 은밀한 방법

창조적 활동은 예술과 지식의 경계를 뛰어넘어 일상에서도 펼쳐질 수 있다. 좀 더 희귀한 창조적 사례들은 다른 분야에 명료한 모델을 제공한다. 그러나 그것을 주제로 한 논의는 종종 공허함이나 갈망을 남기고 끝맺는다. 보리스 파스테르나크Boris L. Pasternak, 1890~1960는 "창조의 목표는 자기 자신을 내놓는 것"이라고 말했고, 나데즈다 만델스탐Nadezhda Mandelstam, 1899~1980은 "지금 기억하기로, 우리 사이에 이런 의미로 '창조하다'라고 말하는 것은 금기였다. 어느 예술가가 하루의 작업을 끝낸 뒤 당신에게 '오늘은 많이 창조했다'라고 하거나, '창조를 했으니 쉬는 게 좋겠다'라고 말하는 것을 상상할 수 있겠는가? '자기 자신을 내놓는 것', 다시 말해 자기 자신을 표현하는 것은 본질적으로 자기 자신을 주장하고 홍보하려는 은밀한 욕망에 빠지지 않고서는 끝을 볼 수가 없다. 왜 은밀해야 할까? 완전히 뻔뻔스럽기 때문이다!"라고 말했다.* 이탈리아 르네상스 시대에 창조성 개념이 출현한 뒤로는, 즉 미켈란젤로

Michelangelo Buonarroti, 1475~1564, 브루넬레스키Filippo Brunelleschi, 1377~1446, 레오나르도 다빈치Leonardo da Vinci, 1452~1519 그리고 **수많은** 예술가들 이후로는 그 누구도 자기 자신의 창조성을 진지하게 생각할 수 없게 되었다. 여기에서 우리는 좀 더 작은 사례들을 통해 그 현상을 이해하기 위해 노력할 수 있다.

창조적이라는 것은 새로운 무엇인가를 만들거나 행하는 것이다. 여기까지는 문제없다. 그러나 창조성이 무엇인지 구체적으로 논하려면 더 세부적인 것을 언급해야 한다. 단지 우연히 발생하는 것이라면 창조적이라 간주하기 어렵다. 창조성은 새로운 것을 만들거나 할 능력을 발휘하는 것이지만 그 능력은 다른 기회가 왔을 때에도 발휘되어야 한다. 어떤 것들은 새롭지만 가치나 유용성이 극히 낮기 때문에, 창조적 행위에 다음과 같은 조건을 추가할 수도 있다. 창조적 행위는 가치를 겸비한 어떤 일을 하는 것이라고 말이다. 그러나 악한 일을 하거나 생산하는 경우도 창조적일 수 있다. 지금 우리의 관심사는 바람직하거나 가치 있는 무엇을 창조하는 경우지만 창조적 개념을 좀 더 일반화해 규정한다면, 그 새로움이 부정적 방향이라 해도 어떤 평가의 차원에서 새롭다고 볼 수 있는 것을 생산하는 (또는 그 자체가 새로운 것인) 모든 활동을 창조성에 포함할 수 있다.

태양 아래 새로운 것이 있든 없든, 창조적 행위는 창조자가 이전에 마주치고 알게 된 것과 비교했을 때 새롭거나 신기한 어떤 것을

• Nadezhda Mandelstam, *Hope Abandoned* (New York: Atheneum, 1974), p. 331.

빚어낸다. 만일 창조자가 모르는 상태에서 다른 누군가와 비슷하거나 똑같은 것을 생산해냈다면 창조자의 행위는 창조적 행위에 해당된다. 가령, 구체적인 수학적 정리의 입증이 그에 해당된다. 중요한 것은 앞선 발견의 영향이 창조자의 행위를 덜 새롭게 만들 만큼 새로운 발견자에게 깊이 침투하고 알려졌는가의 여부다. 어떤 행위를 '창조적'이라고 부를 때 우리는, 세계의 역사에서 이전에 있었던 모든 것과의 관계가 아니라 단지 그 새로운 것의 원천이었던 재료들, 창조자의 이전 경험 및 지식과의 관계에서 그 성격을 규정한다.[**]

어떤 활동이나 산물이 과연 이전 것들과 다른 '새로운' 것으로 규정할 수 있는가 아닌가는 그 유사점과 차이점 중 무엇을 특징적이고 중요하게 생각하는가에 달려 있다. 어떤 점에서, 어쩌면 아주 억지스럽게, 모든 것은 다른 모든 것과 똑같다거나, 모든 것은 저마다 다르다고 말하는 것은 진부하다. 우리가 어떤 것을 새롭고 다르다고 볼 때, 그것은 부분적으로 우리가 현재 어떤 분류 기준을 갖는가에 달려 있다. 그것이 과거에 알려진 것과 동일한 범주에 들어가는가, 아니면 그것만의 새 범주를 필요로 하는가? 또 그것은 새 범주가 과거의 범주와 얼마나 다른가에도 달려 있다. 나에게 번득이는 새로운 법칙처럼 보여도 숙련된 수학자에게는 이미 알려진

[**] 다음을 보라. John Hospers, "Artistic Creativity," *The Journal of Aesthetics and Art Criticism*, 1985, pp. 243~255. 그러나 과학계 내부에는 최초의 발견자가 되고자 하는 욕망이 있다. 그 역할과 기능에 대해서는 로버트 머턴Robert Merton이 *The Sociology of Science* (Chicago: University of Chicago Press, 1983)에서 알기 쉽게 다루었다.

어떤 것에서 쉽게 끌어낼 수 있는 빤한 결과물로 보일 수도 있다. 우리가 다른 별이나 은하에서 온 존재와 마주쳤을 때, 만일 우리의 분류법이 그들과 다르거나 명백하고 자연스럽게 여겨지는, 즉 가능하다고 여겨지는 다음 단계에 대한 생각이 그들과 다르다면, 그들은 창조성에 대해 우리와 다르게 정의할 것이다.

다음 단계가 명백해질 수 있는 한 방식은 이전 재료에서 직접 이끌어내는 것, 이미 알려진 법칙을 기계적으로 적용하는 것이다. 예를 들어 여러 색이 칠해진 기하학적 형태가 있다고 가정하고, 그 위의 모든 색을 색상환의 정반대 색으로 바꾸어보자. 이 경우, 그 법칙의 적용이 창조적 비약이라고 간주되지 않는다면, 새로운 산물도 겉모습과 성격이 이전 것과 아무리 달라도 창조적이라 여겨지지 않을 것이다. 하나의 산물이 창조적이라면 그것은 이전 것과 달라야 할 뿐 아니라, 이전 것들과 어떤 구체적이고 명확한 관계도 없어야 한다. (어느 분명한 법칙을 기계적으로 적용하여 이전 것에서 유래한 것이라면, 그것과 명백한 관계가 있다고 간주된다.) 또는 그 결과물이 새로운 특징이 있어도 그것을 생산하는 행위 자체가 새롭고 창조적이지 않으며, 단지 그 법칙을 또 한 번 적용했다면 그것은 창조적이지 않다. 어떤 경우든 과거의 것에 비해 새롭고 가치 있는 특징을 가졌더라도 그것이 창조적 **과정**을 통해 나오지 않았다면 그것을 '창조적'이라고 부르지 않을 것이다.

창조적 과정에서 실제로 매번 창조적 산물이 나올 필요는 없다. 만일 피카소가 그림을 그리다 죽었다면, 어떤 가치 있는 산물이 나오지 않았어도 그는 창조적 과정의 중간에 있었을 것이다. 그보다는 창조적 과정이 창조적 작품을 생산하게 될 과정이라고 말하고 싶을 수도 있겠다. 하지만 이 정의는 너무 완고하다. 이것을 가정 법으로 바꾸어 이렇게 말하면 훨씬 낫다. 어떤 과정이 중단되어 결과물이 나오지 않아도 그 과정은 창조적일 수 있다. 그러나 창조적 과정은 항상 가치 있는 결과물을 생산할 필요가 없고, 심지어 열 번 중 다섯 번 이상 가치 있는 결과물을 생산할 필요도 없다. 다른 과정이나 다른 사람에 비해 그런 과정이 그런 결과물을 잘 생산할 수 있으면, 절대적 성공률이 낮더라도 그것으로 충분하다. 아인슈 타인Albert Einstein, 1879~1955은 물리학에서 새롭고 가치 있는 이론을 생 각해내는 재주가 있었다. 그가 과거에 브라운 운동이나 특수 상대 성 이론이나 일반 상대성 이론을 떠올렸던 것과 같은 방식으로 그 과제에 전념했을 때, 그는 창조적 과정에 빠져 있었다. 그 과정이 실제로 가치 있는 결과물을 만들 성공률은 낮았지만, 그것은 우리 같은 사람이 물리학에서 거둘 수 있는 성공률보다는 훨씬 높았다. 메이저리그에서는 타율이 5할을 넘지 못해도 선두를 달릴 수 있다. (물론 여기에서의 '과정'에는 그것을 하는 개인이 포함된다. 수위 타자는 다른 사람과 똑같은 절차를 밟으면서 타격을 더 잘하는 타자다.)

우리의 문화에서나 다른 문화에서 어떤 사람이 우리와는 다른 가치 기준을 갖고 있다면, 그의 새로운 생산물에서 가치를 전혀 발 견할 수 없어도 그 사람을 창조적이라 부를 수도 있다. 그것들은 우리가 창조적이라 부르기를 원하는 종류의 과정에 의해 생산되었 을지도 모르기 때문이다. 그 과정이 좀 더 적절한 가치 개념에 의 해 다르게 진행되었다면 아주 빈번하게 가치 있는 산물을 생산했을지 모른다.

　진정한 창조를 보장하고 우리가 아무 탈 없이 따를 수 있는 기계적이고 간단한 규칙들이 있을까? 그런 규칙이 가능하다는 비현실적 상상은 딜레마로 이어진다. 그 규칙들은 가치 있고 다른 사람에게 새로워 보이는 것들을 확실히 창출한다. 하지만 만일 우리가 생산하는 것이 그 (기계적인) 규칙을 의식적으로 적용한 결과물이라면, 그것은 창조적으로 여겨지지 못할 것이다. (과거의 창조적인 사람들이 그런 규칙들을 무의식적으로 적용했다면, 그들의 창조성에 의문을 제기할 수 있을까?)˙ 또한 어떤 작가들은 기계적 적용에 의한 창조에 불리하게 작용할 수 있는 다른 주제들을 강조하기도 한다. 예를 들어, 예술가는 제대로 된 작품을 만들려고 할 때 지속적인 비판을 통해 자신의 작품을 관리해야 하며, 작품의 최종 모습을 찾아가는 그 비판의 기준을 다소 수정할 수 있다는 것이다.

　그런데 우리는 실제로 창조성에 관심이 있는가, 아니면 단지 그로부터 나온 (외견상) 새롭고 가치 있는 산물에만 관심을 기울이는가? 다른 사람의 경우, 그들은 그 산물에만 관심을 갖는 듯하다. 소비재에 대한 우리의 태도를 생각해보라. 그러나 만일 베토벤Ludwig van Beethoven, 1770~1827이 다른 사람의 작곡 규칙을 우연히 알게 되어

• 그러나 그런 규칙들을 스스로 고안하거나 발견한 다음부터 그것을 적용하는 사람에게 우리는 경이로움을 느낄 수 있다. 그 규칙을 발견한 행위는 그 자체로 창조적이다. 그렇다면 그 규칙을 적용하는 것이 (믿기는 어렵지만) 단지 기계적이라고 가정할 때, 그가 그 규칙을 적용하는 것은 어떨까? 그 규칙들의 잡다한 적용은 창조적이지 않지만, 그로 인한 산물들은 창조적이라고 말할 수 있다. 그것들의 기원은 그 규칙을 공식화한 최초의 창조적 행위로 거슬러 올라가기 때문이다.

그것을 현악 사중주에 기계적으로 적용했다면 베토벤 현악 사중주에 대한 우리의 감동은 반감된다. 즉 그가 알고 있고 심오하게 느끼던 어떤 것이 우리에게 전달되고 있다는 느낌이 사라지고 말 것이다. 우리는 더 이상 그 작곡 행위에 경탄하지 못하거나, 그 작품들을 현실을 초월한 인간 능력의 증거로 여기지 못할 것이다.

짐작해보면, 베토벤의 타고난 재능과 창조적 불꽃도 자신의 창조물은 아니었을 것이다. 그렇다면 그것은 베토벤이 우연히 만났을지 모르는 작곡의 영원한 규칙들과 어떻게 다를까? 이때 차이는 단순히 그의 재능이 몸속에 있는가의 여부가 아니다. 만일 그가 작곡하는 작은 기계를 우연히 만나 그것을 꿀꺽 삼켜서 자동 피아노가 연주하듯 작곡할 수 있었다면, 우리는 지금처럼 그의 작품에 감탄하지 않을 것이다. 그런데 그가 음악적 주제와 구조의 아이디어를 생산하는 기계를 꿀꺽 삼킨 다음 그 아이디어를 평가하고, 고치고, 만지작거려서 최종 작품에 통합했다면 어떻게 될까? 그가 기여한 부분은 팀의 한 구성원이 팀에 기여한 것과 아주 똑같을 것이다. 한 팀원이 최초의 아이디어를 내고, 다른 구성원이 그것을 평가하고, 다듬고, 마무르는 경우와 같다. 팀을 이룬 한 창조자의 뇌를 기계에 비유할 수는 있어도 '팀원들' 중 한 명이 실제로 개인이라면 얘기는 달라진다. (심지어 기계에 비유하는 경우에도 사람이 자신의 재능을 **계발**하고, 그것을 연습하고 갈고닦는 등의 측면을 경시하는 문제가 생긴다.) 왜냐하면 그에 대한 설명이 아무리 '기계적'이라고 해도 아이디어를 생산하는 것이 개인의 뇌라면, 우리는 그것들이 그 사람의 어떤 면을 표현하고 비춰준다고 보기 때문이다. 그로부터 나오는 창조적 산물을 우리는 인간적 소통의 행위로, 새로움을 생산하는 **인간적 능력**의 발휘로 본다.

개인의 창조에는 그 이상의 무엇이 있다. 예술적 창작품에는 창조자 자신에 대한 작업이 중요한 부분으로 포함된다. 그리고 넓은 관점에서 이론적 창작품도 마찬가지다. 창조적 작품과 산물은, 때때로 무의식적으로 창조자 자신 또는 결핍된 조각이나 부분, 결함이 있는 부분, 더 나은 자아의 부분을 대표한다. 그 작품은 창조자의 대리물이자 그의 유사체인 동시에, 마치 그 자신이나 일부를 변형·개조·치유하듯이 수선하고 변형하고 개조하는 작은 부두교아프리카에서 서인도 제도의 아이티로 팔려온 노예들 사이에서 믿던 종교로서 노래하고, 춤추고, 북 치는 행위를 통해 주술적 힘이 발휘된다고 믿는다 — 옮긴이 인형이다. 예술 작품을 만들고 형상화하는 과정은 자아의 부분들을 고쳐 만들고 통합하는 일을 포함하는데, 이는 예술적 충동의 중요한 부분이다. 자아에 대한 중요하고 필요한 작업이 예술적 창조 과정에서 모형으로 탄생하고 상징화된다. (자아에 대한 작업이 그 모형을 만드는 창조적 작업을 통해 발전을 이루기도 할까?) 그렇게 해서 예술가는 인생과 자아를 분명히 표현하고 변화시키는 방법과 가능성을 청중의 마음에 펼쳐 보인다.

창조성 자체가 중요한 이유는 단지 새롭고 신기한 산물이 아니라 그런 창조적 활동의 개인적 의미가 가장 완전한 의미의 자아 변화, 즉 자아가 자아에게 가하는 변화이기 때문일 것이다. 예술 창조의 과정은 우리 자신의 자율적인 회복과 변화의 힘을 상징적으로 보여준다. 규칙을 기계적으로 적용해서 나온 예술적 산물도 어쨌든 우리에게 새로움을 보여주지만, 중간에 가로놓인 엄청난 차이를 생각하면 마음이 불편하다. 창조적으로 완성되었을 때 예술적 산물은 우리 자신의 확장력과 회복력으로 획득할 수 있는 매우 완전한 자아를 표현한다.

예술적 창조는 **단지** 자아가 아니라 (어쩌면 일차적으로) 주제·기법·재료·내용·형식적 관계를 대상으로 삼는다. 그러나 창조에는 우리가 지금까지 설명한 개인적 의미도 담겨 있는데, 이는 약간 당황스러운 다른 현상을 설명하는 데 도움이 된다. 예술가들은 창조적 시기를 기다리고, 기대하고, 강하게 원하고, 감격하면서 맞이하지만, 또 한편으로는 종종 그것을 피하고 뒤로 미룬다. 며칠, 몇 주, 또는 몇 달 동안 방 안에서 꼼짝하지 않는 일이 벌어지기도 한다. 분명 빈 캔버스나 빈 첫 페이지는 대개 기쁨이 아니라 장애물일 것이다. 그럼에도 첫걸음이 어렵고 중간 과정이 즐거운 다른 활동들은 그런 식으로 미루지 않는다. 여행이나 짐 꾸리기를 시작하는 것이 스트레스를 주거나 지루해도 우리는 휴가를 떠난다. 어쩌면 창조적 활동을 시작하는 경우에는 '영감'이 전혀 떠오르지 않으리라는 걱정이 있는지 모른다. 그러나 기술과 경험이 있고, 다음 단계에서 할 일을 희망적으로 보거나 흥미로워하는 사람도 그것을 뒤로 미룬다. 따라서 이 지체 현상은 얼마간 설명이 필요하다.

분명 그 대답의 일부는 창조적 활동의 강렬함과 마음의 집중에 있을 것이다. 창조적 활동을 위해 미루거나 무시해야 할 다른 요구들이 폭동을 꾸미고 있을지 모른다. 그러나 창조적 활동은 상징적으로 자아에 대한 작업이고, 그 결과는 다소 예측하기 어렵다. 계획을 세워놓은 작품도 실행 과정에서 크게 변하기 때문이다. 자아는 예술 작품이 결국 어떻게 나올지, 이 새로운 작품이 새로운 자아 변화를 어떻게 표현할지 노심초사할지 모른다. 분명 그 창조 과정은 계속 통제된다. 창조는 롤러코스터를 타고 도는 것이 아니므로 중간에 이런저런 것들이 변할 수 있다. 그러나 기대하고 소망했던 변화도 자아의 어느 부분들이 바뀌거나 중요성을 잃으면 그 부분들은 변화를 환영하지 않을 수 있다. 자아에 대한 상징적 작업에 수반하는 변화들은 이처럼 상반되는 감정을 불러일으키고, 이 양가감정이 연기와 지체로 나타난다. (이 지연 기간 동안, 자아의 다른 부분들은 좀 더 나은 협상 조건을 요구할까?) •

경제학 분야의 저자들은 '기업가적 경계심'에 대해 이야기한다. 새로운 수익 창출 기회를 포착하고, 거머쥐고, 새로운 제조 방식이나 새로운 상품을 고안하고, 소비자들이 환영할 만한 가능성을 상상하고, 새로운 경제적 조합의 기회를 살피는 준비된 사고방식을 말한다. •• 그런 사람에겐 수익 창출의 기회를 끊임없이 탐지하는 기업가적 더듬이가 있다고 나는 상상한다. 사람이 주의를 기울여

• 어느 한 부분의 강등은 그 성취의 절댓값의 감소일 수도 있고 상대적 지위의 하락, 예를 들어 세 번째에서 열아홉 번째의 우선순위 하락일 수도 있다. 그리고 전체적 변화로 인해 한 부분의 절대적 성취량이 증가해도, 그 부분은 우선순위의 하락에 저항할 수 있다. 이렇게 정신적 발전에 저항하는, 역설적으로 보이는 현상은 다른 비슷한 과정에서도 나타난다. 모든 지연이 똑같은 원인에서 나오지는 않는다. 확실하게 계획된 예술적 구조물이 그것을 받아줄 재료에 어울리지 않으면 더 적합하고 효과적인 구조를 고안하는 데에 지연이 도움이 될 수 있다. 또한 기본 구조 안에서 작품이 무르익고, 상호관계를 획득하고, 무게를 더하고, 완전히 성숙할 수 있는 숙성 과정이 진행될 수 있다.

•• 다음을 보라. Israel Kirzner, *Competition and Entrepreneurship* (Chicago: University of Chicago Press, 1973).

열심히 찾는 대상은 그 사람의 인격을 드러내고 그의 인격에 형태를 부여한다. 창조적인 사람 역시 항상 주의를 기울이지만 그 대상은 다르다. 그들은 새로운 작업 계획, 현재의 작업에 도움이 될 아이디어, 새로운 조합과 요소와 기법, 현재 진행 중인 작업에 유용하게 쓸 재료 등에 주의를 기울인다. 그들은 주변 환경을 너무 빠르게, 종종 무의식적으로 탐지하고, 마주치는 모든 것에서 현재의 작업이나 새로운 작업 계획과의 관련성을 점검한다. 만일 창조성이 하나의 목표라면, 그들은 새로운 가능성을 암시하는 것들에 주의를 기울인다. 대체로 이 탐지와 판단은 무의식적으로 진행된다. 의식적 판단으로는 충분히 희망적인 것을 포착하기 어렵다. 그런 것들은 대개 자동적인 판단과 거부를 거친다.

벤젠의 분자 구조를 밝힌 화학자 프리드리히 케쿨레Friedrich Kekulé, 1829~1896에 관한 유명한 이야기가 있다. 한동안 그 구조의 문제를 고심한 뒤에 그는 뱀이 제 꼬리를 무는 꿈을 꾸었다. 잠에서 깨었을 때 그는 환상環狀 구조 이론을 생각해냈다. 케쿨레가 이미 그 이론의 문턱에 도달해 있었다는 것이 이 사건을 보는 일반적 견해다. 그러나 왜 생각이 깨어 있을 때가 아니라 꿈의 형태로 찾아왔을까? (어떤 그럴듯한 프로이트적 메커니즘 때문에 그가 자신의 가설을 억누르고 위장했지만 그 메커니즘이 완전치 않은 탓에 깨어나자마자 즉시 그 가설을 알아보았을까?) 이 사건에 대해 우리는 다른 견해를 취할 수도 있다. 뱀이 꼬리를 무는 주제는 여러 문화에 공통적이자, 분명 융 심리학자들이 그에 대해 언급했을 것이다. 케쿨레는 그 이전에 꾸었던 많은 꿈처럼, 이런저런 이유로 그 꿈을 꾸었을 것이다. 그는 또 깨어 있을 때 많은 것과 마주쳤을 것이다. 연구 프로젝트를 진행하면서 그는 문제 해결책을 암시하는 것들, 즉 벤젠의 구조를 알려주는 단서·비유·세부 사항에 빠짐없이 주의를 기울였을 것이다. 이전의 꿈들은 손에 넣은 데이터와 맞지 않아 즉시 거부할 수 있었던 다른 가설들을 암시했을지 모른다. 그는 뱀의 단서가 연구 과제에 들어맞았기 때문에 그것을 포착하고 계속 추구했을 것이다. 그러나 그는 깨어 있을 때 다른 원들을 많이 봤을 텐데, 왜 그것들은 새로운 화학 구조를 암시하지 않았을까? 원은 사방에 널려 있고 그가 일상에서 본 원들은 배경에 파묻혀 희미했을 것이다. 반면에 꿈속의 원은 깨어 있을 때와는 다른 이유로 눈에 잘 띄고 강력해서 그의 주의를 사로잡았고, 그때 프로젝트와의 연관성이 확인되었을 것이다.*

한 사람이 얼마나 많은 영역에 민감하게 대응할 수 있을까? 한 사람이 기업가적인 민감성, 창조적 민감성, 자식의 행복에 영향을 미치는 것들에 대한 민감성, 이직에 대한 민감성, 국제 평화를 증진시킬 수 있는 것들에 대한 민감성, 재미와 자극을 느낄 수 있는 것들에 대한 민감성 등을 동시에 유지하고, 그러면서 시야에 들어오는 모든 것의 적절성을 평가하고 그로부터 가장 도움이 되는 것을 가려낼 수 있을까? 이는 경험주의 심리학에서 다룰 문제다. 나는 독립적인 민감성의 창이 아주 작으며 고작해야 둘이나 셋을 넘지 않는다고 직감한다. 창조성 이야기에서 전부는 아니지만 그 중요한 부분은, 창조적인 사람들이 창조적이기를 **선택했다는** 것이다. 다시 말해 그들은 그쪽으로 주의를 기울이고 그것에 우선순위를 두기로 결정했으며, 다른 유혹적인 분야들과 마주쳐도 그것을 고수한 것이다.

아서 쾨슬러Arthur Koestler, 1905~1983가 《창조의 행위The Act of Creation》에서 강조했듯이, 효과적인 주의의 한 종류는 이전에 별개였던 두 틀을 묶어 새롭고 놀라운 조합을 만들어내는 방향으로 작용한다. (케스틀러는 농담에서도 이런 일이 일어난다고 본다.) 한 구조나 틀이 다른 구조 안에서 작동하면서, 이전의 재료를 품어 재배열하고, 이로부터 새로운 연결과 질문이 나오는 것이다. 만일 창조성이 기존의 정교한 두 기반을 새롭고 유용하게 결합한다면, 독창성은 완전히 원재료에서 나오거나, 아무리 기발하게 결합했다 해도 단지 기존

• 크리스토퍼 릭스Christopher Ricks도 이와 비슷한 문제를 제기했다. 그는 T. S. 엘리엇이 자신의 수필을 교정할 때, 종종 결함이나 부적절함을 가리키는 단어들이 포함된 문장들을 수정했다고 보고했다(학회 발표, "T. S. Eliot: A Centennial Appraisal," Washington University, St. Louis, Oct. 2, 1988). 릭스가 믿는 것처럼, 엘리엇은 그 문장들을 처음 쓸 때, 뭔가가 잘못되었다는 것을 무의식적으로 깨닫고 반사적으로 그것을 비판하는 단어들을 그 문장에 넣었을까? 다른 설명이 가능하다. 어떤 사람이 방에서 글을 교정하는데 그 방에 걸린 칠판에 다른 사람이 큼직하게 두세 단어를 써놓았다고 상상해보자. 그 단어들은 교정자의 주의를 끌 것이다. 만일 그 단어들이 글쓰기나 수사의 결함을 암시한다면, 교정자는 눈앞에 펼쳐진 문장들에서 바로 그 종류의 결함에 주목하도록 민감해져 있을 것이다. 마찬가지로 엘리엇이 자신의 문장들을 교정할 때에도, 그 문장이나 그에 인접한 문장들 속의 단어 중 결함을 표시한다고 읽힐 수 있는 단어들이 들어 있다면, 그것들이 애초에 실제의 결함과 무의식적으로 어떤 관계가 있기 때문에 그곳에 들어가지 않았다 해도, 엘리엇의 주의를 바로 그 결함으로 돌렸을 것이다. 두 가설 중 어느 쪽이 옳은지 결정하기는 쉽지 않다. 두 이론 모두, 결함을 가리키는 단어가 없는 문장보다 그런 단어가 포함된 문장들의 교정 비율을 더 높게 예측하기 때문이다. 그러나 어느 문장에 잘못이 있어서 교정할 필요가 있는지에 대한 독립된 기준이 있었고, 엘리엇이 모든 문장을 수정하진 않았다고 한다면, 릭의 가설은 결함이 없는 문장보다 결함이 있는 문장 속에 결함을 가리키는 단어가 포함되어 있을 가능성이 더 높다고 예측하는 반면, '민감성' 가설은 그 비율이 같다고 예측한다.

의 두 틀을 결합한 측면이 아니라, 새로운 틀을 창조한 측면에 있을 것이다. 새로운 '틀'을 만드는 일에는 대담함과 민감성뿐 아니라 내적 몰입도 필요하다. 새로운 구조가 출현하기를 참을성 있게 기다리고, 그것이 미숙하고 빤히 들여다보이는 형태에 그치도록 억지로 끌어내지 않아야 한다.

기존의 사고나 지각 틀에서 벗어나는 경우는 흔히 이론이나 예술적 대상을 창조할 때 발생하지만, 거기에만 국한되지는 않는다. '틀을 깰' 줄 아는 것은 일상생활에서도 중요하다. 틀 깨기는 때때로 어떤 행동을 인정하거나 허용할 수 있는가를 규정하는 동시에 더 편리하거나 심지어 효과적인 행위를 제외하는 기존의 기대 틀을 직접적으로 위반하는 행동이다. 또한 틀 깨기는 과거의 덜 바람직한 틀 깨기에 대한 대응으로서, 이전의 잘못된 변화가 계속 영향을 미치지 못하도록 상황을 복구하거나 변화시키기 위해 필요한 아주 새로운 행동일 때가 있다. 다른 사람들 앞에서 우리의 틀 깨기는 그들이 습관적 행동의 틀을 벗어나도록 그들을 흔들거나 강요할 수 있다. 이것은 혼란스러울 수 있지만, 모든 당사자가 예상 가능한 대응의 덫과 순환에서 탈출할 수 있는 새로운 기회를 만들어낼 수도 있다.

틀을 이루는 여러 측면, 즉 다른 사람들의 기대, 문화적 전통, 과거의 심리적 강화로 형성된 우리 자신의 습관적 행동 패턴, 우리 자신의 실용적 방법 등은 우리가 어느 정도 선택의 폭을 지각하는지, 어떤 대안이 두드러져 보이는지, 어떤 대안이 마음에 떠오르는지, 어떤 것이 즉시 제외되는지, 더 나아가 우리가 선택에 직면했다고 생각하는지, 아니면 단지 어떤 방향으로 움직여야 한다고 생각하는지에 영향을 미친다. (체스의 버림수에서 경기자는 하나 또는 여러 개의 가치 있는 말을 포기한다. 직접 맞바꿀 수 있는 성과물이 아니라 최후의 승기를 잡기 위해서다. 그 과정의 결과를 숙고하는 것은 보통의 틀을 깨는 행위와 연관된다. 퀸을 잃는 것이 그 예다.)

삶에서 창조는 여러 활동이 맞물려 돌아가는 순환의 한 부분이다. 이에 대해 잠시 살펴볼 가치가 있다. 창조는 개인이 이전에 수행했던 탐구 행위와 거기에서 마주쳤던 것에 대한 대응에서 동력을 얻는다. 아이디어, 자연의 과정, 다른 사람들, 과거의 문화 등 무엇이든 탐구 대상이 될 수 있는데 그 탐구 활동은 익숙한 3중 구조로 이루어져 있다. 우리는 새롭거나 불확실한 특징이 적어서 집중적으로 주의를 기울여도 별 보상이 없는 **근거지를 떠나고**, 새로운 현상·영토·아이디어·사건을 탐험하면서 **위험을 무릅쓰고**, 마지막에는 근거지로 **돌아온다**. 인간은 선천적으로 민감성과 호기심을 타고났다고 생각한다. 대체 왜 어떤 사람들은 그렇게 탐험하지 않는지 궁금하다. 여기에서 우리는 어린 시절의 특별한 경험이 새로움과 흥미에 대한 선천적 개방성을 짓누르지 않았는지 생각해볼 수도 있다.

지적 탐험을 할 때 철학자는 편협함을 벗어던지는 대담하고 자유로운 태도를 높이 평가한다. 그러나 철학자도 끊임없이 특정한 철학적 양상modality을 이용하고 되풀이한다. 본질, 필수, 이성, 규범, 요구, 객관, 명료함, 마땅함, 정확, 증명 가능함, 정당함 등이 그것이다. 바로 이 양상들이 철학자에게 개념의 근거지, 즉 그들이 의존하고, 방향의 기준으로 삼고, 안전하게 돌아올 수 있는 무엇이 되어준다.

철학자 칼 포퍼 Karl R. Popper, 1902~1994는 '관찰하라 observe'는 간단한 명령이 간단히 따를 수 없다고 지적한다. 관찰할 수 있는 것이 무수하고, 우리는 그것들을 다 관찰할 수 없으며, 그래서 얼마간 선택해야 하기 때문이다. 이와 마찬가지로 단순히 탐험한다는 것도 불가능하다. 그러나 탐험은 잘 설계된 실험 구조, 다시 말해 잘 선택된 대안 중에 대상을 정해놓고 관찰하는 구조가 아니다. 그보다 우리는 결실이 있을 듯한 장소나 방향을 탐험하고, 일반적 범주들 안에서 주목하다가 흥미로운 사실이나 가능성을 만나면 더 깊이 추구할 준비를 한 채, 어떤 것들이 나에게 굴러오게 한다. 우리는 새로운 영토에 들어갈 때 정상적인 상황의 흐름이 어떤지, 최소한 내가 어디에서 왔는지를 새긴 형판을 갖고 가지만, 그 형판에서 벗어나는 것을 알아차리고, 흥미로운 것을 계속 추구하고, 새로운 방향에서 관찰한 결과들을 수집할 수 있다.

탐험할 만한 가치가 있는 것은 대응할 만한 가치가 있다. 가치 있는 것을 만나 대응할 때에는 그 위에 어떤 행위나 감정이나 판단의 윤곽이 형성되어 난해한 특징을 설명하고 그것들을 미묘하게 수정하면서 하나로 끼워 맞춘다. 대응 response은 반응 reaction과 다르다. 반응은 제한되고 표준적이고 미리 설치된 특징들에 초점을 맞추고 설명한다. 우리가 '감정적 반응'이라 부르는 것이 이 설명에 들어맞는다. 예를 들어 분노나 불쾌감의 분출은 어떤 상황의 한 측면이나 몇몇 측면에 일시적으로 초점을 맞추고, 판에 박힌 방식으로 반응한다. 하나의 반응은 미리 설치된 소수의 판에 박힌 행동 중에 선택해서, 그 상황의 작은 측면 하나에 반응하는 행위의 작은 일부분이다. 그것은 버튼이 눌린 결과다.

반면에 충분히 **대응**한다는 것은 나의 커다란 부분이, 현재 상황의 큰 부분에 대하여, 정형화되어 있지 않은 폭넓은 행위 중 하나를 선택하여 대응한다는 뜻이다. (물론 크고 작다는 것은 정확한 구분이 아니고, 세 요소가 독립적으로 변할 수도 있다.) 대응의 이상적 한계는 다음과 같을 것이다. 우리의 온전한 존재가, 우리의 반응의 윤곽이나 어울림을 결코 사전에 제한하지 않는 무제한의 레퍼토리 중에 선택해서, 실재 전체에 반응하는 것이다.* 두 사람이 서로 대응할 때 그들은 **관계**를 맺는다. 그러나 이렇게 맺어진 관계는 상당히 소원할 것이다. 심지어 두 사람이 누가 출처인지도 모르고 서로의 필요에 맞춰 은밀하게 자비를 베풀 수도 있다. 좀 더 일반적이고 유익한 상황은 두 사람이 출처인지도 모르고 서로 대응하고 있다는 것을 아는 상황이다. 우리는 대응하는 것이 수동적 상태가 아님을 알아야 한다. 적절하고 창조적인 대응은 그 상황에 단호하게 개입할 수 있다.

우리가 나선형으로 진행하는 활동을 한다고 생각해보자. 이 나선형 구조는 우리 자신을 탐험하고, 대응하고, 창조하고, 변형한 다음 다시 처음으로 돌아가지만, 이번에는 다르게 할 것이다. 순환

• 반응과 대응의 차이에 대한 나의 설명은 비말라 타카르Vimala Thakar의 글에서 도움을 얻었다. 다음을 보라. *Life as Yoga* (Delhi, India: Motilal Banarsidass, 1977), *Songs of Yearning* (Berkeley, 1983).

이 아니라 나선형이기 때문이다. 물론 이것은 분리할 수 있는 활동들이 아니라 동시적으로 가질 수 있는 양상이어서, 연속으로 일어날 때에도 목록 속의 특정한 하나일 필요가 없다. 종종 특정한 활동은 어느 한 양상을 띠기는 하지만 말이다.

평가는 이 나선형의 활동들에 목표와 방향을 부여한다. 비록 나선형의 활동 자체로 인해 방향 설정의 평가 기준이 수정될 수도 있지만, 우리는 무작위로 탐험하거나 변형하지 않고, 어떤 것들을 향해 우리 자신을 이끈다. 나선형의 요점은 어느 한 구성 요소가 아니라 나선 자체다.

다른 사람의 탐험, 대응, 창조는 우리를 확장한다. 초서Geoffrey Chaucer, 1343~1400가 살았던 시대의 사람들은 아직 셰익스피어를 모르면서도 뭔가 없다는 사실을 의식하지 못했다. 오늘날 셰익스피어, 부처, 예수, 아인슈타인이 없는 세계, 그들의 부재를 모르고 지나치는 세계를 상상하기는 어렵다. 앞으로 그들과 필적할 만한 어떤 빈 공간이 우리 주위에 채워지길 기다리고 있지 않을까? 다가올 위대한 창조의 사건을 아직 몰라서 유감이기는 하지만, 그것들이 반드시 올 테고, 우리가 할 일이 남아 있다고 생각하면 기쁘기도 하다.

Chapter 4

신의 본질, 믿음의 본질

종교는 우리의 모든 문제를 해결할 수 있는가

데카르트는 신을 가능한 가장 완벽한 존재로 정의했고, 신의 존재를 존재론적으로 논증한 다른 철학자들도 이에 동의한다. 이것으로 신의 개념이 정확하지는 않지만 사실 그것을 정확히 정의하는 것이 얼마나 중요한지 모르겠다. 신의 개념이나 종교 주제에 대해 논의하는 상황에 처할 때, 내 일부는 그런 사색을 감동적으로 받아들이거나 최소한 비과학 소설의 한 토막처럼 매혹적으로 느낀다. 그러나 나의 또 다른 부분, 혹은 어쩌면 같은 부분일지도 모르는 일부는 그것을 완전히 공허한 것으로 격하하길 원한다. 20세기 또는 57세기가 됐다고 해서 우리가 신을 정말 진지하게 생각할 수 있을까? 오늘날처럼 지적인 시대에 종교적 감수성을 결정하는 것은 실제적 믿음이 아니라(나는 나를 신자로 볼 수 없다), 단지 종교나 신을 하나의 **가능성**으로 보고 사색하고자 하는 태도일 것이다.

데카르트의 생각처럼 신은 반드시 가능한 가장 완벽한 존재, 즉 상상할 수 있는 어떤 것보다 더 완벽한 존재여야 할까? 완전히 완벽한 존재는 없지만, 이 우주가 완벽의 척도에서 매우 높은 어느 존재의 손에 창조되었다고 가정해보자. 그보다 더 완벽하거나 심지어 똑같이 완벽한 다른 존재가 없다면, 우리의 우주를 만든 그 창조자는 완벽함이 부족해도 신일 것이다.

좀 더 정확히 말하자면 신의 개념은 이렇게 구성된다. 신은 (1) 가장 완벽한 실제적 존재다. (2) 완벽함의 척도가 매우 높다. (3) 그의 완벽함은 두 번째로 가장 완벽한 실제적 존재보다 월등히 높다. (4) 어떤 면에서 우리의 우주와 가장 중요하게 관련되어 있는데, 그 관련성은 아마 우주의 창조자라는 점일 수도 있고(반드시 무에서ex nihilo 창조하진 않았다 해도), 다른 어떤 점일 수도 있다. 이것이 일반적인 신 개념이다.

그러나 구체적 생각은 다를 수 있다. 우선 그 생각이 완벽이란 개념 아래에서 과연 어떤 차원을 포함하고, 어떤 차원이 완벽함을 높이는지, 거기에 어느 정도의 중요성을 부여하는지가 각기 다를 수 있다. 또한 신이 어떤 중요한 면에서 세계와 연관되어 있는지 보는 견해, 그리고 다른 어떤 것들이 존재하고, 그럼으로써 가장 완벽한 존재가 결국 얼마나 완벽해야 하는지를 보는 견해가 다를 수 있다.

신 개념은 신의 구체적 속성이 무엇인지 큰 여지를 남긴다. 하지만 한 가지, 우리의 우주와 가장 중요하게 관련되어 있다는 그 속성은 신 개념의 분명한 일부다. 이것은 반드시 신이 이 우주의 창조자라는 개념일 필요는 없다. 다음에 몇 가지 예가 있다. 신 개념의 한계를 시험하기 위한 이야기들이다. 만일 신이 되기에 충분히 완벽한 존재가 어느 하위 존재에게 이 세계의 창조를 일임하고, 그 하위 존재는 자신의 권한으로 신의 전반적 계획에 따라 행동하지만, 세계를 창조한 뒤에는 최초의 신이 직접 세계를 지배하거나, 자신의 권한을 가지고 신의 전반적 계획에 따라 행동하는 또 다른 중개자를 통해 세계를 지배한다고 가정해보자. 그렇다면 세계의 창조자가 아니거나, 심지어 직접적인 지배자가 아니어도 최초의 존재가 신일 것이다. 그러나 얼마나 큰 손실이 발생할지 알 수 없다. 세계와의 관계가 가장 중요한 것으로 간주되지 않을 만큼 절하된다면? 우리는 신비주의적 견해에 의존해 다양한 신을 일깨워, 과연 어느 존재가 진짜 신인지 불확실하게 만들 수도 있다. 그러나 다른 어떤 존재보다 월등히 완벽하지만 우리의 우주를 창조하지 않은 존재, 또는 우리의 우주와 가장 중요하게 연관되지 않은 존재는 하나의 신a god일 수는 있어도 진정한 신God은 아닐 것이다. 반면 우리의 우주를 창조한 것만으로는 신이 되기에 부족하다. 과학 소설에나 나올 법한 얘기지만, 다른 차원이나 영역에 사는 어느 10대가 우리의 우주를 창조했고, 그것이 고등학교 과학 숙제나 미술 숙제였다고 가정해보자. 그렇다면 수많은 다른 존재가 그보다 더 높을 것이다. 신 개념을 구성하는 것은 단지 위의 네 번째 조건이 아니라, 네 개의 모든 조건이다. 네 조건을 모두 합쳐야 충분하다. 네 조건을 전부 만족시키는 존재가 신이다. *

신 개념은 신을 다른 어떤 존재보다 월등히 완벽하다고 묘사한다. 신은 항상 그래야 할까, 아니면 한 번 그런 것으로 충분할까? 만일 지금 다른 어떤 존재가 완벽함 면에서 창조주 신을 능가하거나 그에 매우 근접한다면 신은 더 이상 신이 아닐까? 신의 완벽함

이 감소했거나 다른 존재의 완벽함이 증가해서 말이다. 만일 신이
란 용어를 모든 조건을 최초로 만족시키는 존재로 규정한다면, 창
조주 신은 계속 신일 테고, 신이라 불려야 옳다. 그러나 이 이야기
는 더 자세히 살펴볼 여지가 있다. 지금 신보다 더 완벽해진 두 번
째 존재가 세계와 더 중요한 관계를 맺고 있다고 가정해보자(그런
데 지금 그는 과거의 신보다 더 완벽해야 하는가?). 다시 말해 그 존재
가 현 세계를 지배하고, 세계의 운명을 결정하고, 세계를 예술적으
로 가장 잘 묘사한다고 가정해보자. 우리는 여전히 그가 신이 아니
라고 말할 수도 있다. 미켈란젤로가 그린 〈천지창조〉의 신은 오래
전에 타이틀을 반납했다. 그러나 우리는 똑같이, 이제 그가 신이
되었고 네 가지 조건을 충족시키는 타이틀 보유자가 되었다고 말
할 수 있다. 만일 신이란 용어가 현재 네 가지 조건을 충족시키는
어떤 존재나, 최초로 네 가지 조건을 만족시킨 어떤 존재에게 적용
되지 않고, (오직) 항상 만족시키거나, (좀 더 관대하게) 과거·현

• 위의 처음 세 조건으로 신 개념을 규정하는 방식은 '가장 잘 예시된 이해best instantiated realization'의 방식과 일치하는데, 이는 다음 책에서 논의한 개념을 구축하는 방식과 같다. *Philosophical Explanations* (Cambridge, Mass.: Harvard University Press, 1981), pp. 47~58. 신 개념의 복잡성, 그리고 위의 견해를 적절한 이름들에 대한 이론 및 이름과 본질에 대한 크립키주의적Kripkean 견해와 결합할 때의 복잡한 사정은, 다음 논문에 논의되어 있다. Emily Nozick, "The Implications of 'God' for Two Theories of Reference," (미출판 졸업 논문, Harvard University Press, 1987). 그녀와의 토론이 이 책의 개념들을 발전시키고 분명히 정리하는 데 도움이 되었다.
사람들은 위에 열거한 네 조건에 또 다른 조건을 추가하고 싶을 수도 있다. 단지 신은 현존하는 가장 완벽한 존재일 뿐 아니라, (동일한 가능한 세계에) 그와 공존하는 더 완벽한 존재는 있을 수 없다는 조건이다. 신 개념을 이렇게 보완하면 다른 어떤 실제적 완벽함보다 월등히 큰 동시에, 완전함과 절대성에 못 미치는 어떤 완벽함을 허용할 수 있고, 그것 역시 우리가 지금 전개하는 사고의 경향과 일치한다.

재·미래 중 어느 한때에 실제로 네 조건을 만족시킨 동시에, 과거에 존재했거나 앞으로 존재할 모든 존재를 놓고 볼 때 단연코 가장 완벽한 존재에게만 적용된다면, 타이틀이 바뀌는 일은 일어나지 않을 것이다. (그 존재는 매 순간마다 가장 완벽하지 않아도 된다. 이는 가장 강한 사람이 항상 가장 강할 필요가 없는 것과 같다.) 그러나 이렇게 되면 신은 아직 나타나지 않았고 신과 세계와의 가장 중요한 관계는 미래에 형성되리라는 가능성이 열린다.

나는 새로운 신학을 창안하거나 과거의 신학을 되살리거나 환상의 세계에 거주하려는 것이 아니라, 신 개념이 얼마나 융통성 있는지 보려는 것이다. 다른 개념들처럼 이 개념도 세계와 그 과정에 관해 몇 가지를 가정한 사람에 의해 형성되었다. 예를 들어 어떤 사람은 특별한 자질과 특성이 함께 발견되었고, 앞으로도 계속 그러리라 가정한다. 그런 가정에 약간의 일탈을 도입하면, 흥미롭고 새로운 개념을 적용할 수도 있지만, 더 큰 일탈을 적용하면 그 개념은 쪼개지거나, 용해되거나, 자동으로 약해질 수 있다.

왜 그런 신성한 존재가 있다고 믿어야 할까? 사상사를 살펴보면 신의 존재를 입증하려는 시도가 곳곳에 흩어져 있다. 신이 어떻게 자신의 존재를 입증하는 영원한 증거를 우리에게 줄 수 있을까를 상상하기는 결코 쉽지 않다. 따라서 그런 시도를 했던 사람들의 실패도 놀랍지 않다.** 그리고 신의 존재를 선언하는 어떤 구체적 신호—하늘에서 쓴 글, 신이 존재한다고 말하는 거대한 목소리, 또는 좀 더 정교한 징후들—가 있더라도 그것은 다른 별이나 은하에서 온 존재들의 과학 기술에서 나온 것일 수 있고, 나중 세대는 그것이 신의 산물인지 의심할 수 있다. 어떤 영구적 신호, 즉 우주의 기본 구조에 아주 깊이 파묻혀 있어 그 안에 거주하는 아무리 진보한 존재라도 결코 만들어낼 수 없는 신호가 있다면, 좀 더 가망이 있을 것이다. 예를 들어, 소립자들의 운동 경로가 영어의 흘림체로 '신은 존재한다God exists'를 나타낸다고 가정해볼 수 있다. 그러나 수천 년이 흐른 뒤 다른 사람들은 이 과학적 발견의 시기가 영어의 흘림체가 나타나기 이전이고, 영어와 역사적 기록이 나중에 종교적 믿음을 촉진하기 위해 수정되었다고 생각할지 모른다.

그렇다면 효과적 신호는 무엇일까? 그 메시지 이해는 우리를 쉽게 착각이나 오류에 빠뜨리는 복잡하고 뒤얽힌 추리에 달려 있지 않을 것이다. 만일 그렇다면 사람들이 그것을 이해하려 하지 않거나 이해해도 신뢰하려 하지 않을 것이다. 어떤 것이 여러 방식으로 해석될 수 있다는 사실에 대처하기 위해, 그 신호는 자연스럽고 강력하게 의미를 보여주어야 할 테고, 구체적 언어의 인습이나 인위적인 면에 의존하지 않아야 할 것이다. 그 신호가 만약 신에 관한 메시지를 전달한다면 아주 분명하게 전달해야 하고, 그 의미는 해처럼 밝게 빛나야 할 것이다. 그래서 그 신호 자체가 신과 유사해

•• 이 단락과 다음 단락은 나의 글 "God : A Story," *Moment* (Jan.~Feb., 1978)에서 가져왔다. 어떤 사람들은 명시적 증명이 있다면 신심에 관한 '우리의 자유 의지를 제거할' 것이이므로 그런 증거를 주지 않았고, 공식화하지 못하게 했다고 주장한다. (하지만 2+2=4라고 믿을 때의 자유 의지는 왜 똑같이 중요하지 않을까?) 그러나 그것은 일종의 일보 후퇴처럼 보인다. 만일 그런 증명이 제시되거나 발견되면, 그 사람들은 그것이 우리의 자유 의지를 제거한다고 불평할까? 게다가 우리에게 이성적 태도에 대한 자유 의지가 있다고 가정한다면 그런 명시적 증명이 존재하더라도, 사람들은 이성적이지 않기로 선택하고, 그래서 그런 종류의 결정적 논증을 믿지 않기로 자유롭게 선택할 수 있을 것이다.

야 할 것이다. 그것은 신의 속성이나 신과 인간의 관계를 일부라도 드러내야 할 것이다. 그것이 말하는 속성의 일부를 지니고 그 자체가 메시지의 존경을 요구해야 할 것이고, 그래서 어떤 사람도 그 위로 넘어 다니거나, 그것을 연구소로 가져가 자르고 분석하거나, 그것을 지배하지 못할 것이다. 접근할 수 없다면 가장 좋을 것이다. 아직 신 개념을 모르는 사람에게는, 그 상징이 사람에게 신 개념을 **심어주기도** 해서, 그것이 무엇의 상징인지를 알게 해준다면 도움이 될 것이다. 완벽한 신호라면 못 보고 지나칠 수 없을 만큼 장관이어야 할 것이다. 그것은 주목을 끌고, 다양한 감각 양상으로 지각할 수 있어야 하고, 어느 누구도 다른 사람의 말을 그것으로 착각하지 않을 것이다. 그것은 영원히 지속되거나, 적어도 사람이 지속되는 만큼 지속되어야 하지만, 사람이 그것을 새롭게 알아차릴 수 있도록 사람들 앞에 항상 있지는 않아야 할 것이다. 어느 누구도 그 메시지가 왔다는 것을 알기 위해 역사가가 될 필요는 없어야 할 것이다. 그 신호는 사람들의 삶에 중심 역할을 하는 강력한 대상이어야 할 것이다. 신이 창조의 원천이라는 점 또는 신이 창조와 결정적으로 어떤 중요한 관계에 있다는 점에 어울리도록, 지상의 모든 생명은 그 신호에 (간접적으로) 의존하고 그 주위를 돌아야 할 것이다. 만일 지상의 모든 생명의 에너지원으로 그 찬란함이 하늘을 지배하고, 사람들이 그 존재를 의심할 수 없고, 쓸데없이 찔러보거나 생색내면서 취급할 수 없는 어떤 물체가 있다면, 또 인간 삶의 중심이고, 막대한 양의 에너지를 쏟아내고, 그 에너지의 극히 일부분만 사람에게 도달하는 물체, 사람들이 끊임없이 그 위를 걸어 다니고 그 엄청난 힘을 감지하는 물체, 사람이 똑바로 쳐다볼수 없고, 사람을 억누르지 않지만 사람이 엄청나게 눈부신 힘과 어떻게 공존할 수 있는지 보여주는 물체, 사람에게 온기를 주고 그들의 길을 비춰주는 압도적으로 강력한 물체, 사람의 신체 리듬의 기초가 되는 물체가 있다면, 그래서 만일 이 물체가 지상의 모든 생명 과정에 에너지를 공급하고, 또한 생명의 시작에도 에너지를 공급한다면, 만일 그것이 눈부실 정도로 화려하고 아름답다면, 만일 그것이 신 개념이 없는 문화에 그 개념 자체를 줄 수 있다면, 만일 그것이 거대하고 또 온 우주에 흩어져 있는 다른 수십억 개의 물체와 비슷해서 다른 은하의 더 진보한 존재나 우주의 창조자보다 못한 어떤 존재에 의해 창조되었을 리가 없다면, 그렇다면 그것은 신의 존재를 알리는 적절한 메시지일 것이다.

물론 나는 다소 장난스럽게 얘기하는 중이다. 태양은 실제로 존재하고, 사람이 상상하거나 고안할 수 있는 한에서 거의 최고로 좋은 영원한 증거이지만, 신의 존재를 입증하는 데 도움이 된 적이 없다. 물론 그것을 하나의 신호로 보면, 앞에서 열거한 모든 속성이 어떻게 한 물체 속에 합쳐졌는가를 통일적으로 설명할 수 있기는 하지만 말이다. 우리는 신이 어떻게, 그 존재의 영원한 증거가 될 만한 **어떤 것**을 제공할 수 있을지 상상하기 어렵다. 그렇다면 왜 우리는 우리 자신이 그것을 할 수 있으리라고 기대해야 할까?*

우리는 신성한 실재, 가장 깊은 실재의 존재를 의심 없이 믿을 수도 있다. 어떤 사람이 어떤 것을 의심 없이 믿는다는 것은, 그가 그것을 믿게 된(또는 계속 믿고 있는) 이유가 어떤 종류인지를 나타낸다. 예를 들어, 그것은 증거 때문이 아니라거나, 그가 부모나 전통에서 배운 것 때문이 아님을 나타낸다. 믿음faith이 신앙belief이 되는 구체적 경로는 다음과 같다. 매우 진실한 어떤 것, 예를 들어 실제 사람, 이야기 속의 사람, 자연의 일부, 책이나 예술 작품, 어떤 존재의 일부와 만나게 되었을 때, 그것이 신성한 것 자체에 포함될 만한 성질의 형식을 띰으로써 그 신성한 것을 암시하면 믿음은 신앙이 된다. 그 특별한 성질이 당신을 깊이 건드리고, 당신의 가슴을 열어, 결국 당신은 신성한 성질의 어떤 형식을 매우 강하게 띠고 있는 그 신성함의 특별한 현시물과 접촉한다고 느낀다.

믿음이 그럴듯한 논증과 **병행하여** 최고의 설명에 이를 때, 우리는 그 믿음이 정당하다고 말하거나 적어도 부당하지는 않다고 말하고, 마주친 그것이 어떤 성질을 갖고 있는데 이것을 가장 잘 설명하는 것은 신성함의 현시물로서의 존재이고, 그 현시물 자체에 성질의 어떤 (강렬한) 형식이 있다고 말할 수 있다. 그러나 믿음에 따라 믿는 사람은 그렇게 말하지 않는다. 그는 이 추론적 논증을 지나갔기 때문이다. 그의 신앙은 어떤 것을 마주칠 때 깊이 건드려지고 감동받은 경험에서 직접 나온다.

• 신이 어떤 측면에서 무한하고—신 개념 자체의 구축은 이것이 필요 없다—우리가 그 무한성을 경험하거나 인식할 능력이 있다면 상황이 나아질 수도 있다. 그러나 그런 능력이 마주치게 되는 것은, 무한하기는 하지만 신보다 못한 존재나 실재일 것이다. 물론 이는 신이 있는 쪽을 가리키는 데에는 어느 정도 도움이 될 것이다. 더 심각한 어려움은, 우리의 경험 능력이 과연 무한과 매우 큰 유한을 믿음직하게 구별할 수 있는지, 또는 그 능력이 신의 무한이 아니라 우리 자신의 어떤 무한한 측면, 어쩌면 그 능력 자체, 더 깊은 다른 어떤 것도 가리키지 않을 능력을 감지하지는 않는지 하는 점이다. 무한한 것을 감지할 능력은 있지만 유한한 것만 발견된다면 그 역시 통탄할 일이 아닐까.

아마도 여기에서 뜻하는 신앙은 **자기 자신** 그리고 자신의 대응에 대한 믿음, 어떤 것이 **정말로** 신의 현시가 아니라면 그것에 의해 **그런 식으로 그렇게** 깊이 감동하지 않았으리라는 믿음일 수 있다. 그에 의해 우리는 또한 그 신성한 것이 존재한다는 신앙을 갖겠지만 (그것은 다른 방식으로는 스스로를 드러내지 못한다), 처음에 그 믿음은 **그것에 대한 믿음**이 아니라, 자기 자신의 **가장 깊은** 긍정적 대응들에 대한 신뢰일 수 있다. 그때 그 신앙이 **없다면**, 자신의 **가장 깊은** 대응을 불신하게 되고, 그래서 자기 자신과의 상당한 소외가 발생할 것이다. 그러나 최초의 가장 깊은 대응, 개인이 그토록 신뢰하는 대응은 그가 마주친 어떤 것에 대한 믿음과 신뢰일 수도 있다. 이 경우에 믿음은 본질적으로 자기 자신과 자신의 가장 깊은 대응에 대한 신뢰라기보다, 다른 어떤 것에 대한 믿음일 것이다. 그러나 이때에도 그는 자신의 믿음에 대한 믿음을 가질 필요가 있다. 그 신념은 우리가 만난 어떤 것에 대한, 우리의 신앙이 깃든 대응에 대한 믿음이다. *

물론, 이보다 낮은 자기 자신에 대한 믿음도 가능하다. 신성한 것에 대한 신앙으로 이끌지 못하는 믿음, 즉 어떤 것도 그렇게 내면을 깊이 건드리거나, 그렇게 깊은 경험을 줄 정도로 깊이 있지 못하리라는 믿음이 그것이다. 그러나 이것은 경험 자체의 깊이와 실재성의 정도에만 초점을 맞추고, 그 내용은 불신하는 관점이다. 만일 감각에 직접 지각될 수 없는 신성한 존재나 영역이 존재한다면, 그에 대해 마음이 열려서 그것이 당신을 가장 깊이 건드리도록 허락하는 것 외에 어떤 방법으로 그것을 알게 되겠는가?

신(또는 가장 깊은 실재에 대한 다른 어떤 개념)은 특별한 경험을 설명해야 하는 가설로 제시되지 않는다. 그보다 우리는 그런 경험들을 **신뢰한다**. 우리와 세계의 기본적 연관성은 **설명적이** 아니라 관계와 신뢰의 것이다. 그러나 가장 좋은 설명에 근거한 믿음과 병행하는 논증이 있다면 이는 환원주의적 주장을 약화시킬 테고, 그런 논증이 없다면 환원주의적 논증은 그 자체로 우리의 가장 깊은 경험들과 그 경험들이 보여준다고 여겨지는 것에 대한 우리의 신뢰를 약화시킬 것이다. 그 논증은 믿음이 비합리적이지 않다는 것을 입증하는 역할을 한다. (믿음에 대한 또 다른 견해에서는, 우리가 알고 있는 어떤 종류의 이유도 그 믿음을 뒷받침하지 못한다는 점에서 그것이 엄

• 어떤 사람은 그들의 신뢰가 그들 자신이나 자신의 대응에 대한 신뢰가 아니라 종교 전통에 대한 신뢰라고 주장할지 모른다. 그러나 다른 문화의 사람도 똑같이 그들의 문화 전통을 신뢰한다는 것과, 만일 우리가 다른 환경에서 태어났다면 우리 역시 그 다른 신앙을 똑같이 신뢰했으리라는 것에 주목한다면, 우리의 전통에 대한 신뢰는 유지하기 어렵다. 하지만 그 신뢰가 단지 자기 전통에 대한 신뢰가 아니라, 그 전통과 마주쳤을 때 경험하는 자신의 가장 깊은 대응에 대한 신뢰이고, 그 대응에서 그 전통에 대한 신뢰가 성장한다고 가정해보라. 다음과 같은 비슷한 질문이 떠오른다. 만일 당신이 다른 전통에서 성장했다면, 똑같이 깊은 수준에서 그 전통의 측면과 마주치고, 그래서 그 경험에 대해 똑같이 깊이 신뢰했을까? 그러나 어떤 전통에 대한 실제적 반응을 계속 신뢰하는 동시에 다른 환경에서 다른 반응을 깨닫고 똑같이 감동할 수도 있다. 당신이 현재의 배우자를 결코 만날 수 없는 다른 환경이라면 다른 누군가를 사랑하게 되었으리라는 점을 깨닫는다고 해서, 배우자에 대한 사랑이 약해지지는 않는다. 그러나 그 사랑은 세계에 대한 실재를 주장하는 근거가 못 된다. 다른 환경을 믿을 수 없다고 간주할 수 있는 어떤 중립적 기준이 없다면 다른 환경에서는 다른 주장이 똑같이 나타나리라는 인식에 의해 그런 주장은 흔들릴 것이다. 이와 마찬가지로 '믿음의 도약'을 얘기하는 사람들은 다른 환경이라면 그들은 여전히 도약했을 테지만, 다른 장소로 도약하지 않았을까 하는 걱정이 들 수 있다. 그러나 자기 자신과 자신의 가장 깊은 대응에 대한 신뢰는, 그 대응이 자신의 구체적 선입견에서 나오거나 단순히 그 선입견을 강화하는 것이 아니라 자신의 틀을 깰 때에도 위와 같은 고찰 앞에서 흔들리지 않는다.

밀하게 비합리적이라고 인정하면서도, 그것은 앞으로 발견될 어떤 이유에 의해 뒷받침되리라고 주장하고 ― 왜 우리가 존재하는 모든 종류의 이유를 이미 알고 있다고 생각하는가?―그러므로 현재뿐 아니라 앞으로 영원히 출현할 모든 이유를 고려하는 넓은 의미에서, 그 믿음은 합리적이라고 주장할 수 있다.)

그럼에도 자신의 경험을 부인하지 않고 대단히 가치 있게 여기는 동시에 그 경험이 자신의 삶을 형성하게 한다는 의미에서 자신의 경험을 신뢰하는 것은 좋은 일이지만, 그 경험이 다른 실재의 존재를 드러낸다고 주장하려면 한 걸음 더 나아가야 한다. 그러나 존재에 대한 그 주장을 실제로 부인한다면, 그 경험의 가치와 중요성에 대한 신뢰를 훼손하므로 그 신뢰의 품위를 떨어뜨리기 쉬울 것이다. 그렇다면 단지 판단을 유보하는 것은 어떨까? 이 역시 삶을 형성하는 경험의 가장 완벽한 힘을 놓치게 되고, 그래서 그저 판단의 유보가 아니라 어떤 단언이 그러한 삶의 중요한 구성 요소로 들어올 수 있다.

자기 자신의 가장 깊은 경험에 대한 이 단언과 신뢰는, 이 경험이 결코 잘못이 없다고 주장하는 독단론과 다르다. 더 깊은 경험들이 그것들을 능가하거나 다른 어떤 것을 보여줄지 모른다. 그렇다면 믿음은 조사를 허용할 수 있고, 경험의 범위와 타당성을 더 깊이 탐구하도록 할 수 있다. 단언은 진심에서 우러나올 수 있지만 시험적이고 다른 것으로 뒤바뀔 여지가 있다. 자기 자신의 가장 깊은 경험에 대한 신뢰는 남이 아닌 자기 자신의 삶과 탐구를 이끈다. 그것은 다른 사람에게 소유를 강요할 수 있는 종류의 것이 아니다.

Chapter 5

일상의 신성함

삶에 집중하고 주의하는 신실한 마음가짐

우리가 적절히 살펴보고 경험할 때, 실재의 모든 부분은 저마다 전체를 상징하고 내포한다. 종교 전통 역시 항상 신성함을 일상적 삶과 관심사에서 멀어지는 것으로 보지는 않는다. 유대교 전통에서 613 율법이나 미츠바mitzvah(계율)는 삶의 모든 부분을 끌어올리고 신성화하며, 그 계명을 따르는 사람은 그 계명을 받음으로써 자신의 죄가 속죄되었다고 생각한다. 선불교뿐 아니라 불교 전통 전체에서 완전히 집중하고 주의하는 마음가짐으로 모든 활동을 명상한다. 신성함은 독립된 영역일 필요가 없다. 신성함은 일상생활에도 존재한다.

우리는 삶의 일상적인 것, 가령 일상적 필수품 같은 것에 얼마나 깊이 대응할까? 음식과 공기를 섭취하고, 먹고 숨을 쉴 때, 대개 우리는 별다른 주의를 기울이지 않는다. 이 행위들은 우리가 주의를 기울일 때와 어떻게 다를까? 그 차이는 바람직할까?

식사는 친밀한 관계 맺음이다. 우리는 외적 실재의 조각들을 우리 몸에 집어넣는다. 우리는 그것들을 더 깊이 삼키고, 거기에서 우리 자신의 일부로, 우리의 신체적 존재인 살과 피로 통합한다. 식사할 때 우리는 세계와 거의 구분되지 않는다. 세계는 우리 속으로 들어오고 우리가 된다. 우리는 세계의 부분들로 구성된다.

여기에서 원초적 문제들이 나온다. 세계는 흡수해도 안전할까? 우리는 어떻게 세계를 신뢰하거나, 신뢰해도 좋다는 것을 알게 될까? 세계는 우리를 키울 만큼 충분히 우리에게 관심이 있는가? 데이비드 흄David Hume, 1711~1776이 귀납법을 공식화할 때 사용했던 예는, 빵이 과거에 영양분을 공급해주었으므로 앞으로도 계속 영양분을 공급해줄 것을 알 수 있느냐는 것이었다. 버트런드 러셀 Bertrand Russell, 1872~1970이 좋아한 귀납의 예는, 태양이 내일도 뜰 것을 우리가 알 수 있느냐였다. (그는 닭을 예로 들기도 했다. 매일 아침 닭에게 모이를 준 사람이 어느 날 아침 그 닭을 죽인다는 예다.) 귀납 문제가 상실, 영양, 온기와 빛, 안전 등에 대한 근심을 표현하는 것은 우연일까?

누군가와 음식을 먹는 것은 사회성을 깊이 표현하는 양식이다. 로마인은 유대인이 그들과 함께 식사하지 않은 점에 불쾌해했다. 그것은 음식의 질감·맛·대화·시간을 공유하는 방식일 뿐 아니라, 영양분을 공유하고 세계를 나 자신 속에 통합하는 과정을 공유하는 방식이다. 우리의 정상적인 신체의 경계가 이완되어 어떤 것을 섭취할 때, 공감적이고 친밀한 관계가 꽃을 피운다. 우리가 종종 다른 사람에게 함께 식사하자고 제안하는 것은 우연이 아니다. 사랑을 담아 음식을 준비하고, 시각적으로 아름답게 차리고, 먹으면서 감각을 느끼고, 여유 있고 사랑스러운 분위기에서 그런 음식을 매일 공유하는 것, 이 모든 것이 낭만적인 남녀가 함께 사랑을 나누는 방법이고, 한쪽 또는 양쪽이 그들의 소중한 세계의 한 부분을 창조하는 방법이다. (이 세계의 많은 사람에게 음식과 관련된 기본적 사실은, 음식을 얻기가 매우 어렵고 때로는 불가능하다는 것이다. 우리는 음식이 풍족한 상황에서 음식의 사회적 상징적 중요성을 연구할 때에도, 음식이 야기하는 생물학적·개인적 파괴를 기억해야 한다.)

식사에는 개인적 측면과 비사회적 측면도 있다. 무신경하게 대충 식사하거나 미적으로 냉담하게 식사하지 않고 주의 깊게 식사할 때, 식사는 어떤 성격을 띠는가? 우선, 우리는 단지 음식의 질이 아니라 음식을 섭취하는 행위에 주의를 집중하게 된다. 우리는 입이라는 대기실에서 음식을 만나고 그곳에서 인사를 나눈다. 우리는 음식을 더듬어 조사하고, 그것을 에워싸고, 그것을 촉촉하게 만들고, 치아 바로 안쪽의 단단한 입천장에 음식을 혀로 누르고, 압력을 가하면서 빨고, 이리저리 돌린다. 우리는 음식과 장난을 치고, 음식과 친구처럼 사귀고, 음식을 반갑게 맞아들인다.

또한 우리는 우리 자신을 열어 음식의 구체적 성격, 그 맛과 질감을 받아들이고, 그래서 그 물질의 내적 성질을 받아들인다. 사과의 순수함과 품위, 딸기의 폭발적인 기쁨과 성성sexuality을 예로 들고 싶다. (예전 같으면 이것을 우스꽝스러운 과장으로 느꼈을 것이다.) 나는 많은 음식을 맛보지는 못했지만, 음식을 맛본다는 것은 그 내적 본질을 알게 되는 방식처럼 느껴졌다.˙ 불교에서 전해오는 이야기가 있다. 한 남자가 호랑이를 피해 달아나다가 덩굴을 붙잡고 절

벽에 매달렸지만 밑에서 다른 호랑이가 기다리는 것을 보게 된다. 엎친 데 엎친 격으로 쥐 두 마리가 덩굴을 갉기 시작한다. 그는 바로 옆에 딸기가 있는 것을 보고는 한 손으로 그 딸기를 따서 먹는다. "아, 참 달기도 하구나!" 어떻게 그 상황에서 딸기를 먹고 맛있다고 할 수 있는지 의아하다. 그가 그렇게 한 것은 딸기의 맛을 느끼고 알았기 때문이다. 그는 그때 호랑이를 생각했을까? 이야기는 거기서 끝난다.

아주 적은 샘플만으로 많은 음식은 우리에게 자신의 본질을 공개하고, 우리를 교육하는 듯하다. 나는 교묘하게 혼합한 음식이 우리에게 그런 지식을 줄 수 있다고 생각하지 않으며, 그래서 브리야 사바랭Jean Anthelme Brillat-Savarin, 1755~1826, 18세기 말 프랑스 대법원 판사이자 미식가 — 옮긴이이 아담과 이브에게 다음과 같이 질문할 때 그 배경에 깔린 가정을 믿지 않는다. "사과 때문에 스스로 파멸하다니, 송로로 맛을 낸 칠면조였다면 뭘 못 했을까?" 새로운 가르침을 주는 독창적 요리의 창조자는 귀중한 창조자일 것이다. 나는 이 세계가 우리에게 이롭고 가르침을 주는 물질로 채워져 있다고 생각하지 않지만, 이 음식이 어떻게 놀라운 본질을 갖게 되었는지는 호기심을 갖고 알

• 사실 나는 이 모든 것에 대해 상당히 무지하고, 단지 몇 번 실험해봤을 뿐이다. 이렇게 보잘것없는 지식과 사색을 전하는 것에 대한 유일한 변명은, 다른 지면에서는 이나마도 찾아볼 수 없다. 그러나 불교의 명상 문헌, 특히 위파사나(불교의 명상 수행법으로서 여러 현상을 관찰하는 직관 명상이다 — 옮긴이) 전통의 문헌에 이와 관련된 내용이 나온다. 동양 전통에서 말하는 득도의 방법 중에 다음 두 가지가 있다. "먹거나 마실 때 그 음식이나 음료의 맛이 되고, 그것으로 채워지라", "어떤 것을 빨고, 그 빨아들임이 돼라"다. Paul Reps, *Zen Flesh, Zen Bones* (New York: Anchor Books), "Centering"에 관한 절에서 47항, 52항을 보라.

아볼 만한 문제라고 생각한다. 음식들을 알고 우리의 살 속에 물질들을 통합함으로써 우리는 그것들을 존재의 더 높은 차원으로 끌어올리고, 그래서 그것들에게 보답해준다고 생각하면 좋을 것이다. (동물의 살은 비록 그 동물 자체라고 보기는 어렵지만, 더 큰 의식을 가진 존재의 살 속에 통합되고 그 살로 변환됨으로써 이득을 얻게 될까?)

깨달음을 곁들인 식사는 강한 감정을 불러온다. 세계는 나에게 영양물을 주는 장소라는 것, 나는 그런 영양물과 자극을 얻고 영양물의 출처와 근본적으로 접촉할 가치가 있는 존재라는 것, 세계 안에서 안전과 편안함을 느끼고, 다른 생명체와 연결되어 있고, 또한 신자들의 입장에서 창조의 결실이 고맙다는 것에 대한 깨달음.

입은 먹고, 말하고, 키스하고, 깨물고, (비강과 함께) 숨 쉬는, 다용도 공간이다. 앞의 네 행동은 감정이 실릴 수 있지만, 숨쉬기는 단순하고 자동적이지 않은가? 하지만 숨쉬기에 주목하면 그것도 충만하고 풍부한 과정임을 알게 된다. 동양의 명상법은 '호흡에 따라' 들숨, 정지, 날숨, 정지, 다시 들숨과 같은 순환에 정신을 집중하라고 가르친다. 또한 그 속도와 박자에 변화를 주어 꾸준하고 느린 과정에서 날숨을 길게 할 수 있고, 들숨 이후에 숨을 멈출 수도 있다. 놀랍게도 그렇게 간단한 호흡법으로 수행자의 의식이 변한다. 이 변화는 부분적으로 의식에 마음을 집중하고, 몰입에 이르러 다른 생각들을 진정시키는 과정을 통해 이루어진다. 또한 의식의 변화는 부분적으로 호흡법의 변화로부터 즉각 생기는 생리학적 결과일 수도 있다. 그러나 호흡에 정신을 집중한다는 사실에서 비롯되는 변화도 있다. 식사처럼 호흡도 외부 세계와의 직접적인 연결이고, 세계를 내부로 가져오는 행위다. 그것은 흉강과 복부의 크기를 크게 변화시키는 등 몸속에 즉각적인 변화들을 불러온다. 자신의 신체를 하나의 바람통으로 지각하고, 공기를 들이마시고 내쉬고, 외부 공간과 상호작용을 하면서 몸을 확대·수축하고, 더 큰 공간 속에서 공간의 그릇이 되고, 때때로 들숨과 날숨을 구분하지 못하다가 다음에 일어난 일을 깨닫는 것, 이 모든 것이 독립된 존재자의 테두리 안에 갇혀 있다는 느낌을 사라지게 한다. 세계를 호흡하고 때때로 세계를 느낄 때, 수행자는 거꾸로 세계에 의해 호흡되고 나머지 존재들과 분리되어 있지 않음을 깊이 경험할 수 있다. 명상 호흡법을 하는 중에는 또한 감정을 쉽게 통제하고 평가할 수 있다. 감정에 사로잡혀 직접 끌려다니지 않게 된다.

게다가 호흡을 따르는 명상 수련에서처럼 가슴과 횡경막의 상승과 하강에 따라 오랫동안 호흡에 집중하면, 주의가 유연해지고 집중되어 산만함에서 벗어나고 하나의 대상을 무한히 유지할 정도로 주의력을 높일 수 있다. 이 호흡 집중은 일상의 활동들 사이에 할 수 있어, 짬이 날 때마다 수행하면 모든 것에 날카로운 주의를 유지할 수 있다. 두렵거나 스트레스가 많을 때, 외부 대상이나 내면의 감정을 이 호흡 집중의 틀 안에 넣어 진정시키면, 더 섬세한 신체 리듬이 분명해지고, 다시 이 리듬에 집중하고 따르면, 또 다른 틀이 형성되어 더 깊이 파고들어 갈 수 있게 된다.

식사하고 호흡할 때 이 집중적인 명상에 많은 시간을 할애하면 그 활동의 편안한 자연스러움이 줄어들 수도 있지만, 가끔씩이라도 그렇게 하고, 그것에서 배운 교훈을 기억하고, 기회가 날 때마다 다시 돌아가 그 교훈을 재확인하거나 새로운 교훈을 배우는 것이 중요하다.

내적인 것이나 외적인 다른 것에도 주의를 집중할 수 있다. 태양을 나 자신에게 빛과 온기를 주는 직접적인 원천으로 경험할 수 있고, (내가 알고 있는 다른 지식의 도움을 받아) 지상의 모든 생명 과정에 에너지를 주는 주요 공급원으로 경험할 수도 있다. 나의 몸과 그 움직임도 주의를 집중할 대상이 될 수 있다.

아주 일상적 물체들도 주의를 집중하면 놀라움을 불러일으킨다. 의자, 탁자, 자동차, 집, 찢어진 신문, 흩어진 물건들, 이 모든 것이 참을성 있게, 주목을 기다리면서 제자리에 놓여 있다. 일부러 옮겨 놓았거나 삐딱하게 놓은 물건도 똑같이 참을성 있게 기다린다. 마치 어떤 종류든 하나의 존재자 상태에는 그 자신만의 두드러진 성질이 있는 것처럼, 우리는 사물의 실재성, 그 순수한 존재성을 인식할 수 있다. 모든 것이 정확히 현 상태로 존재하면서도, 뭔가를 기다리며 준비하고 있다. 어떤 웅대한 사건을 기다릴까? 단지 존재자들을 아는 것 외에 우리가 할 수 있는 일이 있을까? (이 위엄을 갖춘 물체들은 사랑을 받기 위해 기다리고 있을까?)

이 문제에 집착하고 구체적인 것을 하나하나 설명하는 것은 '지나치게 꼼꼼하게' 느껴질 수도 있다. 하지만 삶과 세계가 무엇을 담고 있고 드러내는지를 외면하고 삶을 지나치는 것은 부끄러운 일이다. 그것은 멋진 음악이 연주되는 방들을 지나가면서 그 음악을 못 듣는 것과 같다. 어쨌든 우리에게 신체가 주어진 이유가 있지 않을까.

신성함은 신성한 존재와 특별하고 밀접한 관계를 맺는 것이다. 신성한 것들에 신성하게 대응하면 그것들과 더 특별한 관계를 맺을 수 있다. 일상생활을 신성하게 볼 때, 우리는 세계와 그 안에 담긴 내용물이 우리의 탐구·대응·관계·창조 활동을 무한히 받아준다는 것을 알게 되고, 우리의 그 활동이 아무리 지나쳐도 그것을 전개하는 개인에게나 모든 시대의 모든 인간에게 풍족하게 보답해주는 무대임을 알게 된다.

Chapter 6

성

다른 사람과 맺는 가장 강렬한 이끌림

우리가 다른 사람과 가장 강렬한 관계를 맺는 길은 성적인 방식이다. 존슨 박사가 지적했듯이, 교수형을 앞둔 시간만큼이나 마음을 집중시키는 것은 없다. 성적 흥분을 제외하고는 말이다. 고조되는 긴장, 다음에 벌어질 일의 불확실성, 가끔씩 찾아오는 안도, 갑작스러운 놀라움, 위험과 모험, 이 모든 것이 결말을 향해 달려가는 강렬한 주의와 긴장 속에서 펼쳐진다. 박빙의 운동 경기와 긴장감 넘치는 영화도 끝날 즈음에 그와 비슷한 흥분 패턴이 발생한다. 나는 지금 이것들에서 느끼는 흥분의 기본 성격이 암암리에 성적이라고 말하는 것이 아니다. 다른 흥분들에서도 성적 흥분의 반향이 느껴질 정도로, 성적 흥분은 흥분의 일반적 패턴을 보여주는 아주 두드러진 예라는 말이다. 그러나 우리는 단지 섹스에서만 강렬한 흥분을, 흥분의 대상이자 원인과 공유한다.

섹스는 단지 마찰력의 문제가 아니다. 대체로 그 흥분은 상황을 해석하는 방식 그리고 상대와의 연결을 지각하는 방식에서 온다.

심지어 환상에 빠져 자위할 때에도 사람들은 다른 사람과의 행위를 깊이 생각한다. 자기 자신을 생각하거나 자기 자신이 자위하는 것을 생각한다고 흥분에 빠지지는 않는다. 흥분은 개인 간의 관계에서 온다. 상대가 나를 어떻게 보는지, 그 행위가 어떤 태도를 드러내는지가 사람을 자극한다. 자기 자신을 간지럼 태우기 어렵듯이 섹스도 반대편에 실제 상대가 있을 때 더 좋다. (중요한 것은 상대방일까, 불확실성일까?)

섹스는 주의력을 사로잡는다. 당면한 섹스 상황에서 마음이 멀어져도 된다면, 다른 성적 환상으로 갈아타는 경우뿐이다. 그 상황에서 다음에 구입할 자동차를 곰곰이 생각하는 것은 참여 부족을 가리키는 증거다. 주의력은 당신이 어떻게 만져지고 무엇을 느끼고 있는가에 집중되기도 하고, 또 당신이 상대방을 어떻게 만지고 상대방이 무엇을 느끼는가에 집중되기도 한다.

섹스 중에 우리는 때때로 아주 세밀한 동작들, 아주 미세한 머리카락의 쓸림, 피부 위로 지나가는 손가락, 손톱, 혀의 느린 진행, 아주 작은 변화나 한순간의 정지에 집중한다. 그런 순간에 우리는 잠시 멈추고 다음에 올 상황을 기다린다. 우리의 예민함은 이때 가장 날카로워진다. 압력이나 운동이나 각도가 조금만 변해도 쉽게 감지된다. 그리고 상대가 나처럼 예민하게 나의 감각에 동조하고 있음을 알면 흥분이 밀려온다. 상대의 섬세한 동작과 반응은 그가 당신의 즐거움을 알고 있고 세밀한 측면에 마음을 쓰고 있음을 보여준다. 나의 쾌감을 구체적으로 알려주고, 허락받고, 서둘러 다음 단계나 다른 흥분으로 넘어가지 않고 최대한 그 쾌감에 오래 머무르고, 상대방의 허락과 초대를 받아 그곳에 머물러 함께 놀고, 당신은 쾌감을 누릴 자격과 가치가 있다는 식의 이야기를 들으면 깊은 탄식이 울려 나올 수 있다. 섹스처럼 그렇게 느리게 진행되는 것이 또 있을까?

섹스를 할 때 익숙한 쾌감들이 감각적으로 섬세하게 깨어나고 탐구되기도 하지만, 새로운 곳을 찾아 손과 입과 혀와 이로 애무하고 싶어지기도 한다.

섹스를 할 때 깊은 감정들이 깨어나고 표출되는 것은 놀라운 일이 아니다. 상대에게 나의 쾌감을 보여줄 때 갖는 신뢰, 상대방에게 그 쾌감을 선사하고 이끌도록 허락하고 심지어 유아적이거나 오이디푸스적인 반향을 띤 쾌감이나 항문 섹스의 쾌감을 주도하라고 허락할 때 갖는 취약한 감정은 가볍게 우러나지 않는다.

섹스는 미묘한 쾌감을 알고 그에 반응하는 섬세한 수준에 그치지 않는다. 그 줄거리는 섬세함에서 출발해 때때로 그곳으로 돌아오지만, 더 강하고 덜 계산된 행위로 나아가기도 한다. 번갈아 가며 서로의 쾌감에 신경을 쓰기보다 서로 힘을 합쳐 더 강하고 폭넓은 흥분으로, 즉 성인의(또는 유아적) 흥분에서 동물적 흥분으로 나아가기도 한다. 열정과 동작이 통제를 벗어나 더 맹렬해지거나 더 날카로워지고, 더 자동적인 리듬을 타고, 초점이 살에서 뼈로 이동하고, 소리가 신음과 탄식에서 더 날카로운 탄성, 쉿 소리, 으르렁거림으로 변하고, 입이 혀와 입술에서 이와 깨물기로 바뀌고, 권력과 지배와 분노 같은 주제들이 떠올라 부드러움 속에서 치유되고, 다시금 떠올라 더 강하고 강렬한 순환들을 거친다.

섹스를 할 때 우리의 가장 강한 감정들이 표출된다. 그 감정들은 때때로 어쩌면 종종 부드럽고 사랑스럽지만, 항상 그렇지는 않다. 그런 강렬한 감정들은 그에 대한 반응으로 똑같이 강한 감정들을 불러일으켜 서로를 흥분시킨다. 양쪽 상대는 그들의 가장 강하고 가장 원시적인 감정들이 표출되고 또 안전하게 수용되는 것을 본다. 섹스를 할 때에는 상대방을 더 깊이 알게 되지만, 나도 무엇이 가능한지 경험하는 과정에서, 다시 말해 나의 열정, 사랑, 공격성, 취약성, 지배, 장난스러움, 유아적 쾌감, 기쁨을 아는 과정에서 나 자신을 더 잘 알게 된다. 섹스가 끝난 뒤에 찾아오는 이완의 깊이는 함께 나눈 경험의 충만함과 심원함을 표시하는 척도이자 그 일부분이다.

섹스의 영역은 끝이 없다. 섹스에서 서로에 대해 배울 수 있고 느낄 수 있는 것에는 한계가 없다. 유일한 한계는 당사자들의 감수성, 대응성, 창조성, 대담성이다. 탐구할 수 있는 새로운 깊이와 새로운 표면이 항상 존재한다.

금언이 하나 있다면 주의 깊게 실험하라는 것이다. 무엇이 자극적인지 알아채고, 상대방의 쾌감이 있거나 움직이는 곳으로 그 쾌감을 따라가고, 그 속으로 들어가고, 그 주위에서 놀고, 그와 관련된 다른 곳에서 압력을 높이거나 줄이면서 변화를 주는 것이다. 지능을 발휘하면 도움이 될 수 있다. 자극적인 요소가 더 큰 패턴이나 환상에 맞을 수 있는지 알아채고, 그 가설을 시험하고, 그런 다음 그에 어울리는 행위와 말로, 때로는 모호한 행위와 말로 그것을 권할 수 있다. 또한 새로운 실험을 통해 틀에 박히거나 예측할 수 있는 쾌감을 우회할 수도 있다. 자유·개방성·창조성·대담함·지능 같은 특성들이 더 큰 세계에서는 항상 충분히 보상받지는 못하지만, 사적인 상황에서 그렇게 달콤한 결실을 맺는다면 얼마나 좋은 일인가.

섹스는 또한 일종의 소통 양식이고, 말보다 더 효과적으로 어떤 것을 말하거나 보여주는 방법이다. 그러나 성적 행위들은 말보다 더 분명하게 말하지만, 다른 한편으로는 말에 의해, 즉 자신의 쾌감을 알려주거나 더 강렬한 쾌감으로 이끄는 말들, 환상을 묘사하거나 듣기 불편할 수 있는 자극적인 환상이라면 단지 그것을 암시하는 말들에 의해, 고무될 수도 있다.

재즈를 즉흥 연주하는 음악가처럼 성행위를 하는 두 사람은 악보대로 연주하기도 하고 즉흥적으로 연주하기도 하면서 대화를 나눈다. 그러면서 각자가 상대방의 신체 움직임으로 전해오는 이야기에 아주 세심하게 응답한다. 이 이야기는 자신의 자아와 쾌감에 관한 것일 수도 있고, 상대의 자아와 쾌감에 관한 것일 수도 있으며, 두 사람 모두에 관한 것이나 상대에 대한 요구일 수도 있다. 삶의 다른 영역에서는 어떤지 몰라도, 섹스에서만큼 사람들은 자주 그리고 무의식적으로 남이 해주길 바라는 대로 남에게 해준다. 쾌감과 동작의 위치 설정, 강도, 속도, 방향에 의해 사람들은 끝없이, 종종 부지중에 자신이 받고 싶은 것을 신호로 알린다. 또한 신체의 어떤 부위들은 여러 면에서 다른 부위를 상징하거나 의미할 수 있다. 예를 들어, 입이나 귀(또는 손바닥, 겨드랑이, 손가락, 발가락, 뼈)에서 일어나는 일은 그에 대응하는 다른 곳의 사건들을 복잡하게 상징할 수 있고 같은 흥분을 불러올 수 있다.

　말로 하는 대화에서 사람들은 다른 음성으로, 다른 생각을 가지고, 다른 주제에 대해 이야기한다. 성적 대화에서도 사람들은 저마다 다른 목소리를 낸다. 그리고 두 사람이 말할 수 있는 새로운 것들이나, 이전의 것을 새롭게 말하거나 회고하는 방법에는 부족함이 없다. 여기에서 **대화**라고 말하는 것은, 섹스의 유일한 (비생식의) 목적이 소통이라는 뜻이 아니다. 흥분과 육체적 쾌락도 당사자들이 바라는 목적일 수 있다. 그러나 흥분과 쾌감은 또한 그 대화의 중요한 부분이다. 섹스의 무대에서는 즐거운 흥분과 그에 대한 개방을 통해 다른 강렬한 감정들을 표현하고 유희할 수 있기 때문이다.

　이 무대에서는 사적인 모든 것을 표현하고, 탐구하고, 상징화하고, 강화할 수 있다. 친밀해진 상태에서 우리는 평소 주변에 둘러쳐진 경계를 열고 다른 사람을 들여보낸다. 옷과 충분한 자제력과 감시로 표현했던 경계를 여는 것이다. 여러 겹으로 친 공개적 방어 수단과 얼굴들을 뚫고 다른 사람이 들어와 더 상처 받기 쉽거나 더 정열적인 나를 본다. 남에게 나의 육체적 쾌락을 보여주는 것보다 더 친밀한 것은 없다. 그런 것은 반드시 감춰야 한다고 심지어 (혹은 특별히) 부모에게서 배웠기 때문일 것이다. 일단 경계 안에서는 새로운 친밀함이 가능해진다. 새로 만난 사람들이 섹스를 한 뒤 침대에서 나누는 특별한 대화가 좋은 예다. (얼마간은 그런 격의 없는 대화를 나누기 위해 섹스를 한 것은 아닐까?)

　오르가슴을 포함한 성적 흥분에 대한 욕망과, 상대와 자기 자신을 가장 깊이 알고자 하는 욕구 사이에 갈등이 존재할까? 즉시 더 큰 흥분으로 돌진하거나, 다른 모든 것을 오르가슴의 수단으로만 본다면, 이는 상대방에게 깊은 속을 열고 또 상대방을 깊이 아는 데에 방해가 된다. 모든 것이 적당한 때가 있다. 최고의 흥분 역시 깊은 곳으로 들어가는 경로일 수 있다. 만약 그 심연이 알 수 없는 깊이로 존재한다면, 사람들은 섹스에 의해 그렇게 흔들리지 않을 테고, 벌어지는 일에 그렇게 경외감을 느끼지 않을 것이다.

오르가슴은 그것만으로도 짜릿하지만, 상대방과 함께 있어서 얼마나 기쁜지를 그녀와 그에게 말해준다. 오르가슴이 더 깊은 형태를 취할 때, 내가 완전히 삼켜지고 완전히 무절제하게 보여도 괜찮다고 느낄 때, 나는 나를 지배하는 상대방의 힘이 얼마나 강하고 상대방 앞에서 무기력한 상태지만 얼마나 큰 편안함과 신뢰를 느끼는지를 상대방과 나 자신에게 보여준다.

다른 사람을 기쁘게 하는 것은, 하나의 성취이고 극복할 수 있는 도전일 때 가장 기분 좋게 느껴진다. 따라서 자신의 오르가슴이 너무 이르거나 너무 늦으면 상대방은 덜 만족스러워할 것이다. 너무 이르면 성취가 아니고, 너무 늦고 아주 많은 노력을 들인 후라면, 상대방이 충분히 자극적이지 않고 만족스럽지 않다는 것을 말할 수 있다. 코미디도 그렇지만 오르가슴의 성공 비결은 타이밍이다.

오르가슴은 짜릿한 경험일 뿐 아니라 나와 상대의 관계에 대한 진술이다. 그것은 상대가 나를 만족시켰다는 선언이다. 나와 상대가 오르가슴의 여부에 신경 쓰는 것은 당연하다. 여기에서도 우리는 동시적인 오르가슴의 결합력을 이해할 수 있다. 그것은 상대방과 함께 그리고 상대방에게서 가장 강한 기쁨을 느끼는 바로 그 순간에, 나도 상대방에게 강렬한 기쁨을 주고 있음을 듣고 보는 데에서 나오는 힘이다.

개인의 전체에 대해서보다 신체 부위에 대해 더 많이 얘기하는 다른 진술들이 있다. 음경은 질 속에서 환영받는다고 느낄 수 있고, 사랑스럽고 조급하지 않게 키스를 받을 수 있고, 따뜻한 보살핌을 받는다고 느낄 수 있고, 더 신바람이 나면 거의 숭배받는다는 환상에 빠질 수도 있다. 이와 마찬가지로 질도 부드럽게 입을 맞추고, 오랫동안 알아가고, 자그마한 균열 속에 머물고, 그것이 요구하는 소리들을 내주면, 그 달콤함과 권력을 당당히 인정받을 수 있다. 상대의 몸을 알고, 그 부위가 가진 특별한 에너지를 서두르지 않고 숙고하는 것도 상대에게 어떤 진술을 **건네준다**.

성교를 가리키는 'making love'는 균형 있고, 부드럽고, 끝까지 순서를 지키는 데 반해, 흔히 'fucking'이라고 말하는 행위에는(비하할 의도는 없다) 남성이 자신의 권력과 힘을 과시하는 단계가 적어도 하나 이상 포함된다. 반드시 공격적이거나, 타락하거나, 지배적일 필요는 없다. 물론 통계적으로 볼 때 그런 상태로 슬며시 빠지는 경우가 많지만 말이다. 남성은 단지 자신의 권력, 힘, 또는 잔인함을 과시하고 여성의 인정을 받을 수 있다. 사자나 호랑이 같은 정글 속 야수의 잔인한 성질을 드러내고, 으르렁거리고, 깨물면서, 남성은 여성을 보호할 수 있는 힘이 있다는 것을 (조심스럽게) 보여준다. 그러나 이 힘의 과시가 반드시 일방적이지는 않다. 여성도 나름대로 사납게 굴고, 으르렁거리고, 씩씩거리고, 긁고, 소리 지르고, 깨무는 것으로 응답할 (또는 시작할) 수 있고, 그녀도 자신의 사나움을 자제하고 길들일 수 있다는 것을 보여줄 수 있다. 이보다 더 미묘한 문제들은 올바르게 설명하기는 매우 어렵다. 예를 들어 여자가 어느 시점에 상대에게 자기 자신을 **허락하는** 특별한 방식이 그것이다.

섹스에서 우리는 상대를 우리의 경계 안으로 들어오게 하거나 경계를 느슨히 하면서, 우리 자신의 열정·능력·환상·흥분을 보여주고 상대방의 그런 것들에 응답한다. 섹스를 도해로 나타내면, 점선으로 된 두 개의 원이 부분적으로 겹친 모양이 될 것이다. 나와 상대 사이에 경계가 있지만, 그 경계는 꼭 막혀 있지 않고, 침투할 수 있다. 그러므로 우리는 강렬한 성적 경험 중에 때때로 밀려오는 광대한 느낌, 융합의 느낌을 이해할 수 있다. 이것은 단지 상대방을 향한 흥분된 감정 때문이 아니라, 평소의 경계를 유지하는 데에 에너지를 쏟지 않기 때문이다. (절정의 순간에 그 경계는 완전히 사라질까, 아니면 **선택적** 침투성을 띠어 눈앞의 특정 개인에게만 낮아질까?)

지금까지의 많은 얘기는 단일한 성관계에 해당하지만, 성생활은 오랜 시간에 걸쳐 특별한 연속성을 띤다. 하루 종일 또는 며칠 동안 함께 지내면서 성관계와 알아가기를 반복하고 변주하고, 상대방과 거의 떨어지지 않고 함께 지내고, 더 많은 지식과 감정을 새롭게 기억하여 새로운 탐험을 위한 도약대로 삼는 경우도 있다. 친밀한 연인이 서로에 대한 갈망을 누르지 못하고 되풀이해서 만나는 경우도 있다. 친밀한 사랑의 관계가 더 완전해지고 오래 지속되면 성적 결합의 흥분·깊이·달콤함이 증가하고, 이것이 다시 관계를 향상시킨다.

섹스를 할 때 우리는 감정의 전 범위를 탐구하면서 상대와 나 자신을 깊이 알게 되고, 상대방과 결합하거나 융합하고 싶은 충동에 따르고, 자신을 초월한 신체적 기쁨을 발견하면서 하나로 결합한 두 사람을 알게 되고, 이성애 섹스는 새 생명을 만들어 섹스 행위 자체에 심리적 중요성을 더할 수 있다(여자들에게 특히 중요할 것이다. 그 모든 상징적 의미를 지닌 생명을 몸속에 품고 다닐 수 있기 때문이다). 그러나 이것이 다가 아니다. 섹스를 할 때 우리는 형이상학적 탐험에 빠질 수도 있다. 이때 우리는 다른 개인과 그의 몸에서 가장 심오한 실재의 지도 내지는 축도, 그 본성과 목적을 가리키는 단서를 보게 된다.

Chapter 7

사랑의 유대

자신과 다른 사람의 안녕을 추구하는 심리적 행위

사랑의 일반적 현상은 낭만적인 사랑, 자식에 대한 부모의 사랑, 조국에 대한 사랑 등 여러 가지 사랑을 포괄한다. 이 모든 사랑에는 공통점이 있다. 나 자신의 안녕이 내가 사랑하는 사람이나 사물의 안녕과 긴밀히 묶여 있는 것이다. 친구에게 나쁜 일이 일어날 때 우리는 그 때문에 슬퍼하고, 좋은 일이 일어날 때에는 기뻐한다. 하지만 사랑하는 사람에게 나쁜 일이 일어날 때에는 **나에게도** 나쁜 일이 일어난다. (정확히 똑같은 일일 필요는 없다. 그리고 친구를 사랑할 수 없다는 뜻도 아니다.) 만일 사랑하는 사람이 다치거나 망신을 당하면 우리는 아픔을 느끼고, 사랑하는 사람에게 멋진 일이 일어나면 기분이 좋아진다. 하지만 사랑하는 사람의 바람이 충족될 때마다 기분이 좋아지지는 않는다. 그 바람은 단지 그가 좋아지는 것이 아니라 그의 안녕이 걸려 있어야 한다. (누구의 관점에서 그의 안녕일까? 그녀일까 나일까?) 사랑이 없을 때에는 다른 사람의 안녕에 변화가 생겨도 나의 안녕은 변하지 않는다. 다른 사람들이 기근에 시달린다면 우리는 마음이 아프고 그들을 돕는 일에 동참한다. 우리는 그들의 곤경을 마음에서 지우지 못할 수도 있지만, 우리 자신이 딱하다고 느끼진 않는다.

나 자신의 안녕이나 불행을 이렇게 연장하는 것이야말로 자식에 대한 사랑, 부모에 대한 사랑, 동포에 대한 사랑, 조국에 대한 사랑 등 온갖 종류의 사랑을 하나로 묶는 특징이다. 사랑은 반드시 동등하게 배려하거나 나 자신보다 다른 사람을 더 많이 배려하는 문제가 아니다. 그런 사랑은 큰 사랑이지만, 나의 안녕이 다른 사람의 안녕에 의해 조금이라도(그러나 같은 방향으로) 영향을 받는다면 이는 얼마간 사랑이 존재한다는 뜻이다. 상대방이 어떻게 지내느냐에 따라 나도 (어느 정도) 그렇게 된다. 사랑하는 사람은 나의 경계 안에 들어와 있고, 그들의 안녕은 나 자신의 안녕이 된다. *

'사랑에 빠진' 미혹 상태는 우리에게 익숙한 특징들을 보여준다. 사랑에 빠지면 거의 항상 상대방을 생각하고, 끊임없이 접촉하고

• 다른 사람의 안녕이 직접 내 안녕의 일부가 되는 때가 언제인지 좀 더 명확한 기준을 공식화할 수 있다. 그런 일이 일어나는 경우는 다음과 같다. (1) 나의 안녕이 상대방의 안녕의 중요한 변화에 따라 영향을 받는다고 말하고 믿을 때, (2) 나의 안녕이 상대방의 안녕에 의해 같은 방향으로 영향을 받을 때, 즉 그의 안녕이 향상되면 내 안녕도 향상되고, 하락하면 나의 안녕도 하락할 때, (3) 나 자신이 더 불행하다고 판단될 뿐 아니라 그 상태에 어울리는 어떤 감정이 느껴질 때, (4) 상대방의 안녕에 일어난 변화를 단지 아는 것만으로도 영향을 받을 때, 그리고 그 이유가 나 자신과 관련된 다른 일(유년기의 환경 등)을 상징적으로 나타내기 때문이 아닐 때, (5) (이 조건이 특히 진단에 도움이 된다) 나의 기분이 변할 때, 즉 순간의 감정이 예전과 달라지고, 특정 감정을 느끼는 경향이 바뀌었을 때, (6) 이 기분의 변화가 다소 지속적일 때, 더 나아가 (7) 사람이나 사물에 대해 그렇게 영향을 받는 일반적 경향이나 성향이 형성되었을 때, 그래서 상대의 안녕에 변화가 생기면 그로 인해 영향을 받는 경향이 있을 때.

함께 있기를 원하고, 같이 있으면 흥분하고, 잠을 못 이루고, 시와 선물 또는 사랑하는 사람을 기쁘게 해주는 여러 방법을 통해 감정을 표현하고, 촛불 아래에서 만찬을 나누고, 잠시 떨어져 있는 시간이 길게 느껴지고, 상대방의 행동과 말을 떠올리면서 실없이 미소를 짓고, 상대방의 작은 결점이 즐겁게 느껴지고, 상대방을 발견하거나 상대방에게 발견되었을 때 기쁨을 느끼고, (톨스토이의 《안나 카레니나》에서 키티가 자신을 사랑하는 것을 알게 된 레빈처럼) **모든 사람**이 저마다 매력적으로 멋있게 보이고, 그들 모두가 행복을 느껴야 한다고 생각한다. 사랑 이야기에서 다른 관심사와 의무는 배경 속에 파묻히고, 사랑이 전경에 나타나 삶을 지배한다. (예를 들어 로마군을 지휘하거나 잉글랜드를 다스려야 하는 등의 중요한 공식 의무를 등한시할 때, 우리는 그 이야기에 마음을 빼앗긴다.) 관계의 생생함은 예술적 또는 신화적 성격을 띠기도 한다. 그림 속의 인물들처럼 함께 눕거나, 오비디우스Publius Ovidius Naso, BC 43~AD 17, 신화를 통해 당시 상류 사회의 남녀를 표현한 로마 시인 — 옮긴이의 시처럼 함께 새로운 이야기를 만들어간다. 사랑이 일방적일 때에도 익숙한 일들이 일어난다. 우울함에 빠지고, 과거의 잘못을 강박적으로 반추하고, 일이 잘 풀릴 경우에 대해 온갖 환상을 품고, 상대가 힐끗 봐줄 수 있는 장소에서 꾸물거리고, 상대의 목소리를 듣기 위해 전화를 걸고, 다른 모든 활동이 무료하게 느껴지고, 가끔씩 자살을 생각한다.

사랑의 열병이 어떻게, 언제 시작되든지 기회가 주어지면 그것은 지속적인 낭만적 사랑으로 자연스럽게 변하고, 그렇지 않으면 사라진다. 이 계속되는 사랑은 두 사람에게, 그들이 결합하여 이 세계에 하나의 새로운 존재, 즉 **우리**라고 부를 수 있는 존재자를 형성했다는 느낌을 안겨준다.* 그러나 우리는 낭만적 사랑에 빠지고도 실제로 상대방과 **우리**를 형성하지 못할 수도 있다. 상대방이 나와 사랑에 빠지지 않을 수도 있기 때문이다. 사랑, 즉 낭만적 사랑은 그 특정인과 **우리**를 형성하기를 원하고, 그 특정인이 나와 함께 **우리**를 형성하기에 딱 좋은 사람이기를 느끼거나 원하며 상대방도 나에 대해 똑같이 느끼기를 원하는 것이다. (상대방이 나와 함께 **우리**를 형성하기에 부적당한 사람이라는 것을 깨달을 때 **우리**를 형성하고자 하는 욕구가 항상 그리고 즉시 종결된다면 참 고마울 것이다.) 상대방과 **우리**를 형성하고자 하는 욕구는 단지 낭만적 사랑에 딸려오는 어떤 것, 사랑할 때 부수적으로 발생하는 어떤 것이 아니다. 그 욕망은 사랑의 본질적 요소다. 그것은 사랑의 의도 중 중요한 일부분이다.

우리를 형성했다고 해서 두 사람이 샴쌍둥이처럼 신체가 붙지는 않는다. 두 사람은 다른 장소에 있을 수 있고, 대상들을 다르게 느낄 수 있고, 계속 다른 일을 할 수 있다. 그렇다면 두 사람은 어떤 의미에서 **우리**라는 새로운 존재자를 형성할까? 그 새로운 존재자를 창조하는 것은, 그들을 더 이상 분리된 존재로 만들지 않는 그들 사이의 새로운 관계망에 의해 창조된다. 이 망의 몇 가지 특징을 묘사해보자. 먼저, 다소 차갑고 정치과학적 냄새가 풍기는 두

---

* 우리를 형성하는 사랑에 대해서는 다음을 보라. Robert Solomon, *Love* (Garden City, N.Y.: Anchor Books, 1981).

특징을 살펴보자.

첫째, 사랑 일반에 적용된다고 앞에서 언급한 정의적 특징으로, 나의 안녕은 내가 낭만적으로 사랑하는 사람의 안녕과 긴밀히 묶여 있다는 것이다. 이때 사랑은 다른 무엇보다 나를 위태롭게 할 수 있다. 사랑하는 사람에게 나쁜 일이 일어나면 그것은 나에게도 일어난다. 그러나 좋은 일이 일어나도 마찬가지다. 게다가 나를 사랑하는 사람은 삶의 변화무쌍함에 잘 대응할 수 있도록 세심하게 도와준다. 비록 그런 행동이 부분적으로 그 자신의 안녕을 유지하는 데 도움이 된다 해도 그것은 이기심의 발로가 아니다. 그러므로 사랑은 나의 안녕을 받쳐주는 지지대이고, 운명의 타격을 견딜 수 있는 보험이 되어준다. (경제학자들은 짝을 선택하는 행위의 특징을 합리적 위기 공유의 일환으로 설명해줄 수 있을까?)

우리를 형성하는 사람들은 그들의 안녕뿐 아니라 각자의 자율성까지 공유 풀에 넣는다. 그들은 의사를 결정하는 힘과 권리를 스스로 제한하거나 박탈하고, 그에 따라 어떤 결정은 더 이상 혼자 내릴 수 없게 된다. 어떤 결정이 그렇게 되는가는 커플마다 다르다. 어디에 살까, 어떻게 살까, 누구를 친구로 두고 어떻게 그들을 볼까, 자식을 낳을 것인가, 낳으면 몇 명이 적당한가, 어디로 여행할까, 오늘 밤 영화를 보러 갈 것인가, 간다면 무엇을 볼까. 그들 각자는 단독으로 결정하던 이전의 몇몇 권리를 공유 풀에 넣고, 어쨌거나 같이 있을 때 무엇을 할지 함께 결정하게 된다. 만일 나의 안녕이 상대방의 안녕과 매우 밀접하게 영향을 주고받는다면, 안녕에 기본적으로 영향을 미치는 일차적인 것들마저도 더 이상 혼자 결정하지 않게 된다.*

우리를 형성한 두 사람을 가리킬 때 **부부**란 단어를 쓰는 것은 우연이 아니다. 두 사람은 또한 그들 자신을 하나의 새롭고 지속적인 단위로 보고, 그 얼굴을 세상에 내보인다. 두 사람은 하나의 부부로 공인받길 원하고, 부부로서의 정체성을 공개적으로 표현하고 주장하고 싶어 한다. 그러므로 이렇게 할 수 없는 동성애 커플은 심각한 장애에 직면한다.

우리의 일부가 되면 새로운 정체성을 하나 더 소유하게 된다. 그렇다고 해서 내가 개인적 주체성을 잃는다거나, 나의 고유한 주체성이 **우리**의 일부로서 존재한다는 뜻은 아니다. 하지만 분명히 내가 가졌던 개인적 주체성은 변화를 겪는다. 이 새로운 주체성은 어떤 심리적 태도를 낳고, **우리**의 당사자들은 상대방에게 이 자세를 취한다. 각자는 심리적으로 상대방의 주체성의 일부가 된다. 이것이 무엇을 의미하는지 어떻게 더 정확히 말할 수 있을까? 어떤 것이 변하거나 사라지면 다른 사람처럼 느끼게 될 때 그것이 나의 주체성의 일부라고 말하는 것은, 설명할 필요가 있는 주체성 개념 자체를 재도입하는 것에 불과한 듯하다. 그렇다면 다음과 같이 말하

---

* 단독적인 의사결정 권리의 박탈은 심지어 낭만적 관계를 끝내는 결정에까지 확대된다. 우리는 이 결정을, 설령 하게 된다면, 혼자 할 수 있다고 생각할지 모른다. 그래서 그렇게 할 수도 있지만, 단지 어떤 정해진 방식과 정해진 속도로만 그렇게 할 수 있다. 다른 종류의 관계는 끝내고 싶거나 더 이상 만족스럽지 않으면 끝낼 수 있지만, 사랑하는 관계에서는 상대방에게도 '한 표가 있다'. 그렇다고 해서 영원히 거부권이 용인되지는 않지만 상대방에게는 발언하고, 개선하기 위해 노력하고, 납득할 권리가 있다. 물론 얼마간 시간이 지나면 상대방이 동의하지 않아도 관계가 끝났다고 주장할 수 있지만, 사랑할 때 두 사람은 단독으로 신속하게 행동할 권리를 포기한다.

는 것이 유용하다. 누군가를 사랑한다는 것은 부분적으로 그의 안녕과 그와의 관계에 경계심을 기울이는 것일 수 있다. (더 일반적으로 얘기하자면, 어떤 것이 우리가 특별히 민감성을 갖는 몇 안 되는 분야에 지속적으로 속해 있다면 그것을 내 주체성의 일부라고 할 수 있을까?) 나 자신의 독립된 주체성의 경우 경계심이 어떻게 나타나는지를 조사한 실험들이 있다. 예를 들어, 의식적으로 주의를 기울이지 않는 소음 같은 대화에서 내 이름이 어떻게 들리는지, 책 속에서 내 이름과 비슷한 단어가 어떻게 '튀어나오는지' 등을 실험한 것이다. 그렇다면 사랑에 빠진 사람의 민감성을 조사한 비슷한 실험도 있을지 모른다. 예를 들어, **우리**를 형성한 사람은 종종 둘이 함께 여행할 때나 자기 혼자 여행할 때보다, 상대방이 혼자 여행할 때 비행기 추락 사고 같은 여행의 위험을 훨씬 더 많이 걱정한다. **우리**를 형성한 개인은 일반적으로 상대방에게 닥칠 수 있는 위험을 경계한다. 상대에게 무슨 일이 생기면 꼼짝없이 단일한 개인적 주체성으로 돌아와야 하고, 또 그런 위험들은 두 사람이 오랫동안 떨어져 있을 때 특히 크게 느껴진다. 공동 주체성의 형성을 설명하는 또 다른 특징은 일종의 노동 분업이다. **우리**를 형성한 개인은 흥미로운 읽을거리를 발견하고도 그것을 상대에게 넘겨줄 수 있다. 그것에 관심이 없어서가 아니라, 상대방이 더 큰 관심이 있을지 모르기 때문이고, 어쨌든 둘 중 한 명이 읽으면 두 사람이 공유하는 더 큰 주체성, **우리**가 그것을 공유하기 때문이다. 만일 부부 관계가 깨지면 그들은 어쩔 수 없이 그 모든 것을 직접 읽을 것이다. 상대방이 더 이상 **대표로** 읽을 수 없기 때문이다. (**우리**의 기준을 계속 열거하다

보면, 뒤에서 논의할 특징도 그 목록에 포함될 것이다. 더 나은 상대로 '갈아타려고trade up' 애쓰지 않는다는 것이다.) 때때로 **우리의** 존재는 손으로 만질 수 있을 것처럼 구체적이다. 철학적인 사람이 거리를 걸을 때 자기 자신과 친밀한 대화를 나누고 자기 자신을 벗으로 삼을 수 있듯이, 사랑에 빠진 사람은 사랑하는 사람이 옆에 없어도 그가 말할 성싶은 것들을 생각하고, 그와 대화를 나누고, 그가 거기에 없기 때문에 그를 대신해서 그가 볼 것처럼 사물을 보고, 다른 사람들 앞에서 그가 말할 것들을 그의 어조로 말하는 등 완전한 **우리의** 역할을 수행한다.*

만일 개인의 자아를 그릴 때 경계가 연속적이고 꽉 막혀 내부와 외부를 구분하는 폐곡선으로 표현한다면 **우리를** 그릴 때에는 서로 접촉하는 곳의 경계선이 지워진 두 개의 도형으로 표현할 수 있다.

---

* 두 사람이 우리를 형성했을 때, 이것은 두 사람과 두 사람의 관계 그물망의 실체 하나를 세상에 더해주는 것일까? (두 사람 외에 그 우리도 감정을 느낀다고 할 수 있을까?) 이는 하나의 사회가 세계에 더해진 또 하나의 존재자인가, 아니면 단지 다양한 인간관계의 총합인가의 문제와 비슷하다. 인간의 몸은 세계에 더해진 하나의 존재자인가 아니면 단지 관계의 망을 구성하는 물리적 부분인가? 몸이나 사회처럼 우리도 스스로를 유지하고, (넓은 범위의) 새로운 환경에 부딪히면 거기에 적응한다. 사회나 몸과는 달리, 우리는 단일한 존재자로 계속 존재하지 않고, 구성 부분이 대체된다. 그러나 우리를 이룬 두 사람은 종종 한 단위로, 즉 안녕과 의사결정의 중심을 별도로 가진 단위로 외부 세계와 상호작용을 한다. 우리가 이 세계 속의 존재론적 세간에 더해진 새 가구인가 아닌가를 결정하는 것보다는, 우리의 다양한 특징과 우리에 의해 생길 수 있는 새로운 활동과 가치에 주목하는 것이 더 중요하다. 그러나 두 사람이 만들고 구성하는 공간에서 두 사람이 그저 행복하게 지내는 그 익숙한 현상학적 경험의 성격을 나타내는 표지로는 후자가 적절할 것이다. '우리'라는 복수형 주어의 성격을 아주 자세하고 분명하게 논의한 책은 이 책이 완성된 뒤에 나왔다. 다음을 보라. Margaret Gilbert, *On Social Facts* (London: Routledge, 1989), pp. 146~236.

(전통적인 하트 모양 아닐까?) 성적 경험의 결합 양상들, 즉 두 사람이 뒤섞여 흐르고 강렬하게 융합하는 모습은 **우리**의 형성을 반영하고 촉진한다. 의미 있는 일, 창조적인 활동, 그리고 발전은 자아의 형태를 변화시킬 수 있다. 친밀한 유대는 자아의 경계를 바꾸고 그 위상을 변화시킨다. 낭만적 사랑이 그렇고, (뒤에서 보게 되듯이) 방식은 다르지만 우정도 그렇다.

개인적 자아는 그것이 동일시하는 **우리**와 두 가지 방식으로 관계를 맺을 수 있다. 개인적 자아는 **우리**를 자기 자신의 매우 중요한 **양상**으로 볼 수도 있고, 자기 자신을 **우리**의 일부로, 그 속에 포함된 것으로 볼 수도 있다. 남자는 전자인 경우가, 여자는 후자인 경우가 더 많은 듯하다. 남녀 모두 **우리**가 자아에 극히 중요하다고 보지만, 이것을 그림으로 그린다면 대부분의 남자는 자기 자신을 나타내는 원을, **우리**를 나타내는 원 안에 넣어, **그 속에 포함된** 한 양상으로 표현할 테고, 대부분의 여자는 그 반대로 표현할 것이다. 어느 경우든 **우리**가 개인적 자아를 소모하거나 그 자율성을 질식시킬 필요는 없다.

낭만적인 **우리**를 이룬 두 사람은 상대방을 완전히 소유하고 싶어 한다. 그러나 각 사람은 또한 상대방에게 독립적이고 당당한 개인일 필요가 있다. 당당한 자율성을 계속 유지하는 사람만이 나의 개인적 정체성을 확대하고 향상해주는 공동 주체성의 적절한 상대가 될 수 있다. 그리고 당연히 상대방의 안녕(즉 나의 관심사)도 그 당당한 자율성을 필요로 한다. 그러나 그와 동시에 상대방을 **완전히** 소유하고 싶은 욕망이 있다. 나는 이 욕망이 반드시 상대방을 지배하고 싶은 욕망에서 나오지는 않는다고 생각한다. 내가 필요로 하고 원하는 것은, 내가 자신의 독자성을 소유하듯 완전하게 상대방을 소유하는 것이다. 이는 내가 상대방과 새로운 공동 정체성을 형성하고 있다는 한 표현이다. 혹은 어쩌면 이 욕망은 단지 상대방과 하나의 정체성을 형성하고 싶은 욕망일 수도 있다. 그러나 주인과 노예의 불안정한 변증법을 묘사한 헤겔의 설명과는 달리, 낭만적인 우리에서 상대방의 자율성과 완전한 소유는 두 사람이 놀랄 만큼 확장된 공동 정체성을 형성할 때 화해와 조화에 도달한다.

사랑이라는 관계의 핵심은 두 사람이 관계를 이룬 당사자로서 그 관계를 어떻게 보는지, 관계 안에서 자신의 상대와 자기 자신을 어떻게 느끼는지, 그리고 서로에게 구체적으로 어떻게 잘 해주는지다. 두 사람은 상대방에게 기쁨을 주면서 기쁨을 느낀다. 이는 종종 장난스러운 상황으로 표현된다. 성숙한 사랑을 받을 때 우리는 가장 강렬한 사랑의 주요 대상이 될 가치가 있다고 인정받는다. 유년기의 오이디푸스적 삼각관계에서는 받아보지 못한 것이다.* 상대방이 나에게 만족을 느끼고 사랑을 통해 행복해지는

---

* 또 다른 그리스 신화에서, 오디세우스가 방랑하는 동안 부인 페넬로페와 아들 텔레마코스가 집에서 지내는 이야기는 이 삼각관계의 다른 그림을 보여준다. 아버지는 단지 어머니의 사랑을 얻기 위해 경쟁하는 대상이 아니라 필요한 보호자다. 만일 어머니가 아들이 생각하는 만큼 매력적이라면 아버지가 없는 상황에서 다른 구혼자들이 어머니 앞에 나타날 것이다. 그리고 아버지는 경쟁자를 죽이거나 불구로 만들지 않지만(정신 분석 문헌이 자식의 불안에 대해 뭐라고 묘사하든) 이 구혼자들은 진정한 적이다. 텔레마코스는 안전한 삼각관계를 유지하기 위해 아버지가 필요하고, 그래서 아버지를 찾아 길을 나선다.

것을 볼 때, 우리는 우리 자신에게 더 만족하게 된다.

누군가의 사랑에 의해 불타오르기 위해서는 사랑받는 대상이 우리 자신이어야 하지 우리의 그럴듯한 겉모습이나 일부여서는 안 된다. 완전히 가까워진 사랑에서, 상대는 나의 본모습을 충분히 안다. 스스로 사랑받지 못할 만하다고 느끼는 나의 특징을 모른 채 누군가 나를 사랑하고 있다면 그것은 안심할 수 있는 사랑이 아니다. 이것은 성격의 특징일 수도 있고, 무능력하거나 서투르거나 무지한 분야일 수도 있으며, 개인의 신체적 특징일 수도 있다. 부모는 복잡한 방식으로 쾌감의 장소나 배설의 장소에 대해 자식을 불편하게 만드는데, 아주 세심하고 사랑이 넘치는 성관계에서는 이런 느낌이 누그러지거나 변화될 수 있다. 완전히 가까워진 사랑에서 두 사람은 상대의 본모습을 알고, 정화하고, 인정한다. 그리고 치유한다.

사랑받을 때 자기 자신에게 만족하려면 사랑받는 대상이 나의 돈 같은 어떤 조건이 아니라 나 자신이어야 한다. 흔히 말하듯, 사람들은 '나 자신 때문에' 사랑받기를 원한다. 사랑받는 이유가 내 자아상이나 정체성의 사소한 부분에 있을 때, 나는 나 자신이 아닌 다른 어떤 것 때문에 사랑받는다. 돈이나 돈을 버는 능력, 또는 멋진 외모나 친절함이나 지능이 정체성의 중심인 사람은 그런 특징이 사랑을 불러일으킨다는 것에 반대하지 않을 것이다. 우리는 어떤 특징 때문에 누군가를 사랑하게 되고 그 특징에서 계속 기쁨을 느낄 수 있다. 그러나 결국, 그런 특징의 목록이 길든 짧든, 그 때문이 아니라 그 사람 자체를 사랑해야 한다. 이것은 정확히 무엇을 의미할까?

우리가 누군가를 사랑하면 그 사람과 함께라는 것이 내가 생각하는 정체성의 두드러진 부분이 된다. '이러저러한 특징이나 소유물을 가진 사람과 함께'라기보다, '이브와 함께' 또는 '아담과 함께'가 정체성의 현저한 부분이 되는 것이다. 어떻게 이런 일이 가능할까? 특징들은 분명 중요한 역할을 했을 것이다. 그렇지 않다면 왜 다른 사람이 아닌 그 사람을 사랑하게 되었겠는가? 그러나 만일 그 특징들 '때문에' 계속 사랑받는다면 그것은 조건적 사랑일 테고, 만일 그 특징이 변하거나 사라지면 사랑도 함께 변하거나 사라질 것이다.

어쩌면 사랑은 오리의 각인과 같다고 할 수 있다. 새끼 오리는 결정적인 시기에 가장 먼저 눈에 띄는 움직이는 물체에 애착을 형성하고 제 어미처럼 따른다. 사람의 경우도 개인의 특징이 사랑의 각인을 촉발하지만, 그런 뒤에는 더 이상 그 특징에 기초하지 않고 사랑을 받는지 모른다. 사랑이 처음에는 폭넓은 특징들에 근거를 둔다면 더 좋을 것이다. 사랑은 그 대상의 바람직한 특징들에 조건적인 근거를 두고 시작되지만, 그 특징들의 범위가 넓고 지속적이라면 그 사랑은 더욱 안정적일 것이다 *

그러나 오리들의 각인과는 달리 사람들 간의 사랑은 변할 수 있다. 사랑은 처음에 불꽃을 당겼던 구체적 특징들에 더 이상 의존하지 않을 수도 있고, 시간이 지나면서 새롭고 충분히 부정적인 다른 특징들에 압도당할 수도 있다. 혹은 다른 사람에게 새로 각인되는 일이 일어날 수도 있다. 그러나 우리 안에 묶인 사람은 이런 변화를 시도하지 않는다. 이와 반대로 만일 어떤 사람이 바람직하거나 가치 있는 특징 '때문에' 사랑받는다고 가정해보자. 이때 그런 특징들을 더 강하게 가진 다른 사람이 나타나거나 훨씬 더 가치 있는 다른 특징을 가진 사람이 나타나면, 상대방은 그 새로운 사람을 더 사랑할 것이다. 만일 그렇다면 그저 '더 나은' 사람을 기다리거나, 그 가치의 '점수가 더 높은' 사람으로 열심히 '갈아타기'를 하지 않을 이유는 무엇인가? (플라톤의 이론은 이런 의문들 앞에서 특히 취약해진다. 그는 사랑의 궁극적이고 적절한 대상이 되는 미의 형상이 존재한다고 했기 때문이다. 구체적인 개인은 누구라도 그 특징들의 지참자에 불과하고, 그 특징들이 상대방의 마음에 그 형상에 대한 사랑을 일깨운다면, 그런 사람은 그 형상을 더 잘 일깨우는 사람으로 대체될 수 있다.[**])

쉽게 상대를 바꾸려는 자세, 즉 '더 나은' 특징을 가진 사람을 찾는 것은 사랑의 태도와 어울리지 않는다. 그 이유를 설명해주고,

---

- 특징 **때문에** 사랑받는 것은, 사랑은 보상이라는 개념, 즉 개인의 특징이 사랑이라는 보상의 기초라는 개념과 일치하는 듯하다. 사랑이 보상이라는 것은 익숙하지 않은 개념이다. 어느 누구도 높은 기준에 못 미치기 때문에 사랑받을 자격이 없지는 않기 때문이다. 우리는 때때로, 어떤 사람이 다른 사람의 사랑을 받을 "가치가 없다"라고 말하지만, 이 말은 그 사람이 (낭만적으로) 사랑받을 때 적절히 대응하지 못하고, 사랑으로 응답하지 못한다는 뜻이다. (그 사람이 낭만적으로 사랑을 되돌려줄 필요는 없지만, 누군가 진정한 사랑을 보였을 때에는 그것을 거절할 때에도 최소한 애정이 담긴 방식이어야 한다.) 그렇다면 (낭만적) 사랑을 받을 가치가 있다는 것은 그에 대한 보답으로 사랑할 줄 아는 능력이 있다는 뜻이다. 그러나 만일 어떤 사람에게 그 능력이 사전에 뚜렷하지 않더라도, 누군가에게 사랑받음으로써 그것이 만들어지거나 촉발될 수는 없을까? 내 사랑의 깊이와 고상함이 상대방의 마음에 사랑을 일깨우리라 확신하고서 사랑하는 사람들은 그런 희망을 품을 것이다. 그리고 항상 그렇지는 않다는 것을 발견하기까지는 어느 정도 세상 경험이 필요하다.
- Gregory Vlastos, "The Individual as an Object of Love in Plato," *Platonic Studies* (Princeton: Princeton University Press, 1973), pp. 3~34.

또 그럼에도 왜 사랑의 태도가 비합리적이지 않은지를 설명해주는 견해가 있다면 도움이 될 것이다. 지루하지만 가능한 한 이에 대한 설명은 경제학적 형식을 띤다. 일단 한 사람을 잘 알게 되었을 때, 다른 사람과 비교할 수 있는 지점에 이르려면 많은 시간과 에너지를 투자해야 하고, 이것이 갈아타기를 막는 장애물이 된다. (그러나 그 새로운 사람이 새로운 투자 비용까지 고려해 더 큰 보상을 약속한다면?) 새로운 사람에겐 불확실성이 있다. 오랜 시간과 경험을 함께 나누고 다툼과 위기를 여러 번 거친 뒤에야, 그 사람이 어려운 상황에서 믿을 만하고, 의지할 만하고, 회복력이 있고, 동정심이 있는지 알 수 있다. 다른 후보와의 결합 가능성을 조사하는 것은, 그가 아주 유망해 보이는 후보라 해도, 결국 부정적 결론에 도달할 수 있고, 현재 맺어진 상태를 감축하거나 끝내야 할 수도 있다. 그래서 적당히 만족스러운 상황이라면 다른 곳으로 갈아타려는 시도는 현명하지 못하다. 탐색에 쏟을 에너지를, 현재의 **우리**를 개선하는 데 투자하는 편이 더 나을지도 모른다.

　경제적 신중함을 강조하는 이런 충고는 결코 어리석진 않지만 분명히 표면적이다. 그 관점은 이렇다. 사랑 자체의 본질과 관련된 그 무엇도 사랑하는 특정인에게 초점을 두지 않으며, 갈아타기를 꺼리는 태도와 관련이 없다. 만일 경제적 분석이 그렇다면, 어떤 사람이 특정인에 대한 헌신이 포함된 사랑의 태도를 보이면 왜 우리는 그것을 기꺼이 받아들이는지 알 수 있고, 그런 태도를 받기 위해 왜 그와 똑같은 태도를 제시하거나 꾸며내 보이며 거래하기도 하는지 알 수 있다. 그러나 어째서 우리는 다른 모든 상대를 멀리하고 특정인에게 그렇게 헌신하기를 원할까? 다른 모든 방법을 제외하고 배타주의에 전념하는 그런 사랑의 관계를 통해 우리는 어떤 특별한 가치에 도달할까? 우리가 연인을 진심으로 위하고, 그래서 다른 사람으로 대체하여 연인에게 상처를 주고 싶지 않다는 말은 사실이지만, 위의 질문에 충분한 답은 못 된다.

여기에서도 경제적 분석을 해보면 좀 더 깊이 이해할 수 있다.* 정해진 상대와 특별한 자원을 반복해서 거래하면, 그와의 거래를 위해 나만의 전문화된 자산을 발전시키는 것이 합리적이고 상대 입장에서도 마찬가지다. 이 전문화는 그 당사자와 계속 거래할 수 있게 보장해준다(제3자와 교환하는 경우보다 더 적은 자원을 투자해도 되기 때문이다). 게다가 그 상대에게 더 잘 맞고 그와 더 잘 거래할 수 있도록 나 자신을 다듬고 전문화하고, 그럼으로써 다른 사람과는 잘하지 못하게 된다면, 나는 그 당사자가 나와 계속 거래하리라는 책임과 보증을 어느 정도 원할 테고, 이는 나를 위한 상대방의 전문화를 뛰어넘는 더 큰 것을 보장한다. 그렇게 거래하는 두 회사가 있다면 하나의 회사로 합병해 모든 것을 내부적으로 할당하는 것이 경제적으로 유리하다. 마침내 우리는 공동 정체성과 비슷한 개념에 도달했다.

사랑이 지향하는 것은 **우리**를 형성하고, **우리**를 확대된 자아와 동일시하고, 자기 운명의 대부분을 **우리**의 운명과 동일시하는 것이

---

* 이 단락은 올리버 윌리엄슨Oliver Williamson의 책에서 발견한 경제 분석 방법을 따랐다. *The Economic Institutions of Capitalism* (New York: The Free Press, 1986).

다. 그렇다면 쉽게 갈아타는 자세, 내가 동일시하는 바로 그 우리를 파괴하는 것은 확대된 자아의 형태로 존재하는 나의 자아를 파괴하는 것이 된다. 그래서 현재의 **우리**와 동일시하는 것을 중단하지 않고서는, 다시 말해 사랑이 식지 않고서는, 다른 **우리** 속으로 뛰어들 생각이 나지 않을 것이다. 심지어 다른 **우리**로 뛰어드는 경우에도, 새로운 우리를 형성하겠다는 그 의지는 **이제** 갈아타기를 하지 않겠다는 의지일 것이다. 갈아타기의 의지가 없다는 것은 사랑의 개념과 사랑에 의해 형성된 **우리**에 고유한 본질이다. 우리는 '점수가 높은' 새 연인을 찾으려고 하지 않는다. 지금의 자아보다 더 나을 수도 있지만 불연속을 야기하는 새로운 자아를 위해 현재 동일시하고 있는 자아를 파괴하지 않으려는 것이다. (그렇다고 해서 자기 자신을 향상시키거나 변화시키기를 꺼린다는 뜻은 아니다.) 아마 이것이 열병의 한 기능일지 모른다. 하나의 **우리**로 가는 길을 포장하고 매끄럽게 하는 것이다. 사랑의 열병은 나 자신의 자율성을 염려하는 장애물을 뛰어넘을 수 있게 열정을 이끌어내고, 상대방에 대한 생각과 두 사람에 대한 생각으로 마음을 끝없이 채워, **우리의** 사고방식으로 첫걸음을 내딛게 한다. 나의 견해보다 더 냉소적인 견해가 있다면, 그것을 두 사람이 착 달라붙을 때까지 서로 붙여주는 일시적 접착제라고 말한다.

사람들이 자신이 경계를 느슨히 하고 **우리**를 이루는 과정에는, 그렇게 하고 싶은 욕망을 자주 표현하고, 상대를 사랑한다고 되풀이해 말하는 것도 포함된다. 그들의 진술은 종종 시험적이라, 상대가 똑같이 공언하지 않으면 철회될 수 있다. 두 사람은 손을 잡고

한 걸음씩 물속으로 들어간다. 서로를 의심하는 두 집단이나 국가가 서로의 정당성을 인정해야 할 때처럼 그들은 매우 조심스러워할 것이다. 이스라엘과 팔레스타인처럼 말이다. 양쪽 모두 상대가 인정하지 않는다면 자기도 인정하고 싶지 않을 것이다. 상대가 인정한다면 자기도 인정하겠다고 각자 선언하는 것으로는 불충분하다. 그것은 상대방의 무조건적 인정을 조건으로 내세운 조건부 인정을 선언한 것이기 때문이다. 어느 쪽도 이 무조건적 인정을 표현하지 않는다면 그들은 첫걸음을 내딛지 못할 것이다. 또한 양쪽 모두 다음과 같은 상대방의 조건부 인정에 따라 인정하겠다고 말해도 도움이 되지 않을 것이다. "내가 당신을 인정한다는 조건으로 당신이 나를 인정한다면 나는 당신을 인정하겠다." 이때 각자는 상대방에게 3차 조건부 선언을 제시한다. 이 3차 조건부 선언은 그 조건인 상대의 2차 조건부 선언이 존재할 때에만 효력을 발휘한다. 그러나 어느 쪽도 상대에게 그의 인정을 촉발할 2차 선언을 제시하지 않고 있다. 양쪽이 똑같이 길고 복잡한 조건을 균형 있게 내놓는 한, 그들은 첫걸음을 떼지 못한다. 어느 정도 불균형은 필요하지만, 어느 한 쪽이 무조건적 인정을 내놓아야 시작되지는 않는다. 상대가 2차 조건부 인정을 내놓는 것을 조건으로 첫 번째 당사자가 3차 인정을 내놓고, 두 번째 당사자가 2차 조건부 인정을 내놓으면, 이것은 첫 번째 당사자의 직접적 인정을 촉발하고, 이는 다시 두 번째 당사자의 직접적 인정을 촉발한다. 연인 사이는 결코 이렇게 명시적으로 복잡해지지 않는다. 어느 쪽도 "내가 당신을 사랑한다는 조건으로 당신이 나를 사랑하겠다면 나는 당신을 사랑하겠습니다"라고 러시아 인형처럼 조건을 겹겹이 포개어 선언하지 않는다. 만일 어느 한 쪽이 그렇게 한다 해도, 그것은 (최대한 부드럽게 표현하자면) **우리**의 형성에 도움이 되질 않는다. 그러나 서로에게 "당신을 사랑한다고" 고 자주 말하고 상대의 대응에 관심을 기울인다면, 이는 암묵적이고 매우 깊은 안식처의 존재를 가리킬 것이다. 그것은 조심스러움을 극복하고 실제적이고 무조건적으로 **우리**를 형성하는 데 필요한 촉발 행동이 반복될수록 깊이를 더해갈 것이다.

우리가 형성된 뒤에도 그 운동은 뉴턴적이라기보다 아리스토텔레스적이라 빈번한 추진력이 있어야 유지된다. 사랑의 공언은 물론 낭만의 몸짓도 중단되지 않을 수 있다. 내가 **우리**에 묶여 있음을 표현하고 상징하는, 그리고 더 이전에는 **우리**를 형성하고 싶은 욕망을 표현하고 상징했던 그 특별한 행위가 습관적 틀을 깨고 **우리**에 대한 애착을 나타내고 상징화한다.

쉽게 상대를 바꾸려는 자세가 사랑과 양립하지 않고 특정인과의 **우리** 형성과 양립하지 않는다고 가정하면, 그 특별한 방식으로 사랑하는 것이 과연 합리적인가라는 문제가 부상한다. 어쨌든 공동의 정체성을 형성하지 않고도 진지하고 의미 있는 개인적 결속을 이루는 대안이 있기 때문이다. 가령, 친구 관계와 성적 관계가 그렇다. 그러나 **우리**를 통해서만 가능하고 용이한 일, 행위, 감정이 얼마나 길고 분명한 목록을 이루는지 보면 그 답을 알 수 있다. 이러한 것들을 원하는 것은 비이성적이지 않고, 갈아타기 권리를 포기하고 **우리**에 속하는 것 또한 비합리적이지 않기 때문이다. 그러나 "그것이 나에게 무슨 이익이 되지?"라는 이기적 렌즈로 우리를 보는 눈은 낭만적 사랑을 왜곡한다. 우리가 사랑에 빠졌을 때 원하는 것은 그 사람과 함께 있는 것이다. 그 여자 또는 그 남자와 함께 있기를 원하지, **그 여자 또는 그 남자와 함께 있는 사람이 되기를 원하지 않는 다.** 물론 상대와 함께 있을 때 우리는 그 사람과 함께 있는 사람이 되지만, 욕망의 대상은 그런 사람이 되는 것이 아니다. 우리는 상대를 행복하게 해주길 원하고, 또 그 정도에는 못 미치지만, 상대를 행복하게 해주는 사람이 되길 원한다. 그것은 강조의 문제이고, 우리가 원하고 추구하는 것을 어떻게 묘사하는가의 문제이며, 철학자의 언어를 이용하자면 욕망의 지향적 대상의 문제다.

이기적 질문이 낭만적 사랑을 왜곡하는 것은 관심의 초점을 두 연인의 관계에서 각자의 존재로 전환하기 때문이다. 물론 그들의 존재가 중요하지 않다는 뜻은 아니다. 주고받는 낭만적 사랑이 우리에게 더없이 좋다는 사실은, 우리가 그것을 바라고 소중히 여기는 이유의 한 부분이다. 그러나 사랑의 핵심 사실은 사랑하는 두 사람의 관계다. 연인의 주요 관심사, 즉 서로를 사랑하는 두 사람이 깊이 생각하고 아끼는 것은 그들 각자의 상태가 아니라, 상대방이고 두 사람의 관계다. 물론 관계 속의 구체적인 것들을 함부로 제거하고 관계를 완전히 추상화할 수는 없다. (현대 외연적 논리학에서는 관계를 단지 요소들의 순서쌍으로 취급한다.) 그리고 사실, 낭만적 관계의 구체성은 연인들의 특징에서 생겨나고 그런 다음 그 특징을 향상시킨다. 그러나 각자에게 중요한 것은 상대와 둘을 붙잡아주는 것이지 관계의 목표점으로서의 자신이 아니다. 누군가를 포옹하기 원하는 것과 내가 포옹할 수 있는 기회로 그를 이용하는 것은 차이가 있다.

평생 동안 사랑을 하고, 언젠가 **우리**의 일부가 되고 싶은 욕망은, 특정인을 사랑하고 특별히 그 사람과 **우리**를 형성하는 것과는 다르다. 특정 상대를 선택할 때에는 이유가 중요한 역할을 할 수 있다고 생각한다. 그러나 상대의 장점과 그의 자질 외에도, 그 사람과 **우리**를 형성한다는 생각이 과연 흥분과 기쁨을 불러일으키는가의 문제가 있다. 그 정체성이 내가 소유하고 싶은 훌륭한 정체성으로 여겨지는가? 그것은 **재미**있을까? 이에 대한 답은 나와 나의 독립된 정체성의 관계만큼이나 복잡하고 불가사의하다. 두 경우 모두 이성적 이유들에 의해 완전히 지배되진 않지만, 그럼에도 우리는 우리의 선택이 이성에 의거한 기준들을 충족하기 바랄 것이다. (상대가 내가 속한 **우리**에 적합한 적임자라고 계속 느끼고 싶은 욕망은 또한, 살면서 그 느낌 자체에 금이 가는 불가피한 순간을 함께 극복하는 데 도움이 된다.) 이 세계에 나에게 맞는 단 '한 명의 적합한 사람'이 있다는 느낌, 사랑에 **빠지기** 전에는 도저히 불가할 듯했던 그 느낌이 **우리**가 형성되고 나면 현실이 된다. 하나밖에 없는 그 사람이 나와 같은 시대에 살고 있다니 얼마나 우연한 행운인가? 이제 나의 정체성은 그 특정인과의 그 특정한 **우리**에 둘러싸이고, 현재의 특정한 나에게 맞는 사람은 세상에 단 한 명만 존재하게 된다.

누군가를 낭만적으로 사랑하는 사람 눈에 상대보다 더 나은 사람은 절대 없다. 그는 자기가 사랑하는 사람이 어떤 면에서 더 나아질 수도 있다고 생각할지 모른다. 예를 들어, 치약을 싱크대 위에 두지 않았으면 하는 것 등이다. 그러나 더 나아진 짝의 모습을 어떻게 묘사하든 그것은 **다른** 누군가에 대한 묘사가 아니라 짝에 대한 묘사일 것이다. 다른 사람은 아무리 좋은 자질이 있어도 만족 스럽지 않을 것이다. 이것은 내가 사랑하게 된 자질들의 특수함 때문이고, 단지 유머감각이 아니라 그 특정한 유머감각, 단지 조롱 섞인 엄숙한 표정을 짓는 어떤 방식이 아니라 특정한 그 표정 때문일 것이다. 플라톤은 이것을 거꾸로 뒤집었다. 사랑이 커갈수록, 일반적 측면이나 특성이 아니라 점점 더 특정한 측면이나 특성을 사랑하게 되고, 일반적 지능이 아니라 특별한 심적 성향, 일반적 친절이 아니라 친절함을 보여주는 특정한 방식들을 사랑하게 된다는 것이다. 낭만적 사랑에 빠진 사람이 '더 나은' 짝을 상상하려고 노력할 때에도, 상상 속의 짝은 다양한 '공상 과학 소설' 같은 가능성은 차치하고, 매우 특정한 특성들로 이루어지는 매우 특정한 별자리의 주인공이어야 하고, 그래서 다른 누구도 정확히 그런 특성을 가질 수 없어야 한다. 그러므로 상상 속의 개인은 사람이 아니라 (아마) 약간 변한 현재의 짝일 것이다. 이런 이유로 낭만적 사랑에 빠진 개인은 '갈아타기'를 시도할 수가 없고, 단지 바로 그 사람을 찾을 것이다. 사랑에 빠지지 않은 사람은 이런저런 특성을 가진 사람을 찾겠지만 누군가를 찾았거나 심지어 찾던 특성을 (뚜렷이) 가진 상대를 찾은 뒤에 그 사람을 사랑한다면, 상대는 처음엔 찾지 않았지만 이제 사랑하게 된 특정한 모습으로, 즉 그 사람만의 구체적 형태로 그 특성들을 보여줄 것이다. 낭만의 짝은 결국 어떤 일반적 차원이나 그 차원의 '점수'로 사랑받는 것이 아니라(그런 것이 있다면 그냥 당연하게 받아들여질 것이다), 그 일반적 특징을 특성화하는 그 자신만의 특별하고 복제할 수 없는 방식으로 사랑받는다. 그렇기 때문에 사랑에 빠진 사람은 **다른 사람**으로 '갈아타려는' 분명한 생각을 품을 수 없을 것이다.

그렇다고 해도 한 개인이 그렇게 집중된 욕구를 여러 방면으로 가질 수 없지는 않다. 이는 마치 한 사람이 이 책을 읽고 싶어 하는 동시에 다른 책을 읽고 싶어 하는 것과 같다. 나는 낭만적 욕망이 다른 누구도 아닌 그 특정인과 **우리**를 형성하는 데 있다고 생각한다. 여기에 정체성 개념을 강하게 관련시킨다면, 사람이 동시에 여러 정체성을 가질 수 없듯이, 자신의 정체성을 구성하는 여러 **우리**의 일부분이 될 수는 없을 것이다. (다중 인격자의 정체성은 여러 개의 정체성이 아니라 확실하지 않은 하나의 정체성이다.) **우리**에서 사람들은 확장된 정체성을 따로 갖는 것이 아니라 하나의 정체성을 공유한다. 우리의 삶뿐 아니라 정체성 자체를 다른 사람과 공유하고자 하는 욕구는, 우리의 개방성이 최고 한도에 이르렀음을 나타낸다. 그보다 더 중요하고 친밀한 어떤 것을 공유할 수 있겠는가?

다른 누구도 아닌 그 사람과 **우리**를 형성하고자 하는 욕망에는, 그 사람이 다른 누구도 아닌 나 자신과 하나를 형성했으면 하는 욕망이 포함된다. 그리고 성적 욕망이 낭만적 사랑의 표현 수단으로서 낭만적 사랑과 결부되고 더 강렬해지고부터는 불가피하게 성적으로 오직 그 상대만을 원하게 된다. 그리고 가장 강렬한 신체적 친밀성을 오로지 그 특정인에게로 이끌어, 그 정체성 형성의 친밀함과 고유성을 뚜렷이 특징짓는다.

여기에서 친구 관계를 생각해보면 도움이 된다. 친구 관계도 개인의 경계를 변화시키고 그 윤곽을 새로 그려, 자아에 독특한 형태와 성격을 부여한다. 친구 관계의 두드러진 특징은 **공유**다. 음식, 행복한 일, 축구 게임, 문제에 대한 관심, 축하할 일 등을 공유함으로써 서로가 특별히 함께하길 원한다. 각자가 그것을 따로 가져도 좋겠지만, 친구들은 그것을 **함께** 갖거나 **함께**하고 싶어 한다. 물론 좋은 일은 남과 나눌 때 더 크게 확대되고, 어떤 것은 함께할 때 더 즐거워진다. 사실 어떤 면에서 즐거움이라는 것은 단지 무엇을 공유하고 기쁨을 함께 얻는 일인 듯하다. 그러나 친구 관계에서는 단지 개인의 이익을 높이기 위해 공유하길 바라지는 않는다.

뒤에서 보겠지만, 자아는 특별한 용도의 메커니즘으로 설명될 수 있다. 그것은 대상에 대한 반사적 인식에서 그에 대한 **독점** 소유로 이동하는 메커니즘이다. 자아들 사이의 경계는 이 소유 및 소유권 관계의 특수함으로 구성된다. 심리학적 대상의 경우에, 이것은 '다른 마음들에 대한 철학적 문제'를 낳는다. 그러나 친구들과 공유하는 것들은 어느 한 자아와 고유하고 특수한 관계를 이루지 않고 독점 소유를 피한다. 우리는 그것들을 소유할 때 친구들과 한 패가 되고, 적어도 그런 한도 안에서 우리의 자아와 그들의 자아는 부분적으로 겹치거나 양쪽의 경계가 불분명해진다. 그렇게 공유하는 것들, 즉 경험·활동·대화·문제·관심·재미의 대상은 두 사람의 일부분을 이룬다. 그때 각 사람은 상대와 밀접한 관계가 있는 많은 것들과 똑같이 밀접한 관계를 갖게 된다. 그러므로 우리는 별개의 자아가 아니거나, 어쨌든 생각만큼 그렇게 분리되어 있지 않다. (친구 관계를 도해로 표현하면, 부분적으로 겹치는 두 개의 원이 될까?)

친구 관계는 그 이상의 목적을 위해 존재하지 않는다. 더 큰 목표를 위한 정치 운동이나, 직업과 관련된 노력이나, 참가자의 개별적이고 개인적인 이익 같은 것이 친구 관계에 반드시 필요하지는 않다. 물론 여러 가지 이익, 아주 익숙해서 열거할 필요가 없는 많은 이익이 친구 관계 속으로 흘러들고 흘러나갈 수 있다. 아리스토텔레스는 그중 하나가 특히 중요하다고 주장했다. 친구는 나 자신의 자기 인식을 위한 '제2의 자아'라는 것이다. (친구에게서 찾아야 하는 도덕적 특징을 열거할 때, 아리스토텔레스는 부모의 관점에서 누구를 친구로 삼아야 하는가를 바라본다.) 그럼에도 공유 자체를 목적으로 활동을 공유하는 관계라야 비로소 친구 관계라 할 수 있다.

사람들은 개인적인 친구의 영역 밖에서도 공유를 추구한다. 나는 우리가 신문을 읽는 중요한 이유는, 뉴스 자체의 중요성이나 흥미가 아니라고 생각한다. 신문이 가리키는 대로 방향을 잡고 행동을 취하는 경우는 거의 없다. 그리고 만일 배가 난파되어 무인도에서 10년을 보내고 돌아왔다면, 우리는 그간 일어났던 일들을 요약해서 보기를 원하겠지만, 분명 그 10년 동안의 지난 신문들을 정독하려고 하진 않을 것이다. 우리가 신문을 읽는 것은 다른 사람과 정보를 공유하기 원해서이고, 일정 범위의 정신적 내용을 주식처럼 소유하길 원해서다. 우리는 이미 다른 사람과 지리와 언어를 공유하고 있고, 또한 대규모 사건들을 함께 직면해야 하는 운명을 공유하고 있다. 더 나아가 우리가 매일 흘러가는 정보를 공유하고 싶어 한다는 것은, 우리의 공유 욕망이 얼마나 강한지를 보여준다.

낭만과 무관한 친구끼리는 일반적으로 주체성을 공유하지 않는다. 친구 관계의 망이 종횡으로 엇갈려 형성되어 있기 때문이다. 친구의 친구는 아는 사람일 수 있지만, 나와 친하거나 따로 만나고 싶을 필요는 없다. 국가 간에 다자간 상호 방어 조약을 맺는 경우처럼 행동과 애착의 갈등이 발생할 수 있고, 그로 인해 권력을 안전하게 양도하고 더 큰 정체성을 담당할 수 있는 더 큰 존재자의 윤곽을 정하기가 어려워진다. 그런 측면들을 고려하면, 왜 한 사람이 동시에 여러 낭만적 관계나 삼각관계를 유지할 수 없는지 이해할 수 있다. 친구들은 함께하는 활동을 단지 공유물로서 사물을 공유하길 원한다. 친구 관계가 가치 있는 것은 부분적으로 그런 공유 때문이라고 그들은 옳게 생각한다. 어쩌면 친구 관계가 특별히 가치 있는 이유는, 낭만적 사랑과는 달리 정체성을 공유하지 않고 그런 가치 있는 공유를 할 수 있기 때문일지 모른다.

여기서 잠시, 기본적으로 공유 자체를 위한 공유는 아니지만 중요한 연대감을 만드는 공유의 한 양식을 살펴보자. 그것은 외부 목표를 향한 공동 활동에 참여하는 것이다. 정치 운동, 개혁 운동, 직업에서의 프로젝트, 팀 스포츠, 예술 및 과학 활동 등에서 참여자들은 실질적으로 가치 있는 일에 계획적으로 참여하고 기쁨을 느낀다. 어쩌면 젊은이가 가족을 떠날 때면 이런 활동에 참여할 필요성이 특별히 높아지고, 그래서 이런 활동이 젊은 시절의 '이상주의'의 한 부분을 구성하는지도 모른다. 더 큰 공동 목표를 향해 다른 사람과 결합하고, 그들과 함께 효과적인 인과 사슬의 같은 매듭에 **합류**할 때, 개인의 삶은 더 이상 개인에 머무르지 않는다. 그럴 때 시민은 그들 자신이 역사에 남을 만한 운명을 함께 창조하고 공유한다고 생각할 것이다.

우리는 낭만적 사랑과 **우리**의 형성을 높이 평가하면서도, 성인이 오랜 시간 혹은 심지어 몇 년 동안 혼자 발전을 이룬다는 사실을 부인할 수 없다. 또한 모든 개인이 인생의 어느 시기에 낭만적 사랑을 주고받는 **우리**의 일부를 이루었을 때만 최고의 향상을 이룬다는 생각도 회의적이다. 부처, 소크라테스, 예수, 베토벤, 간디를 생각해보라. 이는 부분적으로, **우리**를 유지하고 발전시키는 데 필요한 에너지가 그런 개인 활동의 에너지를 **빼앗기** (그래서 줄어들기) 때문일 것이다. 그러나 그뿐이 아니다. 이 개인들이 자신을 규정한 구체적이고 명확한 방식이 낭만적 **우리**에 쉽게 들어맞지 않을 가능성이 크다. 그들의 특별한 삶은 분명 매우 다를 수밖에 없었을 것이다. 물론 **우리**는 종종 최고 상태에 못 미치고, 그래서 신중한 개인은 다른 형태의 개인적 관계와 연결을 추구하거나 거기에서 만족을 구할 것이다. 그러나 이러한 뛰어난 인물들은 최선의 경우에서도 **우리**란 각자가 뛰어난 인물이 될 수 있는 어떤 가능성들을 포기하고 형성한 하나의 구체적인 주체성이란 것을 상기해준다. (혹은 그 특별한 인물은 단지 자신과 똑같이 특별한 짝이 필요했을까?)

자아의 주체성이 오랫동안 지속되듯, **우리**도 오래 지속되길 바라는 욕망이 있다. **우리**와 충분히 동일시되려면, **우리**가 지속되길 바라는 마음이 필요하다. 결혼은 그 **우리**와 충분한 동일시를 나타내는 표시다. 결혼과 함께 **우리**는 새로운 단계로 들어서 더 튼튼한 구조를 갖추고, 함께 힘을 모아 더 완전한 **우리**를 만들어간다. 결혼이 당연하지는 않지만 주어진 것으로 간주된다. 상대는 그들이 과연 지속적인 **우리**를 이룰지에 더 이상 집중하지 않고, 이제 자체적인 초점과 방향을 가지고 자신 있게 삶을 공유하고 쌓아 올린다. **우리**는 함께 삶을 영위한다. 난자와 정자가 결합하고, 두 권의 전기가 하나가 된다. 부부의 첫 아이는 두 국가의 합병이고, 지난 역사는 과거에 묻힌다.

존재론적으로 새로운 존재자인지 아닌지 상관없이, **우리**는 새로운 물리적 존재자가 아니다. 그러나 **우리**는 그 사랑의 관계망에 물리적 모습을 부여하고 싶을 수도 있다. 그것이 집의 한 의미다. 집이란 부부가 함께 느끼고 함께하는 것을 반영하고 상징하는 환경이며, 부부가 함께 거주하는 영혼이다. 물론 그들이 함께 사는 행복한 공간이기도 하다. 아이들은 다른 면에서 그리고 훨씬 더 강하게 부부의 사랑을 물리적으로 구현할 수 있다. 자식은 두 사람이 창조한 확장된 자아가 객관적으로 구현된 존재다. 그리고 어느 정도는, 이렇게 부부의 사랑을 물리적으로 상징하는 존재이기 때문에 사랑과 기쁨을 제공받는다. 그러나 부부애의 상징이든 그것을 향상시키는 수단이든, 당연히 그리고 명백히 자식은 단지 부부애의 부속물이 아니다. 기본적으로 자식은 그 자체로 보살피고, 기쁨을 느끼게 해주고, 사랑해주어야 할 인간이다.

친밀한 유대는 자아의 윤곽과 경계와 그 지형을 변화시킨다. 지금까지 보았듯이 사랑에서, 친구 간의 공유에서, 성적 결합에서 그런 일이 발생한다. 자아의 경계와 윤곽이 변하는 것은 종교적 탐구의 목표이기도 하다. 모든 존재를 포함하기 위해 자아를 확장하는 인도의 베단타 철학, 자아를 없애는 불교, 자아와 신의 합일 등이 그 예다. 그리고 모든 인간을 향한 보편적 사랑의 방식들이 있다. 《카라마조프 가의 형제들》에서 도스토옙스키Fyodor Mikhailovich Dostoevsky,1821~1881가 조시마 신부를 어떻게 묘사했는지 생각해보라. 주로 종교에서 요구하는 이 보편적 사랑의 탐구는 자아를 더 이상 '개인'이라고 부르기에 부적합할 만큼 그 성격과 윤곽을 크게 변화시킨다.

낭만적인 **우리**를 형성하는 일과 종교적으로 탐구하는 일을 동시에 하지 않는 것은 우연이 아니다. 자아의 지형에 한 번에 둘 이상의 큰 변화를 꾀하기 위해 지속적으로 전력을 다하기는 불가능하다. 그럼에도 때로 각기 다른 시기에 자아의 경계와 지형에 약간의 변화나 다른 변화를 시도하는 것은 당연히 중요하다. 그러나 그런 변화를 오로지 개인의 자아에 돌아오는 실질적 피드백을 기준으로 판단할 필요는 없다. 새로 창조되거나 윤곽이 변한 그 새로운 존재자는 이제 자신만의 경계와 지형을 갖게 되었으므로, 자체적인 기준으로 평가될 수 있다. 개인의 자아는 변화에 들어서고 묵은 껍질이 떨어질 정도로 유연해진 것을 당연히 자랑스러워할 수 있지만, 변하기 전의 관점만이 타당한 기준을 제공하지는 않는다. 새로운 유기체를 형성하기 위한 결합은 개별 정자와 난자의 관심사지만, 우리는 그것으로 새 생명을 평가할 수는 없기 때문이다. 사랑의 결속 안에서 우리는 변형된다.

Chapter 8

감정

특별한 믿음과 평가, 그 느낌의 연결

삶에 대해 우리가 갖는 느낌의 큰 부분은, 우리가 지금까지 느껴왔고 앞으로 느끼리라 예상하는 감정들에 의해 구체적인 모습을 띤다. 그리고 그 느낌도 (아마) 하나의 감정이거나 감정들의 조합일 것이다. 우리는 어떤 감정을 원하고, 왜 감정이라는 것을 원하며, 우리가 느끼는 감정을 어떻게 생각하는가? 최근의 철학 문헌들은 감정의 구조를 설명적으로 묘사한다. 나는 그에 전적으로 만족하진 않지만, 현재로서는 아직 이렇다 할 대안이 없다. 그 철학자들의 말에 따르면 감정의 구조는 세 가지 구성 요소를 공통적으로 포함한다. 믿음, 평가, 느낌이 그것이다.* 이 구조를 명확히 이해하기

---

* 이 문헌들을 조사하고 선별한 책들은 다음과 같다. C. Calhoun and R. Solomon, eds., *What is an Emotion?* (New York: Oxford University Press, 1984), Amelie Rorty, ed., *Explaining Emotions* (Berkeley: University of California Press, 1980). 내가 감정에 관한 몇 권의 선집을 펴낸 뒤 이 주제와 관련된 책이 두 권 더 나왔다. Ronald de Sousa, *The Rationality of Emotion* (Cambridge, Mass: M.I.T. Press, 1987), Patricia Greenspan, *Emotions and Reason: An Inquiry into Emotional Justification* (New York: Routledge, 1988).

위해 자부심이라는 구체적 감정을 하나의 예로 들어보자. 당신이 지난주에 세 권의 책을 읽은 것에 자부심을 느낀다고 말하자, 내가 당신의 기억이 틀렸다고 말한다. 책의 권수를 세보니 당신은 지난 주에 한 권밖에 읽지 않았다. 당신은 나의 정정에 동의하지만 그래도 세 권을 읽어서 자랑스럽다고 말한다면, 나는 어리둥절할 것이다. 당신이 어떻게 느끼든 지난주에 세 권을 읽었다는 것을 더 이상 믿지 않기 때문에 그것은 자부심이 아니거나, 적어도 **그것을** 자랑스러워하지는 않을 것이다. 어떤 것을 자랑스러워하려면 그것이 사실이라고 생각하거나 믿어야 한다(감정의 일반적 요점으로 부정확할지 모르겠다. 어떤 가능성을 공상으로 생각하고 그에 대한 감정을 느끼면서도 그것이 사실이라고 믿지 않을 수 있기 때문이다.)

당신이 그 책들을 다 읽었고, 그것이 자랑스럽다고 말할 때 내가 튀어나와서 그건 자랑스러워할 일이 아니라 나쁜 일이라고 말한다고 가정해보자. 책과 관련된 일을 하는 것이 나쁘기 때문일 수 있고, 책 자체가 나쁘거나, 당신이 읽은 그 책들이 나쁘기 때문일 수도 있으며, 당신이 그 시간을 다른 일에 써야 했기 때문일 수도 있다. 나는 당신이 세 권의 책을 읽은 것을 부정적으로 평가한다. 그러자 당신이 나의 평가를 인정하고 동의하면서도 그렇게 한 것이 자랑스럽다고 말한다고 가정해보자. 나는 어리둥절할 것이다. 그리고 당신이 지금 어떤 좋은 측면, 가령 인습 따위에 도전하는 용기 같은 것에 초점을 맞추고 있느냐고 묻는다. 전혀 그렇지 않지만 그 책들을 읽어서 자랑스럽다고 당신은 말한다. 이 경우에도 당신이 무엇을 느끼든 그것은 자부심이 아니다. 어떤 것을 자랑스럽게 여긴다는 것은 그것이 자랑스럽다고 믿는 동시에 그것이 가치 있거나, 좋거나, 경탄할 만하다는 긍정적인 평가를 포함한다. 당신이세 권의 책을 읽었다고 믿고, 그렇게 한 것을 좋게 평가할 때, 그와더불어 어떤 느낌, 어떤 기분, 내적인 경험이 나온다. 그것을 다름아닌 **자부심**이라는 감정으로 만드는 것은, 이 특정한 믿음 및 평가와 그 느낌의 연결이다. 가장 단순한 연결이 이루어지는 것은 그믿음과 평가가 그 느낌을 불러일으킬 때, 즉 자신의 믿음과 평가때문에 그 느낌을 갖게 될 때다. 그 느낌이 다른 이유 때문에 발생하는데도 당사자가 그것을 이 믿음과 평가에서 나왔다고 생각하는상황이라면 더 복잡하다. 당신이 세 권의 책을 읽은 것을 긍정적으로 생각하는데, 실은 내가 전기화학적으로 당신을 자극해서 당신의 가슴에 어떤 느낌을 만들어내고, 당신은 그것을 자부심으로 여길 수도 있다. 그러나 어느 방향으로 연결되든, 그 감정은 단지 그느낌뿐 아니라 그에 수반하는 믿음과 평가로 구성된다. 믿음이나평가가 다르면 감정도 다르다. (이것은 먼저 우리가 믿음과 평가를 의식하고, 그런 다음 감정을 느낀다는 뜻이 아니다. 때로는 우리가 느낀다고의식하는 감정을 깊이 숙고하는 과정에서 우리의 암묵적인 믿음과 평가를발견하기도 한다.) 그러므로 감정은 우리가 생각하는 것보다 훨씬더 '인지적cognitive'일 수 있고, 그래서 몇 가지 측면으로 판단할 수있다.

감정은 세 측면에서 결함이 있거나 부적절할 수 있다. 믿음이 잘못되었을 수 있고, 평가가 잘못되었거나 틀렸을 수 있고, 느낌이평가에 어울리지 않을 수 있다. 거리를 걷다가 1달러짜리 지폐를 발견하고서 희열을 느낀다고 가정해보자. 그리고 당신은 이렇게 묻는다. 이것은 오늘이 운수 좋은 날이라는 증거일까, 내 운이 변했다는 증거일까, 신이 나를 사랑한다는 증거일까? 아니면 그저 희열을 느끼는 것뿐일까? 하지만 1달러를 줍는 것은 **그렇게** 굉장한 일이 아니다. 그 느낌의 힘과 강도는 1달러를 줍는 것이 얼마나 좋은지에 대한 평가와 어느 정도 비례해야 하고, 평가 기준에 어울려야 한다.

어떤 감정이 위에서 말한 대로 믿음·평가·느낌의 3중 구조를 갖추고, 게다가 그 믿음이 사실이고, 그 평가가 옳고, 그 느낌이 평가에 비례할 때 그 감정이 적합하다고 가정해보자. 그 느낌이 평가에 비해 지나치게 강할 때, 이는 종종 믿고 평가한 그 사실이 상징적으로 기능하고 있음을 가리킨다. 당사자가 무의식적으로 그것을 더 높은 강도에 어울리는 다른 어떤 것으로 본다는 것이다. (그것이 아니라면 그 어울리지 않는 감정은 정반대 무의식적 평가에 기초한 정반대 무의식적 감정을 위장하는 속임수일지 모른다.) 우리가 긍정적 감정, 즉 긍정적 평가에서 나온 어떤 감정을 느낄 때, 우리는 그 구성 요소들이 서로 들어맞기를 원한다. 다시 말해 우리는 그 믿음이 사실이고, 그 평가가 정확하고, 그 느낌이 적절하기를 원한다. (때때로 우리는 믿음과 평가가 사실이 아닌데도 그렇게 알려지기를 원하기도 한다.)

우리의 평가가 정확하다고, 다시 말해 객관적으로 사실이고 옳다고 말했을 때, 나는 논쟁의 여지가 있는 문제를 건드렸음을 알고 있지만, 이 문제는 잠시 접어두기로 하자. 어쩌면 평가는 객관적으로 정확하지 않을 수 있다. 그럴 경우, 평가에 어울린다면 어떤 기준이나 규범이라도 이용할 수 있다. 평가는 정보에 근거할 수 있고, 편향이 없을 수 있고, 이성의 지원을 받을 수 있고, 정당함이 입증될 수 있고, 그 밖의 어떤 성격이라도 띨 수가 있다. 모든 평가가 그저 자의적이고 주관적 선호의 문제가 아니라면, 다시 말해 어떤 평가가 다른 평가보다 더 나은 근거를 가질 수 있다면, 우리는 가장 강하고 적절한 기준에 플러그를 꽂고, 감정은 그 구성 요소인 평가가 그 기준을 충족시킬 때에만 적합하다고 말할 수 있다. 가장 훌륭하다는 개념이 결국 무엇이라고 밝혀지든, 우리는 감정의 기초가 되는 평가가 가장 훌륭한 종류이기를 원한다.•

　강한 감정은 **매우** 긍정적인 (또는 부정적인) 평가와 그에 비례하는 큰 느낌이 수반된다. 철학 전통은 행복에 특별하고 중심적인 지위를 부여했지만, 행복은 강한 감정 중 하나에 불과하고 나머지 감정들과 대략 어깨를 견주는 정도다. (릴케Rainer Maria Rilke, 1875~1926를 인용해 설명하면 좋을 듯한 몇몇 감정을 포함하여) 강한 긍정적 감정들을 적절하게 느끼는 것은 삶의 중요한 부분을 차지한다. 왜일까? 그때 평가된 사실들이 진실해서가 아니다. 그 사실들은 평가하지 않아도 진실할 수 있다. 그리고 어떤 것이 가치 있을 때 그것을 가치 있게 여기고 대응한다고 해서 그 이상의 가치가 있기 때문도 아니다.

• 다른 모든 점이 동일하다면 우리는 이것을 원한다. 만일 시간이나 에너지의 비용이 높을 때에만 가장 좋은 평가를 얻을 수 있다면, 우리는 어떤 감정들이 다소 열등한 평가에 의존해도 그냥 만족할 것이다. 이것은 믿음에도 적용된다. 우리는 우리의 믿음이 가장 훌륭하고 가장 완전한 증거나 데이터에 기초하기를 원하지만, 그 비용이 비쌀 때에는 어떤 믿음들이 부실한 자료에 의존해도 정확성의 부족을 인정하고 그냥 만족할 것이다.

그런 가치는 느낌이 전혀 수반되지 않은 정확한 평가 판단을 통해, 감정과 무관하게 일어날 수도 있기 때문이다. 텔레비전 시리즈 〈스타트렉Star Trek〉의 스폭 박사는 정확한 사실들을 믿었고, 올바른 평가를 내렸으며, 그에 따라 행동했지만 그의 삶에는 감정과 내면의 느낌이 없었다. 내적 경험이 **유일하게** 중요하지는 않지만 그래도 분명히 중요하다. 경험 기계에 플러그를 꽂고 싶은 사람은 없겠지만, 마취 기계에 플러그를 꽂고 싶은 사람도 없을 것이다.

왜 감정은 올바른 평가를 떠나서 중요할까? (이를 스폭 문제라 부르자.) 감정이 인간성의 본질적 부분이기 때문이라고 간단히 대답할 수도 있다. 그러나 감정을 느끼는 것이 인간성의 본질이라 해도, 여전히 왜 우리가 감정을 높이 평가해야 하는가의 문제가 남는다. 설령 그렇다 해도, 만일 인간성이 객관적으로 높이 평가받을 만한 것을 구체화하지 않는다면, 왜 특별히 인간성을 높이 평가해야 할까? 우리는 우리의 모든 특성을 높이 평가할 필요는 없다. 그렇다면 감정이라는 특성이 인간적 본질의 일부라는 사실은 왜 중요할까? 우리는 감정의 특별한 가치를 더 깊이 알아볼 필요가 있다.

감정 없는 삶은 정확한 평가에 어울리는 느낌이 없어 덜 즐거울까? 그러나 감정 없는 삶에도 똑같이 즐거운 다른 느낌이 있을 수 있다. 그 느낌들은 믿음과 평가를 수반하지 않기 때문에 감정의 요소가 아니다. 일광욕할 때나 물 위에 떠 있을 때의 즐거움과 감각을 생각해보라. 그 행위들은 강한 긍정적 감정을 구성하는 느낌 못지않게 즐거울 수 있고, 스폭 박사 같은 사람도 그런 지적 즐거움을 느낄 수 있다. 따라서 감정 없는 (스폭의) 삶이라 해서 덜 즐거우리라는 법은 없다. 감정은 즐거움을 증폭시킬 수 있고, 즐거움이 없는 시간에 즐거움을 더 쉬이 상기해줄 수도 있다. 그래서 감정 없는 삶이 매우 즐겁기는 더 어려울 수 있지만, 이야기는 그렇게 간단하지 않다. 그보다 감정 없는 삶은 더 초라할 것이다. 왜일까?•

감정은 대개 심리적 느낌뿐 아니라 호흡, 동공의 크기, 피부색 등의 생리적 변화를 수반한다. 그러므로 감정은 마음과 몸을 특별히 밀접하게 통합한다. 감정은 정신적인 것과 물질적인 것을 통합한다. 만일 내 생각대로 몸과 마음의 통일이 그 자체로 바람직하고 가치 있다면, 감정은 그 통합의 독특한 경로를 제공한다.

감정은 또한 우리를 외부적 가치와 밀접히 연결해준다. 우리가 어떤 상황이나 사실을 긍정적으로 평가할 때, 비감정적 판단보다 감정적 판단이 지각하는 가치와 우리를 더 밀접히 연결한다. 가치는 어떤 것에 부여하는 내적 성질이다. (특히, 외적 결과나 효과를 제외하고 그 자체를 가치 있게 만드는 내적 성질. 이런 종류의 가치를 철학자는 '내재 가치intrinsic value'라고 부른다.) 나는 지금 가치 판단이 전적으로 주관적이지는 않다고 가정하고 있다. 가치 판단은 옳거나 그르거나, 정확하거나 부정확하거나, 사실이거나 거짓이거나, 근거

• 감정은 무의식적인 평가를 포함해 우리가 지금 내리는 평가를 우리에게 알려준다. 이와 관련된 느낌은 의식 차원에 있기 때문에 우리는 그것을 이용해 감정의 기초를 이루는 평가를 감시하고, 재검토하고, 변경할 수 있다. 이는 유용한 기능이지만, 만일 감정을 포기하면 우리의 무의식적 평가들에 대해 훨씬 효과적인 지식을 얻을 수 있다 해도 우리는 그렇게 하지 않는다. 어쨌든 만일 우리가 평가에 수반되는 느낌을 배제하고 우리의 평가를 인식해도, 그 기능은 똑같이 작동할 것이다. 따라서 이것 역시 감정이 왜 특별히 중요한가의 이유가 되지 못한다.

가 충분하거나 박약할 수 있다. 무엇이 가치 있는가 아닌가, 즉 그것을 가치 있게 만들어주거나 그 가치의 속성을 드러내는 특징이 있는가 없는가는 객관적 문제다. 나는 어떤 것이 본질적으로 다른 재료들을 통합하고 통일하는, 고도의 '유기적 통일성organic unity'을 지녔다면 그것이 가치 있다고 생각한다. 그러나 가치의 본질에 대한 이 구체적 제안이 결국 옳지 않다고 판명되든 아니든—나의 제안에 배제된 듯 보이는 것들의 일부는 가치보다 더 큰 범주에 해당한다—현재의 목적을 위해서 가치는 견해의 문제가 아니라 '외부에 존재'하며 자체의 성격을 지닌다고 가정하는 것으로 충분하다. (객관적 내재 가치에 관한 정확한 이론이 무엇이라고 판명되든) 내가 지금 제안하는 것은 감정이 가치에 대한 대응이라는 것이다.

우리가 가치를 단지 정신적으로 판단하거나 평가하지 않고, 그에 대해 감정적으로 대응할 때 그 대응은 더 풍부해진다. 우리의 느낌과 생리 작용이 합류하기 때문이다. 감정은 가치에 대한 적절한 대응이다. 믿음의 대상이 사실이라면, 감정의 대상은 가치다. (조금 뒤에 이 진술을 수정할 것이다. 감정은 가치를 포함하지만 의미·강도·깊이 같은 다른 것들도 함께 포함하는 더 큰 범주에 대한 적절한 대응이다.) 가치의 본질과 성격, 그리고 우리의 본질을 감안할 때, 우리가 가치, 즉 가치의 내용과 윤곽에 가장 크게 대응할 수 있는 방법은 감정을 통해서다. 나는 정말 그렇게 생각하지만, 그 이유는 명확히 설명하지 못하겠다. 어쩌면 이것을 이용하면 가치의 본질이 무엇인지 더 많이 알 수 있을지도 모른다. 감정이 가치에 어울리는 대응이라면, 가치는 무엇이 될까? 믿음의 대상이 사실이고 감정의 대상이 가치라면 가치와 사실의 차이는 무엇일까?

믿음은 비非평가적 사실에 대한 우리의 적절한 대응이다. 어떤 사실에 대한 믿음이 사실일 때, 그리고 그 믿음이 적절한 방식으로 다시 그 사실과 연결될 때, 그것은 지식의 한 사례가 된다. (철학자들은 이와 같은 지식으로 연결되는 이치에 동의하지 않는다.) 사실에 대한 우리의 적절한 반응은 그것을 믿고 그것이 유효하다는 것을 아는 것이다. 우리는 사실의 객관성을 비난하지 않고 잘못된 믿음을 가질 수 있는 것처럼, 옳지 않은 가치에 대응하여 부적절한 감정을 가질 수 있다.

나는 앞에서, 감정은 우리의 신체적 반응을 수반하기 때문에 헐벗은 평가적 판단보다는 감정이 가치에 대한 더 풍부한 대응이라고 말했다. 그러나 좀 더 완전한 대응이 항상 더 바람직한지 의심할 필요가 있다. 혹 우리의 심장이 긍정적 평가의 진술을 모스 부호처럼 퍼 올리는 것이 더 낫지 않을까? 감정이 제공해야 하는 것은 단지 가치에 대한 더 많은 양의 대응이 아니라 특유의 적절한 대응이다.

감정은 가치를 보여주는 일종의 그림을 제공한다. 감정은 외적 가치에 대한 정신생리학적 체내 반응이고, 단지 그 가치 때문이 아니라 그에 대한 유사(아날로그) 표현이기 때문에 특별히 친밀한 대응이다.* 감정은 가치(또는 뒤에서 얘기할, 더 폭넓고 더 포괄적인 어떤 범주)의 정신물리학적 복사판을 제공한다. 이런 일이 일어날 수 있는 한 방식은 다음과 같다. 어떤 것이 가치 있다는 것은 그것이 어떤 형태의 구조적 조직을 어느 정도 갖고 있다는 뜻이다. 가령, 유기적 통일성이 구조적 조직의 예다. 그에 반응하는 감정은 그와 비슷하거나 병행하는 형태의 조직을 가진 정신물리학적 존재자일 것이다. 그 감정은 가치 또는 가치 있는 것의 지도나, 그런 것을 포함할 것이다. 그러나 이 모델이 반드시 **정확한** 유사물일 필요는 없다. 그것은 우리의 다른 과제들, 감정의 자원 등이 어느 정도인지 감안하여, 우리가 생산할 수 있거나 생산할 가치가 있는 정확한 유사물이면 된다. (이것도 정확한 유사물일지 모르나, 지금은 더 복잡한 지도 작성을 기준으로 하면 그렇다는 얘기다.)

그러나 감정이 가치의 유사물을 제공하는 방식에 대해서는 더 많은 논의가 필요하다. 어떤 외계인들이 멋들어지게 춤추면서 유사 운동을 통해 외부 가치를 표현하지만 그들에게 정교한 느낌이나 감정은 없다고 가정해보자. 만일 이것이 가능하다면, 우리는 생리학적 느낌의 그 매개(감정)가 인간의 유사 가치 표현에 특별히 적합하고 적절한 장소라고 주장할 수도 있고, 감정뿐 아니라 다른 유사 표현도 그럴 수 있다고 인정해야 할지도 모른다. 그러나 이때 어떤 감정도 연루되지 않는다는 가정은 너무 성급하다. 만일 작가들이 때때로 아무 감정 표출 없이 표현적으로 글을 쓸 수 있다면, 또는 글쓰기 자체가 어떤 내적인 심리적 사건이 일어나는 곳이 아니라 바로 그 종이 위에 감정을 담는 장소라면, 아마 외계인들도

• 간단히 말하자면, 어떤 과정의 유사 모델이나 표현은 단지 그 과정을 설명한다기보다 그것을 모사한다. 그 모델은 어떤 지속적인 과정의 지속적인 변화들에 꾸준히 대응함으로써 그 과정이나 차원을 그려 보인다. 감정의 유사 성격은 이 짧막한 진술로 나타낼 수 있는 것보다 더 복잡하다. 자세한 내용은 이 장의 부록으로 돌렸다.

그들의 춤 동작에 감정을 담을지 모른다. 그때 감정은 반드시 내적 느낌을 수반하지 않고도, 충분히 풍부한 개인적 매개를 통해 (어떤 방식으로 생산된) 유사 표현들을 수반할 것이다. 느낌은 단지 감정을 구성하는 한 방식이 될 것이다.[**]

가치에 어울리는 강한 감정은 특정 가치에 대한 긴밀한 대응이고, 그 자체로도 가치가 있다. 그것은 그 가치의 존재에 의존하고 어쩌면 그것을 밀접하게 추적할지도 모르는, 그 가치의 유사 모델이다. 감정과 가치의 이 결합을 통해 우리는 가치 자체의 통합적 구조 외에 또 다른 통합 구조를 갖게 된다. 만일 또 다른 그 통합 구조가 가치 있다고 간주된다면 — 나는 그렇다고 생각한다 — 그것은 우리에게 제2의 가치를 줄 것이다. 그러므로 적절한 긍정적 감정이 존재한다는 것은 가치 있는 일이다.

하지만 그것은 우리를 위해서도 가치로울까? 가치에 어울리는 대응이 가치 있다면, 그것들은 우리의 정신생리학적 구조 안에서 발생한다. 그렇다면 과연 **우리에게** 가치가 있을까? (아리스토텔레스에 관한 최근의 어떤 문헌에 따르자면) 우리는 가능한 최고의 존재 방식, 즉 가장 가치 있는 존재로 존재하는 방식과, **우리에게** 가장 좋고 가장 가치 있는 방식, 즉 우리를 최고로 만들어주는 방식을 구별할

[**] 제러드 맨리 홉킨스Gerard Manley Hopkins의 주장을 지적할 수 있다. 그는 언어의 기원에 관한 특별한 의성어 이론을 주장했다. 단어는 자신의 내용과 구성 요소(그가 'inscape'라 말한 것)로 그것이 명명하는 대상의 내용과 구성 요소를 모방하고, 그래서 어떤 단어들은 지시 대상을 운동감각적으로 모방한다는 것이다. 〔J. Hillis Miller, *The Disappearance of God* (Cambridge, Mass.: Harvard University Press, 1975), p. 285.〕 홉킨스가 설명하는 그런 단어들은 지시 대상의 유사 모델일 것이다.

줄 안다. 미생물이 우리의 몸을 복잡하고 아름다운 패턴의 운동과 상호작용을 펼치는 무대로 이용할 줄 안다고 가정해보자. 그것은 어쩌면 몸 위에서 일어날 수 있는 가장 가치 있는 일일지 모른다. 우주의 관점에서 보면 최고의 일일 수 있다. 그러나 그 과정은 우리에게 치명적인 병을 안겨주기 때문에, **우리에게 최고의 일은 아닐** 것이다. (그런데 우주의 관점에서 본 사실이 그 일과 우리의 화해에 도움이 될까?) 그렇다면 우리는 이런 질문에 도달한다. 감정을 가진 존재인 것은 우리에게 좋은가, 아니면 우리는 어쩌다 보니 가치 있는 사건이 일어나는 극장에 불과하고 단지 우주의 관점에서 가치 있는 존재인가?

이 질문은 우리의 수동성을 지나치게 강조한다. 우리는 가치에 감정으로 대응할 때 우리의 많은 능력에 의존한다. 가치를 알아보고 인정하는 능력, 평가적 판단을 내리는 능력, 그런 다음 느끼는 능력이 그것이다. 다른 어떤 것도 그렇게 정교한 일이 발생하는 '무대'일 수는 없다. 가치를 느끼는 존재만이 그럴 수 있다. 그럼에도 우리가 그런 일들을 할 때, 그것은 우리에게 좋은가, 아니면 단지 어떤 좋은 일이 발생하는 것인가? 아리스토텔레스가 오래전에 생각했고 존 롤스John Rawls, 1921~2002가 최근에 강조했듯이, 만일 우리의 복잡한 능력을 가치 있는 대상에 쓰는 것이 우리에 좋은 일이라면, 우리가 가치를 느끼는 존재라는 사실은 우리에게 좋은 일이다. 그때 감정은 가치 있는 삶의 중요한 부분이 된다. 게다가 이 감정들은 우리의 내면에 그 반응 대상인 가치를 재창조하고, 적어도 그것의 유사 모델을 창조하는데, 그 또한 가치가 있다. 그러므로 우리는 내면에 이 복잡한 구조들을 갖고 있는 것이다. (이 긍정적 감정들은 즐겁게 느껴질 뿐 아니라, 우리가 활용할 수 있는 힘을 구성하고, 내 생각으로는 중요한 측면에서 우리에게 실체를 제공한다.) 더 나아가 우리는 그것들을 만들어낸다. 우리는 그것들이 표현하고 묘사하는 바로 그 성질들을 어느 정도 지녀서 자체적 가치를 갖게 된 이 가치 모델들을 종종 어쩔 수 없이 만들어내는 능력이 있다. 그러므로 우리의 감정 능력은 우리의 가치 창조 능력의 한 부분을 구성하고, 우리가 가치의 창시자라는 사실은 우리 자신의 특별한 가치를 구성한다. 또한 감정은 우리에게 **깊이**와 실체를 부여하는데, 긍정적이지 않은 감정들을 생각할 때 이 사실을 좀 더 정확히 이해할 수 있다.

이제 우리는 스폭 문제에 매우 간단히 답할 수 있다. 감정은, 감정을 느끼는 상황, 감정을 포함하는 우리의 삶, 그리고 감정을 가진 존재로서 우리 자신 등 많은 것을 감정이 없을 때보다 더 가치 있고, 더 강렬하고, 더 생생하게 만든다. 감정은 단지 좋게 느껴지지만은 않는다. 가치에 어울리는 감정은 우리를 우리 이상이 되게 만들어준다.

감정의 아날로그 성질

왜 감정은 가치에 대한 특유의 적절한 대응일까? (여기에서 제시할
나의 의견은 다소 전문적이기 때문에 부록으로 돌렸다. 독자 중에는 이 부
록을 건너뛰고 다음 장으로 이동하고 싶은 사람이 많을 것이다.) 다시 한
번 지식의 사례를 살펴보자. 어떤 면에서 우리는, 사실에 대한 우
리의 대응이 그 사실을 추적하고, 그 사실에 따라 가정적假定的으로
변하기를 원한다(만일 사실이 유효하지 않다면 대응은 일어나지 않을
것이다).˙ 그러나 왜 사실에 대한 대응은 반드시 **믿음**이어야 할까?
왜 경련이나 허밍으로, 각 사실마다 다르게 대응하지 않을까?

의미그림 이론picture theory of meaning이라고 알려진 이론이 하나의
답을 제공한다. 이 이론에 따르면, 한 언어의 문장은 사실의 그림
이 됨으로써 그 사실을 진술하거나 표현하거나 지시한다고 한다.
(문장이 그런 그림이 될 수 있는 것은 사실들이 어떤 구조 속에 배열된 구

• *Philosophical Explanations*, 3장을 보라.

성 요소인데, 문장 역시 그와 비슷하게 구성 부분들을 담고 있기 때문이라고 그 이론은 말한다.) 이 이론에서, 하나의 믿음이 머릿속에 담긴 하나의 문장 같다면, 그것은 하나의 사실을 그리기 때문에 그 사실에 대한 적절한 대응일 것이다.

이 철학자의 의미그림 이론은 이제 따르는 추종자가 거의 없다. 그것을 처음 공식화한 비트겐슈타인Ludwig Wittgenstein, 1889~1951조차 나중에 그것을 거부했다. 그러나 한 부분은 여전히 그럴듯해 보인다. 언어는 비록 그림과 같은 방법은 아니지만 사실을 표현하는 체계적인 방법을 제공한다는 것이다. 경련이나 소리나 (임의적으로 암호화된) 깃발 신호 같은 항목과는 달리, 하나의 믿음은 여러 사실을 표현하는 구조화된 체계 안에서 한 사실을 표현하고 진술하고, 그럼으로써 그것이 진술하고 믿는 사실을 **의미하거나 지시한다.**

평가 불능의 사실에 대한 대응으로서, 하나의 믿음은 두 가지 방식으로 하나의 사실과 어울릴 수 있다. 문장이나 명제와 부분적으로 비슷하다는 점에서 믿음은 그 사실의 내용을 표현하거나 지시할 수 있다. 또한 지식이라는 점에서, 사실을 추적하고 그것과 가정적으로 관련되어 있다는 점에서 믿음의 발생은 그 사실이 언제 유효한지 표현할 수 있다. 그러므로 그 믿음은 그 사실이 언제 유효한지에 대한 모델을 제공할 수 있다. 그것은 정보 조각들을 이용해 그 사실이 유효한 조건들을 알려주는 디지털 진술이 아니다. (그러나 그 사실의 내용에 대해서는 디지털 진술을 제공한다.)

아날로그와 **디지털**이 컴퓨터 용어임을 생각해보자. 아날로그 컴퓨터는 어떤 것이 일직선으로 얼마나 많이 이동하는가의 문제에 답하는데, 컴퓨터는 자체 내의 다른 어떤 것을 통해 그 이동에 비례해 일직선으로 움직이게 하거나, 직선 운동의 길이에 비례해 각도를 회전시키는 방법을 사용한다. 아날로그 컴퓨터가 연산을 수행하는 방식은, 그것이 연산하는 해당 과정과 똑같은 유사 모델을 자체 내에 만드는 것이다. 아날로그 컴퓨터는 컴퓨터 내부의 지속적 변화들(컴퓨터가 지속적 변화로 취급하는 것들)에 의해 세계 내의 어떤 지속적 양을 모형으로 나타낸다. 반면에 디지털 컴퓨터는 해당 주제를 표현하는(반드시 아날로그 방식이지는 않다) 암호화된 불연속적 정보를 이용한다. 컴퓨터가 원하는 답을 얻기 위해 자체 내에서 이 정보를 처리할 때에는 조사 중인 현실 세계의 과정이 무엇이든 꼭 그 과정을 모형으로 삼을 필요는 없다.

그러므로 우리는 세 가지를 구분해야 한다. 첫째, 불연속적 정보를 이용하고 해당 주제를 모형으로 삼지 않는 디지털 진술이나 과정, 둘째, 불연속적 해당 주제를 표현하고 그것을 불연속적으로(아마 이진법으로) 모형화하는 진술이나 과정, 셋째, 연속적 주제를 표현하고 그것을 어떤 연속적 방식으로 모형화하는 진술이나 과정. (어떤 것이 이 세 번째 범주에 속하는지 아닌지는, 우리가 그 미세한 불연속적 자질들을 무시하고 그것을 연속적으로 다루기로 결정하는지 아닌지에 좌우될 수 있다.)

어떤 사실이 유효하다는 믿음은 두 가지 방식으로 그 사실과 일치한다. 믿음은 사실을 디지털적으로 진술함으로써 그 내용과 일치할 수 있다. 또한 믿음은 그 사실을 추적함으로써 그 사실의 기본 조건들과 일치할 수 있고, 그래서 그 사실이 유효할 때 그것을 모델화한다. 그러나 진리는 (그 개념은 앎과 관련이 있으므로) 이진법 개념이기 때문에, 추적이라는 이진법 개념은 무엇이 사실인지 아닌지를 모형화할 수 있다. (이 이진법 추적 개념은 어떤 것이 유효한가 아닌가와 관련된 가정법으로 구성된다.) 그러므로 추적은 어떤 믿음이 사실인지 아닌지의 모델을 제공하지만 유사 모델은 아니다. (만일 진리의 정도를 다루는 어떤 비이진법 개념이 앎이 아닌 이해에 어떤 역할을 한다면, 추적과 같은 이진법 과정은 무엇이 이해되었는가를 모델화하는 데 불충분할 것이다.)

감정은 가치나 더 포괄적인 관련 범주의 유사 모델이다. 감정의 정신생리학적 형태와 사건은 감정이 대응하는 그 특정 가치의 구조를 모델화하거나 그린다. 감정은 가치의 정신물리학적 모사를 제공하는데, 그 방식은 아마 유사한 조직화 양식을 보여주거나, 또한 가치와 관련된 특성들—가령 강도와 깊이—을 직접 소유해서일 것이다. (앞에서 지적했듯이, 그 유사물은 반드시 정확할 필요는 없으며, 우리의 감정적 자원, 다른 과제 등을 감안하여 우리가 생산할 수 있거나 생산해야 하는 최고의 유사물이면 족할 것이다.) 느낌이 수반되지 않은 단순한 평가는 어떤 것이 가치 있다고 진술할 수 있고, 심지어 그것이 언제 가치가 있는지 추적할 수 있지만, 어떤 것의 가치나 그것이 가치 있는 상황의 표현 내지 모델을 제공하진 못한다. (또한 가치 있다는 개념은 차원적 개념이기 때문에, 가치를 모델화할 때에는 단순히 이진법적이지 않은 과정이 도움이 된다.) 감정과 가치의 특별히 친밀한 관계는 감정이 가치와 가치를 포함한 좀 더 포괄적 중요 범주의 유사 모델을 제공할 수 있다는 데 있다.

The
Examined
Life

Chapter 9

행복

진정한 행복과 쾌락이란 무엇인가

어떤 이론가들은 인생에 **유일하게** 중요한 일은 행복이라고 주장해 왔다. 개인에게 단지 행복만이 중요하고, 인생을 평가하는 유일한 기준은 인생에 담긴 행복의 양이라는 것이다. 행복에 대한 이 배타적 주장은 모순되게도 행복한 순간이 내뿜는 독특한 향취를 왜곡한다. 그 순간에는 거의 모든 것이 훌륭하게 여겨지기 때문이다. 태양에서 쏟아지는 햇살, 그 사람의 생김새, 강물의 반짝임, 강아지들의 장난 등이 (범죄자의 살인은 제외하고) 모두 멋지게 다가온다. 행복의 이 개방성, 그 정신적 관대함과 이해의 폭은 행복만이 중요하다는 (가장 절친한 친구인 척하는) 주장에 의해 왜곡·제한된다. 행복 자체와는 달리 그런 주장은 마냥 인색하다. 행복은 값지고 심지어 확연히 두드러질 수 있지만, 여러 중요한 것 중 하나에 불과하다.

　행복이 유일하게 중요하다는 견해의 얄팍한 명확성은 다양한 방법으로 깨뜨릴 수 있다. 첫째, 행복이 우리가 관심을 쏟는 유일한 것이라 해도 우리는 단지 행복의 총량에만 신경 쓰지 않는다. (이런 식으로 '우리'를 사용할 때, 여러분이 동의하든 안 하든 나는 여러분을 이 고찰에 초대하고 있다. 만일 여러분이 동의한다면, 나는 우리의 공통 견해를 정교하게 다듬고 탐구하겠지만, 이 문제를 고찰한 뒤에 여러분이 동의할 수 없다면, 나는 잠시 혼자 여행하는 것이다.) 우리는 행복이 일생 안에서 어떻게 분배되는지에도 관심을 기울인다. 일생 동안의 행복 총량을 그래프로 나타낸다고 상상해보자. 세로축은 행복의 양, 가로축은 시간에 해당한다. (만일 행복이라는 현상이 극히 복잡하고 다차원적이라면, 그 양을 이런 식으로 그래프화하기가 어려울 것이다. 그러나 그럴 경우에도 우리의 행복을 최대화하는 것이 삶의 목표라는 가정도 역시 모호하다.) 만일 오로지 행복의 총량이 중요하다면, 우리는 행복이 지속적으로 증가하는 삶과 끊임없이 감소하는 삶, 즉 완만한 상승 곡선과 완만한 하강 곡선의 삶을 구분하지 못하고, 행복의 총량, 즉 곡선 아래쪽의 총면적이 서로 똑같으면 된다고 생각할 것이다. 그러나 대부분의 사람들은 하강 곡선보다 상승 곡선을, 즉 행복이 감소하는 삶보다 행복이 증가하는 삶을 더 좋아할 것이다. 여러 이유가 있겠지만 그중 하나는 우리가 더 큰 행복을 향해 나아갈 때 행복해지고, 그렇게 할 때 현재의 행복 지수가 훨씬 높아지기 때문이다. (그러나 하강 곡선에 있는 사람은 과거의 행복을 추억하는 프루스트적 기쁨을 누릴 수 있다.) 그러나 기대의 즐거움을 고려하여 곡선에 포함시키면 그로 인해 어떤 지점들에서 곡선의 높이가 올라갈 것이다. 그럼에도 대부분의 사람은 이렇게 높아진 곡선의 아래쪽 면적에만 관심을 두지 않고, 곡선의 방향에도 관심을 둘 것이다. (여러분은 자녀들이 어떤 곡선을 갖기 원하는가? 하강 곡선인가 상승 곡선인가?)

게다가 우리는 삶의 서사를 올바른 방향으로 이끌고 전반적으로 향상시키기 위해 얼마간의 행복은 기꺼이 포기한다. 비록 하강 곡선의 아래쪽 면적이 조금 더 커진다 해도, 우리는 자신의 삶이 상승 곡선에 있기를 선호한다. (만일 그 면적이 엄청나게 크다면 선택은 달라질지 모른다.) 그러므로 행복의 윤곽은, 행복의 총량이 동일한 삶들 사이의 분기점을 넘어서는 독립적 중요성을 지닌다. 좀 더 바람직한 줄거리 방향을 획득하기 위해 우리는 때때로 행복의 총량을 최대화하지 않기로 결정하기도 한다. 그리고 만일 서사적 방향이라는 요인이 약간의 행복을 포기하는 근거가 된다면, 다른 요인들도 그럴 수 있다. •

• 일생 동안 길이가 다른 여러 시기들을 예상하고 회고해야 하는 모든 복잡한 상황을 고려할 때 다른 모든 점이 동일하다면, 상승 곡선을 선호하는 경향을 정확히 말로 설명하는 데는 조금 주의할 필요가 있다. 그러나 자식들의 삶의 윤곽에 대한 선호 경향은 이 문제를 벗어간다. 그때는 외부적 관점에서 자식의 삶을 하나의 전체로 보고 평가하고, 자식들이 삶의 윤곽을 모른다면 그들의 예상과 회고가 끼어들지 않기 때문이다. 만일 미래의 좋은 일에 대한 기대가 과거의 좋은 일에 대한 회고보다 우리를 더 즐겁게 해주어서 그 곡선에 영향을 미친다면, 이는 그 자체로 상승 곡선에 대한 선호 경향을 가리킨다. (이와 마찬가지로 기억상실증을 앓는 사람들은 기억이 돌아올 수 있다고 해도 주어진 행복이 과거보다 미래에 있는 것을 더 좋아할 것이다.) 우리는 또한 상승 곡선에 대한 선호 경향을, 그 상승 곡선이 가리킬 수도 있는 행복한 결말에 대한 선호 경향과 분리할 필요가 있다. 다음과 같이 생각해보자. 하나의 곡선은 거의 끝까지 상승하고 다른 곡선은 거의 끝까지 하강하고, 두 곡선의 하부 면적은 동일하다. 두 곡선은 X 자가 될 것이다. 그러나 거의 끝에 이르면 상황은 더 복잡해진다고 가정해보자. 삶이 잠시 후 끝날 상황에서 두 곡선에 있는 각 사람에게 그 높이에 머물 확률이 절반이고, 다른 곡선의 높이로 즉시 떨어지거나 올라갈 확률이 절반이라고 해보자. 이제 끝의 높이는 그때까지의 곡선 경로로 예측할 수 없게 된다. 만일 이런 상황에서 하강 곡선보다 상승 곡선을 선호한다면, 이 선호 경향은 곡선들의 끝이 아니라 그 경로와 관련 있을 것이다.

일직선이 유일한 서사 곡선은 아니다. 따라서 가장 좋은 행복 곡선을 골라내는 것은 어리석은 일이다. 다양한 삶의 전기들이 최고의 곡선에 들어맞을 수 있고, 인생의 구체적 내용도 우리의 관심거리기 때문이다. 우리가 정말로 상향하려는 것은 행복의 양이 아니라 삶의 서사일 수 있다. 이야기가 꾸준히 유지되는 상황이라면, 우리는 행복의 기울기가 아니라 그 양에만 신경 쓸지 모른다. 하지만 이것 또한 행복의 양 외에 다른 문제, 즉 서사 곡선이든 행복 곡선이든 하나의 상승 곡선에 대한 일반적 견해를 뒷받침해준다.

우리는 또한 쾌락이나 행복은 있지만 그 외에는 아무것도 없는 삶, 어리석은 쾌락이나, 소처럼 둔감한 만족이나, 경솔한 재미로만 채워진 삶, 행복하지만 피상적인 삶 등을 고려할 때, 쾌락이나 행복보다 더 큰 무엇인가가 중요하다고 볼 수 있다. 존 스튜어트 밀 John Stuart Mill, 1806~1873은 "만족한 돼지보다 불만족한 인간이 되는 게

우리가 상승 곡선을 좋아하고 하강 곡선을 매우 싫어한다는 것은 다른 현상들을 설명하는 데에 도움이 된다. 최근에 두 심리학자, 아모스 트버스키Amos Tversky와 대니얼 카너먼Daniel Kahneman은 다음을 강조했다. 대안 선택에서 사람들이 행동의 결과를 판단할 때 (기존의 규범 이론들이 권하는 것과는 반대로) 결과의 절댓값에 따라 판단하지 않고, 어떤 기준선이나 기준점과 비교하여 그것이 이득인가 손실인가에 따라 판단하고, 이득보다 손실에 가중치를 둔다는 것이다. [다음을 보라. Daniel Kahneman and Amos Tversky, "Prospect Theory," *Econometrica*, Vol. 47 (1979), pp. 263~291; "Rational Choice and the Framing of Decisions," in Robin Hogarth and Melvin Reder, eds., *Rational Choice* (Chicago: University of Chicago Press, 1987), pp. 67~94]. 만일 사람들이 상승 곡선을 더 좋아한다면, 이 두 특성은 예측할 수 있다. 사람들은 결과를 현재의 또는 가상의 기준점 위나 아래로, 다시 말해 이득인가 손실인가로 분류하고, 손실을 피하는 쪽에 특히 높은 가중치를 두는 것이다. (그러나 만일 상승 곡선에 대한 선호 경향이 제로 수준의 위치에 따라 달라진다면, 그 선호 경향은 두 특성을 설명하는 데 이용될 수 없다. 어쨌든 어떤 사람들은 설명을 거꾸로 돌려, 상승 곡선에 대한 선호 경향이 두 특성으로부터 발생한다고 볼 수 있다.)

낮고, 만족한 바보보다 불만족스러운 소크라테스가 되는 게 낫다"라고 썼다. 물론 만족한 소크라테스가 되어 행복과 깊이를 모두 갖는다면 가장 좋겠지만, 우리는 깊이를 얻기 위해 얼마간의 행복을 포기하곤 한다.

우리는 좋은 것들, 즉 쾌락, 재산, 긍정적 감정, 심지어 풍부하고 다채로운 내면의 삶 같은 것들로 채워야 할 빈 용기나 양동이가 아니다. 그런 양동이 안에는 적절한 구조가 없다. 거기에서는 경험들이 서로 들어맞거나 시간이 지남에 따라 윤곽을 이루는 것이 전혀 중요하지 않고, 단지 어떤 특별한 배열 때문에 더 행복한 순간들이 가능해질 뿐이다. 행복만이 중요하다는 견해는 행복해야 할 존재인 우리가 어떤 존재인가라는 문제를 외면한다. 인생에서 가장 중요한 것은 어떤 식으로 우리 삶에 **포함**되어 있을까? 무엇 때문에 쾌락이나 행복 같은 내면의 경험이 우리 자신이 어떤 존재인가보다 더 중요해야 할까?

프로이트는 쾌락을 추구하고 고통이나 불쾌함을 피하는 것을 인간 행동의 기본 원리로 보았고, 이를 쾌락 원칙pleasure principle이라 명명했다. 때로는 쾌락을 향해 똑바로 나아가지 않는 것이 쾌락을 좀 더 효과적으로 확보하는 방법이다. 사람들은 즉각적인 만족을 은근히 우회하거나 연기하고, 심지어 외부 세계의 성격에 따라 쾌락의 특별한 원천들을 비난하기도 한다. 프로이트는 이 행동을 현실 원칙reality principle이라 명명했다. 프로이트의 현실 원칙은 쾌락 원칙에 종속된다. "사실 현실 원칙이 쾌락 원칙에 종속되어 있다는 것은 결코 쾌락 원칙을 없앤다는 뜻이 아니라, 오히려 그것을 보호하는 것이다. 결과가 불확실할 때 우리는 순간적인 쾌락을 포기하지만, 이는 단지 나중에 새로운 경로로 확실한 쾌락을 얻기 위해서다."•

두 원칙을 더 엄밀하게 공식화할 수도 있지만, 여기에서 기술적으로 정교한 이론들을 살펴볼 필요는 없을 듯하다.•• 최대화할 수 있는 쾌락의 두 형태가 있다는 점에 주목하자. 완전히 즉각적인 쾌락(즉각적인 쾌락의 총량에서 즉각적인 고통이나 불쾌의 총량을 뺀 것)과, 일생에 걸친 쾌락의 총량이 그것이다. (후자의 목표에는 프로이트의 현실 원칙이 충분히 포함될 것이다.) 쾌락 자체만은 즉각적인 감각이나 흥분과 너무 크게 묶여 있는 듯 보이기 때문에, 어떤 철학자들은 몇몇 종류의 쾌락을 '더 높은' 쾌락으로 구분하여 쾌락 원칙을 수정한다. 그러나 이렇게 높은 쾌락과 낮은 쾌락을 구분해 적절하게 공식화해도(아직 공식화된 적은 없다), 이는 단지 선택의 문제만 복잡해지게 할 뿐이다. 낮은 쾌락이 어느 정도 양이 된다면 높은 쾌락보다 더 중요해질 수 있을까? 높은 쾌락은 얼마나 높아야 하고, 그것들 간에도 높이가 다를까? 이 양의 차이를 통합하는 최

• "Formulations on the Two Principles of Mental Functioning," in James Strachey, ed., *The Standard Edition of the Complete Psychological Works of Sigmund Freud*, Vol. 12 (London: The Hogarth Press, 1958), p. 223.

•• 행동심리학자들은 효과의 법칙을 가미해 더 정밀하게 발전시킨, 쾌락 원칙의 계량적 형태들을 제시한다. 오퍼레이션 리서치operations research 연구자들과 경제학자들은 (현실의) 행동 제약에 관한 형식 이론들을 제시한다. 현실 원칙과 쾌락 원칙은 의사결정 이론의 이중 구조에 함께 반영되어, 실행 가능한 행위의 가능한 결과들의 확률과 그 결과들의 유용성을 보여준다. 프로이트가 했던 것처럼 의사결정 이론은 예상되는 유용성을 극대화하는 자신의 원칙에 쾌락 원칙의 우선성을 유지한다.

우선 목표는 무엇일까? 양의 차이는 쾌락이 아닌 다른 어떤 것도 중요할 수 있다고 말하지 않고, 중요한 것 하나, 단지 쾌락을 여러 등급으로 나누기만 한다.

우리는 쾌락이 무엇인지를 더 정밀하게 따져볼 수 있다. 내가 쾌락 또는 쾌감이라고 말할 때, 그것은 (부분적으로) 그 느낌 자체의 성질 때문에 우리가 바라는 느낌을 의미한다. 그 느낌은 그것의 결과나 그로 인해 내가 할 수 있는 것 때문에, 또는 그로 인해 성취되는 어떤 명령 때문에 우리가 바라는 것이 아니다. 그것이 즐겁다면, 그것은 (적어도 부분적으로는) 우리가 느끼는 그 느낌의 성질 때문에 그것을 원하게 된다. 이는 쾌락이 생길 때마다 항상 단 하나의 성질만 느껴진다는 주장이 아니다. 내가 쾌락이란 단어를 사용할 때, 그것은 그 느낌이 어떤 성질이든, 부분적으로 그 자체의 성질들 때문에 우리가 원하는 하나의 기능이다. 이 관점에서 고통을 그 자체의 성질 때문에 바라는 마조히스트는 고통을 즐겁다고 느낄 것이다. 거북하지만 마조히즘 자체가 그렇다. 만일 마조히스트가 벌 받거나, 상처 입거나, 굴욕 당해 마땅하다고 (무의식적으로) 느끼기 때문에, 즉 고통의 느낌 자체가 아니라 그 고통이 나타내는 것을 위해 고통을 바란다면, 이때 그 고통 자체는 즐겁다고 간주할 수 없다. 어떤 사람이 어떤 활동을 즐긴다는 것은, 단지 그 활동의 결과나 차후의 산물 때문이 아니라, 그 자체에 내재된 속성 때문에 그 활동에 몰두하는 한에서다. 하지만 거기에 내재된 속성들은 느낌의 성질에 국한되지 않는다. 이것은 사람이 즐기면서도 즐겁지 않은 어떤 것이 존재할 가능성을 가리킨다. 테니스를 아주 격렬하게 치는 예를 들 수 있다. 공을 칠 때마다 온 힘을 다 쏟고 팔꿈치와 무릎이 바닥에 까진다면, 그 사람은 테니스를 즐기고는 있지만 그 활동이 정확히 (꼭) 즐겁지는 않다.

쾌락의 정의가 이렇다 해도 느낌 자체의 성질 때문에 우리가 원하는 것이 실제로 있다고 결론 짓을 수는 없으며, 우리가 즐거운 경험, 즉 느낌의 성질 때문에 바라게 되는 경험을 원한다고 결론지을 수 없다. (내가 쓰는) 그 정의의 논리적 결과는 다음과 같다. 만일 어떤 경험이 우리에게 즐겁다면, 우리는 (어느 정도) 그것을 원한다. **즐거움**pleasurable이라는 단어는 단지 우리가 어떤 것을 그 느낌의 성질 때문에 원한다는 것을 가리킨다. 그러나 우리가 그것을 얼마나 원하는지, 그리고 쾌감 이상의 것을 원하는지는 미지수로 남는다. 시 쓰기를 원한다고 해서 (우선적으로) 글쓰기 자체의 느낌의 특질을 원하거나 시인으로서 알려지는 느낌의 특질 때문에 꼭 시를 **쓰지는** 않는다. 그 사람은 그 시가 가치 있거나, 그런 활동이 가치 있다고 생각하기 때문에 시를 쓰지 어떤 느낌의 특질에 특별히 초점을 맞추지는 않을 수 있다.

우리는 우리의 삶이 내면으로부터 어떻게 **느껴지는**가 외에 다른 것에도 관심을 기울인다. 이것은 다음 실험을 통해 입증된다. 내가 바라는 경험(또는 일련의 경험)을 주는 기계가 있다고 상상해보자.[•] 이 경험 기계에 연결되면, 위대한 시를 쓰거나 세계 평화에 기여하

• 나는 이 경험 기계의 예를 다음 책에서 맨 처음 제시하고 논의했다. *Anarchy, State, and Utopia* (Basic Books, 1977), pp. 42~45.

거나 누군가를 사랑하고 사랑받는 경험을 할 수 있다. 나는 그것들이 '내면으로부터' 어떻게 느껴지든, 그 일들의 쾌락을 경험할 수 있다. 그리고 내일, 이번 주, 올해, 또는 남은 평생을 위해 내 경험의 프로그램을 짤 수도 있다. 만일 나의 상상력이 빈곤하다면, 전기 작가들이 제시하고 소설가들과 심리학자들이 향상시킨 것들을 발췌해 사용할 수 있다. 나는 내가 가장 좋아하는 꿈들을 '내면으로부터' 경험하며 살 수 있다. 당신은 남은 평생 동안 이렇게 살고 싶은가? 아니라면 왜일까? (다른 사람들도 다른 은하에서 온 친절하고 믿음직스러운 존재들이 제공하는 이런 기계들을 똑같이 선택해 사용할 수 있고, 그래서 당신은 그들을 돕기 위해 연결을 거부할 필요는 없다고 가정해보자.) 문제는 잠시 기계 작동을 시도하는 것이 아니라, 남은 평생 동안 그 속에 들어가는 것이다. 그 속에 들어가는 즉시 당신은 기억하지 못하게 되므로 그것이 기계가 만든 것임을 알게 되어 쾌락이 망가지는 일은 없다. 기계가 제공하는 무작위 장치를 이용하면 (미리 선택한 다양한 대안들을 통해) 불확실성도 입력할 수 있다.

이 경험 기계에 접속할지 말지는 가치의 문제다. (이는 관련이 있는 다음 두 문제와 다르다. 당신은 아직 접속되어 있지 않다는 것을 알 수 있는가라는 인식론의 문제, 그리고 그 경험 기계 자체가 하나의 현실 세계를 구성하지 않는가라는 형이상학의 문제다.) 문제는 접속하는 것이 고통스러운 삶처럼 극단적으로 비참한 대안들보다 좋아할 만한가가 아니라, 그것이 가장 좋은 삶을 만들어내거나 가장 좋은 존재 상태로 이어지는가다. 삶에 관해 중요한 것은 단지 그 삶이 내면에서 어떻게 느껴지는가이기 때문이다.

이것은 하나의 **사고** 실험thought experiment이고, 다음 문제를 분리하기 위해 고안된 것임에 주목하자. 과연 내적 느낌만이 우리에게 중요한가? 이때 그런 기계가 기술적으로 가능한가에 초점을 맞춘다면 요점을 놓치게 된다. 기계의 예는 그 자체로 봐야 한다. 또한 내적 경험이 중요할 수 있다는 고정된 견해를 통해 이 문제에 답한다면, 그 견해를 별도로 시험할 수 있는 기회를 놓치게 될 것이다. 어떤 견해가 부적절한지 확인할 수 있는 한 방법은 특정한 사례들, 때로는 극단적 사례들에서 나온 결과를 점검하는 것이다. 만일 어떤 사례에든 주어진 견해만을 **적용**하여 결과가 어떻게 나오는지를 결정한다면, 그 견해가 과연 그 사례에 정확히 들어맞는지 밝혀낼 기회를 사전에 차단하게 된다. 그 기계에 플러그를 꼽기로 결정한 사람 중에 사실 처음엔 접속하지 않겠다는 충동을 느꼈다가 나중에 마음을 바꾸어 오직 경험만이 중요할 수 있으므로 결국 이 장치는 해가 없으리라 생각하고 긍정적인 결정을 내리지는 않았는지 주목해야 한다.

실제로 개인의 경험만이 중요하다고 생각하는 사람은 거의 없다. 우리는 자식들이 완전히 기만적인 만족으로 가득한 삶을 아무것도 모른 채 살아가기를 바라지 않는다. 아이들이 예술적 성취에 자부심을 느껴도, 비평가들과 친구들은 단지 아이들의 작품을 칭찬하는 척하고 등 뒤에서 킬킬거릴 수 있고, 성실해 보이는 짝이 몰래 바람을 피울 수 있으며, 겉으로 부모를 사랑하는 듯한 아이들이 실제로 부모를 끔찍이 싫어할 수 있다. 이 설명을 듣고 "얼마나 멋진 삶이야! 그 삶은 내면으로부터 아주 행복하고 즐겁게 느껴질 거야!"라고 외칠 사람은 거의 없을 것이다. 그런 사람은 꿈속에 살면서 그렇지 않은 것에서 즐거움을 느끼는 셈이다. 그러나 우리가 원하는 것은 그저 그것들에서 즐거움을 얻는 일이 아니다. 우리는 **그것들이 정말 그렇기를** 원한다. 우리는 그것들이 정말 그렇다는 것을 소중하게 여기고, 그것들이 그렇다고 생각하기 때문에 그것들에서 즐거움을 얻는다. 우리는 단지 그것들이 그렇다는 **생각에서** 즐거움을 얻지 않는다.

우리는 대상이 우리에게 내면으로부터 어떻게 느껴지는가에만 신경 쓰지 않고 그 이상의 것에 관심을 기울인다. 삶에는 행복하다는 느낌 이상의 것이 있다. 우리는 무엇이 사실인가에 관심을 기울인다. 우리는 우리가 높이 평가하고, 소중히 여기고, 중요하다고 생각하는 상황들이 실제로 그렇기를 원한다. 우리는 우리의 믿음 또는 그중 어떤 것들이 참이고 정확하기를 원하고, 우리의 감정이나 적어도 몇몇 중요한 감정이 유효하고 적절한 사실들에 기초한 것이길 원한다. 우리는 망상 속에서 살지 않고 실재와 중요하게 연결되어 있기를 원한다. 프로이트의 현실 원칙이 명령하듯, 단지 쾌감이나 그 밖의 경험들을 더 확실히 얻기 위해 우리가 이것들을 바라지는 않는다. 그리고 우리는 실재와의 단순한 연결에서 오는 즐거운 느낌을 원하지도 않는다. 그런 내적인 느낌, 환각의 느낌은 경험 기계가 제공할 수도 있다.

우리가 원하고 소중히 여기는 것은 실재reality와의 실질적 연결이다. 이것을 제2현실 원칙이라고 명명하자(첫 번째는 프로이트의 현실 원칙이다). 믿음, 평가, 감정을 가지고 외적 실재에 집중하는 것은 단지 더 큰 쾌락이나 행복을 위한 수단으로서 아니라 **그 자체로** 가치 있다. 그리고 진정한 가치는 단순히 우리의 내면에 진실된 믿음을 갖는 것이 아니라 이 연결에 있다. 진리를 선호하는 것은 드러나지 않은 방식으로 어떻게든 이 연결의 가치를 끌어들인다. 그렇지 않다면 왜 진실된 믿음이 그릇된 믿음보다 (본질적으로) 더 가치 있겠는가? 그리고 만일 우리가 단지 진실된 믿음을 가지려 하기보다 그에 대해 앎으로써 현실에 연결되길 원한다면, 또 지식이 사실들의 추적에 관련된다면, 이는 외부 세계와의 직접적이고 명백한 연결을 가리킨다. 물론 우리는 실재와의 단순한 접촉을 원하지 않고, 몇몇 종류와의 접촉을 원한다. 그렇다고 해서 단지, 우리는 실재와 연결되길 바라는데 경험 기계는 우리가 바라는 것을 주지 못하기 때문에 결함이 있다는 말이 아니다(물론 그 예는 우리가 경험 외에 다른 것도 바란다는 것을 보여주는 데에는 유용하다). 만약 그렇게 말한다면 '그저 바라는 것을 얻는 것'이 일차 기준이 되기 때문이다. 그보다는 우리가 실재와의 연결을 바라든 아니든 그 연결은 중요하고—바로 이것이 우리가 그 연결을 바라는 **이유다** — 경험 기계는 우리에게 그 연결을 주지 못하므로 부적절하다는 것이다. ˙

또한 의심할 바 없이 우리는 우리와 다른 사람들이 공유하고 있는 현실과 연결되기를 원한다. 앞서 묘사했듯이 경험 기계가 우리를 비참하게 하는 점들 중 하나는 경험자가 그 특별한 환상을 혼자 경험한다는 것이다. (다른 사람들이 당신의 '세계'를 공유하지 않거나, 당신이 그들이 공유하는 세계와 단절되어 있다면 더 비참할까?) 그러나 경험 기계가 모든 사람에게 (또는 당신이 관심을 기울이는 모든 사람에게) 똑같은 환상을 제공하여, 각 사람에게 그 환상의 복제품을 하나씩 준다고 상상해볼 수도 있다. 모든 사람이 **한** 수영장에 떠 있을 때 경험 기계는 그리 못마땅하지 않을 수 있지만, 그럼에도 반대할 만한 점이 있다. 타인과 공통 관점을 갖는 것은 실체에 대한 **하나의** 기준은 될 수 있지만 그것만으로는 보장할 수가 없다. 우리가 원하는 것은 현실과 공유 **둘** 다이다.

사람들이 잠시라도 그런 기계에 접속하면 절대 안 된다고 말하지 않았다는 것을 기억하자. 경험 기계는 우리에게 여러 가지를 가

• 심리학자 조지 에인슬리George Ainslie는 우리가 실재와의 접촉에 관심을 기울이는 이유를 다른 독창적인 방식으로 설명한다. 그의 설명은 현실과의 연결을 내재 가치가 있는 것이 아니라 하나의 수단으로 본다. 에인슬리에 따르면 만족스러운 것을 상상함으로써 포만에 빠지는 것, 그럼으로써 쾌락이 줄어드는 것을 피하기 위해 우리는 쾌락을 손에 넣기 좀 더 어려운 쾌락들로 분명히 한정할 필요가 있는데, 실재가 그 선을 제공하고 그래서 현실 속의 쾌락은 더 드물고 간격이 넓다고 한다. 〔George Ainslie, "Beyond Microeconomics," in Jon Elster, ed., *The Multiple Self* (Cambridge, England: Cambridge University Press, 1986), pp. 133~175, 특히 pp. 149~157을 보라.〕 포만이라는 현상 자체가 진화적으로 설명할 수 있다는 점에 주목하자. 실험에서 쥐가 특별 장치를 이용해 뇌 속의 쾌감 중추들을 자극할 수 있는 경우처럼, 어떤 활동에 포만감을 느끼지 않는 유기체는 다른 모든 것을 제쳐두고 그 활동에만 집착할 테고, 그래서 굶어 죽거나 자식을 낳고 기를 정도로 오래 버티지 못할 것이다. 반면에 현실이라는 틀에서 유기체들은 어느 정도 자제심을 보이고, 아직 포만감을 느끼지 않았을 때에도 그저 쉬운 쾌락을 추구하지 않아야 한다. 그래서 어떤 현실 원칙이, 에인슬리가 설명한 그 목적의 완전한 달성을 방해할 테고, 아주 명확한 다른 선들이 그 목적에 관여하리라 추측할 수 있다. 예를 들어, 생물학적 리듬에 따른 하루의 구분이 하나의 선이 될지 모른다. 수면은 쉬운 쾌락을 위한 시간이고 꿈은 그 수단일까? 다른 선을 추측해보자면 혼자인가 다른 사람과 함께 있는가, 최근에 밥을 먹었는가 아닌가, 보름달에 가까운가 등이 있을지 모른다. 다시 말해, 이런 것들도 손쉬운 쾌락을 획득해도 되는 시간을 제한하기 위해 이용될 수 있다. 현실은 이것을 위한 유일한 수단이 아니며, 현실에 대한 우리의 관심은 단순히 그것을 하나의 수단으로만 보지 않는다.

르쳐줄 수 있고, 나중에 현실의 삶에 유익하도록 우리를 변화시킬 수도 있다. 그리고 충분히 용납할 수 있는 제한된 양의 쾌락을 줄 수도 있다. 이것은 남은 평생 동안 그 기계에 매달려 있는 것과는 아주 다르다. 그런 삶의 내적 알맹이는 현실과 단절될 것이다. 그리고 일단 기계에 접속된 사람은 어떤 것도 **자유롭게** 선택하지 못할 것이다. 우리가 실제적이고 싶어 하는 것은 실질적으로 (그리고 자유롭게) 선택할 수 있는 데에 있지 단순히 그렇게 보이는 데에 있지 않다.

지금까지 행복에 관한 사색은 삶에서 행복이 담당하는 역할의 **한계**에 대한 것이었다. 그렇다면 행복의 적절한 역할은 무엇이고, 정확히 행복이란 무엇이며, 왜 그 역할은 그렇게 자주 과장되는가? 여러 개별 감정이 행복이란 딱지가 붙어 유통되고, 그중 하나는 감정보다는 **기분**이라고 불려야 더 적절하다. 나는 여기에서 세 가지 유형의 행복 감정을 살펴보고 싶다. 첫째, 어떤 것(또는 많은 것들)이 사실이어서 행복한 상태, 둘째, 지금의 삶이 좋다는 느낌, 셋째, 전체적 삶에 대한 만족이 그것이다. 각각의 행복 감정은 모든 감정이 공통으로 갖고 있는 3중 구조(믿음, 긍정적 평가, 그에 기초한 느낌)를 보인다. 위의 세 가지 감정은 믿음과 평가의 대상이 각기 다르고, 어쩌면 느낌의 성격도 다를 수 있다. *

첫 번째 유형은 어떤 구체적인 것이 사실이기 때문에 오는 행복감이다. 이 행복감은 충분히 익숙하고 분명하며, 앞에서 감정에 대

---

* 세 감정의 구체적 성격을 자세히 파헤칠 수 있는 정확한 현상학이 필요하다.

해 논의한 내용의 직접적인 예다. 두 번째 유형, 즉 현재의 삶이 좋다는 느낌은 조금 더 복잡하다. 다른 어떤 것도 필요하지 않고 그래서 지금의 삶이 아주 좋다고 생각하고 느끼는 구체적인 순간들을 떠올려보라. 혼자 자연 속을 걸을 때, 사랑하는 사람과 함께 있을 때 그런 순간을 경험했을 것이다. 이런 순간의 특징은 완전함이다. 당신은 원하는 것을 가졌고, 다른 어떤 것도 필요하지 않다. 그 순간 당신은 그것 외에는 그 무엇도 원하지 않는다. 그렇다고 해서 누군가가 그 순간 마법의 램프를 들고 찾아오면 당신이 당황해서 소원을 떠올리지 못한다는 뜻이 아니다. 내가 묘사하는 그 순간들에는 더 많은 돈, 다른 직접, 다른 초콜릿 같은 다른 욕망이 작동하지 않는다는 뜻이다. 그때 다른 욕망은 느낌의 선 밖으로 밀려나 있고, 호시탐탐 기회를 엿보지 않는다. 그 순간 당신은 다른 그 무엇도 원하지 않고, 어떤 것도 부족하다고 느끼지 않는다. 당신의 만족은 완벽하다. 이때 수반되는 느낌은 강한 기쁨이다.

이 순간들은 훌륭하고도 드물다. 대개는 추가 욕구들이 너무 쉽게 끼어든다. 어떤 사람들은 모든 욕구를 제거하는 과감한 방법으로 이 바람직한 상태에 도달하라고 제안해왔다. 그러나 우리에게, 다른 모든 욕구를 제거한 상태에 도달하는 방법으로 **먼저** 기존의 욕구를 제거하라는 가르침은 도움이 되지 않는다. (이는 단지 과연 그 방법으로 기쁨에 이를 수 있을지 의심스럽기 때문이 아니다.) 그보다 우리는 아주 좋은 어떤 것에 대해, 즉 완전하고 만족스러운 성질을 가졌고, 거기에 도달하면 다른 어떤 욕구도 끼어들지 못하는 그 무엇에 대해 듣기를 원하고, **그와 동시에** 거기에 어떻게 도달할 수 있는지 듣기 원한다. 아리스토텔레스는 다른 어떤 것도 원하지 않는 그 느낌의 성질을 세계에 투사했다. 완전히 좋은 것은 거기에 무엇이 더해져도 더 좋아지지 않을 정도로 좋은 것이라고 그는 주장했다. 나는 그 성질을 느낌에 적용하고자 한다.

지금 나의 삶이 좋고, 그 외에 무엇도 원하지 않는다고 느끼게 되는 두 가지 상황이 있다. 첫 번째는 어떤 특정 욕구가 이미 충족된 상황이고, 두 번째는 다른 욕구들이 충족될 과정이나 경로에 진입해서, 그 과정에 몰두하는 것 외에는 **다른** 어떤 욕구도 없는 상황이다. 어떤 사람이 친구들과 영화관 가기 외에는 원하는 것이 없으며, 바로 지금 그렇게 하고 있다고 가정해보자. 분명 그는 또한 영화관에 도착하는 것, 영화관이 불타 없어지지 않을 것, 영사기가 제대로 작동할 것 등을 원할 것이다. 그러나 이것들은 모두 그가 행하고 있는 과정의 부분이고, 제 순서가 되면 모습을 드러낼 것이다. 그러나 만일 그가 혼자 콘서트에 가길 원한다면, 그는 다른 것을 원하는 셈이다. 일찍이 존 듀이John Dewey, 1859~1952가 강조했듯, 거의 어떤 목표도 마지막 종점이 아니기 때문에, 다른 어떤 것도 원하지 않게 되는 최초의 양상에는 대개 두 번째 양상과 과정이 보이지 않게 포함되어 있다. 동화《개구리 왕자》속의 매력적인 왕자는 일단 마법에서 풀려 공주와 결혼하면 더 이상 원하는 것이 없다. 그것은 그 후로 영원히 행복하게 산다는 의미이기 때문이다.

그렇다면 이런 걱정이 들 수 있다. 행복 감정의 두 번째 의미에서 항상 행복하다면, 즉 다른 어떤 것도 원하지 않는다면, 더 이상의 활동이나 성취를 위한 동기가 모조리 사라지지는 않을까? 그러나 만일 우리가 원하는 단 하나의 것이 어떤 삶의 과정에 몰두하는 것, 예를 들어 탐구하고 대응하고 관계시키고 창조하는 삶이라면 그 이상의 활동과 노력은 바로 그 과정의 구성 요소가 될 것이다. 물론 우리는 첫 번째 유형(비과정적인)에 속하는 완전한 만족의 많은 순간이 이 과정에 포함되기를 원하고 기대할 것이다.

어떤 사람이 "지금 나의 삶이 좋다"라고 생각할 때 '지금'이 나타내는 시간의 범위는 사전에 정해져 있지 않다. 우리는 필요에 따라 그 지시 내용을 바꿀 수 있다. 전반적으로 비참한 시기에도 우리는 매우 구체적인 순간에 시선을 고정하고, 그 순간 다른 아무것도 원하지 않을 수 있다. 이와 반대로, 어느 불행한 순간에 우리는 '지금'이라고 부를 수 있는 더 오랜 시기에 걸쳐 우리의 삶이 비참하지 않다는 것을 떠올릴 수 있고, 지금 이 순간은 불행하지만 그 삶의 과정에 몰두하는 것 외에 다른 어떤 것도 원하지 않을 수 있다. 반면, 강한 행복을 느끼는 순간에 우리는 때때로 다른 종류의 행복을 회상하기도 한다. 예를 들어 유대인 전통에서, 사람들은 결혼할 때 가장 쓰라린 사건, 즉 성전 파괴를 회상하고 인정하고, 동창회를 할 때 잠시 짬을 내어 죽은 이들을 추모한다. 우리는 그런 사건들이나 사람들을 잊지 않고, 심지어 가장 행복한 순간에도 잠시 시간을 내어 그 사건이나 사람들의 지속적인 중요성을 부여한다.

세 번째 유형인 '전체적인 삶에 대한 만족'은 폴란드 철학자 블라디슬로프 타타르키비츠Wladyslaw Tatarkiewicz, 1886~1980가 탐구했다.[•] 그의 설명에 따르면 행복은 전반적인 삶에 대한 완전하고 지속적이고 깊고 충실한 만족과 관련되어 있으며, 이때 그 만족의 구성 요소인 평가는 진실하고 정당해야 한다. 타타르키비츠는 행복한 삶을 가장 우월하다고 보려 했기 때문에 이 개념 속에 완전하고 전체적인 만족이라는 큰 의미를 담았다. 그러나 그렇게 하면 두 개의 행복한 삶, 즉 더 행복한 삶과 덜 행복한 삶이 존재하기 어려워진다. 여기에서 우리는 만족의 충실함에 대해, 그리고 평가의 대상인 긍정성의 정도에 대해 좀 더 관대한 태도를 취할 수 있다. 행복한 삶은 전체적으로 충분히 좋은 삶이다. 그러나 삶은 다른 의미에서도 행복할 수 있다. 다시 말해, 이런저런 점에 대해 행복하다고 느끼는 많은 사건을 포함한다면 행복한 삶이라 할 수 있다. 그것은 첫 번째 유형의 행복 감정이었다. 그런 삶은 종종 행복하다고 느껴지지만, 그 사람이 반드시 심지어 무의식적으로 자신의 삶을 전체적으로 좋게 평가할 필요는 없다. 사실 그는 전체적인 삶에 초점을 맞추었을 때 그 속에 담긴 행복한 느낌들이 그다지 중요하지 않다고 생각하여, 정반대 평가를 내릴 수도 있다. 그때 그는 행복한 순간을 자주 경험해도, 전체적인 삶에 만족을 느끼는 세 번째 유형의 의미에서는 행복하지 않을 것이다.

만일 우리가 어떤 사람의 감정을 뒷받침하는 평가들이 크게 잘못되었다고 생각한다면, 우리는 그 사람이 특정한 순간이나 일생 동안에 행복했다고 분류하기가 꺼려질 것이다. 그러나 그 평가들이 반드시 옳아야 한다고 요구하는 것도 너무 가혹하다. 과거의 역

• Wladyslaw Tatarkiewicz, *Analysis of Happiness* (The Hague: Martinus Nijhoff, 1976), pp. 8~16.

사를 되돌아보면, 사람들은 부정확하지만 이해할 수 있고 당시로서 터무니없이 부당하지 않았던 평가들을 내렸었다. 평가의 부정확성이 행복 앞에 가로놓여 있는 자동 차단막일 수는 없다. (어쨌든 우리는 여성의 평등권, 동성애자 권리, 인종적 평등, 소수 집단 관계 등의 문제에 대한 최근의 도덕적 성과들이 이것으로 끝이 아니기를 희망한다.) 또한 단순히 '옳음'과 '정당함'(또는 '부당하지 않음')으로 대체해도, 올바르지만 당시의 맥락에서는 부당했던 평가에 따라 감정을 느낀 사람을 불행한 사람으로 곡해하게 된다. 이때 완화된 기준이 필요하다. 기준을 완화해, '진실되거나' 어쨌든 '정당한'(또는 '완전히 부당하지 않은 평가')으로 고치면 도움이 된다. 그렇다면, 완전히 그리고 터무니없이 억지인 거짓 평가에 기초하여 감정을 느끼는 사람에 대해, 우리는 그가 어떻게 느끼든 상관없이 그를 행복하다고 분류하지 않을 것이다. 그는 좀 더 현명했어야 했기 때문이다.**

전체적인 삶에 대한 만족이라는 행복의 이 세 번째 의미는, 왜 우리가 행복하기를 원하는지 또는 행복한 삶을 원하는지를 아주 쉽게 이해시켜준다. 첫째, 그 감정을 느끼는 것 자체에서 오는 즐

** 과거의 삶에 대해 현재 내리는 평가는 그 당시의 평가와 다르다는 점에 주목하라. 그 시기에 대해 다른 평가들—그때 당신의 평가, 현재 당신의 평가, 그리고 관찰자인 우리의 평가—이 나올 수 있다는 사실은 그 시기를 행복하다고 간주할 수 있는가의 문제를 복잡하게 만든다. 그런 목적을 위해서라면 단지 그때 당사자가 실제로 내린 평가를 적절한 평가로 취급하기가 꺼려진다. 예를 들어, 만일 그때 당신이 삶을 긍정적으로 평가하고 긍정적으로 느꼈지만, 지금 다시 되돌아보고 그때의 전체적인 삶을 부정적으로 평가한다면, 그때 당신은 행복했는가 아닌가? 그 당시에 당신은 삶이 행복하다고 느꼈지만, 이제는 그때의 삶을 행복하다고 느끼지 않는다. 현재의 부정적 평가 때문에 (특히 그것

거움이 있다. 전체적인 삶에 대해 행복하거나 만족한다고 느끼는 것은 그 자체로 즐겁다. 다시 말해 자체적인 느낌의 성질 때문에 우리가 원하는 것에 속한다. (하지만 대개 이 느낌은 행복의 두 번째 개념인 '다른 아무것도 필요 없는 상태'에 수반되는 기쁨처럼 강하지는 않다.) 그러나 다른 감정도 똑같이 강한 즐거운 느낌을 수반한다. 그렇다면 왜 행복이 그렇게 중요하다고 여겨져왔을까? 우리는 또한 이 행복의 감정이 적절하기를 원한다. 만일 그 감정이 우리의 삶에 어울리면, 전체적인 삶에 대한 기초적인 믿음들은 사실일 테고, 기초적인 긍정적 평가는 올바를 것이다. 그러므로 우리는 가치

이 우리가 승인하는 것이라면) 우리는 그때 당신이 행복했다고 말하기를 꺼려할 것이다. 이 문제를 뒤집어 생각해보자. 만일 당신이 그때 당신의 삶을 부정적으로 평가하고 부정적으로 느꼈지만, 지금 다시 되돌아보고 그 시기를 긍정적으로 평가한다면, 당신은 그때 행복했는가 아닌가? 만일 그때 당신이 (불행한 느낌뿐 아니라) 많은 행복한 느낌을 함께 느끼지 않았다면 그리고 당신의 전반적인 부정적 평가가 매우 지속적인 불행의 느낌을 만들어내는 대신 좀 더 추상적인 근거에 기초해 있었다면(아마 당신은 그 당시에 비극적인 고통에 시달리는 전형적인 영웅이 아니었을 것이다), 그때 당신의 부정적인 느낌은, 심지어 회고하는 지금 이 순간에도, 당신이 그때 행복하지 않았다는 뜻이다. 만일 당신이 이제 와서 그 시기를 긍정적으로 평가하게 되었고, 그에 대해 긍정적으로 느끼고, 비록 그때는 부정적인 평가였지만 그 평가에 지속적인 부정적 느낌들이 포함되지 않았다면, 결국 우리는 그것이 행복한 시절이었다고 결론 지었을까? 이런 복잡한 문제 때문에 행복을 매끄럽고 똑바로 바라보는 관점을 제시하기가 어려워진다. 또한 평가 대상인 전체적인 삶이란 개념에도 양의성이 있음에 주목하자. 그것은 현재의 삶의 총 단면(단지 몇몇 측면이 아니라 모든 측면을 포함하는 것)을 의미할 수 있고, 지금까지의 전체적인 삶을 의미할 수도 있다. (또한 예상되는 미래도 포함될까?) 어느 개인이 비록 과거는 아주 불행해서 당시에 그것을 부정적으로 평가했을 뿐 아니라 지금까지의 삶도 (모든 것을 고려했을 때) 부정적으로 평가한다 해도, 현재 살고 있는 삶과 그에 대한 (올바른) 평가 때문에 그는 지금 행복한 사람일 수 있다. 어떤 삶이 전체적으로 좋은 삶인가 아닌가의 문제는 현재의 시간 단면에 대한 평가에 초점을 맞춰서는 안 되고, 단지 각 시간 단면에 대한 당시의 평가들을 평균 내서도 안 된다(그 평가들이 정확하다 해도). 그 답은 또한 삶의 서사 윤곽, 즉 그 시간 단면들이 서로 어떻게 들어맞느냐에도 달려 있기 때문이다.

있는 삶, 즉 올바른 긍정적 평가를 내릴 수 있는 삶을 살 것이다.

세 번째 유형의 행복 감정은 전체로서의 삶이 그 대상이다. 이 대상은 또한, 우리가 어떻게 살지를 결정하기 위해 아주 좋은 삶이 무엇인지를 파악하고자 할 때 평가하려는 대상과 같다. 우리를 대신해 그 평가를 수행해주는 어떤 감정에 초점을 맞추는 것보다 더 간단한 방법이 무엇이겠는가? 그 감정이 적절하다면, 그 삶은 좋은 삶이라고 우리는 확신할 수 있다. (그 평가가 정당하거나 터무니없이 잘못되지 않기만 해도 좋은 삶일 확률이 상당히 높다.) 그러나 우리가 아는 한, 행복한 삶이 훌륭한 삶이어야 하는 이유는 반드시 그 속에 포함된 어떤 느낌 때문이 아니다. 단순히 그 평가가 옳다면 그 삶도 훌륭해야 한다는 것 때문이다. 삶이 바람직하다는 것을 보증하기 때문에 행복이 인생에서 최고로 중요하다고 생각하는 것은, 회계사의 실증적 진술 자체가 기업 운영에서 가장 중요하다고 생각하는 것과 같다. (그러나 각각의 진술은 그 자체로 추가 효과를 발휘할 수는 있다.)

이것을 다른 방법으로 입증해보자. 삶 속에 다른 가치 있는 것이 전혀 없다면 그 삶은 행복할 수 없다. 행복은 긍정적으로 올바르게 평가된 다른 것들의 등을 타고 덤으로 따라온다. 그런 것들이 없으면 행복은 시작될 수 없다.

행복은 메타적 수준에서, 즉 자신의 삶에 대한 평가로서 발생할 수 있고, 목적 수준에서, 즉 삶 속의 어떤 느낌으로서 발생할 수도 있다. 행복이 삶의 가장 중요한 요소로 여겨지곤 하는 것도 놀라운 일이 아니다. 그것은 메타적 수준에서 극히 중요하고, 목적 수준에서도 발생할 수 있으며 어느 정도 중요성을 지닐 수 있기 때문이다. 그러나 행복의 (이 세 번째 개념의) 핵심적 중요성은 전체적인 삶에 대한 평가로서 메타적 수준에 놓여 있다. 결정적인 문제는 구체적으로 무엇이 삶을 가장 좋게 만드는가다. 대단히 긍정적으로 (바르게) 평가할 수 있는 어떤 특징들이 삶 속에 포함되어야 할까? 이 시점에서 행복의 감정을 다시 언급하는 것은 설명에 별 도움이 되지 않는다.

어떤 구체적인 평가가 이 세 번째 행복의 감정에 관여하는지 묻는다면 이 결론을 확인할 수 있다. 여러 가능한 긍정적 평가 중 정확히 무엇이 행복을 통해 전체적 삶에 관여할까? 도덕적 삶은 아니다. **도덕적** 삶이 반드시 행복을 가져다주지는 않기 때문이다. 행복한 삶도 아니다. 그런 순환은 도움이 되지 않는다. 단지 삶이 존재한다는 사실, 우주가 삶을 위한 더 좋은 장소라는 사실 자체가 가치 있다는 평가도 아니다. 행복하지 않은 사람도 그렇게 평가할 수 있기 때문이다. 삶이 좋다는 평가도 아니다. 살면서 중요한 목표를 이루었다고 또는 매우 좋은 삶이었다고 생각하지 않아도 그럭저럭 그렇게 인정할 수 있기 때문이다. 아마 삶에 대한 평가는 이런 것이야 한다. 당사자가 가장 중요하게 생각하는 차원들과 **실제로** 가장 중요한 차원들에서 그것은 또한 그 삶의 당사자에게도 매우 좋아야 한다는 것이다. 무엇이 삶을 좋은 삶으로 만들까? 여기에서도 단지 행복의 감정을 언급하는 것은 설명에 도움이 되지 않는다. 무엇이 중요한지를 알기를 원할 때, 우리는 행복의 **대상**이 무엇인지를 알고자 하는 것이다.

행복이라는 말에는 또 다른 의미가 있다. 행복한 기분이나 성향을 갖고 있는 것이다. 이것은 그 자체로 하나의 감정이 아니라 위에서 설명한 세 유형의 행복 감정을 품고 느끼는 경향이다. 기분이란 어떤 정해진 유형들의 평가를 내리고, 그렇게 평가할 수 있는 사실들에 초점을 맞추거나, 긍정적일 수도 있는 상황의 부정적 특성에 초점을 맞추고, 그럼으로써 그에 어울리는 느낌을 갖는 경향이다. 우울한 기분일 때 우리는 부정적인 사실에 초점을 맞추거나 긍정적일 수도 있는 상황의 부정적 특성에 초점을 맞추고, 그럼으로써 그에 어울리는 느낌을 갖는 경향이 있다. 행복한 사람은 긍정적 측면을 보는 경향이 있다. (그러나 모든 상황에서 그렇게 하길 바란다면 어리석을 것이다.) 개인의 기질은 한 차원 높은 경향이고, 어떤 정해진 기분에 머물고자 하는 경향이다. 행복한 기질을 가진 사람이라도 때로는 특정 요인 때문에 슬픈 기분에 휩싸일 때가 있지만, 그 특정 기분은 그의 일반적 경향의 표현이 아닐 것이다.

행복한 성향은 행복한 느낌을 결정하는 요소로서 개인의 올바른 믿음과 긍정적 평가보다 더 중요할 수 있다. 올바른 믿음이나 긍정적 평가가 그 순간에는 대단히 크게 보일 수 있지만, 행복한 성향은 실제 상황의 구체적 성격보다 더 중요할 수 있다. 예를 들어 사람들은 종종 돈, 명예, 권력처럼 자신을 행복하게 해주리라 생각하는 목표들을 추구하지만 그런 것들이 주는 행복한 느낌은 순간에 그친다. 그것들은 그 변화들에 대한 긍정적 평가에 오래 영향을 미치지 못하기 때문에 그에 수반되는 느낌도 오래가지 않는다. 상황의 긍정적 특징들을 보고 그에 수반하는 느낌을 갖는 **지속적** 성향,

다시 말해 행복한 성향은 행복의 지속적인 느낌을 가져올 가능성이 훨씬 높다.

'행복의 비결'이 있다면, 그것은 현재 상황의 특징들을 좋게 평가하고 개선할 수 있도록 규칙적으로 그 척도를 선택하는 데 있다. 그 선택의 배경, 즉 우리가 실제 내리는 평가는 우리 자신의 기대, 열망의 수준, 기준, 필요 사항들로 구성된다. 그리고 이것들은 우리에게 달려 있고, 우리의 통제에 개방되어 있다. 평가의 중요 배경 중 하나는 최근에 상황이 어떠했느냐다. 어쩌면 상황의 개선, 삶의 이런저런 상향 추세가 우리의 행복에서 차지하는 중요성은, 지향적 과정 자체보다는 그 과정에서 현재보다 나은 어떤 시점이 아니라 현재보다 못한 최근의 과거를 기준으로 현재를 판단한다는 사실에서 나올 수도 있다. 행복한 느낌에 열중하는 사람은 적당한 평가 척도들을 선택하고, 상황에 따라 그 척도를 바꿀 줄 알 것이다. 심지어 그는 바로 그 열중을 감소시킬 수 있는 척도를 선택하기도 할 것이다.

그렇다면 어느 기준에 호소할지 그리고 어느 비교 척도를 이용할지 평가 기준을 조정하고, 최종으로 어느 사실을 평가에 포함할지 관심의 방향을 조정하는 것이 행복에 도움이 될 수 있다. 경험 기계는 우리를 현실과 완전히 단절시키기 때문에 문제가 있었다. 그렇다면 그런 의도적 선택을 통해 행복을 얻으려 하는 것은 과연 얼마나 더 좋을까? 그것은 실재의 다른 것들을 생략하고 단지 일부 측면들과 일부 평가 기준들을 가리키지는 않을까? 그렇게 해서 얻은 행복은 **부분적인** 경험 기계와 같지 않을까? 다음 장에서 어느 사실들에 초점을 맞춰야 하는지의 문제를 고찰하겠다. 이러한 사실들에 적용되는 올바른 평가 원칙들을 우리가 생각해낼 수 없다 해도 우리가 적용하는 비교 척도와 기준선은 외부 실재보다는 그에 대한 우리 자신의 입장과 비교해서 만족스럽기만 하면 될 것이다. 이 세계에는 어떤 구체적인 척도나 기준선도 적혀 있지 않다. 우리가 어느 한 기준을 이용하거나, 심지어 단지 행복하기 위해 구체적인 기준을 선택한다고 해서 반드시 실재의 다른 부분을 부인하거나 그것과 단절될 필요는 없다. 우리의 행복이 우리 자신의 힘 안에 있다는 것은 이런 의미에서다. 그러나 행복이란 우리가 어떻게 보느냐에 달려 있다는 바로 이 사실 때문에―물론 어떤 상황에서는 어느 한 쪽으로 보기가 더 어렵지만―행복이 그렇게 자의적이라면 과연 행복 자체가 얼마나 중요한지 의문이 든다. 그러나 대상을 어떻게 보는가는 당사자와 관련된 중요한 사실일지 모른다. 무엇에든 결코 만족하지 못하는 사람은 단지 불운한 기질적 특성이 아니라 성격의 결함 때문일 수 있다. 그러나 행복을 느끼기 위해 다양한 상황에 맞게 의도적·지속적으로 기준선을 이동하는 것 역시 경솔하고 변덕스러운 듯하다. 비록 기준선들은 외부적인 어떤 것에 의해 정해지지 않았지만, 우리가 어떤 사람을 볼 때에는 그가 어느 정도 일치성이나 일관성을 보여주길 기대한다. 변화를 꾀하더라도 시간에 따라 순조롭고 점진적으로 시도하기를 기대한다. 그렇기는 해도 개인은 나름대로 일정한 견해를 설정해 자신의 행복을 높일 수 있다.

기분은 여러 가지 분명한 방식으로 사람의 느낌에 영향을 미친다. 기분은 관심을 긍정적이거나 부정적 사실 쪽으로 이끈다. 또한 어떤 종류의 사실들이 관심을 끌 때 그 사실에 머물기를 거부하거나, 기준을 변경하거나, 평가의 정도를 강화하거나, 균형 요소에 영향을 미쳐 관련된 느낌의 정도를 강화하거나, 느낌의 지속을 연장한다. 그렇다면 무엇이 기분을 결정할까? 개인의 전반적 성향이 가장 분명하다. 개인의 성향이 바로 어떤 정해진 기분에 빠지는 경향이기 때문이다. 더 놀라운 또 다른 요소는 그날의 감정이 어떨지에 대한 예측이다. 아침에 일어나면 우리는 그날 어떤 감정이 나를 위해 준비되어 있는지, 어떤 사건이 일어날 것 같은지, 그들이 나에게 어떤 영향을 미칠지를 대강 느낀다. 물론 이 예측은 어제의 조건과 사건, 그리고 오늘 일어날 듯한 조건과 사건에 대한 지식에 의존하지만, 자기 달성적인 예언에도 상당히 많이 의존한다. 기질은 개인의 기분을 결정함으로써 그가 무엇에 주목할지, 그것을 어떻게 평가할지, 그것을 어떻게 느낄지에 영향을 미치고, 그럼으로써 그 예측이 실현되도록 일조한다. 기분은 날씨에 영향을 미칠 수 있는 일기예보와 같다. (게다가 그 예측은 첫 번째 요소인 개인의 성향과도 무관하지 않다.)

'기대는 실현보다 낫다'라는 속담이 있다. 실제로 가끔 그런 일이 일어나는 한 가지 이유는 다음과 같다. 우리가 미래에 일어날 것 같은 사건, 우리가 바라는 사건을 예상할 때, 우리가 현재 느끼는 안녕의 수준은 이미 다가오고 있다고 생각하는 그 미래 효용 future utility(경제학자의 용어로)의 양에 의해 증가하고 그 확률에 의해 차감된다. 이 점을 분명히 이해하기 위해, 행복의 단위와 확률을 정확히 측정할 수 있다고 가정하거나 상상해보자. 예를 들어, 나중에 우리에게 10 단위의 행복을 가져다줄 것으로 추정되고 발생 확률이 0.7이라고 생각되는 사건은 우리의 행복 수준을 즉시 7 단위 (0.7 × 10)로 끌어올린다. 그 예측 때문에 그 기대 가치는 현재의 가치가 된다. 그렇다면 그 사건이 마침내 발생할 때에는 단지 3 단위만 증가할 여지가 있다. (이는 그 발생의 불확실성, 즉 남아 있는 0.3 × 10의 확률과 일치한다.) 그러므로 이제 그 기대는 실현보다 낮게 느껴질 수 있다. 7 단위의 가치 상승이 나중에 오는 3 단위의 상승보다 크기 때문이다. 이 현상은 그 미래 만족의 확률이 0.5 이상일 때는 유효하다.*

지금까지 우리는, 행복만이 삶에서 중요하지 않다고 생각할 다양한 이유를 확인했다. 일생에 걸친 행복의 윤곽, 경험 기계의 예가 보여준 실재와의 접촉의 중요성, 다른 강한 긍정적 감정들도 비슷한 지위를 갖는다는 사실, 행복의 개념을 구성하는 평가가 다른 것들 역시 가치 있다고 미리 가정하는 방식이 그것이다. 그러나 행복이 이야기의 전부가 아니라는 점을 인정한다고 해도, 우리는 행복이 이야기의 **대부분**이고 가장 중요하지 않은지 의심할 수 있다. 이런 문제에 대해 어떻게 비율을 계산할 수 있을까? 나 자신의 사색에서 행복이 차지하는 작은 역할로 판단해볼 때(여기에 제시한 내

---

* 확률이 절반보다 클 때 이런 일이 발생하는 것은, 법칙이 아니라 빈번한 심리 현상이다. 어떤 사람은 사건이 일어나지 않을 확률을 큰 두려움을 가지고 예상하고, 그에 따라 미래 효과를 차감한다. 미래의 좋은 일에 대한 기대가 개인의 현재 효용 수준을 증가시킬 때, 그 사건이 일어나지 않으면 그 사람에게는 어떤 손익이 발생할까?

사유의 많은 부분은 다른 사람들이 강조한 행복의 중요성에 의해 환기되었다), 행복은 **흥미로운** 이야기의 작은 부분에 불과하다.

그럼에도 나는 이 사색을 끝내는 시점에서, 행복과 행복한 성향이 더할 나위 없이 멋진 것임을 일깨우고 싶다. 우리가 때때로 얼마나 자연스럽게, 행복은 삶에서 가장 중요하다고 생각하는가. 에너지로 충만하여 펄쩍 뛰어오르거나 한없이 내달리고 싶은 순간들, 심장이 환해지는 순간들을 생각해보라. 우리의 삶이 그런 순간들로 가득 차기를 어떻게 원하지 않을 수 있을까? 모든 것이 좋게 느껴질 때, 행복은 낙관에 젖어 이 순간이 계속되기를 기대하고, 바다 같은 관대함이 넘쳐흐르기를 원한다.

물론 우리는 사람들이 매 순간 하루하루 그렇게 행복하기를 소망한다. (행복의 단위는 **하루**가 적당할까?) 그러나 우리가 그런 순간들을 끊임없이 원하는지 또는 우리의 삶이 오로지 그런 순간들로 가득 차기를 원하는지는 분명하지 않다. 우리는 다른 느낌들, 즉 행복과 관련성이 적은 가치 있는 양상들에 대한 느낌도 경험하기 원한다. 그리고 행복의 느낌들조차 남을 돕는 일, 예술 활동 같은 다른 활동을 지향하곤 한다. 그런 활동들에서는 다른 느낌이 우세하다. 우리는 다른 사람들과의 깊은 연결, 자연 현상에 대한 깊은 이해, 사랑·음악이나 비극이 주는 깊은 감동, 새롭고 혁신적인 일 등을 적절히 경험하기를 원한다. 그런 경험들은 행복한 순간의 활기와 낙관성과는 매우 다르다. 간단히 말해 우리가 원하는 것은 행복과 적절히 대응할 수 있는 삶, 그러한 자아다.

Chapter 10

초점

가치 있는 대상을 선택하는 능력과 기회

앞 장에서 논의한 제2현실 원칙에 따르면, 감정은 현실과 연결되어야 하고, 올바른 믿음과 평가에 기초한, 사실에 대한 대응이어야 한다. 그러나 현실에는 수많은 사실과 양상이 있다. 우리의 감정은 어느 사실과 연결되어야 할까?

사랑하는 사람을 괴롭히는 외상들, 끔찍한 사회악 같은 것들은 당연히 부정적으로 평가해야 한다. 그런 것들에 부정적 평가가 아닌 부정적 감정으로 대응한다면 슬픔, 비애, 공포가 끼어들 것이다. 물론 이것은 행복과 강한 긍정적 감정에 대한 욕망과 갈등을 일으킨다. 우리 자신의 행복을 극대화하라고 주장하는 사람은 현실의 그런 부정적인 부분을 무시하고 긍정적인 부분에만 선택적으로 주의를 집중하라고 권유할지 모른다. 때로는 그렇게 하는 것이 적절할 수도 있다. 나치 수용소에 갇힌 사람이라면 자신을 둘러싼 공포를 피하기 위해 모차르트Wolfgang Amadeus Mozart, 1756~1791의 음악을 떠올리는 일에 집중할지 모른다. 그러나 처음부터 그것에 몰두하고 좋아하는 음악을 떠올리면서 끊임없이 미소 짓는다면, 그런 반응은 이상할 것이다. 그는 세계의 중요한 특징과 단절될 것이고, 현실의 악에 상응하는 감정적 주의를 기울이지 못할 것이다.

그러나 제2현실 원칙은 이런 종류의 단절을 배제하지 않는다. 모차르트 음악에 대한 개인의 믿음과 평가는 옳을 수 있고, 그의 느낌은 그 음악의 아름다움에 상응할 수 있다. 그의 느낌들은 그 음악에 상응하지만 **그때** 그 음악에 집중하는 것은 부적절하다. 우리는 어쩌면 또 하나의 현실 원칙이 필요할지 모르는데, 그것은 주의 집중의 정확성이 아니라―제2현실 원칙이 이것을 다루었다―집중의 **방향**에 관한 원칙이다. 우리의 느낌이 우리의 평가와 균형을 이루어야 하듯, 우리는 주변 대상이 갖고 있는 중요성의 정도에 맞게 주의를 기울여야 한다. 이 원칙을 제3현실 원칙이라고 부르자. 이 원칙은 여기에서 지금까지 정확히 공식화되지 않고 단지 겉모습만 나타났다. (나치 수용소에 갇힌 그 사람은 그곳에서 벌어지는 상황보다 모차르트의 음악이 그에게 더 중요하고, 또 중요해야만 한다고 주장할까?) 자기 관점에서 대상을 바라보고 그래서 '내 주위에' 있는 것이 더 중요하다는 견해와 '전 우주의 관점에서' 가장 넓고 가장 보편적 견해 사이에서 어떻게 균형을 이루어야 할까? 제3현실 원칙을 적절히 공식화하기 위해 해결해야 하는 문제는 관점의 균형만이 아니다. 이 원칙은 정확히 어떤 중요성의 개념을 사용하고, 우리는 어떤 개념에 주의를 기울여야 하는가?

선별적 관심의 문제는 감정뿐 아니라 비非평가적 사실에 관한 지식에도 해당한다. 사람들은 때로 모든 지식이 본질적으로 가치 있다고 말한다. 존스 해변의 모래 알갱이 개수를 아는 것은 가치도 없고 중요하지도 않다. 그것은 고립된 하나의 사실일 뿐이다. (만일 당신이 해변 형성 이론을 시험하거나 연구하고 있다면 다르다. 그 정보는 깊은 과학 법칙이나 일반 원칙을 발견하는 데 도움이 될 것이다.) 깊거나 보편적인 진리와 평가적 원칙을 추구하는 것과, 우리에게 현실적으로 중요한 구체적인 세부 사항들을 추구하는 것 사이에 어떻게 균형을 맞추어야 할까? 이제부터 제3현실 원칙을 언급할 때, 그것은 이 단락들의 맥락에서, 주의의 초점과 방향에 대해 적절히 공식화한 원칙을 의미한다.

기본적 평가 행위는 저기가 아닌 여기에 초점을 맞추는, 초점의 선택이다. 그러나 모든 것이 똑같이 중요하다고 주장하는 이론도 있을 수 있다. 그 이론은 어떤 것도 다른 것들보다 더 중요하지 않고 그래서 정도에 상관없이 어떤 것에도 주목할 수 있다고 말할 것이다. 이는 모든 곳에서 동등한 가치를 발견하는, 고상하고 평등한 견해처럼 보일지 모른다. (우리가 그 견해에 주의를 전혀 기울이지 않는다면, 그것은 이의를 제기할까?) 그러나 무엇이 대상에 대한 **평가**를 가치 있게 할까? 평가란 우리의 주의와 관심을 어떤 방향으로 돌리는 행위 아닐까? 일관성을 유지하려면, 그 이론은 편파적이거나 희미한 관심, 혹은 무관심 자체도 초점의 완전함과 예리함보다 나쁘지 않거나 중요하다고 주장해야 한다. 우리에 대해서도 마찬가지다. 그렇다면 평가는 우리의 주의를 어느 한 쪽으로 돌리는 것이 아니라, 모든 방향을 허락하는 식으로 이루어질 것이다. (더 이전이 아니라도, 바로 여기에서 그 가정은 불교의 견해와 갈라진다.) 자유방임

주의는 경제학으로는 좋을지 몰라도 일반적 삶에 대한 태도로는 받아들이기 힘들다.

경험 기계의 예는 우리가 현실과 완전히 단절되고 싶어 하지 않는다는 것을 보여준다. 우리는 0퍼센트의 접촉을 원하지 않는다. 그러나 우리가 어느 정도 접촉하고 싶어 한다고 해서 최대치인 100퍼센트를 원한다고 보기는 어렵다. 0퍼센트보다 크지만 100퍼센트보다 훨씬 적은 양이면, 현실과 접촉하려는 우리 욕망을 충족시키기에 충분하다. 그 이상이 되면 행복 원칙이 우리를 완전히 지배해버린다. 한계점을 넘으면 현실과의 접촉을 위해 행복을 포기하는 일은 일어나지 않을 것이며, 행복을 증가시킬 수 있다면 장밋빛 환상도 기꺼이 환영받을 것이다. 현실과의 접촉에 내재 가치가 있다고 말하는 것은 세 가지를 의미한다. 첫째, **어느 정도**의(0이 아닌) 접촉에 내재 가치가 있다는 것, 둘째, 한계점을 넘는 것까지 포함하여 모든 접촉에 유한한 가치가 있다는 것(비록 이 가치가 다른 것들에 의해 약해질 수 있다 해도), 셋째, 다른 것에 압도되지 않는 현실과의 접촉에는 가치가 있어서 접촉의 양이나 정도가 극대화될 수 있다는 것이다. 나는 나치 수용소의 죄수가 주로 모차르트에 집중하고는 있어도 주변 환경을 완전히 무시할 수 없다고 믿는다. 어떤 한계점 이상으로 주의를 자극하는 다른 즉각적 현실 문제에 초점을 맞출 것이다. 그렇게 믿기 때문에 그가 완전히 현실과 단절되지 않고 약간이나마 주위에 관심을 가지리라 생각한다. 그러나 나는 또한 그 죄수가 주변 환경의 공포에 완전히 집중할 필요는 없다고 생각한다. 그가 상상이나 다른 초점으로 그 공포에서 탈출할 수 있다고 믿기 때문에, 현실 원칙의 가장 강한 형태, 즉 현실과의 최대 접촉을 요구하는 형태도 승인할 수가 없다. 그러므로 나는 중간 어딘가에 자리를 잡은 채 각각의 현실 접촉에는 내재적 중요성이 있으며, 현실이 중요할수록 그 무게는 커진다고 주장하지만, 때로는 다른 고려 대상들이 우리에게 가능한 가장 완전한 현실 집중의 가치를 능가할 수 있다고 주장한다. 이를테면, 행복에 대한 고려, 완전한 희생을 거부하고 자율성을 주장하는 경우에 대한 고려가 그 대상이 될 수 있다. 그러나 관심은 현실의 여러 부분에 집중될 수 있으므로, 우리는 현실과 동떨어지지 않은 상태에서 가능한 한 긍정적인 것에 집중하는 쪽으로 비스듬히 **기울어진** 현실 원칙을 숙고할 수 있다.

광고는 고찰하기에 흥미로운 예다. 정보를 제공하고 주의를 사로잡는 광고의 기능과 이성적 평가를 회피하는 다소 불쾌한 기능 외에도, 광고는 담배나 맥주 같은 상품을 차별화하기 위해 이미지를 조작한다. 이 조작은 그 물건의 실제 성격에 포함된 어떤 차이와도 무관하다. 담배나 술이 '정말로' 서부의 거친 사나이를 만들어주지 않고, 사람을 더 세련되게 만들어주지도 않는다. 하지만 이 차별화는 단지 판매자가 아닌 구매자 때문에 유용한 기능을 수행하기도 한다. 우리 모두는 경우에 따라 특이한 존재 방식을 느끼고 싶어 하거나, 자신이 원하는 존재 방식을 강화하고 싶어 한다. 우리는 이를 위해 때때로 가상 인물이나 영화 속 인물을 이용하고 그들의 후광을 빌어 삶을 산다. 우리는 그들의 동작이나 서 있는 자세, 옷이나 말투를 빌어 그들처럼 강인하거나 우아해진 느낌, 세련되거나 섹시해진 느낌, 대담하거나 모험적이거나 거칠어진 느낌에 사로잡힌다. 또 우리는 화학 첨가제가 들어간 제품을 환영하고, 그 것들을 통해 일시적으로 그런 느낌에 사로잡히고, 긴장을 풀거나 긴장을 하고 어떤 역할과 기분에 빠져든다. 광고는 그 제품의 실질 적 차이와 완전히 무관할 때에도 이런 식으로 기회의 범위를 넓혀 준다. 우리가 환상 속에서 이용할 수 있는 상징적 버팀목들을 창조 함으로써, 광고는 화학 첨가제 같은 기능을 한다. 이와 같이 적당 한 담배나 자동차나 술로 무장했을 때 우리는 어떤 특별한 존재가 된 것처럼 굴거나 그런 사람이 되었다고 더 쉽게 상상할 수 있다. (제품이 이미지와 판이할 때에도, 그 제품의 특성 중 일부가 실제와 무관 한 환상에 들어맞거나 그런 환상을 유발하는 기능을 할 수 있다.) 우리가 그렇게 행동할 때, 때때로 다른 사람들은 그에 어울리는 반응을 하 고, 그래서 우리의 역할을 더 편안하게 해주고, 결국 더 그럴듯하 게 만들어준다. 환상을 창조하고 이용하는 이 방식은, 그것이 유도 된 역할이라는 사실을 당사자가 알고 있다면, 현실 원칙들과 반드 시 갈등을 일으키진 않는다. 그렇다고 그것이 가짜라는 것을 끊임 없이 의식해야 한다는 뜻은 아니다. 만일 그 상징적 버팀목 덕분에 당사자가 자신의 재치나 용기를 발휘할 자신감을 얻게 된다면, 그 는 실제로 더 큰 재치나 용기를 갖게 된다. 그러나 광고의 목표는 예를 들어 총에 맞아도 죽지 않거나 감시 카메라를 피할 수 있다는 확신을 주는 것이 아니다. 우리 사회에서 성장했다면 그렇게 단순 한 사람은 거의 없고, 대부분의 광고업자 역시 즐거운 환상을 창조 할 때에는 허술하지 않거나 적어도 빤히 드러나지 않게 창조하는 현명함을 유지한다.

주의를 집중하고 주의를 기울일 대상을 선택하는 능력과 기회는 우리의 자율성을 구성하는 중요한 요소다.[*] 주의력에 대한 자발적 통제 역시 심리적 안녕의 중요한 자질이다. 주의를 집중하는 능력이 손상되면 신경계 장애가 발생한다.[**] 일반적으로 우리는 주의의 초점을 큰 그림에서 세부 묘사로, 확인에서 부적절한 것들로, 표면에서 깊은 데로, 즉각적인 것에서 장기적인 것으로, 또는 그 반대로 적절하게 바꿀 줄 알아야 한다. 이것을 **줌렌즈** 능력이라 부르자. 가깝거나 멀리 초점을 맞추는 것 외에도, 관심의 방향에 대한 통제력을 포함하고자 한다. 주의의 양식과 대상에 대한 그런 통제가 없으면, 효과적으로 행동하거나 성숙한 감정을 갖기 어려울 것이다.

그러므로 감정은 우리를 매몰하지 않고 그럴 필요도 없다. 우리에겐 감정을 어느 정도 통제할 힘이 있고, 이를 위해 우리의 믿음을 수정하거나, 이성적 비판이나 추가적인 사유를 이용하거나, 추가적인 사실을 조사하거나, 가치 자체의 성격을 재고하여 평가를 변경하거나, 주의의 초점을 통제하고 어느 믿음과 평가를 감정의 기초로 삼을지 결정한다. 우리는 또한 어떤 감정의 기본 요소인 믿

• 우리가 현재 무엇에 집중하는가는 우리가 어떤 사람인가에 영향을 받지만, 장기적으로 볼 때 개인은 그가 어디에 지속적으로 주의를 기울이는가에 따라 구체적인 모습이 형성된다. 그러므로 직업 때문에 예민하게 주의를 기울여야 하는 것들과, 그 때문에 **법률상**de jure 또는 **사실상**de facto 무시해야 하는 것들은 매우 중요하며, 직업이 요구하는 감각과 무감각의 특수한 패턴 때문에—이 패턴의 불균형을 상쇄하기 위해 계속 노력하지 않는 한—그 중요성은 결국 나 자신을 형성한다.

•• 다양한 신경증적 성격에 대한 묘사는 다음을 보라. David Shapiro, *Neurotic Styles* (New York: Basic Books, 1965).

음과 평가를, 여러 계획, 평가, 믿음, 목표가 서로 연결된 더 큰 망 속에 넣어, 그 감정을 변화시키거나 재배치할 수 있다. 나는 우리가 이것들을 완벽하게 통제할 수 있다거나, 심지어 그렇게 하는 것이 바람직하다고 말하는 것이 아니다. 그럼에도 철학은 이성적인 믿음과 평가의 운용 원칙들을 우리에게 제공하여 우리의 감정에 매우 실질적 영향을 미칠 수 있다. 철학은 심지어 우리의 관심을 강화하거나 약화하기 위한 원칙뿐 아니라 관심의 방향을 선별적으로 정하기 위한 원칙까지 제공한다.

또한 우리는 특별한 경우에 강렬한 감정을 처리하는 통제 기능도 있다. 우리는 그런 감정들을 소중히 여기지만, 그 속에 끊임없이 매몰되기를 원하지 않는다. 침착함, 평정, 초연함도 자기 자리와 기능이 있다. 더욱이 이것들은 조작적 조건화에 지나치게 좌우되지 않게 해준다. 우리는 때로 어느 정도 초연한 마음으로 쾌락과 고통을 경험하고 관찰할 수 있다. 쾌락과 고통을 우리와 분리함으로써 더 많이 원하거나 또다시 원하게 만드는 경향을 통제할 수 있다. 선별적 주의 집중과 대응의 조정을 통해 우리는 자신의 감정을 스스로 다듬어간다.

어떤 사람이 가장 폭넓은 관점을 취하거나 사실들에 선별적으로 주의를 집중하고, 그에 의해 부정적 평가를 제거하거나 감소해 부정적 감정을 피할 때 우리는 그를 '철학적'이라 부른다. 그러나 때때로 철학(또는 제3현실 원칙)은 부정적 감정에 초점을 맞추라고 말한다. 이 현실 원칙과, 불쾌한 느낌을 피하고자 하는 욕망의 갈등은 보기보다 심하지 않다. 그 원칙은 때때로 부정적 감정을 요구하지만, 부정적 감정의 일부를 이루는 그 느낌들은 즐겁지는 않아도 엄밀히 따지면 그 자체는 불쾌하지 않을 수 있다. 먼저 긍정적 감정들을 살펴보자. 강한 긍정적 감정의 느낌은 그 자체로 즐겁고, 우리가 그것을 바라는 것은 부분적으로 그 자체의 느낌 특성 때문이다. 만일 그에 수반하는 긍정적 평가들이 부정적으로 느껴지는 느낌들, 즉 그 자체의 느낌 특성 때문에 우리가 피하기를 원하는 불쾌한 것들이라면, 이는 어색할 것이다. 긍정적으로 보이는 느낌만이 긍정적 평가와 통합하여 전체를 이룰 수 있고, 그래서 긍정적 평가를 적절히 표현할 수 있기 때문이다.

우리가 어떤 것을 **부정적으로**, 즉 조화롭지 못하거나 추하거나 파괴적이거나 악하다고 평가할 때, 이 평가에 어떤 느낌이 수반되어야 적절할까? 물론 즐거운 느낌은 아닐 테고, 그 느낌은 부분적으로 그 자체의 느낌 특성 때문에 우리가 바라는 것이어야 한다. (부정적으로 평가하는 것을 즐기거나, 즐거운 느낌으로 그런 평가를 내리거나, 그런 상황에서 평가의 식별력과 기술의 발휘 능력에 대해 좋은 느낌을 갖는 것은 부적절하다.)

긍정적 평가에 수반되는 느낌은 그 평가에 비례한다. 다시 말해 그 느낌 특성이 그 평가와 어울린다. 그것은 그 대상이 좋게 평가되는 만큼 좋게 느껴진다. ˙그 느낌은 평가 구조의 가치(또는 더 포

• 더 자세히 설명하자면, 그 느낌 특성의 양의positive 크기는 그 평가 대상인 가치의 정도에 비례한다. 하지만 비례 인자, 즉 느낌 특성을 산출하기 위해 평가 척도와 곱하는 상수는 사람과 기분에 따라 달라질 수 있다. 부정적 감정에 승인자multiplicative factor를 적용할 때 긍정적 감정에 적용할 때와 다른 것을 적용하는 것은 합당할까?

괄적인 어떤 범주)를 표현하고 또한 그 긍정적 성격의 가치를 표현한다. 그 느낌의 긍정적 성격은 우리의 마음속에, 평가 대상의 긍정적 성격에 대한 유사 모델을 제공한다. 앞에서 우리는, 그 느낌은 자신의 구조로, 그 구체적 가치의 **구조**에 대한 유사 모델을 제공한다고 추측했다. 이 경로를 통해 그 가치는 가치 있는 **것으로서**, 즉 긍정적 가치로서 취급된다. 다른 한편 만일 부정적 평가가 즐거운 느낌을 수반한다면, 그 느낌의 (긍정적) 성격은 평가 대상의 (부정적) 성격에 대한 유사 표현을 (완전하게) 제공하지 못할 것이다. 암암리에, 느낌의 성격으로, 개인은 그 부정적 가치가 좋다고 말할지 모른다. 우리가 그것에 대해 부정적 평가를 내렸더라도 적어도 그 존재에 대해서는 기뻐하고 있다는 것이다.

만일 느낌이 긍정적일 수 없다면, 그것은 부정적 평가를 수반하는 부정적이고 불쾌한 느낌이어야 할까(앞에서 살펴본 질문이다)? 아니면 제3현실 원칙과 강한 불쾌한 느낌 사이에 갈등이 완화될 수 있을까? 부정적 평가는 반드시 **불쾌함**을 수반해야 할까? 단순한 평가 자체가 아니라 감정으로 구현된 경우에도, 얼마나 부정적으로 판단하는가에 비례해서 말이다. 만일 그렇다면 사람들은 정확한 부정적 평가를 내리려 하지 않을 것이다! 그러나 우리가 부정적 가치에 대응하고 그 유사 표현을 제공할 때 불러내 이용할 수 있는 경험의 차원은 불쾌함이 전부가 아니다. 우리는 강력하거나, 감동적이거나, 흥미롭거나, 기억할 만한 경험을 한다. 이런 것들을 포함한 여러 차원에서 감정은 크기를 통해 부정적 가치에, 즉 고통·상실·비극·부정·공포의 크기에 대응한다. 극장에서 비극을 관람

할 때에도 우리는 강하고 깊은 감정으로 대응할 수 있다. 비록 자체적인 차원으로 무대 위에서 벌어지므로 (엄밀히 말하자면) 불쾌하게 경험되지 않는 유사 감정이지만 말이다.

그러나 비극에 대한 대응은 인생의 비극적 일에 대한 대응과 다르다. 연극 속의 슬픔과는 달리 인생의 슬픔은 불쾌하게 느껴진다. 이것은 사실 그 경험을 느끼는 방식의 차이, 그 현상학의 차이다. 이는 단지 맥락이 달라서가 아니다. (극장에서 우리는 그 경험이 언제 끝날지 알고, 우리가 나서도 상황이 바뀌지 않는다는 것, 우리는 안전하다는 것을 안다. 공포영화에서 그 경험이 실제로 불쾌하게 변하면 사람들은 눈을 가리거나 자리를 뜬다.) 인생의 어떤 사실이나 사건이 우리를 불행하게 만들 때, 그것은 단지 행복의 부재(행복의 어떤 의미에서든)가 아니라 슬픔, 따분함, 우울 같은 자체적 느낌이 수반된 실제 감정이다. 우리가 부정적으로 평가하는 사실들에 감정적으로 대응할 때, 이런 느낌들을 느끼지 않는 것이 가장 좋지 않을까? 어쩌면 이런 느낌들은 일반적 감정 능력의 꾸러미에 포함된 일부분일지 모른다. 그럼에도 그 꾸러미의 부분들을 분리할 수 있다면 더 좋지 않을까? 그래서 긍정적으로 평가되는 사실들에는 행복으로 대응하고, 연극에서처럼 부정적으로 평가되는 사실에는 (단지 불행이 아닌) 어떤 강한 감정을 느낄 수 있다면 더 좋지 않을까? 제3현실 원칙은 극장에서 관객이 경험하는 이런 종류의 경험으로, 강력하고 감동적이고 심지어 슬프지만 꼭 불쾌하지는 않게 느껴지는 경험으로 충족될 수 있을까? (하지만 혼란스럽다면?) 이것은 또 다른 현실 원칙의 진술이 필요한, 또 다른 종류의 현실과의 괴리일까? 어떤 부정적 사실들에 대한 적절한 대응으로서 불행이 필요할까?

즐거움은 경험의 바람직한 느낌을 나타내는 용어로 너무 부족하다. 그런 용어로 쓰이려면 그것이 어떤 단일한 특성을 나타내는 것이 아니라, 느낌의 특성이 무엇이든 부분적으로 그것 자체 때문에 우리가 바라는 것을 나타내는 기술적 용어라고 계속 기억해야 한다. 그렇다면 문제는 그 자체 때문에 바라게 되는 경험의 특성들이 무엇인지를 나열하는 것이다. 감정과 경험은 풍부할 수 있고, 다양할 수 있으며, 또 심오하고, 미묘하고, 복잡하고, 고상하고, 유쾌하고, 강력하고, 믿을 만하고, 친밀하고, 기억할 만하고, 충만하고, 의기양양할 수 있다. 감정 경험의 바람직한 차원은 여럿이다. 그래서 (적절한) 강한 긍정적 감정의 경험을 원한다는 것은 그 모든 긍정적 감정을 포함한 감정적 삶을 원한다는 것의 약칭에 불과하다.

우리는 어떤 사람들을 사랑하고, 그래서 나 자신의 안녕이 그들의 안녕과 결부된 사람이기를 원한다. 그들이 힘들어할 때, 감정을 접고 우리 자신도 힘들다고 부정적으로 평가하는 것으로는 충분하지가 않다. 그때 우리도 실제로 힘들어지기 때문이다. 우리는 단지 그들이 힘들어하듯이 우리도 힘들다고 말할 수 있을까? 그것은 아무래도 부족하게 여겨진다. 그래서 우리가 느끼는 불행의 감정은 그들이 힘들 때 우리도 힘들어하게 만드는 역할을 한다. 그것은 우리가 힘들어하는 방식의 구성 요소가 되고, 우리의 안녕을 그들의 안녕과 직접 연결한다.

이것은 왜 불행이 사랑하는 사람들이 연루된 상황에 대한 필연적 대응인지를 설명해주지만, 왜 **우리 자신**의 상황에 대해 불행해할 필요가 있는지 설명해주진 않는다. 예를 들어, 부모가 죽거나 사업 계획이 실패했을 때 우리는 더 이상 부모가 살아 있지 않거나 그 계획을 진행하지 못하는 바로 그것에 대해 힘들어하지 않는가? 우리를 힘들게 만드는 또 다른 감정이 필요 없고, 우리는 이미 단지 그 사실로만 힘들어한다. (그러나 이러한 사실 자체가 우리 자신의 행복과 부모의 죽음을 연결할 수 있을까?) 그렇다면 왜 우리는 우리 자신의 상황에 대해 불행해지는 존재가 되기를 원할까? 다른 강한 감정이 우리와 연결되어야 더 바람직하지 않을까?

자기 자신의 경우에, 자신의 고통 앞에서, 우리는 연극을 보는 관객과 같은 태도로, 깊지만 괴롭지 않은 감정으로 고통을 극복하려고 노력할 수도 있다. (우리는 이미 사랑하는 사람들에 대해서는 이렇게 되지 않는다는 것을 보았다. 그들에게 우리는 단지 깊은 무엇을 느끼는 것이 아니라, 그들이 아픔을 느낄 때 같이 아픔을 느낀다. 그렇지 않다면 그들과 사랑의 유대로 연결되어 있지 않을 것이다.) 그러나 아픔이 배제된 이런 느낌들은 그 사건에서 완전히 초연하게 해주지 못하는 동시에 당사자를 관객으로 만든다. 어쩌면 어떤 사건이 닥쳤을 때 불행하거나 행복한 느낌이 드는 것은, 그 사건을 내 삶의 일부로 만들기 위해서 또는 그것이 내 삶의 일부라고 느끼도록 만들기 위해서인지 모른다. 그렇다면 문제는 다음으로 이동한다. 왜 우리는 우리의 삶을 구경하는 관객이 아니라 삶의 주인공이기를 원할까? 왜 우리는 완전한 삶을 사는 존재이길 원할까? 어쩌면 실제의 불행이나 행복이 우리의 삶을 단지 연극이나 게임이 아니라 진지한 것으로 만드는지 모른다. 하지만 그렇다면 왜 우리는 우리의 삶이 진지하기를 원할까?

그 답의 일부는 우리가 강한 슬픔이나 심지어 비극에서 이득을 얻는 방식에 있을 것이다. 그런 경험들은 우리를 선명하게 형상화하고 우리의 깊이를 더해준다. 그렇다면 왜 나는 지금까지 종류를 불문하고 강한 감정을 강조하기보다 **긍정적** 감정을 강조했을까? 부정적인 것에 포함된 장점은 대개 사후에 지각되기 때문이다. 사실 우리의 모습을 형상화하고 깊이를 더해 현재와 같은 우리로 만든 부정적 과거를, 설령 완전히 바꿀 수 있더라도, 그렇게 하지 않는다(**약간** 바꾸는 것까지 거부한다는 말은 아니다). 깊이를 더하기 위해 부정적인 것을 더 많이 추구하는 사람은 거의 없다. 그러므로 강한 부정적 감정은 그 부정성 때문이 아니라 우리를 지금처럼 만들어주기 때문에 가치를 얻는다. 그것은 선택의 문제가 아니다.

Chapter 11

더 진실한 존재

어떻게 참된 자신을 만날 수 있는가

우리는 행복이나 쾌락으로 채워야 할 빈 양동이가 아니다. 자아의 본질과 성격이 그보다 훨씬 중요하다. 자아의 '최종 상태end-state' 개념에 빠져 자아가 도달하고 유지할 어떤 구체적 상태를 규정하기는 쉽다. 그러나 자아가 스스로를 변화시키는 방식은 자아의 구성 요소와 구조만큼이나 중요하다. 국가 구성에 헌법을 수정하는 수단을 비롯한 구조적인 변화 과정이 포함되듯, 자아에도 부분적으로 그 변화 과정이 포함된다. 자아는 이 과정을 단지 경험하지 않고, 그것을 구체적으로 형성하고 선택하고 시작하고 가동한다. 자아의 가치의 일부는 그 자신을 변화시켜서 (상당한 정도까지) 자기를 창조하는 능력에 있다. 또한 그 일부는 자체적 과정의 특별한 성격에도 있다. 자아가 자체적 변화의 동적 행위자, 즉 변화 과정의 중심지로서 자기를 인식하는 것은 이득이 된다. 이 과정은 나중에 다른 것들로 대체될 수 있다. 더 높은 수준에서, 어쩌면 어떤 불변의 변화 과정이 있을지 모르지만, 그것 역시 언젠가는 스스로에게 적응하고 그럼으로써 자기 변화를 겪을 것이다.

삶은 시간과 함께 흘러가기 때문에 우리는 삶을 실험하고, 선택을 시도하거나 수정할 수 있다. 우리는 또한 몇몇 특성을 열심히 추구하는 동시에 다른 특성들을 영구적으로 포기하지 않을 수 있다. 그것들은 다른 때를 기다리기 때문이다. 이와 같이 우리는 발전하는 자아, 즉 시간과 함께 가장 중요한 특성들을 포함하고 통합하는 자아를 목표로 삼을 수 있다. 이 때문에 어떤 과제나 특성들은 그에 적합한 시기나 단계가 있다는 말을 이해할 수 있다. 많은 특성이 시간이 지남에 따라 자리를 잡지만, 어떤 특성은 다른 것들보다 먼저 (또는 늦게) 올 때 더 충분히 혹은 더 쉽게 이루어지고, 어떤 연쇄 과정들은 다른 것들보다 더 쉽게 흐를 수 있다.*

때때로 사람들은 좀 더 참된 자신을 느낀다. 여기에서 잠시 멈추

---

* 사람들은 유년기나 청소년기가 지난 뒤에는 시간이 더 빨리 흐른다고 말한다. 우리는 삶의 간격을 평가할 때, 그 간격을 지금까지의 삶이 차지하는 부분으로 나눌까? 그렇다면 1년 혹은 5년처럼 어떤 정해진 간격이 점점 더 작은 분수가 되기 때문에, 시간은 나이가 들수록 빨리 흐를 것이다. 성인이 주관적 시간관념을 왜곡하면 원칙상 특별한 효과가 발생한다. 우리가 30초를 주관적으로 바꿔 정상적인 1분으로 경험할 수 있다고 가정해보자. 그리고 이 현상은 이후의 시간 간격들에 대해 연속적으로 배가되고, 그래서 다음에는 4분의 1이 정상적인 1분으로 느껴지고, 8분의 1이 1분으로 느껴지고, 16분의 1이 1분으로 느껴진다고 가정해보자. 그러면 객관적인 1분이 끝날 때까지 점점 더 작은 시간 간격들이 무한히 배열될 테고(2분의 1, 4분의 1, 8분의 1, 16분의 1, 32분의 1…), 각각의 간격이 마치 1분인 듯 주관적으로 경험될 것이다. 그리고 주관적인 분들의 무한 합은 주관적인 영원처럼 느껴질 것이다. 만일 그다음 1분에서 정상적인 시간관념으로 돌아온다면, 마치 무한한 시간을 주관적으로 경험하고 난 뒤처럼 느껴질 것이다. 이런 것을 제논의 영원이라고 부를 수 있다. 이런 제논의 영원이 득도 경험이나, 임종 경험의 한 모델이 될 수 있을까? 우리의 의식이 (불과) 1분 동안 생물학적 죽음을 극복하지만, 그 1분이 주관적으로 영원처럼 느껴진다면 그것은 만족스러운 형태의 불멸이 될 수 있을까?

고 다음 질문에 답해보라. 당신은 언제 가장 진실하다고 느끼는가? (잠시 멈추고, 실제로 그에 대해 생각해보라. 당신의 답은 무엇인가?)

어떤 사람들은 이 질문이 혼란스럽게 느껴질 수도 있다. 매 순간 사람이 존재한다면, 그는 그 순간에 존재하고 또한 그 순간에 진실되어야 한다. 여기에 관련된 진실성의 개념이 무엇인지 아직 말할 수 없다 해도, 진실성의 정도를 구분할 수는 있을 듯하다.

먼저, 문학 속의 주인공들을 생각해보자. 어떤 주인공들은 다른 인물들보다 더 진실하다. 햄릿, 셜록 홈스, 리어 왕, 아가멤논, 돈 키호테, 라스콜리니코프를 생각해보라. 그들은 모두 실존 인물이 아니지만 때로는 우리가 알고 있는 실존 인물보다 더 진실하게 여겨진다. 이 문학의 주인공들이 '사실적true to life'이고, 우리가 실존 인물처럼 믿고 만날 수 있는 사람들이어서 진실한 것은 아니다. 이 주인공들의 실재성은 그들의 생생함, 세부적 예리함, 어떤 목표를 향해 움직이거나 그에 대해 고뇌하는 통합적 방식에 있다. 그들 자신의 초점이 완전히 명확하지 않을 때에도 그들은 초점을 맞추는 데 전념하거나 분명한 초점으로 제시된다(플로베르Gustave Flaubert, 1821~1880가 마담 보바리를 제시했듯이). 이 주인공들은 '더 사실적'이고, 더 예리하게 그려지고, 부적절하고 무관한 세부 사항이 거의 없다. 그들이 보여주는 특징들에서, 그들은 심리적으로 더 농축된 중심체다. 그런 문학적 인물은 속담, 패러다임, 모델, 전형이 된다. 그들은 강하게 농축된 실재의 부분들이다.

어떤 문학적 인물들을 더 진실하게 만들고 그들을 패러다임의 초점에 놓는 그 자질들은 문학의 영역 밖에도 적용된다. 그림이나 음악이나 시 같은 예술 작품은 종종 대단히 진실해 보인다. 날카롭게 묘사된 특징들 덕분에 그들은 흐릿하고 애매한 대상들이 들어찬 평범한 배경에서 두드러진 존재가 된다. 더 긴밀하고 통일적으로 조직된 방식으로, 또는 최소한 더 명확히 조직되거나 더 흥미롭게 조직된 방식으로, 그들은 좀 더 통합적인 완전체가 된다. 예술 작품이나 자연 경관의 아름다움, 그 배열의 역동적 균형은 우리가 마주치는 평범한 무질서보다 그것을 더 생생하고 진실하게 만든다. 아마도 이 때문에 아름다운 것들은 있는 그대로 좋게 보이는 듯싶다. 그것들은 그 자체의 완벽함을 보여준다. 또는 그 자체의 가치로 우리의 주의를 더 오래 끌고 더 오래 보상해주는 것 같다. 어쨌든 그것들은 더 뚜렷한 균형과 초점을 가졌다고 지각되고, 더 생생하게 지각된다. 아름다움 외에 강도, 힘, 깊이 같은 자질들도 생생한 지각을 유발한다. 예술가는 이런저런 면에서 더 진실한 대상을 창조하려고 노력한다고 생각한다.

수학자 역시 조합의 가능성, 관계, 함축된 의미들이 겹겹이 밀집된 그물망 속에 뚜렷한 특징들이 잘 맞물리도록 대상과 구조를 묘사한다. 수학 철학자가 제기한 "수학적 존재자는 **존재하는가?**"라는 질문은 그것들의 생생한 실재의 중요성을 포착하지 못한다. 그리스 철학자들은 심지어 약분이 안 되는 '비이성적' 무리수의 경우에서도 그런 대상들을 놓치지 않고 명확하고 뚜렷한 내적 패턴들을 보여주었다. 전하는 이야기에 따르면, 플라톤은 그가 가장 진실한 존재라고 정의 내린 '형상은 수'와 같다고 주장했다. 수의 영역은 생생한 영역으로, 아주 진실하기 때문에 우리의 주의를 사로잡는다.

문학적 인물이 더 진실할 수 있듯이 사람도 더 진실할 수 있다. 소크라테스, 부처, 모세, 간디, 예수는 더 큰 실재성으로 우리의 상상력과 주의를 사로잡는다. 그들은 더 생생하고, 농축되고, 집중적이고, 묘사적이고, 통합적이고, 내적으로 아름답다. 우리와 비교하여 그들은 더 실재적이다.•

그러나 우리도 특별한 때에 더 진실하고, 특별한 방식으로 더 진실하다. 때로 사람들은 강한 집중과 초점을 유지하고, 기술과 능력을 효과적으로 쏟아부어 일할 때 가장 진실한 것처럼 느낀다고 한다. 사람들은 가장 창조적이라고 느낄 때 가장 진실하다고 느낀다. 또 어떤 사람들은 성적으로 흥분했을 때 그렇다고 말하고, 어떤 사람들은 정신을 차리고 새로운 것을 배울 때 그렇다고 말한다. 우리는 우리의 모든 에너지를 쏟고 우리의 주의를 집중할 때, 즉 정신을 바짝 차리고 우리의 (가치 있는) 모든 능력을 이용해 자신의 역할을 완벽히 수행할 때 더 진실하다.

다른 문제를 생각해보자. 우리는 언제 자기 자신을 가장 크게 느끼는가? (이것은 우리가 언제 **하나의** 자아라는 느낌을 더 강하게 느끼는

• 어떤 삶들은 반복해서 되풀이되는 인간적 현상을 새롭게 통합하고 모양을 바꿔 거기에 새로운 의미를 부여한다. 예를 들어 예수는 고통에 새로운 의미를 부여했다. 그때의 고통과 그 의미 때문에, 그 후로 우리가 고통당할 때 그것은 다른 의미를 띠게 되었다. 우리의 고통은 그 고통과 연관이 된다. 이와 마찬가지로 소설도 우리가 마주치는 것에 깊이와 의미를 더해준다. 우리는 어떤 사람을 만났을 때 그를 도스토옙스키의 주인공으로 생각할 수 있다. 그래서 그를 불안한 감정을 가진 도스토옙스키의 등장인물들이 존재하는 전체 풍경에 넣고 볼 수 있다. 우리가 고통을 예수의 일생이라는 풍경에 넣고 볼 수 있는 것과 같다. 이 의미들은 현재 진행 중인 우리의 삶에 수직으로 우뚝 서서 풍부함을 높여준다.

가의 문제와 다르고, 언제 가장 **살아 있다**고 느끼는가의 문제와도 다르다.) 그 답은 우리가 가장 진실하다고 느낄 때와 정확히 일치하지 않는다. 사람들은 보통 자신의 의식 속에 뚜렷이 존재하지 않고 익숙하지 않은 감정들 속에 머물러 있던 자신의 부분들과 '접촉'할 때 자기 자신을 가장 크게 느낀다. 골똘히 생각에 잠겨 숲 속을 걸을 때, 바다를 생각할 때, 명상할 때, 또는 친구와 친밀한 대화를 나눌 때, 나 자신의 더 깊은 부분들이 자각 속으로 들어와 나머지 부분과 통합하고, 더 평온한 자아, 더 풍부한 자아감을 만들어낸다.

고립되어 있던 부분들의 통합(에 대한 자각)이 이렇게 증가하면 더 큰 힘과 더 넓고 분명한 초점에 기대어 행동하고, 그래서 더 진실하다고 느낄 수 있게 된다.

실재의 영역, 즉 어느 정도 이상의 실재성을 가진 것들의 영역은 존재의 그것과는 같지 않다. 문학의 주인공들은 존재하지 않아도 진실할 수 있고, 존재라고 해도 단지 존재하는 데에 필요한 최소한의 실재성만을 가진 경우가 있다. 실재의 하한선을 존재로 정하는 것도 그럴듯하다. 존재하는 것보다 덜 생생하고 초점이 덜 모이는 것은 모두 진실하다고 생각하지 않는 것이다. 그러나 실재에는 정도의 차이가 있고, 이 장에서 우리가 특별히 관심을 기울이는 실재는 그 최소한의 경계 위에 놓여 있다.

이 개념에서 보면 실재에는 많은 양상이 있고, 다양한 차원이 높은 정도의 실재에 기여한다. 이 차원들 중 어느 하나에서 높은 위치가 점수를 점하면(그와 관련 있는 다른 차원들에서도 그 위치를 꾸준히 유지하면서), 높은 정도의 실재를 갖게 된다. 이 다른 차원들은 초점의 명료함, 조직의 생생함과 연결될 수 있지만, 그것에 그치지 않는다. 우리는 이미 예술 작품을 논하면서 미美를 언급했다. 더 아름다울수록 더 많은 실재성을 띤다. 실재의 또 다른 차원은 (더 큰) 가치라고 생각한다. 어떤 것의 내재 가치가 클수록, 그것은 더 많은 실재성을 갖는다. 더 큰 깊이도 더 많은 실재를 유도하고, 완벽함과 표현성도 마찬가지다. 뒤에서 우리는 이것들을 포함한 여러 차원을 조사해야 하고, 그것들이 결합한 구조도 조사할 것이다.

당신은 당신의 실재성이다. 우리의 주체성은 단지 존재하기만 하는 것이 아니라 (좀 더) 진실하기도 한 그런 자질, 양상, 활동으로 이루어져 있다. 우리의 실재는 부분적으로 우리가 삶의 기준으로 삼고 추구하며 살아가는 가치들, 그 가치를 구현할 때 나오는 생생함·강도·통합성에 달려 있다. 그러나 우리의 가치관이 실재의 전부는 아니고, 심지어 우리의 가치도 실재의 전부는 아니다. 일반적으로 실재 개념은 가치 외에도 다른 차원들을 포함한다. 우리가 실재로 이루어져 있다는 것은 자아의 실재는 그것이 성취할 수 있는 실재라는 것이다. 우리가 어떤 실재를 실현했든, 우리의 죽음을 극복하는 것은 우리의 실재다. 이것은 불멸에 대한 하나의 견해다.

우리는 이제 네 번째 현실 원칙을 공식화할 수 있다. 제4현실 원칙은 더 진실할 것을 명령한다. 이를 가장 뚜렷이 보여주는 인물들이 있다. 소크라테스, 부처, 모세, 예수, 간디는 가장 크고 지속적인 영향을 미쳤고, 그 영향은 대부분 더 큰 실재에서 나왔다. 그러나 제4현실 원칙을 적용한 모든 사례가 이렇게 높이 고양되진 않는다. 탐구·대응·창조 활동에 전념하는 것은 더 진실할 수 있는 한 방법이고, 강한 긍정적 감정과 친밀한 유대를 맺는 것도 한 방법이다. 여기에서 우리는 제2현실 원칙과 제4현실 원칙이 이론적으로 갈등을 일으킬 수 있음에 주의해야 한다. 부분적으로 외적 현실과 단절하면 더 진실한 자아가 될 수 있을까? 예를 들어 어떤 사람이 자신이 나폴레옹이라는 망상에 사로잡힌 경우처럼, 현실과의 접촉을 깨는 희생을 치르더라도 대단히 진실한 개인을 흉내 내어 자신에게 열린 실재성을 최대한 성취하려고 시도할 수 있을까?•

어떤 사람이 다른 사람들보다 더 진실하거나 더 진실해진다고 말하는 것은 어찌 보면 불쾌한 엘리트 의식처럼 보일 수 있다. 그러나 한 개인이 자신이 과거보다 더 진실해질 수 있다고 판단하는 경우라면 그렇게 얘기할 수 있지 않을까? 만일 그가 그렇게 된다면, 그는 그의 과거와 비슷한 상태에 있는 현재의 다른 사람보다 더 진실하지 않을까? 그러나 엄밀히 따지면 그렇게 되지 않는다. 한 사람을 놓고 어떤 지적 체계로 비교할 수는 있지만—그 사람은 이런 면보다 다른 면에서 더 진실할 수 있다 —사람들 **사이에** 실재성의 정도를 비교할 수는 없다. (경제학자들의 이론에서도 이와 유사한 구조를 볼 수 있다. 그들은 효용을 따질 때 개인들 간의 비교를 배제하고 개인 내의 비교에 국한한다.) 한 개인의 상반된 측면을 비교할 때 개인이 아무리 신비로운 존재라 해도 다른 모든 요소가 일정하다고, 그래서 동등하게 상쇄된다고 가정할 수 있기 때문이다. 그러나

• 제4현실 원칙은 에이브러햄 매슬로Abraham Maslow의 자아실현 원리와 다르다. 제4현실 원칙은 내면에 잠복하면서 실현되기를 기다리고 그래서 무엇을 자아실현으로 간주할지 결정하는 어떤 구체적인 자아나 재능, 운명이 있다고 가정하지 않는다.

알 수 없거나, 명확하지 않거나, 비교할 수 없는 측면에서 실재성이 다른 사람들 **사이**에서는 그런 가정이 이루어질 수 없다. (하지만 그 차이가 어떤 면에서 발생하는지 우리가 알 수 있든 없든, 이 원리도 사람들의 상대적 실재성에 어떤 차이가 있다고 가정하는 듯하다.)

따라서 실재의 차이는 개인 **내적**이고, 각자의 삶 속에서 길잡이나 목표나 기준으로 작용하지만, 사람들 사이에는 통용되지 않는다고 생각할 수도 있다. 나의 사색 중 대부분은 이 좁은 관점 안에서 변하지 않겠지만, 더 넓은 개인 간 관점을 따를 것이다. 소크라테스, 부처, 예수, 간디, 아인슈타인 같은 인물들의 더 큰 실재를 인정하지 못한다는 것은 명예롭지 못하기 때문이다. 그리고 더 큰 실재를 알고 존경할 때 우리가 적어도 **장님**이 아니라는 것을 깨닫는 기쁨을 누릴 수 있다.

나는 제4현실 원칙을 더 진실해지라고 명령하는 원칙으로 공식화했다. 그러나 그것은 개인의 실재를 최대화하거나 그것을 증가시키라고 명령하지 않는다. 어쩌면 사람은 이미 충분히 진실한지 모른다. 이미 충분히 진실하다고 여겨지는 열망의 수준은 각자가 결정해야 할 별개의 문제다. **••**

그러나 환경은 일정 수준의 실재에 도달할 가망과 이를 위해 사용할 수 있는 경로에 영향을 미치는 듯하다. 인간에게 가장 중요한

•• 어쨌든 우리는 우리의 한계, 즉 우리의 구체적인 한계와 보편적인 인간 본성의 한계를 알 필요가 있다. 우리는 완벽하지 않고 완벽할 필요도 없다. 완벽주의는 또 하나의 결함일 뿐이다. 우리보다 훨씬 더 큰 능력을 가진 다른 은하에서 온 존재들에겐 우리의 모든 성취의 절대적 수준이 사소해 보이지 않을까?

것들이 외부의 사회적인 환경에서 영향을 받지 않는다는 생각은 멋진 일이다. 그러나 사회적인 환경이 인간에게 가장 중요한 면에서 영향을 미친다는 사실을 부인한다면 사회적인 불평등이 경시될 것이다. 그렇다고 해서 사회적인 지위나 수입이나 가족의 양육이 요지부동의 한계를 부여한다는 뜻은 아니다(고통은 사람을 선명하게 만들 수 있고, 고난에 대처할 때 존엄이 큰 역할을 할 수 있고, 엄청난 부는 진실해지는 것을 가로막는 큰 장애가 될 수 있다). 그러나 그것들은 개인의 기회에 영향을 미치고, 삶의 초반에 겪는 힘겨운 역경을 이겨낼 힘을 주거나 그 이상을 줄 수 있다. 그렇다면 우리는 또 다른 기준에 의존하고 싶어진다. 개인의 실재성의 정도가 아니라, 특정 환경에서 획득할 수 있는 실재의 최대치 중 그가 어느 정도까지 성취했는가다. 개인이 얼마나 잘 대처했는지를 나타내는 이 **비율** 기준에서는 모든 사람이 평등하게 출발한다. 그러나 이것을 가장 중요한 기준으로 본다면 사회 계급의 비용이 매우 뿌리 깊을 수 있음을 부인할 수가 있다. (이런 이유로 다른 사람들과의 관계에서 우리는 그들이 가진 실재의 정도에 단순히 대응해야 한다고 말하는 것은 옳지 않다. 때때로 우리는 그것을 증가시키기 위해 노력해야 하거나, 그것을 제한하는 특정 조건이나 사회 구조를 변화시키기 위해 노력해야 한다.)

자아의 실재성은 시간이 지남에 따라 변할 수 있기 때문에 '자아의 전반적 실재성을 어떻게 평가해야 하는가'라는 문제가 생긴다. 앞에서 일생 동안의 행복을 그래프로 그린다고 상상했듯이, 이제 한 자아의 실재성을 시기별로 그린다고 가정해보자. 어느 그래프가 가장 진실한 자아이고, 우리는 어느 패턴을 따르려고 노력해야

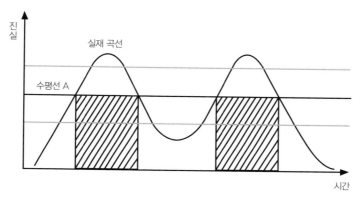

진실

실재 곡선

수평선 A

시간

〈그림 1〉 시간에 따른 자아의 실재. 빗금 친 부분이 이 곡선의 제1부분, 즉 자아가 일관성 있게 유지할 수 있는 실재의 가장 큰 부분이다.

할까? 비록 짧지만 일생의 어딘가에서 가장 높은 정점을 찍는 그래프일까? 아니면 성년기에 해당하는 실재성의 총량, 즉 곡선 아래쪽 면적이 가장 큰 그래프일까? (또는 인생의 길이가 각기 다르다는 점에 주목하여 실재성의 **평균**이 가장 큰 그래프일까?) 또는 총점에 약간 손실이 있더라도 상향 곡선을 추구해야 할까?

시간의 경과에 따른 자아의 실재는 자아가 가장 일관되게 유지할 수 있는 가장 큰 실재의 덩어리다. 우리는 이것을 더 세밀하게 표현할 수 있다. 우리의 가상 그래프에서 수평선 하나(시간축인 X축과 나란히)를 그린 다음, 그 수평선이 실재 곡선보다 낮게 위치한(또는 실재 곡선과 동일한) 구역들의 수평선 아래쪽 면적을 생각해보자. 우리는 서로 다른 높이의 다양한 수평선을 설정할 수 있다. 이제 수평선과 곡선으로 둘러싸인 아래쪽 면적이 가장 넓어지는 높이에 수평선 A가 있다고 생각해보자. (〈그림 1〉에서, 빗금 부분에 해당한다.) 이 가장 큰 면적을, 그 곡선의 **제1부분**이라고 부르자. 제1부분은 우리의 선택 기준이 될 것이다. 서로 다른 시기(또는 서로 다른 자아)의 두 실재 곡선에 대해, 제1부분이 가장 클수록 전반적인 실재성도 커진다고 볼 수 있기 때문이다. 비교되는 두 곡선의 제1부분이 똑같을 때 우리는 제2부분을 살펴볼 수 있다. 제2부분은, 제1부분과 겹치는 부분을 모두 제외한 뒤 그것과 실재 곡선의 아래쪽에 최대 면적을 만들어내는 제2수평선에 따라 결정된다. 단 제2수평선은 제1수평선 위에 있어야 한다. 이 과정은 제3부분, 제4부분 등 곡선 아래쪽의 총면적이 허락할 때까지 반복될 수 있다. 자아의 실재는 가장 일관되게 유지할 수 있는 가장 커다란 부분이다.

제1부분은 (다른 후보에 비하여) 매력적인 기준이다. 그러나 미래의 전반적인 실재에 관한 질문들은 이 선택 과정에서 뚜렷이 부각되지 않는다. 이는 아마 여러 미래의 실재 윤곽 중에서 하나를 선택하는 것 자체가, 현재의 실재 정도에 영향을 미치기 때문인 듯하다. 게다가 특정 시기에 실재의 정도를 생각하는 어떤 개념이라도, 과거나 미래의 상당한 기간을 고려해야 한다. 그렇지 않으면 앞뒤가 맞지 않을 위험이 발생한다. •

• 제1부분이라는 매력적인 기준은 아마 자아의 실재라는 맥락에 꼭 필요하진 않다. 하지만 대개 비슷한 구조를 보이는 다른 주제들에는 유용하게 적용할 수 있다. 예를 들어, 아리스토텔레스는 우리가 어떤 다재다능한 방식으로 바람직한 모든 능력을 발전시켜야 하는지, 아니면 가장 높은 능력을 최대화하는 데 집중해야 하는지를 물었다. 각각의 발전된 능력을 어떤 외부적 가치 척도에 대고 측정할 수 있다고 가정할 때, 우리의 전반적인 능력들의 제1부분을 최대화하는 방향으로 발전시키는 것이 하나의 답이 될 수 있다. 이것이 전반적 발전인지 한 능력에 대한 최대 집중인지는 각각의 개인과 그의 능력과 관련된 사실들에 달려 있을 것이다.

내친김에 우리는 왜 사람들이 종종 유명인이 나타나면 흥분하는지를 이해할 수도 있다. 잡지, 텔레비전, 영화를 통해 수많은 얼굴들을 접한다. 이 사람들은 우리에게 더 진실하고 생생하게 느껴지는가? 대중적 관심이 농축된 조명이 그들의 실재성을 높이는가? 사람들을 흥분시키는 것은 단지 유명인과 가까이 있는 것이 아니라 유명인에게 인지되고 그의 시야에 들어가는 것이다. 이는 마치, 그들은 대중적 관심을 한 몸에 받는 존재들이기 때문에 그들이 우리를 인지할 때, 한순간 그 모든 주의가 우리에게 쏟아지고 우리를 비추기 때문인 듯하다. 비록 짧은 순간이지만 우리는 그들이 받고 있는 대중적 관심에 몸을 적시고 우리 자신의 실재가 향상된다고 느낀다. 일반 대중은 향상된 실재를 갈망하는 상황에서, 아무리 공허한 광채를 공급받을 때에도 "임금님은 벌거숭이"라고 말하지 않는다. 하지만 왜 대중은 그 옷 안에 임금님 따위는 없다고 외치지 않을까? 또는 대중이 열망하는 것이 바로 알맹이 없는 실재 아닐까? 무에서 실재를 창조하는 자신의 힘에 흥분해서?

'실재성'은 가장 근본적인 평가 범주일까, 아니면 실재를 이해하고 평가하는 데 사용할 더 근본적인 범주가 있을까? 내가 보기에 가장 기본적인 범주는 실재의 범주인 듯하다.** 이 범주에는 다양한 하위 차원이 있다. 이 차원들에서 (다른 모든 점이 동일하다면) 높은 위치를 점하면 더 진실해진다. 가치 있는 것도 실재를 구성하는 하나의 영역에 속하며, 따라서 좀 더 가치 있다면 좀 더 진실된 것일 수 있다. 하지만 좀 더 진실된 것이 항상 가치 있지는 않다. 어떤 것이 더 높은 실재성을 갖는 것은 가치와는 다른, 실재의 다른 차원에서 점한 높은 위치 때문이다. 가치는 비록 대단히 포괄적이지만 하나의 특수한 차원으로, 좋은 것 모두를 포함하지는 않는다. 가치만을 추구하는 것은 예술 작품에서 오로지 아름다움만 추구하면서 진술의 힘, 통찰의 깊이, 놀라움, 힘, 기지 같은 것에는 전혀 신경 쓰지 않는 것과 같다.

실재는 가치, 미, 생생함, 초점, 통합을 포괄하는 보편적 개념이다. 가령, 이것들 중 미 하나가 더 큰 실재를 낳는다고 말하는 것은 단지 더 큰 미는 더 큰 미를 불러온다고 되풀이하는 것과 같다. 미를 한 가닥의 실처럼 포함시키는 실재의 보편 개념이 있다. 미를 더 진실해지는 한 방법으로 보면, 미를 다른 가닥들과 나란히 이 보편적 개념의 천 속에 넣어 조화로운 무늬를 만들어낼 수 있다. 그러나 왜 이 모든 다양한 차원이 단지 별개가 아니라 한 대상의 여러 양상이라고 생각해야 할까? 그것들을 하나의 큰 개념에 묶고 그것을 실재라 부르는 것은 자의적이지 않을까? 그러나 이 차원들은 분리된 요소들의 목록이 아니다. 뒤에서 보겠지만, 그것들은 복잡한 구조 속에 교차적으로 연결되어 하나의 가족을 이루는, 하나의 큰 개념에 속한 차원적 양상들이다.

•• 실재는 아주 포괄적 범주이고 아주 많은 다른 범주를 하위 차원으로 포괄하기 때문에, 그것을 이해하는 데 사용할 수 있는 더 일반적 범주가 무엇일지 의문이 든다. 우리는 이렇게 물을 수 있다. 왜 우리는 실재에 신경을 써야 할까? 그러나 어떤 것에 신경을 쓰고, 그것을 추구하고, 그것을 실현하려고 노력하는 것은 그 자체로 생생함·강도·초점이 증가된 상태, 다시 말해 실재성이 증가된 상태다. 만일 실재가 중요하지 않다면 당신은 무엇에 관심을 갖느냐고 물을 필요가 왜 있겠는가? (이 멋들어진 질문은 결코 올바른 답을 대신하지 못한다. 뒤에서 이 주제를 다시 다룰 것이다.)

하지만 우리는 정말로 실재성과 현실을 구분할 수 있을까? 어떤 것이 진실한 것은 엄밀히 말해 그것이 존재할 때, 즉 그것이 현실일 때가 아닐까? 하지만 이렇게 이의를 제기하고 싶은 마음에도 불구하고, 실재성에는 정도가 있다. 어떤 것은 다른 것보다 더 많이 존재하지 못하고, 또 어떤 것은 다른 것보다 더 많이 현실이지 못하는 반면 어떤 것은 다른 것보다 더 진실할 수 있다. 우리가 어떤 사람을 '진실한 친구'라 부를 때 그것은 단지 거짓된 친구의 반대가 아니다. 진실한 친구에 못 미치는 친구들이 중간에 끼어 있기 때문이다. 우리는 또한 진정한 야구 선수, 진정한 시인, 진정한 남자라고 말하는데, 각각의 경우에 진실하다는 말은 다양한 정도를 비교하고 허락하는 점진적 개념으로 사용된다.

플라톤은 형상 이론에서 각기 다른 실재성의 단계를 명시했다. 형상들은 그 예시이거나 그 안에 참여한 특정 존재들보다 더 진실하다. 플라톤의 이론은 실재의 **영역들**을 구분한다. 형상들은 사람들이 흔히 말하듯이 '플라톤의 하늘'에 존재한다. 이때 우리는 사물들이 진실한 정도에 차이를 보일 수 있는 영역은 단지 하나라는 견해에 이르게 된다. 종교적 견해들 역시 때때로 신이 우리보다 '더 진실하다'고 말하고, 신비주의자들은 그들의 경험이 일상적 경험보다 더 진실하다고, 즉 대상이 더 진실하고 그들 자신이 더 진실하다고 말한다. 신비주의자가 자신의 경험을 그렇게 믿고 그것이 그렇게 가치 있다고 주장하는 이유는, 그것이 매우 진실하기 때문이다. 여기에서 나의 요점은 그런 특정 주장들을 받아들이자는 것이 아니라, 실재가 이렇게 정도별로 또는 수준별로 구성되어 있다는 것에 주목하자는 것이다. 실재는 대상들을 분류하고 등급을 매기고, 상대적으로 평가하는 데 편하게 이용될 수 있다.

비록 이 실재 개념은 아직 완전히 정확하지는 않지만, 우리는 그에 대해 인내하고 너무 일찍 포기하지 않기를 원한다. 사상사에는 수백 년에 걸쳐 해명하고 날카롭게 다듬고, 모순을 제거해낸 개념들, **한계**와 **증명**의 수학적 개념으로서 의심할 수 없는 중요성과 유용성을 지닌 개념들이 가득하다. 이 실재 개념이 사실과 가치의 간극이나 기술과 규범의 간극 위에 걸터앉아 있다면 부자연스럽겠지만, 사실 그 양다리 걸치기는 하나의 이점이다. 만일 양쪽에 단단히 한 발씩 디딘 어떤 기본 개념, 시작부터 끝까지 간극이 없음을 보여주는 개념, 간극의 차원 **밑**에서 숨 쉬고 기능하는 개념이 없다면 어떻게 그런 차이들을 극복할 수 있겠는가? 그리고 실재 개념은 분명 기초적이다. 그것은 사실적 측면에서 최대한 기초적으로 보이지만(그래서 실재를 현실성 및 존재와 동일시하고 싶은 유혹이 든다), 그것은 또한 평가하고 등급을 매기는 역할을 한다. 더 진실한 것은 여하튼 더 좋다. 그래서 이 실재 개념은 자칫 다루기 힘들 수도 있는 사실과 가치 문제를 풀 수 있다는 희망을 준다. 그렇다면 이 개념을 너무 일찍 내버리거나, 미숙하게 연마하여 그 간극의 한 쪽에만 걸치게 하는 것은 어리석다.

하지만 더 큰 실재를 사람들이 바라고 추구할 하나의 목표로 취급하지 않을지 걱정스럽다. 실재가 긍정적인 어떤 것임을 무엇이 보장하겠는가? 그 긍정성은 실재의 또 다른 차원, 여러 양상 중의 하나이고, 그래서 실재가 증가하면 항상은 아니지만 일반적으로 긍정의 방향으로 이동할까? 이아고 셰익스피어의 비극 〈오셀로〉에서 오셀로의 부하로 나오는 악인 — 옮긴이는 진실하지 않았는가? 히틀러는 진실하지 않았는가? 그렇다면 어떻게 해야 어두운 경로를 배제할 수 있을까?

적어도 우리 자신이 경험하는 각각의 경우에 자신의 실재성을 단지 양적으로 증가시키기를 원하지 않는다. 우리는 그 실재가 어떤 정해진 방향으로 성장해서, 더 높아지거나 더 깊어지기를 원한다. (높이와 깊이는 상반된 양극이 아니다. 깊이의 반대는 피상성이고, 높이의 반대는 낮음이다.) 우리는 자신의 실재가 더 높아지거나 더 깊어지길 원하거나, 어쨌든 더 큰 실재가 올 때 높이가 깊이를 잊지 않고 오길 바란다.

이상은 더 높은 어떤 것의 상像이다. 그리고 이상을 품고, 이상을 추구하는 것은 우리를 더 높이 끌어올린다. 우리는 단지 욕망과 목표가 아니라 적어도 얼마간의 이상을 갖기를 원한다. 우리는 더 높은 것을 상상하고 그것을 추구하기를 원한다. 이상이 높이에 해당한다면 무엇이 깊이에 해당할까? 무엇이 우리를 깊은 방향으로 끌고 가는 상일까? 이해가 그것이다. 어떤 것을 정말로 이해하는 것은 그것을 깊이 있게 아는 것이다. 이해는 우리를 더 깊게 만든다. 감정 역시 깊은 어떤 것과 접촉하고 우리의 깊은 내면으로부터 솟아오를 때 우리를 더 깊게 만들 수 있다. 우리의 실재가 높이와 깊이의 방향으로 발전하기를 원하는 것은, 우리의 삶이 이상과 이해와 깊은 감정으로 물들기를 바라는 것이고, 그것들이 우리 삶을 지배하고 우리 삶이 그것들을 추구하기를 원하는 것이다.

높이와 깊이에 대한 이 이야기는 단지 잘못 끌어낸 공간적 비유에 불과하고, 그 속에서 울리는 특별한 평가의 공명은 다른 어떤 상황에서 끌어들인 은유에 불과할까?ㆍ어린 시절의 어떤 상황에서 끌어낸 것처럼 단순하게, 히말라야는 보고 있으면 (심지어 사진으로 볼 때에도) 높이 날아갈 정도로 아주 상쾌하다고 말하거나, 같은 이유로 어떤 음정이 다른 음정보다 더 높다고 말하는 것은 설득력이 없다. 높이와 깊이는 평가 효력을 지닌 독립된 차원들이다. (이 두 개념을 충분히 설명한다면, 왜 우리가 깊거나 심오한 이해, 정신의 고상함, 높은 이상 등이라고 말하는지 이해할 것이다.) 사람들이 소중히 여겨온 가장 위대한 것들이 바로 대단한 높이와 깊이를 겸비한 것들이다. 명상의 무아지경, 종교적 경험, 장엄한 음악, 거부할 수 없는 사랑이 그 예다. 우리의 가장 깊은 부분들이 세계에 존재하는 가장 높은 것들과 연결되는 것, 이것이 우리가 가장 원하는 것 아닐까?

높이와 깊이를 향한 실재성의 증가는 사악한 길로 빠질 수 없다는 말은 설득력이 있다. 어떤 사람은 철저히 악할 수 있지만, 악한 것은 그의 깊이를 더해주지 않는다. 그러나 왜 높이와 깊이 자체가 우리의 더 큰 실재에 방향을 부여할 정도로 중요한지는 명확하지 않다. 그 두 방향의 기초에는 무엇이 있을까? 그 끝에는 무엇이 있을까? 우리는 나중에 이 문제들로 다시 돌아올 것이다.

• 배리 슈워츠Barry Schwartz의 사색에 따르면, 모든 문화에서 '상부의'와 '더 높은'이란 말은 더 좋고 더 강력한 것에 적용된다고 한다[*Vertical Classification* (Chicago: University of Chicago Press, 1981)]. 상류 계급, 왕이 백성보다 높은 곳에 앉는 것, 사장의 사무실이 부하 직원보다 높은 층에 있는 것 등이 그 예다. 세계 어디에서나 아이들은 정보와 구조를 얻으려고 말 그대로 위를 향해 어른들을 보기 시작하고, 유아나 아동의 습관의 강화는 종종 몸을 위로 들어 올리는 것과 연결되어 있기 때문이다.

Chapter 12

무아

나를 찾는 또 다른 방법과 만나다

발전 과정들은 자아를 더 진실하고 더 완전하게 만들 수 있다. 뒤에서 보겠지만 친밀한 유대는 자아의 경계와 지형을 변화시키고, 깨달음은 자아의 본성과 자아의 실체 관계를 근본적으로 바꾼다고 볼 수도 있다. 그러나 불교 철학에 따르면, 그런 자아는 아예 존재하지 않는다! 이 '무아론no-self doctrine'을 뒷받침하기 위해 불교도들은 논증과 엄격한 명상에 기초한 증거를 제시한다. 불교의 논증들은 자아를 변하지 않는 요소, 영적 알갱이로 보는 견해에는 어느 정도 힘 있게 반대하지만, 자아는 심리적 특성, 계획, 신체적 특질 등이 현재 진행형으로 존재하면서 변하고 발전하는 통합체라는 견해에는 반대하지 않는다. 그 정체성은 결코 변하지 않는 어느 부분에 의해 유지되는 것이 아니라, 현재 진행 중인 통일체의 수준에서 유지된다. (나의 책《철학적 설명Philosophical Explanations》의 첫 장에서 이런 종류의 자아론인 최근접 계속자 이론closest-continuer theory을 제시했다.) 처음에는 그런 알갱이 영혼이 있더라도, 여러 가지 일이 쌓이고 변하는 과정에서 그것은 자아의 여러 성분 중 한 조각이 될 것이다. 그것은 계속 지배적 상태로 남지 않는다. 다른 모든 것과 함께 어울려 변하기 때문이다. 만일 주위에 진주를 형성하는 모래 알갱이 하나가 절대로 변하지 않는 분자로 이루어진 유일한 부분이라면, 계속 변화하는 진주의 정체성에서 그것은 가장 중요한 요소로 남지 않을 것이다.

그러나 좀 더 자유로운 통찰은 다르게 말한다. 자아는 장난감 팅커토이Tinkertoy를 조립할 때처럼 모든 조각을 하나의 중심 조각에 직접 끼워 맞추는 방식으로 구성될 필요가 없으며(비록 최초의 몇몇 부품은 그렇게 결합될지라도), 어느 한 조각도 변하지 않고 남을 필요가 없다고 한다. 한 도시의 현 구조를 가장 잘 파악하고자 할 때, 이제는 거의 중요하지 않은 최초의 중심부와 관련하여 각 부분을 볼 필요는 없을 것이다. 그보다 중요한 것은 현재의 상호관계들이고, 현재의 지리적 중심지이자 중추는 고대 도시의 일부가 아닐 수 있다. 이와 마찬가지로 개인의 심리도 각각의 특성이 하나의 중심 특성에 직접 연결되는 식으로 조직될 필요는 없다. 모든 부분이 진지하거나 단 한 걸음 떨어져 있지 않아도 개인은 진지할 수 있다. 그러나 자아가 통일체 수준에서 조직될 가능성을 보는 이 포괄적 견해는 자아의 존재를 부인하는 견해와는 다르다.

관찰에 의해 무아론을 뒷받침하는 견해는 불교의 명상 수행에 뿌리를 두고 있다. 그러나 무아론이 명상 수행을 이끌기도 하기 때문에—무아론의 여러 부분에 대한 명상이 수행에 포함되어 있다—관찰 내용이 이미 존재하는 그 이론에서 나오고, 따라서 다소 오염된 보고가 나오기도 한다. 그렇다고 해서 그런 관찰 결과들이 이론을 뒷받침하지 못하는 것은 아니다. 어떤 이론의 탐조등을 켜고 관찰한다고 해도, 그 이론에 들어맞는 데이터를 자동으로 발견하리라는 보장은 전혀 없으므로 그 발견은 결국 얼마간 그 이론을 뒷받침할 수 있다.

아무리 신중하고 엄밀한 관찰 방식을 따라도 사물은 관찰된 모습과 똑같다고 가정할 수 없다. 이 가정은 관찰의 일부가 아니라 그 자체로 하나의 이론이다. 예를 들어, 불교의 명상 수행자들은 외부 세계를 관찰할 때 깜박임과 간극을 경험한다고 보고한다. 모든 것은 불연속적으로 존재한다는 뜻이다. 사물의 본질 때문이든 시간의 본질 때문이든 사물은 불연속적이다. 따라서 사물은 우리가 생각하는 것만큼 진실하지 않거나, 연속적이라고 가정했을 때만큼 진실하지 않다는 것이다. 그러나 더 그럴듯한 또 다른 설명도 가능하다. 사물은 실제로 연속적이지만, 우리의 지각과 자기 성찰 장치는 단지 눈에 띄는 차이들만 포착하여 불연속성을 부과한다는 판단이다.

영화의 예와 비교해보자. 영화는 세계를 한 프레임씩 기록한다. 영화가 다루고 찍는 대상은 연속적으로 존재한다(고 가정해보자). 그것은 분리된 여러 프레임에 담겨 불연속적으로 제시되지만, 그 필름을 영사하면 우리의 일반적 지각 양식은 그것이 연속적 움직임과 존재를 묘사하는 것처럼 본다. 지각의 예민함은 프레임 사이의 틈새를 탐지할 정도로 예리하지 못하다. 그러나 어떤 사람이 프레임 사이의 틈새에 주목하는 훈련을 받았다고 가정해보자. 그가 새로운 능력에 기초하여 촬영 대상들이 단지 간헐적으로 존재한다거나, 그가 스크린 위에서 관찰한 '프레임의 틈새'처럼 실체는 사실 회색이라고 말한다면 이는 잘못된 결론일 것이다. 영화 제작자들은 불연속적인 것들을 연속적인 것으로 경험하는 심리적 현상을 알고 있기 때문에, 연속적인 외부 사물들을 불연속적이고 틈새가 있는 필름에 담아 표현할 수 있다. 그들은 사람들이 영화를 볼 때 그것을 연속적으로 경험하리라 확신한다. 만일 사물을 연속적으로 담아낼 수 있는 아주 값비싼 촬영 방법이 있다고 해도, 관객의 경험과 믿음에 별 차이가 없다면 영화 제작자들이 그것을 사용해도 별 효과가 없을 것이다. •

이와 마찬가지로 우리는 진화 과정이 그렇게 효율적이었다고 가정할 수 있다. 진화는 우리에게 외부 대상들을 불연속적으로 표상하는 심리적 메커니즘과 더불어 한정된 수준의 지각적 예민함을 부여했고, 이 메커니즘과 예민함이 서로 맞물려 우리는 연속적으로 존재하는 외부 대상들을 실제와 똑같이 연속적으로 경험하게 된다. 그 과정에 포함된 불연속적 단계들은 주의를 끌지 않고 지나간다. 훈련을 통해 심리적 표상 속의 이 불연속들을 알아차릴 수 있다면 이는 멋진 기술이겠지만—불교의 명상 수행에서 이 방법을 사용하면 지각적 예민함이 높아질 것이다—외부 사물들이 실제로 불연속적인지 또는 우리 눈에 보이는 것보다 덜 진실한지 추

• 어떤 사람들은 영화 비유를 다른 식으로 이용한다. 그들은 불교의 교리를 설명하고 그 신빙성을 높이기 위해 실재가 스크린 위에 표현된 것과 같지 않은지, 즉 우리에게 연속적으로 보이지만 사실은 틈새들을 품고 있지 않은가라는 질문을 던진다.

론할 수 있다는 보장은 없다. 기껏해야 불교의 명상 관찰법은 물리적 존재가 틈새들을 포함하는가가 아니라, 우리의 지각적 표상이 어떻게 작동하는지에 대한 사실을 밝혀낼 것이다.

외부 세계의 비실체성은 자아의 비실체성에 대한 불교의 교리와 한 몸을 이룬다. 후자에 대한 관찰 보고는 우리가 논의한 것들보다 더 미숙하고 비슷한 구조들에 속한다. 많은 주장에도 불구하고, 명상 수행은 자아가 존재하지 않는다는 것을 보여주거나 발견하지 못한다. 그러나 그런 엄격한 수행은 자아를 재조직하거나, 자아 구조를 더 확고히 지배하는 결과로 이어질 수 있다.

이론상, 자아가 있다는 것은 결국 현실 원칙과 긴장의 관계에 빠진다. 개인의 실재를 어느 정도까지 끌어올리지만, 그 선을 넘으면 더 큰 실재를 성취하거나 그런 실재와 연결되는 것을 방해하기 때문이다. 그러나 만일 자아가 가능한 조직 양식 중 하나에 불과하다면, 우리는 다른 어떤 구조적 조직 양식이 더 깊은 실재와 쉽게 연결할 수 있게 해줄지 조사할 수 있다. (여기서 잠시 멈추고 다음 질문을 생각해보자. 누가 실재와 더 깊이 연결되어야 할까? 그것은 자아가 아니어도 될까?) 인도 전통에서 유래한 어느 교의에서는 (유한한) 자아에 머무는 것은 가장 진실한 방식이 아니고, 필요한 방식도 아니라고 주장한다. 나는 그 교의를 조사하고 나의 용어로 재구성하고자 한다.

자아의 조직과 구체적 기능을 더 자세히 살펴보자. (이를 위해서는 자아의 본성과 기초적 구조를 추상적으로 이론화할 필요가 있기 때문에 일부 독자는 다음 열 개 정도의 단락을 건너뛰고 싶을 수도 있다.) 자아를 구성하고 조직하는 것은 재귀적 자의식이다. 자아가 단지 자기 자신이 무엇인가에 대해 생각할 때가 아니라, 자기 자신을 **자아**로 알아볼 때 자의식은 재귀적이다. 건망증 환자는 누군가가 벽에 그림을 그렸다는 것을 알면서도 그 사람이 자기 자신임을 모르는 사람이다. 오이디푸스는 테베에 재앙을 몰고 온 사람을 찾을 때, 자기가 바로 그 사람임을 깨닫지 못했다. 그는 자기 자신을 자기 자신으로 보지 않았다. 재귀적 자의식은 사람이 단지 어떤 일반적 묘사에 들어맞는 어떤 사람(그가 잘못 생각할 수도 있는 어떤 사람)을 생각할 때가 아니라, '나' 또는 '나 자신'을 생각할 때 갖는 그런 종류의 의식이다.

그렇다면 경험·사고 등 의식의 여러 부분, 즉 고립된 조각들로 시작해보자. 의식의 어떤 부분은 의식의 다른 부분을 대상으로 한다. 과거의 어느 의식적 사건에 대한 기억이 그 예다. 그러나 그중에서도 하나는 매우 특별하다. 이 부분은 경험과 사고의 다른 많은 부분에 대한 자각인 **동시에**, 그 자신에 대한 자각, 즉 재귀적 자기의식이다. 자아는 그 자신이 다른 것들을 의식하고 또 자기 자신을 의식한다는 것을 알고 있다. 의식의 이 특별한 조각, 이 '자아'는 다양한 경험과 의식의 조각을 묶어 집단화한다. 자아가 의식하는 그것들 중에는 자아 자신도 포함되고, 자아가 의식하지 못하는 다른 부분은 여기에 속하지 않는다. 따라서 모든 자아는 "나는 의식한다"라고 말할 자격이 있다.

그런데 이 의식 조각들을 인식하는 상태에서 그 조각을 **갖고 있거나 소유하는** 상태로 건너뛰는 단계가 발생한다. 자아는 그 조각들이 자아에 **속해 있다**고 생각하게 된다. 자아는 전유와 획득의 행위 속에서 탄생한다. 어떻게 이런 일이 발생할까? 그리고 자아가 이 의식의 다른 조각들에 대한 소유권을 주장할 때, 그 주장은 언제 정당할까?

집합 원리에 의해 재귀적 자의식 부분은 분리된다. 의식의 다른 부분들은 다른 것들을 알아보고 그에 의해 그것들을 묶지만, 재귀적 조각은 다른 것들과 그 자신(그 자신이라고 알아보는 것)을 함께 묶는다는 점에서 특별하다. 다른 많은 조각이 인식 범위에 들어올 때, 인식은 그것들을 단지 무질서하게 놓지 않고 좀 더 정교한 방법으로 집합을 이루도록 한다. 자의식은 그것들을 상호 관련시키고 통합한다. 자의식은 일부 조각들이 어떻게 다른 것들을 뒤따르거나 다른 것들과 하위 집단을 이루는지 등을 의식한다. 무질서한 경험으로 끝날 수도 있는 그 조각들에게 이 추가 구조를 부여할 때, 자의식은 상호 연결된 새 통일체를 창조하거나 의식하게 된다. (이것은 자의식이 단지 각각의 다른 조각들을 알아보고 그것들에게 부여하는 통일성, 즉 칸트가 통각의 형식적 통일성formal unity of apperception이라 부른 것을 뛰어넘는다.) 의식의 재귀적 조각이 다른 모든 것을 알아보지만, 그 조각 중 많은 것은 재귀적 조각을 알아보지 못할 때, 현상학이나 비균형적인 앎의 특성 같은 것이 가능하다. 이것은 인식이 단순히 다른 조각들을 알아볼 뿐 아니라 그것들을 복잡하게 상호 연결된 통일체로 조직함으로써 더 강화된, 상대적으로 인식이 우월하고 특별하다는 느낌을 갖게 해준다. 자아에 관한 이야기와 그 조직화는 신체와 그 부위들에 대한 의식의 내용물을 뛰어넘을

수 있지만, 지금 우리의 목적에는 불필요하다.•

　그러나 이 모든 것은 소유를 구성하기에 충분할까? 즉 자아를 다른 모든 경험을 갖는 하나의 존재자로 만들기에 충분할까? 재귀적 의식인 자아가 다른 경험 조각과 그것들의 상호관계를 의식하는 상태에서 그것들을 소유하는 상태로 건너뛰는 단계를 밟을 때, 어떤 새로운 요인이 도입되어야 할까? 어쩌면 다른 경험들보다 우월하다거나 그것들을 지배할 힘이 있다는 주장이 나올 수 있다. 그렇다면 그것은 자아가 이미 이룬 인식과 통합 활동을 넘어서는 범위에서 얼마나 넘어설까?

　자아는 그것이 '갖고 있는' 경험들, 즉 그 내용물들과 불균형적 관계에 있을 뿐 아니라, 그 관계에서 독특한 위치에 있다. 다른 어떤 것도 그 구체적 내용물들에 대해 그런 위치를 점하지 않는다. 자아는 경험들을 소유할 뿐 아니라 그것들을 독점하는 유일한 소유자다. 독점권은 단지 재귀적 자의식이 경험들을 의식하여 집단으로 묶는 데에서 나오는 결과물이 아니다. 그런 집단화는 부분적으로 겹칠 수 있다. 당신은 하나의 생각을 가질 수 있고, 나 역시 그 생각을 가질 수 있다. 당신은 어떤 통증을 자각할 수 있고, 나도 그 통증을 자각할 수 있다. 이 통증에 대해 어떤 사람은 이런 이의

• 위의 단락들은 자아의 구성 과정을 묘사한다. 더 극단적 관점에서는 자아를 이 과정에서 생성되는 하나의 착각으로, 불완전한 게슈탈트가 완성되고 있는 것으로 본다. 시각의 폐합 기능 덕분에 미세한 틈을 가진 원이 완전한 원으로 보이는 것처럼, 자아도 현실적으로 존재하는 경험 속의 틈새들이 채워진 폐합 형태일지 모른다. 겉으로 보기엔 직접적이고 일정하게 의식되어도, 이런 상황에서 자아는 아예 존재하지 않을 것이다. 단지 또 하나의 경험, 즉 폐합으로 인한 착각이 발생할 뿐이다.

를 제기할지 모른다. "바로 그 통증은 아니다. 아마 아주 비슷한 통증이겠지만, 우리가 통증의 수를 셀 때 둘이 아니라 단 하나의 통증만 있고 우리 둘이 똑같이 그것을 느낀다는 의미에서 바로 그 동일한 통증은 아니다." 철학자들이 수적으로 동일한 것이라고 부르는 것, 즉 단 하나만 존재한다는 것과, 질적으로 동일한 것의 차이를 소개하는 것은 경험에 대한 소유권 주장을 용이하게 하기 위해서다. 그것은 별개의 자아들을 확립하고자 하는 바람에서 나온다. 그 경험들을 가르는 것은 그것들을 나눠서 서로 겹치지 않는 별개의 집단으로 나누기 위해서다.

나는 다른 사람의 느낌을 어떻게 알까? 때때로 나는 그것을 공감으로 느낀다. 그리고 때로는 나의 느낌을 상대와 공유한다. "당신은 하나의 똑같은 느낌을 공유할 수 없다. 당신은 그의 느낌을 직접 알 수가 없다. 당신의 느낌은 당신에게 속해 있고, 그의 느낌은 그에게 속해 있다!" 그래서 '속해 있다belong to'와 '소유하고 있다possess'의 개념은 총체적이어야 하는 마음들 사이에 구분을 낳고, 그럼으로써 '타인의 마음의 문제'라는 철학적 문제를 낳는다. **

자아의 기초는 재귀성과 전유이기 때문에 종종 불운하게도 자아의 대외 활동이 재귀성과 전유에 물드는 것은 놀라운 일이 아니다. 자아는 재귀적 에너지를 발휘하면서 기쁨을 느낀다. 자아는 그 자

** 여자들의 자기 개념, 그들의 자아 구성은 배타적인 가르기와 경험의 소유 개념에서 조금 더 자유로울까? 그리고 외부 사물들에 대한 습득·전유·힘에 대해 남자들이 보이는 더 큰 관심은, 남자들의 자아 구성 양식에 숨어 있는 배타적 경험의 전유라는 특정하고도 덜 존경스러운 개념으로 그 일부가 설명될 수 있을까?

신에 대해, 자신에 대한 타인의 생각에 대해, 타인에게 미치는 자신의 영향에 대해, 자신에 대한 타인의 말에 대해, 타인에게 자신을 드러내는 방식에 대해 생각한다. 많은 시간 동안, 어쩌면 대부분의 시간 동안 자아는 혼자 지껄이는데, 그런 습관에 **중독되었다**고 말할 수 있을 정도다. 자아는 외적 사물들을 전유하고 때로는 사람들을 전유하며, 어떤 경우에는 끝까지 포기하지 않고 습득하기로 작정을 한 듯 보인다. 소유의 배타적 구심성 때문에 자아는 자신의 외적 물품이나 내적 느낌을 공유하지 않는 경향이 있다. 이 모든 부작용은 엄밀히 말해 필연적이지는 않지만, 자아의 그 특별한 형태의 기원을 볼 때 놀랍지 않다. 그것들은 애초에 자아를 발생시킨 바로 그 과정들을 단지 확대할 뿐이다. 자아의 초기 부분인 재귀적 자기의식을 구성하고 그 기초를 이루는 훨씬 더 단순한 과정들은 단지 이 점을 강화한다. 그런 과정 하나가, 지시하는 행위 자체로 그것이 창조하고 자기 자신에게 부여하는—**각인하는**—특질을 가진 덕분에 그 자체를 지시하는, 반성적 자기 인식의 **힘**과 관련이 있기 때문이다.* 자아가 시작되는 과정들에 의해 우리는 왜 그것이 자기 본위적이고 심지어 종종 이기적인지 약간이나마 설명했다. 만일 자아가 쾌락에 **집착**하는 것도 설명할 수 있다면 이론적으로 만족스러울 것이다. 다시 말해, 왜 그렇게 구성된 자아는 쾌락 원칙에 집착하는 경향이 있을까? 그리고 왜 자아는 욕망뿐 아니라 (동양 이론들의 언어를 사용하자면) 집착을 소유하고 있을까? 나는 아

---

* 다음의 책을 보라. *Philosophical Explanations*, pp. 90~94.

직 이 문제에 대한 명쾌한 답을 찾지 못했다.

자아는 특별한 성질을, 예를 들어 공간의 성격이라기보다 실체 entity의 성격을 갖고 있다. 게다가 그것은 특별히 구분되고 전유된 구조를 가진 존재자다. 만일 자아가 우리가 아니라 단지 우리가 세계를 경험하는 특별한 구조라면, 즉 자기중심적이고 자기집중적인 방식으로 우리의 경험 세계를 구성하고 또 외부 세계를 경험하게 해주는 칸트의 안경이라면, 그 구조가 본래대로 존재해야 하는지 물어야 할 것이다.

몇몇 동양 이론에서는 세 가지 근거로 자아를 비난한다. 첫째, 자아는 가장 깊은 실재를 경험하지 못하게 방해하고, 또 일반적 대상을 있는 그대로 경험하지 못하게 방해한다. 둘째, 자아는 우리를 불행하게 만들거나 최고의 행복을 누리지 못하게 방해한다. 셋째, 자아는 우리의 완전한 실재가 아니지만 우리는 그렇다고 믿는다.

이 동양 이론들이 내놓는 간결한 충고는 자아를 끝내라는 것이다. 이는 도달하기가 매우 어렵고(삶을 끝내는 것에는 못 미치지만), 이 어려움은 자아의 계략에 기인한다. 자아가 장려하는 대로 우리는 자아에 집착하고 자아를 포기하지 않으려 한다. 그러나 자아의 완강함에 대한 설명으로, 자아를 좀 더 존중하는 두 개의 다른 설명이 있다. 첫째, 비록 자아는 전체적으로 최적은 아니지만 어느 정도 좋은 구조일 수 있다. 다시 말해 자아는 경제학자들이 전체 최적화가 아닌 국부 최적화라 부르는 것일 수 있다. 사람들은 다음 비유를 종종 사용한다. 한 지역에서 가장 높은 지점에 도달하려는 사람이 작은 언덕의 꼭대기에 서 있고, 근처에 더 큰 언덕이 있다고 상상해보자. 그는 국부 최적화 상태에 있다. 작은 변화라도 일어나면 그는 내리막길에 접어들 것이다. 그러나 그는 전체 최적화 상태가 아니다. 더 높은 곳에 오를 수 있다. 최초의 작은 언덕 꼭대기에 가까이 간 사람은, 먼 길을 내려가서 멀리 있는 가장 높은 지점까지 시도하는 대신, 꼭대기까지 계속 오르고, 그렇게 해서 자신의 상황을 향상시킬 수 있다. 국부 최적화에도 일정한 안정성이 있다. 둘째, 비록 자아가 전반적으로 차선이라 해도, 몇몇 정해진 기능들, 우리가 포기하고 싶지 않은 기능들에는 가장 좋고 가장 효율적인 구조일 수 있다. 그러므로 자아를 끝내면 상당히 불리한 점들을 겪게 된다.

자아에겐 적절하고 필요한 기능들이 있다. 자아는 중심 감독자 역할을 한다. 정보를 통과시켜 조사 및 비교, 평가한 후 의식적 결정이 이루어질 수 있게 하는 역할을 한다. 자아는 알고, 주목하고, 질문하는 지능 대행자 역할을 하고, 그래서 지각된 것·동기·믿음을 조사하고, 불일치를 알아보고, 그 구조를 재조직하고, 반응에 주목하는 등의 일을 한다. 그러나 이 지능 기능은 일관되게 수행될 필요가 없다. 자아는 모든 곳에 존재하는 비밀경찰이 아니다. 자아의 형성은 필요할 때 이용될 수 있고, 항상 가벼운 감시 상태에 있다가 주의가 필요한 어떤 것이 튀어 올라오면 알아채고 이따금씩 특별한 과제나 목적을 위해 행동을 강화한다. 이것을 '야간 경비원' 자아 이론이라 부를 수 있지 않을까? 자아는 또한 자신의 명백한 언어적 이해를 다른 이해의 양식들과 통합하고, 그 결과물을 몸 안에서 그것을 이용할 수 있는 반*자율적 부분들에게 전달한다.

경제에서나 개인에게나 완벽한 중앙 계획은 적절하지 않고 효율적이지도 않다.

자아의 적절하고 분명한 모든 기능, 진정으로 도움이 될 때에만 호출되어 이용되는 기능들을 전부 열거하는 것은 이론적 목적을 위해서는 유용할지 모르지만, 그런 능력을 지닐 필요는 없다. 자아는 자신의 적절한 기능들에 대해 모든 것을 알 필요가 없고, 우리는 그런 기능들이 가장 필요한 때가 언제인지에 대해 우리 자신의 무의식적 또는 암묵적 이해를 어느 정도 신뢰할 수 있다. 어쩌면 자아는 자신의 방대한 무의식적 과정들이나 내용물들을 불신하게 되는지 모른다. 이는 일부 과정들과 내용물들, 즉 자아가 무의식으로 추방해버린 그 억압된 생각들이나 감정들의 성격 때문일 것이다. 그래서 자아는 결국 구체적 내용물은 알지 못하고 그것들을 무의식이라는 장소에 보냈다는 것만 알지 모른다. 그런 억압된 재료는 프로이트가 묘사한 방식으로 계속 작용하지만, 의식적 마음은 무의식 속의 **모든 것**을 자연스럽게 불신하게 되는지 모른다. 결국 **어떤** 두려운 재료들을 그곳에 던져놓았을 테니 말이다. 그리고 자아는 제거하기 위해 무의식에 던져놓은 그 재료들만 불신할 필요가 있음에도, 무의식의 어느 부분이 사용될지를 완벽하게 통제할 수 없기 때문에 결국 무의식적인 **모든 것**을 불신하게 되고, 그래서 모든 것이 자신의 의식적 조사와 감시를 거쳐야 한다고 주장하는지 모른다.

우리는 11장 '초점'에 관한 사색에서 주의 현상을 고찰할 때 줌렌즈 원리를 공식화했는데, 이 원리는 자아에도 적용될 수 있다. 자아 구조 역시 우리가 통제할 수 있고, 필요와 적합성에 따라 각기 다른 양식으로 이용할 수 있으며, 소환하고 행사할 수 있는 레퍼토리의 일부분이다. 어쩌면 명상 기술은 자아의 계획을 세우고, 자아를 최고의 활동과 기능으로 유도하고, 다른 노력이나 존재 방식을 수행하는 것이 가장 좋을 때에는 자아에게 휴식과 휴가를 허락할 수 있게 해주는지 모른다. (이 '무아'의 태도가 자아가 취할 수 있는 한 역할일까, 아니면 자아가 무아가 이용할 수 있는 한 역할일까? 아니면 양자가 동등하다고 얘기할 수 있을까?) 명상 기술은 또한 자아의 반성과 배타성에서 나오는 추한 특징들을 꺾어버리거나 제거하는지 모른다.

우리 자신의 실재는 자아 안에서 그리고 자아에 의해 효과적으로 조직되지만, 어느 지점을 넘어서면 자아는 더 이상의 진전을 가로막는다. 실재가 극단적 높이로 올라가 균형을 잡아야 할 때, 더 큰 자아는 아마 방해가 될 것이다. 그때 자아는 전체 최적화가 아니라 국부 최적화로서, 더 진실해지기 위한 다른 더 어려운 방법들을 위해 조심스럽게 보류될 것이다.

Chapter 13

태도

자신의 자아에 옷을 입히는 행위

무엇이 중요한지 결정하고 삶에서 그것들이 하는 역할을 구체화하는 가치에 대해 우리가 취하는 태도는 각기 다르다.* 그중 세 가지 기본 태도를 들자면 이기적 태도, 관계적 태도, 절대적 태도다. (뒤에서 우리는 이것들을 통합할 수 있는 네 번째 태도를 살펴볼 것이다.) 첫 번째 태도는 가치 또는 좋게 평가될 수 있는 모든 것이 근본적으로 자아 안에 있다고 본다. 어떤 것들이 중요한 이유는 자아를 향상시키거나 발전시키거나 확대하거나 이롭게 하기 때문이다. 자신의 행복이 유일하게 중요하다는 견해는 가치를 인간의 내면에 놓는다. 우리가 가지는 어떤 것(행복) 또는 우리가 (행복하게) 존재하는 방식으로 자신을 보기 때문에 당연히 이기적 태도라고 간주할 만하다. 이기적 태도라도 외적인 어떤 것에 초점을 맞출 줄은

---

* 약간 다른 역할을 수행하는 두 개의 비슷한 태도에 관한 토머스 네이글Thomas Nagel의 글을 참고했다. *The View from Nowhere* (New York: Oxford University Press, 1986).

안다. 다만 그런 때에도 가치는 그 바깥 대상 안이 아니라 자아 속에 있다고 여긴다. 이 이기적 태도에서 볼 때, 당신이 어떤 것을 창조할 때의 가치는 창조물의 본질이나 창조 행위 자체에 있지 않고, **당신**이 창조한다는 점에 있다. 누군가를 사랑하는 것의 가치도, 사랑하는 사람인 자신 또는 상호 간의 사랑을 통해 얻어지는 '우리'라는 새로운 정체성에 놓여 있다. 이기적 태도의 목표는 개인 자신의 실체다. 그는 그 실체가 자아 안에 있는 것으로 보고 그것을 추구하거나(쾌락이나 행복 같은 것들을 얻음), 자신의 자아에 옷을 입히는 것으로 보고 그것을 추구하거나(권력·부·명예 같은 것들을 얻음), 자아의 실체를 직접 추구한다(자기 묘사, 자기표현, 자기 투사 행위들).

두 번째 삶의 태도는 가치의 기본 위치를 관계나 연결에 있다고 보고, 근본적으로 자아와 다른 것들(또는 다른 자아들)의 관계 속에 있다고 본다. 가치는 자아와 다른 어떤 것 **사이**에 위치하게 된다. 이 관계적 태도에 따르면, 남을 돕는 것의 가치는 당신이 도움을 준다는 것이나 상대방의 개선된 상황이 아니라 도움을 주고받는 그 관계에 있으며, 과학적 이해의 가치는 과학이 개인과 자연의 부분들을 연결하는 방식에 있다. 관계적 태도는 개인의 목표를 개인과 실재와의 가장 진실한 연결로 본다. 그 실재는 외부적 실재, 타인의 실재, 자기 자신의 실재다. 그러나 이기적 태도와 관계적 태도 모두에서 가치는 어쨌든 자아와 연결되고, 자아 안에 있거나 자아와 다른 어떤 것 사이에 있게 된다.

그런데 우리는 이렇게 물을 수 있다. 무엇이 자아나 그 관계를 가치 있게 만드는가? 무엇이 그것들에 가치를 부여하는 양상이나 특질인가? 이 일반적 특질들을 일단 확인할 수 있다면, 그것들은 자아와 그 관계들 안에서가 아닌 다른 곳에서도 모습을 드러낼 테고, 그것들을 보여주기만 하면 어떤 것이든 가치 있다고 간주될 것이다. 세 번째 절대적 태도는 가치를 우리의 내면이나 관계가 아니라 독립된 영역에 놓는다. 이 태도는 플라톤의 전통을 따른다. 이때 우리가 가치 있는 것들(그리고 특성들)과 관계를 맺거나 그것들을 손에 넣는 이유는, 그것들이 독립적 가치를 지니고 있기 때문이다. 그렇다고 해서 가치의 근본적 위치가 우리에게 넘어오진 않는다. 어미 원숭이의 털에 매달린 새끼 원숭이처럼 우리는 가치 있는 것에 매달려 함께 이동한다.

절대적 태도의 기준에서 보면, 우리 목표는 때와 장소를 불문하고 실재가 나타날 때 그 실재에 의해 구체화되고, 다른 태도들이 말하는 것에 의해 제약되지 않는다. 중요한 것은 실재이고, 우리와 실재의 관계도 그 관계에 실재성이 있어야만 중요하다. 절대적 태도를 취할 때 우리는 실재가 어디에 있든 모든 실재를 동등하게 간주할 것이다. 다시 말해 삶과 자아의 실재, 우리 자신의 실재, 삶과 자아가 외부 실재와 맺는 관계들의 실재뿐 아니라 동물의 삶, 그림, 생태계, 은하, 사회 제도, 역사 속의 문명, 신들의 실재를 모두 동등하게 간주할 것이다. 절대적 태도의 목표는 장소를 불문하고 존재하는 실재의 총량에 의해 구체화된다.

위의 세 가지 태도는 같은 것들에 대한 서로 다른 관점이다. 비록 같은 것들을 중요하다고 보지는 않아도, 다른 태도들에게 무엇이 중요한지 각자의 눈으로 볼 수 있다. 예를 들어, 이기적 태도는 관계적 태도가 가장 중요하게 여기는 상호 연결과 관계를, 자아가 그 자신을 향상시킬 수 있는 한 방법으로 볼 것이다. 그리고 절대적 태도는 그 관계들을 일반적이고 더 광대한 가치의 한 예로 볼 것이다.

우리는 이 태도들을 단지 가치가 어디에 있는가에 대한 이론으로 해석하지 말아야 한다. 그것들은 모두, 엄밀히 말해 가치는 어디에 있다고 가정할지 모르지만, 우리가 그 가치를 얼마나 고려해야 하는지에 대해, 각각의 태도는 가치의 위치에 서로 다른 가중치를 부여한다. 각 태도는 대상들이 우리에게 어떻게 중요한지 구체적으로 **명시한다**. 하지만 이기적 태도는 우리가 무엇에 **가치**를 두어야 하는지에 관한 하나의 이론으로서 손해를 보는 경향이 있다. 만일 실재가 관계할 가치가 있고 소유할 가치가 있다면, 개인이 그것을 갖지 않았거나 그것과 관계없을 때에도 그것은 가치 있을 것이다. 그렇지 않다면 왜 가치와 관계를 맺고 가치를 손에 넣으려고 애쓰겠는가? 이기주의자가 항상 자신의 실재를 향상시키려고 노력한다면, 다른 사람들의 더 큰 실재도 똑같은 방식으로 가치 있는 어떤 것이 되어야 한다. 그가 그런 실재와 관계 맺을 때에는 그것을 인정하고 향상하여 그에 대응하는 것 등이 관련되기 때문에, 다른 사람들의 실재에 대해서도 그렇게 해야 한다. 다른 사람들의 실재를 축소하거나 경멸하면 이기주의자 자신의 삶에 방향성을 부여하는 가정 자체를 약화하게 된다. 그런 행동은 그 자신의 실재와 다른 실재와의 관계를 감소시키는 것은 물론, 실재는 향상시키고 존경할 가치가 없다고 선언하는 셈이다. 그러므로 이기주의자가 이기적 태도에 따라 행동할 때 그는 자신의 삶은 본질적 성격에서 그리고 그 방향과 방향의 동력에서 가치 없고 무의미하다고 말하는 셈이 된다. 그것들을 구성하는 실재가 일반적으로 존경하고 대응할 가치가 없다고 선언하기 때문이다.

그렇다면 이기적 태도에 대한 답은 그것이 **욕망**의 이론으로서 필연적으로 모순에 빠진다는 것이 아니라 **가치**의 이론, 즉 삶에서 무엇이 중요한지에 대한 철학으로서 스스로를 약화한다는 것이다. 철학 전통은 이기주의에 주목하고 그 구체적 결함들을 이해하고 분리하는 과제에 큰 관심을 기울여왔으므로, 이제 그에 대해 깊이 생각해보자. 무엇이 중요한가의 문제는 실재성 같은 일반적 가치와 관련해서만 답할 수 있다. 중요성을 지닌 것은 그 가치와 연결돼 있고, 그 가치와의 긍정적 관계에 의해 다른 곳, 타인에게서도 실현될 수 있는 어떤 것을 실현시킨다. 중요성 제공자나 가치 제공자는 단지 한 개인의 삶에만 가치 있는 것이 아니다. "너의 피가 왜 그들의 피보다 더 붉은가?"모든 삶이 똑같이 가치 있다는 뜻의 《탈무드》 구절 — 옮긴이 어디든 그것을 필요로 하는 곳에 가치를 줄 수 있어야 하고, 그래서 어느 개인의 삶도 이 가치 제공자를 만나 그에 참여하고 그와 더 많이 융합하면 가치를 지니게 된다. 만일 이기주의자가 다른 곳에서 그 가치가 실현될 수 있음을 부인한다면, 그는 가치를 부여하는 그 능력을 부인함으로써 그것에만 기초해 형성될 수 있는 그 자신의 가치를 깎아내리게 된다. 욕망만을 형상화하는 것이 아니라, 자신의 자아를 가치 있게 표시하려면 이기적 태도는 자신의 이기

적 성향을 초월해야 한다.•

　절대적 태도는 총체적 실재 안에 가치가 있다고 명시한다. 여기에는 개인 자신의 실재 그리고 그와 연결된 것들—이기적 태도의 관계와 관계적 태도의 관계—의 실재가 비록 작은 부분이지만 일부로 포함된다. 이 방식을 극대화했을 때, 그것은 우주의 전체적 실재(의 양과 정도)를 최대화하도록 행동하라고 명령한다. 그 관심사, 즉 모든 곳의 실재의 폭과 중립성에 의해, 절대적 태도는 윤리학의 전통적 초점 밖으로, 즉 행성계, 별, 은하, 크고 폭넓은 지성을 가진 존재들로 범위를 확대한다. 그 지성을 가진 존재들은 우주

• 이 고찰은 **실재**가 적절한 기준을 제공한다고 가정하지 않는다. 개인이 어떤 기준을 채택하든 이것이 타인의 삶에 중요성을 제공하고, 그렇지 않으면 자신의 삶의 중요성에 대한 견해가 약화된다는 것을 인정해야 한다. 타인의 경우에 포함된 중요성을 부인하면 그가 모순에 빠지리라는 이야기가 아니라—어떤 사람은 모순을 피하는 것에 대해 크게 신경 쓰지 않을 수도 있다—그가 타인의 삶을 똑같은 관점에서 보고 그들의 삶에 똑같은 중요성을 부여하지 않으면, 그 자신의 삶에도 중요한 것이 없다고 보는 것이다. 자기 자신을 타인과 구별하면 자신이 무엇을 가졌든 그것을 깎아내리게 되고, 가치 있고 추구할 만한 그 성격을 감소시키게 된다. 그는 타인이 아니라 단지 외부의 사물들, 예술 작품 같은 것에서만 그 기준이 실현되는 것에 주목할 수도 없다. 그는 **자신을** 위해 그것이 타인에게도 중요하다는 것을 인정할 필요가 있다. 그렇지 않으면 그것은 단지 **대상**에게만 가치를 부여하는 것이 되기 때문이다. 일반적으로 타인에게 중요하지 않은 것은 그에게도 중요하지 않다.

이 입장은 두 부분으로 구성된다. (1) 가장 일반적 기준이 무엇이든 그 자신의 삶에 중요성·의미·가치를 준다면 그것이 타인에게 있어도 그것을 알아보고 그에 대응하는 것. (2) 실재가 그 기준이라는 것. 앞서 말했듯, 이 추론은 실재가 구체적으로 선택한 기준에 의존하지 않는다. 하지만 왜곡되었으나 상상할 수 있는 몇몇 기준이 있다. **고통**의 강도가 누군가의 삶에 중요성을 부여할 수 있다는 것이 있다. (1)에 의해 일반화되었을 때, 타인을 향한 아주 비윤리적 행동으로 이어진다. 그러나 그 추론의 방향은 특수한 기준을 찾고 지지하도록 역전될 수도 있다. 우리는 (1)과 (2)의 기준에서 시작하여, 어떤 구체적 기준이 (2)의 아래에서 (1)과 결합했을 때 윤리적 행동을 낳는 물을 수 있다.

에 무엇이 담겨 있는지 알고, 우리보다 더 크고 강렬한 실재, 갈등 상황에서 우리 개인의 실재뿐 아니라 인류 전체의 실재를 능가하는 실재를 가진 이들이다. 나는 사람들이 이 태도를 취할 수 없고, 인류가 훨씬 더 큰 어떤 비인간적 실재를 위해 자기 자신과 나머지 인류 역사를 희생시킬 수 없다고 말하는 것이 아니다. 우리 모두가 그러기로 결정한다면 고상한 일일 수도 있지만 그럴 필요는 거의 없을 것 같다! (절대적 태도가 우리의 목표는 아니더라도, 우리의 주의와 이해에 적절한 초점을 구체적으로 명시해줄까?)

그런 거대 우주의 맥락을 제외한다면, 세 태도는 서로 조화를 이룰 수 있을까? 우리는 매우 진실한 존재자들을 창조함으로써, 존재하는 존재자들을 보존하거나 향상시킴으로써, 타인이 자신의 실재를 증가시키도록 돕거나 그럴 힘을 줌으로써, 그리고 우리 자신의 실재를 증가시킴으로써 이 세계의 실재를 증가시킬 수 있다. 따라서 절대적 태도는 때때로 다른 태도들과 협력할 수도 있다. 세계의 실재를 늘리거나 유지하고, 어떤 실재를 창조하는 이 관계들은 틀림없이 관계적 태도 안에서 매우 중요할 것이다. 더욱 흥미로운 것은 개인이 세계에서 책임지는 실재의 정도, 그가 창조하거나 증가시키는 외부 실재는 그 자신의 실재의 증가로 그에게 다시 **귀속된다**는 점이다.** 그것들을 실행하고 자신의 전기 안에 주목할 만한 사건과 업적으로 넣음으로써, 그는 자신의 삶과 자신의 실재를 증가시킨다. 그러므로 세계 전체의 실재를 늘리는 것은 그 자신의 실재를 가장 높이는 길일 수 있다.

절대적 태도에 따라 행동하는 것도 개인 자신의 실재를 증가시키고, 그럼으로써 개인적 실재의 증가에 목표를 두지 않고도 이기적 태도에 봉사할 수 있다. 그럼에도 두 태도 사이의 갈등이 모두 사라지지는 않는다. 대개 그렇게 생산된 진리는 자아로 다시 귀속되지만 그 전부가 자아의 특질로 귀속되지는 않는다. 또한 자아가 실재의 이득을 볼 때, 그 이득은 이기적 태도로 만들 수 있는 것보다 작을 것이다. 두 개의 선택적이고 갈수록 멀어지는 행동 경로가 있다고 상상해보자. 하나는 거의 어떤 노력도 기울이지 않지만 세계 안에 큰 실재를 만들어내고, 다른 하나는 자아를 더 많이 표현하거나 발전시키지만 외부적으로는 더 적게 생산한다. 이 사실들을 인식하면서도 첫 번째 대안을 선택하는 행위는 개인의 실재에 어느 정도 이득을 불러온다. 그러나 그 이득은 두 번째 행동 경로를 포기하여 생긴 손실보다 더 작다. 절대적 태도는 관계적 태도를 훨씬 더 대수롭지 않게 여긴다. 절대적 태도는 배우자, 자식, 친구에게 또는 그 관계의 특수한 실재를 유지하는 것에 특별한 가중치를 부여하지 않으려 한다. (약간의 특별한 가중치를 부여한다고 해도, 당사자의 특정 지식과 영향의 범위가 더 커지기 때문에 특별히 가까운 사람들에게 봉사하여 실재성을 늘리는 데에 기여하는 것이 가장 좋다고 말할 것이다.) 게다가 절대적 태도는 실재의 총량 증가에 도움이 된다면 관계에 바람직하지 않은 비도덕적 행위라도 너무 쉽게 묵인한다.

•• 개인이 만들어내는 실재의 무엇이 그에게 다시 귀속되는가, 그리고 이것은 정확히 어떻게 다양한 요인에 의존하는가를 설명하기는 어렵다. 즉 그가 하고자 하는 것, 확대해야 할 노력, 우연과 일치의 역할, 외부적 실재를 증가시키는 이 활동들이 얼마나 자기표현적이고 자기 투사적인가, 타인이 그의 행위에 대응하게 되는 다양한 방식, 뒤따르는 전체 결과의 어느 부분을 그의 행동 결과로 봐야 하는가 등이 다양한 요인이다.

세 가지 태도는 각각 자체적 결함이 있고, 또 자체적인 매력과 합당한 주장이 있다. 힐렐Hillel, BC 110~AD 10, 유대교 랍비 ― 옮긴이은 이렇게 물었다. "내가 나를 위하지 않는다면 누가 나를 위할까? 그리고 내가 나만을 위한다면 나는 무엇일까?" 실재의 각 부분은 자체적 가치, 의미, 강도, 생생함, 신성함, 깊이 등이 있다. 각 부분은 (탐구하고 대응하여) 향상시키고, 유지하고, 창조하고, 알릴 가치가 있다. 이것이 절대적 태도가 호소하는 바다. 그러나 우리 자신의 실재는 우리 각자를 우선으로 하는 듯하고 그것이 적절해 보인다. 우리는 실재가 어디에 있든 그 모든 조각에 자아의 실재와 똑같은 가중치를 부여하고, 우리 삶이 전체의 작은 부분에 한에서만 삶을 집중해야 한다고 생각하지 않는다. *** 세 태도의 장점을 결합할 수 있는 방법은 없을까? 어느 한 태도의 절대적 지위를 유지하고 그것을 충분히 만족시킨 뒤에만 다른 것들을 허락하는 것은 만족스럽지 못한 방법이다. 이는 보조적 태도들을 지나치게 종속적으로 만든다. 세 가지 태도를 결합하는 다른 하나의 방법은 각각의 태도를 레퍼토리에 넣고 각기 다른 때에 그것들을 번갈아 가며 이용하는 것이다. 그러나 이렇게 하면 각기 다른 때에 각각의 태도에 충분히 몰

*** 절대적 태도는, 이렇게 우리 자신에게 특별한 가중치를 두는 것은 어쩌면 이기심에서 나오거나 일반적인 인지적 편향에서 나온 착각일지 모른다고 말한다. 우리와 우리 자신의 삶은 필연적으로 우리에게 특별히 중요하고, 관심의 맨 앞자리를 차지한다. 그리고 우리에게는 가장 중요한 것을 심지어 부당할 만큼 가장 중요하다고 생각하는 일반적인 심리적 현상이 있다. 그러나 우리는 모든 개인이 그 자신의 삶과 자아, 그리고 자신과 실재의 관계에 특별한 우선성을 부여할 수 있다고 생각한다. 우리는 모든 타인이 우리처럼 우리의 삶에 그 특별한 우선성을 부여해야 한다고 생각하지 않는다! 우리를 중심으로 한 인지적 편향에서는 이 일반적 입장이 쉽게 나오지 않을 것이다.

입할 수는 있음에도 그런 조합은 임기응변에 지나지 않는다.

세 태도를 결합하는 더 적절한 방법이라면 종합적 목표치를 낼 때 각각의 태도에 어떤 가중치를 부여하는 것이다. 이것을 어떻게 해야 할까? 세 부분적 점수는 자신의 실재, 자신과 타자와의 관계의 실재, 세계 내의 전체적 실재다(중복 계산을 피하기 위해 이 전체적 실재에서 처음 두 실재를 제외할 수 있다). 이제 그것들을 더하기만 하면 그 합에 따라 길을 찾을 수 있을까? 전체적 실재는 나 자신의 실재나 관계의 실재보다 월등히 크기 때문에 위의 단순 합에서 다른 두 실재를 쉽게 압도해버릴 것이다. 그 속에는 다른 사람들의 실재, 그들과의 관계의 실재, 세계 속의 다른 모든 것들의 실재가 포함되어 있다. 여러 행위나 삶의 경로들이 세 태도의 관심사의 단순 합에 어떤 영향을 미치는가에 따라 그 행위들이나 경로들을 평가할 때, 앞의 두 태도에는 가중치가 사실 전혀 부여되지 못할 것이다. 그 합은 사실 절대적 태도에 불과할 것이다.

그러나 세 부분적 목표에 동일하지 않은 **어떤** 가중치를 부여할 수 있다. (많은 독자가 이 단락의 뒷부분을 재빨리 훑어보고 싶을지 모른다. 그 부분은 가중치 부여 방법을 다룬다.) 첫째, 세 부분적 목표의 크기를 표준화하고 그것들을 가중치와 결합한다. 크기를 표준화하면 각 태도의 최댓값과 최솟값이 서로 동일하게 정해진다. 어떤 사람이 자신의 자아, 자신의 관계들, 또는 우주 전체를 위해 만들어낼 수 있는 실재의 최대량을 모두 동일한 양의 수 100으로 정하고, 각 실재의 최소량도 0으로 정하는 것이다. (세 척도는 각기 다르다. 우주 실재의 총량은 개인 자신의 실재보다 매우 크고, 그로 인해 최댓값이 똑같이 100으로 매겨진 척도에 각각의 실재를 측정하면 사실 우주의 실재가 크게 감소하고 그 자신의 실재가 크게 부풀려지기 때문이다.) 일단 크기들이 표준화되어 어떤 종류의 실재도 자동으로 다른 것을 압도하지 않게 되면, 우리는 세 인자에 어떤 가중치를 부여하여 가중 합계를 얻을지의 문제에 직면하게 된다. 가중치를 달리 부여하면 가중치가 큰 태도 쪽으로 기울어질 것이다.

가중치는 모든 조합이 가능하기 때문에, 올바른 입장은 정해진 곳이 아닌 어딘가에 있을 것이다. 단순하고 순수한 태도들(이기적·관계적·절대적 태도)은 자신의 인자에 양의 가중치를 부여하는 동시에 다른 두 인자에는 0의 가중치를 부여하는 극단적 경우로 볼 수 있다. 그리고 실제로 일단 가능한 것이나 차원이 확인되면, 일차적 가중치의 설정이 우리가 얻으려는 답의 근사치를 얻는 좋은 방법일 수 있다. 그러나 현재의 경우에는, 가중치를 어떻게 할당하든 세 인자의 단순한 가중치 합은 각 인자를 나타내려는 우리의 요구를 충분히 만족시키지 못한다. 어느 한 인자의 결핍이 다른 두 인자의 어떤 양에 의해 수적으로 상쇄되더라도, 그렇게 한 인자를 무시하는 삶은 부적절할 것이다.

개인 자신의 실재, 그의 관계들의 실재, 세계의 전체적 실재 각각은 다른 인자의 존재와 크기에 의해 증폭된다. 표준화된 척도로 세 인자를 측정했다면, 우리는 그 인자들을 더하지 않고 **곱해야** 하거나, 또는 그 인자들에 가중치를 부여한 다음 그것들을 곱해야 한다. 그러면 각 인자의 존재와 크기는 다른 것들의 크기를 증폭시킨다. 우리는 이 네 번째 태도를 '결합적 태도'라 부를 수 있다. 그것은 다음 공식으로 더 정밀하게 나타낼 수 있다(일부 독자는 이 부분을 건너뛰어도 좋다). 어떤 특정 경우에 한 개인이 실재와 관계를 맺을 때, 세 측정값이 있다고 가정해보자. 자아의 실재가 그 관계에 얼마나 집중되는가를 나타내는 값, 전체적 실재 중 그가 관계하는 부분의 값, 마지막으로 그와 이 실재의 관계가 얼마나 진실한가를 나타내는 값이 그것이다. (이는 모두 표준화된 값이고, 그래서 가능한 최댓값과 최솟값이 모두 똑같다.) 그러므로 이 예에서 그가 실재의 그 부분과 맺는 관계의 실재는 세 값의 산술적 곱이 될 것이다. 그것은 (가중치가 부여된) 세 값을 서로 곱한 값이다. 즉 자아의 실재, 관계의 실재, 전체적 실재 중 관련된 실재를 곱한 값이 될 것이다. 그리고 그가 실재와 맺는 **모든** 관계의 실재는 세 곱들의 합, 즉 그가 참여하는 각 사례의 곱들의 총합이 될 것이다. 첫 번째 경우의 곱 더하기 두 번째 경우의 곱 더하기식이 될 것이다. (그러나 어떤 특정 경우에 모든 세 인자가 역할을 하지 않는다면, 작용하고 있는 어느 개별 인자의 이전에 언급된 값이 있을 테고, 적절한 가중치를 계산한 합계를 그 이전 값들의 합에 더하면 공식을 완성할 수 있다.)

이 결합적 태도는 이전의 세 태도를 서로 강화하는 식으로 결합한다. (나는 이 결합적 태도를 '**통합적 태도**'로 부르고 싶지만 세 태도를 묶었다 해도, 이 이름으로 불릴 만한 하나의 통일된 개념 안에 그것들을 놓기에는 불충분하다. 18장 '어둠과 빛'에 관한 장에서 우리는 그 태도들을 곱셈 공식보다 더 긴밀하게 통합하는 방법을 조사할 것이다.) 단지 각각의 사례에서가 아니라 일생 동안 합산한, 결합적 태도와 관련된 실재의 총합을 우리는 '나와 실재의 관계 맺음your-relating-to-reality'이라 부를 수도 있다. 세 인자가 위의 총합 안에서 서로를 크게 보강한다는 점을 감안할 때, (이전의 세 태도가 각자 권유했듯이) 어느 한 인자에만 집중한다면 전체 크기의 큰 손실로 이어지고, 그 손실은 어느 한 인자의 상당량을 (곱하지 않고) 더해도 메워지지 않을 것이다. 이 결합 공식은 **모든** 외부 실재와 관계를 맺으라고 권유할 수는 있지만 그것을 요구하지는 않는다. 그 대신 그 공식은 큰 승수를 추가하기 위해 외부 실재의 중요한 부분에 우리 자신의 중요 부분으로 강하게 관계를 맺으라고 요구한다.•

결합적 태도를 채택하는 사람은 그것을 위에서 묘사한 방식 이상으로 확대할 것이다. 이기적 태도가 가치에 대한 입장이 되려면 단지 한 자아의 경계 안에 머물지 않고 모든 곳의 실재와 가치를 알아보고 존중해야 하듯이 결합적 태도를 취하는 것도 결국 '**그와** 실재의 관계 맺음'에만 초점을 맞추는 것이 아니라 '**우리와** 실재의 관계 맺음'에 초점을 맞추게 된다. 무엇이 이 '우리'의 경계를 결정하는가는 복잡한 문제다. 궁극적으로 그것은 실재로서의 실재reality qua reality의 특징들과 관계를 맺고, 그것들을 이해하고 그에 대응하는 능력을 가진 모든 존재가 될 것이다. 그러나 우리는 타인이 실재로서의 실재와 관계를 맺도록 도울 수는 있지만 이를 **강요**할 수는 없다. 그렇게 해서 만들어지는 관계는 진실하지 않다. 그것은

• 뒤에서 비례 개념을 논할 것이다. 만일 개인이 행동할 때 두 가지 수정 행위, 즉 자아의 실재가 한 관계에 얼마나 많이 관련되는가를 수정하고 또한 그 관계의 실재를 수정하는 행위와, 그 둘을 그 실재의 크기에 맞추는 행위를 시도한다면, 비례 개념은 결합적 태도에 포함될 수 있다.

그들의 광범위한 실재에 의존하지 않을 테고, 그들을 실재로서의 실재와 연결하지 못할 것이다.

결합적 태도가 그 목표를 비개인적인 '우리와 실재의 관계 맺음'으로 이동시킬 때, 이 태도의 첫 번째 일반화는 여전히 개인적 관점을 유지하고 새 목표를 바라본다. 개인은 그와 '우리와 실재의 관계 맺음'을 향상시키기 위해 행동한다. 그에 따라 그는 그 자신과 그 일반적 목표를 최대한 연결하려고 노력할 것이다. 두 번째 일반화는 그와 그 일반적 목표와의 관계 맺음과 무관하다. 번거롭게 설명하자면, 그것은 우리와 '우리와 실재의 관계 맺음'과의 관계 맺음에 초점을 맞춘다. 이 후자의 관점을 취한 개인은 다른 누군가가 그 일반적 목표를 향상시키면 그것을 좋다고 생각할 것이다. 첫 번째 일반화는 이기적 태도의 힘과 절대적 태도의 힘을 어느 정도 수용하는 타협책으로 보일 수도 있다.

결합적 태도의 가장 광범위한 형태는 이전 공식을 일반화하여, 이제 모든 사람을 포괄하고 그들과 실재의 부분들과의 관계를 포괄한다. 각각의 개인에게 그것은 (이전처럼) 각 사례에서의 개인과 실재의 관계를 표현하는 곱들의 합을 의미하고, 그런 다음 모든 사람에게서 나오는 그 합을 전부 더한다. 그것은 함께 곱해져서 서로를 증폭시키는 그 인자들의 이중 합계에 해당한다. 이 일반적인 결합적 태도는 '각 개인과 실재의 관계 맺음'과 관련이 있고, 그로부터 '우리와 실재의 관계 맺음'이라는 전체가 탄생한다.

어떤 사람이 직접 생산하거나 타인이 생산하도록 돕는 실재는 그 자신의 실재로 귀속된다. 이기주의자는 그렇게 생산된 실재가 그 자신의 자아에게 귀속되고, 그것이 그 자신의 실재에 가장 큰 도움이 된다는 이유만으로, 타인과 실재의 관계 맺음에 대한 관심을 통합하는 일반화된 공식을 따를 수 있을까? 그러나 그는 그 이유로 생산된 실재가 자기에게 충분히 귀속될지 의심할 수 있다. (그러나 다른 경우들에서처럼, 최초의 동기가 창피하더라도 실제 행동 패턴이 자체적으로 가장 적절한 동기를 만들어내고 보여준다면, 그 창피한 동기는 시간이 지나면서 희미해질 수 있다.) 이기적 태도를 취하는 것은 가장 큰 실재에 도달하는 가장 효과적인 경로가 아니다. 그 태도는 전체적 최적화가 아니고, 자체적으로 평가했을 때에도 그에 못 미친다!

각기 다른 태도들에 대한 이야기는 자유 의지 문제를 새로운 시각으로 보여준다. 자유 의지 문제는 우리의 양육, 신경생리학, 세계의 과거 상태와 같은 이전의 원인 요소들이 우리의 행동을 조정하고 지배한다는 걱정에서 유래한다. 그러나 우리는 전통적인 자유 의지 문제를 불러일으키는 것이 바로 이기적 태도가 아닌지 의문을 품어봄 직하다. '내가 어떻게 하면 자유로울 수 있을까'라는 문제를 제기한다면 이것이 바로 외적인 것들로부터의 독립인 자유 개념이고, 이기적 태도에 기인한 개념이 아닐까? 관계적 태도는 그런 독립성을 존중하거나 거기에서 가치를 찾지 않을 테고, 그래서 어떻게 하면 그것을 획득할 수 있을지 묻거나 그것이 어떻게 가능할지 궁금해하지 않을 것이다. 그 대신 관계적 태도는 사람이 다른 것들 그리고 외부 실재와 어떻게 관계할 수 있을지를 묻는다. 또한 특별한 원인 요소에 따라 행동하도록 결정되어 있다는 것이 그 요소들과 관계를 맺는 특별히 강한 방법이 될 수도 있다! 그러므로 행동의 결정은 관계적 태도가 존중하는 어떤 것일 수 있다. 이 태도는 행동의 가장 광범위한 인과관계, 즉 최대한 많은 요소에 의해 최대한 강하게 결정되는 것을 추구할 수 있다. 그 궁극적 목표는 하나도 빠짐없이 포함된 실재의 전체 상태에 의한 결정일 수 있고, 우리의 모든 행동이 저마다 가장 강력하고 가장 다양한 방식으로 다른 모든 것과 연결되는 것일 수 있다. 이 태도는 단지 부분적 결정론, 충분히 완전하지 못한 결정론을 유감스럽게 여길 것이다.

Chapter 14

가치와 의미

삶의 한계를 초월하려는 노력의 산물

실재 개념에는 다양한 양상이나 차원이 있다. 더 강렬하고 더 생생하면 더 진실하고(다른 것들이 동일할 때), 더 가치 있으면 더 진실하다. 실재 개념을 구성하는 다양한 차원 중 어느 하나에 점수가 더 높으면(다른 모든 것이 일정할 때) 더 진실해진다. 이 차원들은 실재의 양상들을 표현함으로써 실재 개념을 구체적으로 드러내는데, 각 대상을 평가하기 위한 기준을 제공하기도 한다. 나는 이 차원들의 평가적 양상이나 역할을 살펴본 다음, 그 차원들의 형이상학적 상태와 현실의 양상들로서의 상호관계를 살펴보고자 한다.

가치라는 개념은 단순히 어떤 막연한 칭찬의 말이 아니다. 어떤 것들은 가치 있는 다른 것을 위한 수단으로서만 가치가 있다. 그리고 어떤 것들은 그 자체의 가치, 즉 내재 가치를 갖고 있다. (어떤 것들은 두 종류의 가치, 즉 다른 것을 위한 수단으로서의 가치와 그 자체의 가치를 동시에 갖고 있다.) 이 내재 가치의 개념은 기본적이고, 다른 종류의 가치들은 내재 가치와의 관계 덕분에 존재한다. 그러나 내재 가치는 어디에 있고, 무엇이 내재 가치를 만들까?

흔히 그 자체로 가치 있다고 말하는 것들을 살펴보자. 예술 작품으로 시작해보자. 예술 감상 수업에서 무슨 일이 벌어지는지 기억해보라. 당신은 그림의 각기 다른 부분과 구성 요소가 어떻게 서로 관련되어 있는지, 눈이 어떻게 형식과 색을 따라 한곳에서 다른 곳으로 이끌리는지, 눈이 어떻게 그림의 중심 주제로 이끌리는지, 그림 속의 색·형식·구성이 주제와 어떻게 일치하는지 등을 보게 된다. 그리고 그 그림이 어떻게 통일성을 갖게 되는지, 그림을 구성하는 다양한 요소가 어떻게 통일된 전체를 형성하는지 보게 된다. 그림은 대단히 다양한 재료를 종종 생생하고 인상적인 방법으로 묶어 하나의 확실한 통일체를 만들어낼 때 미적 가치가 있다고 이론가들은 주장해왔다. 그들은 그런 '다양성의 통일'을 **유기적 통일성**이라 불렀다. 생물계의 유기체들이 다양한 신체 기관과 세포 조직을 통합해 생명을 유지하는 것과 같은 통일성을 보여준다고 생각했기 때문이다. (극단적인 한 이론에서는, 예술 작품의 한 부분을 제거하거나 변경하면 작품의 성격이 파괴되거나 가치가 감소하는 결과를 피할 수 없다고 주장한다.)

그 전의 저자들은 자연계 전체를 포괄하는 가치의 계층 구조를 보았다. 맨 밑바닥의 돌로 시작해서 그 위의 식물, 하등 동물, 고등 동물, 인간, (그리고 계속해서) 천사와 유일신으로 이루어진 구조였다. 이 전통적인 '광범위한 존재의 사슬' 속의 등급들은 각 존재에게서 드러나는 유기적 통일성의 정도에 따라 이해할 수 있다. 계층 구조에서 위로 올라갈수록, 더 큰 다양성이 더 긴밀하게 통일되어 있다. 돌은 분자 간의 힘을 보여주고, 식물은 분자 간의 힘과 더불어 유기적 과정을 보여주고, 동물은 대부분의 유기적 과정과 (광합성은 아니지만) 운동력을 보여주고, 고등 동물은 시간이 지남에 따라 지능과 의식에 의해 통합되는 활동을 보여주며, 인간의 경우 그 통합은 자의식을 통해 훨씬 더 긴밀하게 발생한다. (이 생각은 진화적 기준과도 상당히 일치한다. 그러나 우리의 요점은, 더 많이 진화한 존재일수록 더 많이 진화했기 **때문에** 더 가치 있지 않다는 것이다. 그보다는 유기적 통일성의 정도라는 개념이 우리의 가치 등급과 일치하고, 우리의 가치 등급이 대략 진화적이라는 것, 그리고 그렇게 일치한다는 사실은 유기적 통일성 개념에 우리의 가치 관념이 포착되어 있음을 보여주는 증거라는 것이 우리의 요점이다.)

과학에서도 다양성의 통일이란 개념에 의존해 이론을 평가한다. 과학자들은 방대한 양의 데이터와 다양한 현상을 몇몇 단순한 과학 법칙으로 얼마나 잘 설명하고 통합하는지 이야기한다. 단순한 과학 법칙을 통해 지상의 물체 운동과 겉으로 무관해 보이는 천체 운동을 모두 설명한 것이야말로 뉴턴의 법칙의 개가였다. 오늘날 물리학자들은 그와 비슷한 목표를 위해, 자연의 주요한 힘들을 하나로 묶어 설명하는 통일장 이론을 연구하고 있다.

유기적 통일성의 정도라는 이 개념을 엄밀히 정의하고 그것을 측정하는 방법을 구체화하는 것은 매우 중요한 과제다. 그러나 우리의 목적을 위해서는 대략적이고 직관적 이해로 진행해도 무방하다. 통일된 다양성이 크면 클수록 유기적 통일성도 함께 증가한다. 또한 다양성을 결합하는 통일성이 긴밀하면 긴밀할수록, 유기적 통일성도 함께 증가한다. 단색으로 그려진 캔버스는 높은 정도의 통일성을 보여줄 수는 있지만 색, 형식 또는 주제의 다양성이 통합되지 않았기 때문에 그것은 높은 정도의 유기적 통일성을 보여주진 않는다. 이와 같이 유기적 통일성은 두 가지 요소, 즉 다양성의 정도와 그 다양성을 결합한 통일성의 정도에 달려 있다. 유기적 통일성을 성취하는 과제가 어려운 이유는, 이 두 요인이 역비례하면서 변하고, 그래서 반대 방향으로 이끌리는 경향이 있기 때문이다. 다양성이 클수록 주어진 통일성의 정도에 도달하기가 어려워진다. 유기적 통일체들은 그 자체로 유기적 통일성이 없는 요소들로 구성될 수 있고, 그래서 유기적으로 통일된 '아원자 입자들'이 없어도 통일된 '분자'가 존재할 수 있다.

어떤 것은 유기적 통일성에 이르는 정도까지 내재 가치를 지닐 수 있다고 나는 생각한다. 그 유기적 통일성이 그것의 가치다. 어쨌든 유기적 통일성의 구조가 가치의 구조를 구성한다. 어쩌면 몇몇 특수 분야에서는 부가된 특징들(예를 들어, 유쾌한 쾌락주의적 어조)도 가치에 기여할 수 있지만, 여러 분야에 걸친 가치의 공통 구조, 그리고 거의 모든 가치의 기초가 되는 주된 차원은 유기적 통일성의 정도다.

이렇게 볼 때 우리는 왜 어떤 구체적인 것들을 그 자체로 가치 있다고 주장하는지를 이해할 수 있다. 복잡하게 연결되어 평형을 유지하는 생태계가 그 예다. 또한 우리는 왜 그림과 행성계와 사람과 이론을 단일한 가치 기준으로 배열하기 어려운지 이해할 수 있다. 유기적 통일성의 구조 개념을 동일하게 관련시키더라도, 우리는 그렇게 서로 다른 것들의 유기적 통일성의 정도(또는 그것을 구성하는 다양성의 정도)를 비교할 수가 없다. 유기적 통일성의 정도를 비교할 때 우리가 부딪히는 애매함은, 가치를 비교할 때 우리가 느끼는 망설임과 일치한다(그리고 그것을 설명한다).

철학자가 다루는 주요 문제인 '심신 관계 문제the mind-body problem'는 정신적 사건과, 뇌와 신체 안의 신경물리적 사건이 어떻게 연결되어 있는지를 묻는다. 둘은 단지 상호 관련되어 있을 뿐인가, 아니면 같은 것의 두 양상인가, 그도 아니면 다른 언어로 불리는 같은 것인가? 지금까지는 만족스러운 해답이 전무하다. 극단적으로 보이는 몸과 마음의 차이가 문제를 특히 어렵게 만든다. 데카르트는 그 차이에 이끌려 마음과 물질은 별개의 실체라고 주장했다. 그러나 만일 마음과 몸 사이에 존재하는 긴밀한 통일성이 없다면, 둘의 외관상 차이는 그런 문제를 불러일으키지 않을 것이다. 의식과 마음 덕분에 유기체는 긴 시간에 걸쳐 자신의 활동들을 통일시킬 수 있다. 어느 순간에나 의식은 그때 일어나는 물리적·생물학적 과정과 긴밀히 통합되어 있다. 그때 우리는 고도로 통일되어 있는 엄청난 다양성을 갖게 된다. 다시 말해 우리는 고도의 유기적 통일성을 갖게 되고, 그러므로 대단히 가치 있는 어떤 것을 갖게 된다. 만일 가치(의 정도)가 유기적 통일성(의 정도)이라면, 심신 관계 문제는 사람들이 매우 가치 있음을 보여준다. 이 문제를 풀려면 고도의 가치가 어떻게 가능한지 이해할 필요가 있다.

우리 자신이 가치 있기를 원하고 우리의 삶과 활동이 가치 있기를 원할 때, 우리는 그로부터 고도의 유기적 통일성이 나타나기를 바란다. (플라톤은 이성·용기·욕망 이 세 부분이 각기 바로 앞의 것에 종속되고 각자의 기능을 잘 수행하면서 조화를 이루는 위계 구조가 영혼의 올바른 상태라고 보았다. 만일 그런 관점이 호소력이 있다면, 이는 그 영혼이 결국 행복하다고 밝혀지기 때문이 아니라, 그것이 가치 있다고 느껴지기 때문이다. 그러나 플라톤이 묘사한 것은 유기적으로 통일된 하나의 존재 양식일 뿐이다. 다른 성격의 다른 양식도 있다.) 우리는 다양한 특성과 현상을 받아들이고, 그것들을 긴밀히 통합된 많은 상호 연결을 통해 통일시키고, 그것들을 우리의 활동에 연료로 공급하기를 원한다. 어떤 존재자들은 스스로 유기적 통일성을 가진 행위자가 되어 내부로부터 그것을 다듬고 발전시킬 것이다. 반면에 다른 것들은 유기적 통일성이 전적으로 외부에서 조정될 것이다. 이로 인해 존재자가 갖는 가치의 종류나 정도에 차이가 발생한다. 조직적으로 통제된 사회는 최고의 유기적 통일성이나 가치를 갖지 못한다는 사실에 주목하라. 그런 사회보다는 자유로운 사회, 즉 사람들의 주된 관계가 구체적인 주변 환경의 변화에 대응하면서 자발적으로 형성되고, 경제 이론이 묘사하듯이 복잡하게 상호 관련되고 끊임없이 변하는 평형 상태를 발생시키는 사회가 더 가치 있다. 그런 사회에서는 최대한의 다양성이 복잡하게 통일된다. (다른 순수하거나 비파괴적인 유기적 통일체들을 파괴하는 것에 목표나 목적이 있는 존재자들을 다루기 위해서는 몇 가지 복잡한 문제를 소개해야 한다.) 연대, 공감, 공유의 양식들을 사회 조직 속에 구축한다면 시장이 제공하는 통일성 위에 더 큰 통일성을 추가할 수 있다.

가치는 구체적인 한 차원이고, 평가에는 그 밖에 다른 차원들이 있다. 그럼에도 우리는 왜 보통의 관습이 **가치**라는 말을 모든 좋은 것들을 포함하는 넓은 범위로 잘못 사용하는지 이해할 수 있다. 좋은 것들은 여러 측면에서 좋을 수 있지만 사람들은 그 측면들을 다양한 종류의 가치로 간주하고, 가치 이외의 다른 것으로 간주하지 않기 때문이다. 이는 단지 언어의 문제인가? 어떤 것의 가치를 평가하게 되면, 심리와 태도로 그것과 특별히 가깝고 긍정적인 관계, 즉 높은 유기적 통일성을 특징으로 하는 관계에 서게 된다. **가치를 평가한다는 것**은 그것과 특별한 관계를 맺는 행위다. 그때 사람들은 그 특별한 행위의 대상이나 특성에 '가치'가 있다고 말하지만, 그 것은 심리적 평가 행위의 통일성을 행위의 대상에게 투사하는 것이다. 반면에 가치를 유기적 통일성의 정도로 보는 관점은 가치를 단지 한 종류의 현상으로 유지하고, 가치 평가의 행위를 하나의 사례로 본다.

가치가 유일한 평가적 차원은 아니다. 우리는 또한 우리의 삶과 존재에 의미가 있기를 원한다. 가치는 무언가가 그 자신의 경계 안에 통합되는 것인 반면, 의미는 자신의 경계 밖의 다른 것과 어떤 연결을 이룬다. 의미의 문제는 원래 한계 때문에 제기된다. 그러므로 대개 사람들은 자신의 존재가 한계에 부딪혔다고 생각할 때 의미를 걱정한다. 이는 죽음이 그들을 끝내고 그들의 최종 한계를 표시하기 때문인지도 모른다. 삶에 의미를 부여하려는 노력은 개인적 삶의 한계를 초월하려는 노력으로 이어진다. (외부에 남아 있는 외적인 것들과 연결되는 것, 그리고 어떤 것들과 연결되어 그것을 자기 자신의 내면이나 더 크게 확대된 정체성 안에 통합하는 것. 이 두 방법은 우리의 현재적 한계를 초월하여 의미에 도달하는 방법이 될 수 있을까?) 이것은 때로는 이 세상에 자식을 남기는 것으로 달성되고, 때로는 정의나 진리나 미美처럼 자기 자신을 넘어선 더 큰 목표에 기여하는 것으로 달성된다.

그러나 우리는 각각의 더 큰 목표(또는 개인과 결합된 목표)가 지닌 한계를 알아볼 수 있다. 심지어 우주를 하나의 전체로 보고 고려할 때에도 우리는 그것이 한정되어 있음을 알 수 있다. 그래서 어떤 사람들은 인간 존재와 관련된 모든 것은 언젠가, 지금으로부터 수백만 년 후에, 은하나 우주의 광대한 열사熱死 속에서 끝나리라 생각한다. 어떤 것이 아무리 광대해도, 우리는 한 발 물러나 그 의미가 무엇인지를 물을 수 있다. 이때 그 의미를 찾기 위해서는 그것의 경계 밖에 있는 다른 것과의 연결 고리를 찾아야 한다. 그럼으로써 퇴행이 시작된다. 이 퇴행을 멈추려면 다른 어떤 것과의 연결 때문이 아니라 본질적으로 의미 있는 어떤 것, 그 자체로 유의미한 어떤 것이 필요한 듯하다. 그도 아니면 무한한 어떤 것, 우리가 더 이상 물러날 수 없는 최후의 어떤 것이 상상에서라도 있어야 그것의 의미가 무엇인지 물을 수 있다. 그러므로 종교는 의미에 관한 질문들에 종착점을 제공하는 듯했다. 종교는 유한해 보이지 않는 어떤 무한한 존재, 그 끝을 확인하기 위해 더 이상 물러설 곳이 없는 존재를 이야기함으로써 의미의 궁극적 토대를 제공했다. 그래서 그 의미에 대한 질문이 고개조차 들 수 없을 듯했다.

의미는 예를 들어 경계 밖의 완전히 무가치한 어떤 것과의 단순한 연결만으로 획득할 수 없다. 그러나 의미를 획득하기 위해 연결되는 그것이 본래 **유의미**할 필요는 없다. (이렇게 퇴행이 시작된다.) 우리는 이미 어떤 것이 가치 있어지는 데에 다른 길이 있음을 보았다. 그것이 가치를 갖는 것이다. 가치는 어떤 것의 내적 통일성의 문제다. 가치를 지니기 위해서는 다른 어떤 것, 더 큰 어떤 것과 연결될 필요가 없다. 우리는 어떤 것의 (내재) 가치를 찾기 위해 그것의 경계 너머를 볼 필요가 없는 반면에 어떤 것의 의미를 발견하기 위해서는 그것의 경계 너머를 봐야 한다. 그러나 경계 너머를 볼 때 우리는 가치를 지닌 어떤 것, 자체적으로 유기적 통일성을 지닌 어떤 것과의 연결을 발견할 수 있다. 의미의 퇴행은 의미가 아닌 다른 종류의 값어치에 도달함으로써, 즉 가치 있는 어떤 것에 도달함으로써 중단된다. (다음 장들에서 고찰하는 다른 차원들 역시 값어치를 만들어낼 수 있고, 그래서 의미의 기초가 될 수 있다.)

지금까지 설명했듯이, 의미와 가치는 흥미롭고 복잡한 관계를 형성하는 동등한 개념이다. 의미는 가치 있는 어떤 것과의 연결에 의해 획득할 수 있다. 그러나 그 연결의 성격이 중요하다. 나는 내가 세계의 정의 확립과 관련되어 있다고 말하는 것으로 내 삶에 의미를 부여할 수는 없다. 그것은 내가 매일 또는 매주 신문을 읽고 그래서 정의와 불의가 어떻게 펼쳐지고 있는지에 주목하는 정도를 의미하기 때문이다. 그것은 너무 사소하고 허약한 연결이다. (물론 외적인 것들을 알고 그것들이 어떻게 가치 있는지를 이해하는 것은 사소하지 않은 연결을 만들어낼 수 있다.) 그 연결이 더 크고, 더 밀접하고, 더 강력하고, 더 강렬하고 광범위할수록 의미는 그만큼 더 커진다. 가치와 더 긴밀히 연결될수록 의미는 더 커진다. 이 연결의 긴밀함은, 당신이 그 가치와 통일된 방법으로 상호 연결되어 있으며, 당신과 그 가치 사이에 유기적 통일성이 더 크다는 뜻이다. 이때 당신과 그 가치의 연결은 그 자체로 가치를 지니고, 의미는 가치와의 그런 가치 있는 연결을 통해 획득된다.

의미와 가치는 시간이 흐르면서 서로 뒤섞인다. 예술이나 과학에서 어느 단계에 통일성이 완성된 다음, 잘 들어맞지 않는 새 요소들 때문에 통일성이 깨지고, 그 새로운 요소들(그리고 대부분의 이전 요소들)을 통합하여 새로운 통일성이 출현하는 과정을 생각해보라. 그 새로운 요소는 과학 분야에서는 새로운 데이터일 수 있고, 예술 분야에서는 새 재료나 주제일 수 있다. 많은 사람이 이 과정의 요점이나 목표를 통일성의 완성에서 찾고, 그래서 이전의 통일성이 분해되는 것을 단지 더 좋고 더 적절한 새 통일성을 위한 수단으로 볼 것이다(나는 우리가 쇠락이라고 분류할 만한 경우가 아니라, 이 새로운 통일성이 완성될 때 일어나는 변화들을 말하고 있다). 반면에 어떤 사람들은 이전의 통일성과 한계를 초월하는 것을, 사람들이 노력하고 초월하는 존재로서의 자기 본성을 실천하고 입증하는 과정의 요점으로 볼 것이다. 물론 우리는 각 단계를 똑같이 중요하게 볼 수 있으며, 한 단계를 단지 다른 단계에 도달하기 위한 수단으로 보지 않을 수 있다. 두 단계는 번갈아 나타나면서 가장 중요한 것, 그 영속적인 과정 자체를 구성한다.

'가치와 의미'라는 두 개념은 자아, 자아의 삶, 일, 타인과 세계와의 관계를 평가할 수 있는 충분한 기초일까? 아니면 중요한 평가들은 그 이상의 개념들과 관계가 있을까? 가치와 의미는 어떤 것이라도 그 속에 들어갈 수 있는 아주 광범위한 개념이다. 그러나 다른 평가적 개념들을 이 두 범주에만 포함시켜 그것들의 가장 중요한 특질들을 왜곡하거나 은폐한다면 어리석은 일일 것이다.

• 이 장은 가치와 의미를 더 자세히 다룬 나의 전작 *Philosophical Explanations*의 논의에 의존한다. 가치와 의미 개념을 성적 관계에 적용해 이론적으로 흥미를 자아내는 빈약하고 다소 거리가 먼 이론이 있지만, 나는 그것에 별다른 중요성을 부여하고 싶지 않다. 성적 결합에서는 강렬한 통일성이 창조되고, 경계를 가로질러 연결되고, 경계를 관통하는 일이 발생한다. 독자 여러분이 간파했듯이, 가치와 의미 개념에는 본래 성적인 함의가 있다. 자기 자신의 내적 통일성을 이루고 자기 자신 밖의 세계와 연결되는 것은 가치와 의미 개념을 각각 묘사할 뿐 아니라, 성적 연결의 방식과도 맞아떨어지는 듯하다. 더 추측해보자면, 가치와 의미에는 성gender이 있다. 내적 통일성을 이루는 것은 성적으로 관계를 맺는 여성적 방법과 일치하고, 자기 자신 밖의 세계와 연결되는 것은 남성적 방법과 일치한다고 할 수 있다. 가치는 여성적이고 의미는 남성적일까? 이 평가적 차원들은 크고 동등한 중요성이 있기 때문에, 이것은 만족스러운 결과일 수도 있다. 나는 이 두 핵심적 평가 차원이 단지 우리의 성적 개념을 승화하고 확대한 것에 불과하다고 주장하는 것이 아니다. 그러나 그 유사성은 성적 지향성의 존엄을 높여줌으로써, 분명 그 평가적 개념들의 힘을 높일 것이다. 높일 필요가 있다면 말이다.
그러나 이 고도의 추상적 차원에서도 가치와 의미 중 어느 개념이 어느 성에 해당하는지는 분명하지 않을 것이다. 성적 지향성에서 남자는 외부와 연결하는 경향이 있고, 여자는 내적으로 통합하는 경향이 있다. 그러나 남녀의 자기 개념의 본질상, 여자들은 종종 관계와 연결 개념으로 향한다고 묘사되는 반면, 남자들은 그들 자신의 경계 안에 더 무의식적으로 갇혀 있다고 스스로 평가한다. 그렇다면 여자들이 의미 차원에 더 많이 위치하고, 남자들이 가치 차원에 더 많이 위치하지는 않을까? 만일 남녀가 자신의 그릇에 따라 가치와 의미 개념을 규정한다면 흥미롭지 않을까? 그렇다면 가치와 의미 개념에 대한 그들의 개념 파악이 달라질 것이다. 여자들은 질의 통합성에서 가치의 모형을 찾고 타인과의 관계에서 의미의 모형을 찾는 반면, 남자들은 음경의 연결에서 의미의 모형을 발견하고, 독립적 개별성에서 가치의 모형을 발견할 것이다. 그러나 이는, 그들이 그렇게 정의하기 때문에 서로 다른 방법으로 가치와 의미를 구하거나 발견한다는 뜻은 아니다.

The Examined Life

Chapter 15

중요성과 무게

가치와 의미에 영향을 미치는 인간의 결정

우리는 어떤 면에서 중요한 존재가 되기를 원하고, 세상에서 가치 있는 존재, 특별한 존재가 되기를 원한다. 중요성은 실재의 특별한 별개 차원이다. 중요성을 별개로 취급하는 것은 불필요해 보일지 모른다. 영향력이 있다는 것은 다른 것들과의 관계를 수반하기 때문에, 중요성의 모든 특질은 의미 개념에 종속되지 않을까? 더 나아가 어떤 것의 중요한 측면과 그것을 중요하게 만드는 효과는 그 자체로 가치와 의미가 있지 않을까? 그렇다면 중요성은 어떻게 실재와 별개 차원이 될 수 있을까? 그러나 중요성 개념은 가치와 의미 개념으로 환원될 수 없다. 어떤 활동은 가치가 있어도 중요하지 않을 수 있는 반면, 중요하고 영향력 있는 어떤 활동은 가치와 의미가 없을 수 있다.

중요성이 없는 가치의 한 예는 체스다. 체스에서 우리는 이전 게임에서 주제들을 통합하고, 잘 알려진 전략들을 수정하고, 과감함이나 교활함이나 인내심을 보이면서, 가치 있고 심지어 아름다운 구조를 창조할 수 있다. 또한 어떤 이들에게 체스게임은 적대 세력 간의 전투와 관련된 주제들을 상기해준다. 전투와 관련된 더 큰 주제와 연결될 때 게임은 그 특별한 발전, 조합, 놀라운 요소 외에 의미를 갖는다고 말할 수도 있다. 그러나 게임은 중요하지 않다. 게임은 심지어 어떤 사람의 삶을 지배하는 활동일 때에도 자신의 경계 밖으로 영향을 미치지 않는다. 전투와 관련된 더 큰 주제에 따라 체스를 둔다고 해도 그것이 우리가 다른 전투를 보거나 그에 참여하는 방식을 변화시키지는 않는다. 체스가 그 이상의 영향력을 전혀 미치지 못한다는 말이 아니라, 그것에 쏟는 엄청난 양의 지력과 에너지에 비해 영향력이 거의 없다고 말하고 싶은 것이다. 훌륭한 체스게임을 알고 감상하는 사람이라도 그로 인해 삶이 깊어지거나 그들의 지각이 변화되지는 않는다. 그들은 단지 게임 자체를 감상하거나 그에 대한 기억을 경험한다. (기억하기 바란다. 그렇다고 해서 체스가 **가치** 있다는 것을 부인하지는 않는다.) 구조적으로 비슷한 수학은 과학 이론에서 활용되고, 실용적으로 쓰이지 않을 때에도 방대한 양의 다른 수학적 세부 사항과 사실들을 통합하여 그 구조를 더 깊이 이해하게 해준다. (그러나 영국 수학자 고드프리 H. 하디 Godfrey H. Hardy, 1877~1947는 자신의 전문 분야가 그 이상으로 적용되거나 연결되지 않는다고 생각하여 수학에 종사하는 것을 찬양했다.)

가치와 중요성을 겸비하는 것이 가장 바람직하지만, 이것이 가능하지 않을 때에도 우리는 때때로 약간의 중요성과 영향력을 갖길 원한다. 그래서 어떤 것이 무가치하거나 무의미하고 그에 대한 우리의 영향도 무가치하거나 무의미할 때에도 우리는 그것에 영향을 미치고 중요한 역할을 하면서 만족하곤 한다. 중요성이 전혀 없는 것보다 약간이라도 중요한 것이 더 낫다. 경험 기계의 결함 중 하나는 그것이 세계에 어떤 영향도 미치지 못한다는 점, 우리에게 어떤 중요성도 주지 못한다는 점이다. 경험 기계와는 달리 실재와의 수동적 접촉을 허락하는 다른 기계가 있더라도 이 결함을 피하지 못할 것이다. 그것들은 다른 현실 원칙과 대등한 또 다른 현실 원칙, 즉 현실에 어느 정도 영향을 미치면서 현실과 접촉을 요구하는 제5현실 원칙을 충족시키지 못한다.

중요성을 가치와 의미보다 높은 곳에 두고, 비용에 상관없이 그것을 극대화할 필요는 없다. (만일 역사의 괴물들이 성격상 사악함에 몰입한 것이 아니라, 그들만의 방식으로 다른 사람에게 큰 영향을 미치려 했다고 해도, 거의 위안이 되지 않을 것이다.) 가장 좋은 종류의 중요성은 가치와 의미를 함께 지닌 것이다. 그러나 중요하다는 것은 자체의 권리를 가진 별개의 평가적 개념이다. 특히 우리는 가치와 의미가 없는 곳에서 사람들이 중요성을 강조하고 추구할 때가 있음을 알지만, 중요성의 권리는 그것들과 나란히 존재한다.

그러나 더 복잡한 문제는 중요성 개념을 가치 및 의미 개념과 완전히 단절시킬 수 없다는 것이다. 중요한 사건이나 행동이 그 자체로 긍정적 의미를 지닐 필요는 없다. 또 어떤 것에 긍정적인 영향을 미칠 필요도 없다. 그러나 중요한 사건은 가치나 의미에 어떤 영향을 미친다. 그렇다면 이 경우에 그것의 중요성은 가치와 의미에 대한 큰 **부정적** 결과에 있을 것이다. 어떤 것이 영향을 미친다고 말하는 것은 단지 그 결과의 수number를 뜻하지 않는다. 모든 행동은 무수한 결과를 낳는다. 나는 말할 때 수백만 개의 기체 분자를 이동시키고 그 위치를 변화시키고, 이 영향은 시간이 흐르면서 계단식으로 계속된다. 그러나 그것만으로는 발화의 중요성을 보장하지 못한다. 그렇다면 무엇이 어떤 결과를 낳는다고 말할 때, 중요한 것은 결과의 수가 아니라 종류일 것이다. 그런 종류의 결과를 구체적으로 명시하려면 가치나 의미 개념에 의존하거나, 그 이상의 평가적 차원에 의존할 것이다. 중요한 사건은 중요한 효과를 발휘한다. 즉 가치나 의미(의 양이나 성격) 또는 어떤 다른 평가적 차원에 큰 차이를 만드는 효과를 발휘한다. (이 차이는 부정적 방향으로 작용할 수도 있음을 기억하라. 중요성 개념은 다른 평가적 차원들을 가리키지만 그것들로 환원되지는 않는다.) 중요성 개념에서 가치, 의미, 또는 어떤 평가적 차원과의 관계를 제거할 수는 없다. •

중요하다는 느낌은 이상한 형태로 나타날 수 있다. 어떤 사람들

• 이것은 역사가들이 어떤 사건이 중요하다고 말하고 그것을 연구할 때, 그들의 평가가 중립적이지 않다는 뜻이다. 역사가는 중요한 역사적 사건이나 행동이라고 말할 때, 그 사건이나 행동은 사람들이 알고 있는 여러 결과, 즉 사람들이 과거의 어떤 사건이 원인으로 작용했는지 모르면서도 그들의 의식에 들어온 많은 결과를 낳은 어떤 사건을 의미한다고 생각할 것이다. 큰 전쟁이나 제도적 변화는 사람들이 알고 있는 많은 결과를 낳는다. 이 기준은 사람의 앎에 초점을 맞추지만, 우리는 그것을 확대해 우주 안의 다른 지적 의식이나 지상의 어떤 동물의 의식을 포함시킬 수 있다. 우주 속의 중요한 사건은 그 결과가 널리 알려진 사건일 것이다. (여기에서 '결과'는 추이적 개념이 아니다. 역사가는 나폴레옹의 삶을 역사적으로 중요하게 생각하면서도 나폴레옹의 고조할아버지와 고조할머니의 결혼을 역사적으로 중요하게 다루지 않을 수 있다. 역사가는 어떻게 이것을 제외할까? 그 결혼의 알려진 모든 결과가 단지 나중의 어떤 사건으로 집약되기 때문에 역사적으로 중요하지 않을까? 그러나 역사적으로 중요한 어떤 사건은 후세의 중요한 사건을 야기한다는 이유만으로 중요성을 갖는다.)

알려진 결과의 수라는 기준은 평가적 개념들에 의존하는 다른 기준에 가까운 것으로 기능한다고 생각한다. 우선, 모든 분자가 어떤 근원적 형태의 의식을 갖고 있다고 상상해

은 그들이 만들어낸 결과 때문이 아니라 그들을 만들어낸 원인 때문에 자신이 중요하다고 느낀다. 유명한 사람의 후손이 그 사실에 자부심을 느끼는 경우가 그런 예다. 그들은 과거의 업적이 유전자에 기초했다고 믿고, 그래서 그들이 소유하고 있지만 표현되지 않은 열성 형질까지 자랑스러워할 자격이 있다고 느낄까? 혹은 그들은 업적과의 생물학적 연결이 비록 원치 않는 방향으로 표출되어도 그것이 그들에게 의미 있다고 느낄까? 어떤 훌륭한 것의 결과보다는 그것의 원인이 되는 편이 더 좋다는 나의 가정에 주목하라. 훌륭한 원인도 사소한 결과를 낳을 수 있지만, 사소한 사건이 훌륭한 사건을 발생시키기는 더 어렵고, 그러므로 결과의 훌륭함은 그 원인으로 다시 귀속된다. 그러나 원인의 훌륭함이 그 결과로 귀속되지는 않는다. 사실, 영향 개념은 기본적인 평가적 차원이다. 그것은 단지 의미의 개념 아래에서 드러나는 연결들에서 파생되지

보자. 그렇다면 단지 수백만 개의 분자가 우리의 말에 의해 야기된 새 위치를 인식한다는 이유만으로 우리의 모든 발화가 중요해질까? 그 대신 우리는 그 인식들이 그렇게 중요하지 않고 그것들을 야기한 그 사건도 중요하지 않다고 주장할 수 있지 않을까? 다른 사건들 역시 널리 알려져 있지만 사소하다고 말할 수 있는 영향들을 미친다. 인기 있는 음반은 수백만 명이 들을 수 있지만 그들의 삶에 다른 뚜렷한 영향을 미치지 않는다. 앎이란 기준은 다른 측면들에서도 부적절하다. 만일 태양계가 갑자기 소멸해서 인간의 모든 의식이 말살된다면, 비록 태양계의 어떤 거주자도 그 사건이나 이후의 결과들을 알지 못해도, 그 사건, 인류 역사의 종말은 역사적으로 중요할 것이다. (그러나 역사적으로 중요한 어떤 사건이 '앎-사건'에 중요하다고 말하면, 앎이란 기준이 향상될 수 있다. 어떤 폭발이 없었다면 발생했을 많은 앎 사건을 그 폭발이 가로막다면, 그로 인해 그 폭발은 중요하다고 간주될 것이다.) 앎 기준의 초기 신빙성은 대개 어떤 것이 중요할 때 사람들이 그것을 알게 된다는 사실에서 유래하고, 그렇게 해서 앎 기준은 중요성, 즉 평가적 차원의 중요성에 관한 좀 더 정확한 견해에 더 근접하게 된다.

않는다.

우리가 어떤 종류의 영향을 미치는가에 따라 어떤 것의 가치나 의미(또는 어떤 다른 적절한 평가적 차원)는 크게 달라진다. 우리는 그 차이가 우리 내면의 사소하지 않은 어떤 것에서 나오기를 바란다. 큰 결과들이 연달아 쏟아져도 단지 누군가와 우연히 부딪혀서 그렇다면("못 하나가 모자라서"의 긍정적 형태)으로는 불충분하다. 우리는 우리가 소중히 여기는 특징에서, 더 바람직하다면 그런 특징들의 긴밀한 조합에서 큰 결과가 나오기를 원한다. 우리의 행동이 원인으로 작용할 때, 우리는 그 행동이 의도적이고 자기표현적이기를 원하고, 가치 있는 특성에서 유래하고 그런 특성을 보여주고 싶어 한다. 아마 이 때문에, 가치와 의미의 모든 결과적 차이가 가치와 의미를 지닌 이전의 특징과 행동으로 선택적으로 귀속될 것이다. 어쨌든 우리는 그런 특성들이 원인으로 작용할 때 더 큰 중요성을 획득한다. 대체로 영향을 초래하는 것은 행동의 자제가 아니라 행동이다. 남에게 해로운 행동을 자제하는 것이 중요한 결과로 간주되는 경우는, 그런 행동이 예상되거나 적절하다고 여겨질 때뿐이다. 당신은 단지 지나가는 행인과 부딪히지 않는다고 해서 그들에게 중요한 영향을 미치지는 않는다.

나는 중요성을 더 자세히 살펴보기를 원하고, 물질적 부와 권력을 중요성의 형태에 포함하고자 한다. 많은 사람이 부와 권력을 열심히 좇는다는 사실에도 불구하고, 나는 그 중요성의 형태를 경멸하는 경향이 있었다. 철학자는 사상가와 저자가 되는 것을 높이 평가하는 사람들이다. 지적 논증의 가치를 폄하하는 지적 논증이 거의 없듯이, 저술이 완전히 무가치하다고 말하는 책은 거의 없다. 만일 그렇게 생각한다면 누구도 그런 일을 하지 못한다. 부와 권력만이 중요하고 지적 이해와 명석함은 그렇지 않다고 생각하는 사람들은 자신의 입장을 (설득력 있게) 진술하는 글을 남기지 못했다. 지금도 나는 세속적 부와 권력을 경멸하고 싶은 충동을 느끼지만, 그에 대해 더 자세히 살펴보고자 한다.

중요성은 두 가지 양상이 있다. 첫 번째는 외부 영향이나 결과를 낳고 외부 결과의 원천이 되는 것, 다시 말해 다른 사람이나 사물이 내 행동의 영향을 받게끔 어떤 결과가 흘러나오는 장소가 되는 것이다. 두 번째 양상은 고려되고 중요하게 간주되는 것과 관련된다. (비록 고려되는 것도 영향이나 결과의 한 종류지만, 따로 언급할 가치가 있다.) 중요성의 첫 번째 양상이 결과가 흘러나오는 원천이 되는 것이라면, 두 번째 양상은 대응이다. 즉 당신의 행동, 특성 또는 존재에 대한 대응이 흘러들어 가는 장소가 되는 것이다. 어떤 면에서 사람들은 당신에게 관심을 기울이고 당신을 고려한다. 관심 받는다는 것은 그 자체로 우리가 원하는 것이다.

다른 사람들의 관심의 초점이 된다는 것은 종종 권력자의 특전이다.[•] 권력, 명예, 부를 향한 욕망은 대개 중요성을 향한 욕망이다. 물론 권력, 명예, 부는 그 결과로 따라 오는 것들, 예를 들어 물질적 재화, 즐거운 경험, 흥미로운 사회적 만남 등을 얻기 위한 수

• 다음을 보라. Charles Derber, *The Pursuit of Attention* (New York: Oxford University Press, 1983), pp. 21~35, 65~86.

단인 측면도 있다. 그러나 이것들 외에도 권력, 명예, 부는 두 가지 방식의 중요성과도 큰 관계가 있다. 영향을 미치는 것과 고려되는 것이 그것이다. 게다가 그것들은 중요하다는 것을 상징적으로 나타내기도 한다. 중요성과의 연결은 권력의 경우에 가장 분명하다. 유력한 사람은 자연, 자기 자신, 또는 다른 사람들에게 발생하는 결과에 영향을 미칠 수 있다. 권력의 다양한 형태를 분류할 수 있고(주를 참고하라).* 특별한 형태의 권력이 우리에게 가해질 때, 대안들의 패턴 속에서 그것이 차지하는 위치를 보는 것은 도움이 될 수 있다.

지도자는 사람들의 다양한 열망과 활동을 용접하여 구체적인 목표를 지향하는 조화로운 패턴을 만들어낼 줄 안다. 이 세계에는 함

---

* 사회과학자들이 말하는 권력의 정도를 측정하기 위해 우리는 다른 사람들을 확인해야 한다. 다시 말해, 그들의 어떤 행동이 관련되어 있고, 권력의 어떤 자원이 이용되며, 권력 사용자에게 어떤 비용이 돌아가는지를 확인해야 한다. 권력은 다양한 형태를 띨 수 있다. 타인의 선택을 무시하는 것은 그들의 행동에 영향을 미치는 한 방법이다. 사람들을 신체적으로 구속하거나 감옥에 가두는 것이 그런 예다. 또는 그들의 선택을 통해 영향을 미칠 수도 있다. 개인의 행동에 수반되는 부정적 결과의 확률이나 비효용성을 높이고, 그렇게 해서 다른 일을 하도록 **강요**할 수 있고, 또는 개인의 행동에 수반되는 긍정적 결과의 확률이나 효용성을 높여 그 행동을 하도록 **유도**할 수도 있다. 또는 확률과 효용성을 실제로 변화시키지 않으면서도 그에 대한 정보를 제공하여 확률과 효용성에 대한 개인의 판단에 영향을 미칠 수 있다. 이렇게 해서 우리는 그의 행동에 영향을 미친다. (사람들이 대중매체의 권력과 영향력을 이야기할 때, 그들은 이 의미와 함께 아마 다음의 의미도 사용할 것이다.) 타인을 정해진 방향으로 유도하기 위해 틀렸다고 믿는 정보나 편향된 정보를 제공하는 것은 그를 **조작하는** 행위다. (틀렸거나 편향되었다고 생각하진 않지만 그것이 옳거나 공정하다고 믿지 않을 때, 타인을 그쪽으로 이끄는 것은 조작일까?) 어떤 사람이 제삼자에게 권력을 행사하기 위해 벌이는 행동에 당신이 영향을 미칠 때, 당신 자신도 그 제삼자에게 권력을 행사하게 된다. 권위가 있다는 것은 상대방에게 어떤 것을 하도록 요구하고 그들에게 복종의 의무를 부여할 권리가 있다는 것이다. 이 권위는 명령받는 사람들이 복종의 의무감을 느끼는 한에서 **적법하다**.

께할 수 있는 가치 있는 일이 많다. 국가는 가난을 정복하거나 진지한 문화를 발전시키거나 새로운 과학 기술을 개발하거나 개인의 자유를 극대화하는 등의 수많은 일 중 하나에 집중할 수 있다. 10대 그룹은 함께 영화를 보러 가거나, 놀이공원에 가거나, 싸움질을 하거나, 거리를 배회하거나, 동네를 청소하거나, 거리를 순찰하거나, 연극 제작 등의 일을 할 수 있다. 하고 싶은 일의 가능한 목록은 끝없지만, 그 모든 것을 동시에 할 수는 없다. 경쟁하는 목표들이 시끄럽게 내세우는 장점 중에서 개인이나 집단은 다 함께 전심으로 어느 목표를 추구해야 할지 어떻게든 결정해야 한다. 지도자는 여러 목표의 이 경쟁을 해소하는 역할을 한다. 그는 바람직한 목표의 전망을 제공하고, 그 목표에 도달할 수 있는 적당한 계획을 명확히 제시하고, 사람들이 그를 좇아 그 길을 따라오도록 충분히 자극한다. 그러므로 매우 특별한 조건 아래에서만 사회는 어떤 지도력이 필요하지 않을 수 있다.

결과에 영향을 미치는 힘인 권력을 연구하는 사회과학자들은 종종 다른 사람들이 그 결과에 정면으로 반대하는 상황에 집중한다. 심지어 막스 베버Max Weber, 1864~1920는 권력을 '사회적 관계를 이루는 한 행위자가 **저항에도 불구하고 자기 의지를 실행하는** 위치에 있을 가능성'으로 **정의했다.**** 물론 불변의 저항이 존재하는 상황도 사회가 직면하는 한 상황일 수 있지만, 현재 상황이 그렇다고 쉽게 가

**Max Weber, *The Theory of Social and Economic Organization* (New York: The Free Press, 1964), p. 152. (강조는 나의 표시).

정하는 경우가 너무 빈번하다. 그러나 결과에 영향을 미치는 힘은 다른 방식으로도 발휘될 수 있다. 상대방을 설득하고, 협조적인 타협안을 내놓고, 모든 당사자의 욕구를 더 잘 충족시키는 새로운 대안을 내놓는 방법 등이 있고, 당사자들이 지속적 연합을 이루어 자신들이 겪는 무수한 변화에 직접 참여하는 (그리고 그 방향에 영향을 미치는) 방법도 있다. 사회과학자들은 행위와 행동에 영향을 미치는 힘에 대해 말하는데, 예술가와 사상가의 영역인 감정·생각·지각 양식에 영향을 미치는 힘도 있고, 영적 지도자의 영역인 사람들의 핵심 자아에 영향을 미치는 힘도 있다.

부 역시 그것으로 구입하는 물건뿐 아니라 그것이 초래하는 중요성 때문에 욕망의 대상이 된다. 대부분의 사회에서처럼 서양 사회에서도 부는 사람을 중요하게 만든다. 부유한 개인은 (일반적으로) 중요하게 취급되고 큰 영향을 미칠 수 있다. 게다가 많은 사람에게 부는 소유자의 중요성을 상징하기 때문에 중요성의 통화라고도 말할 수 있다. 사치 역시 그 실제적 안락함과는 별도로 중요성의 상징적 표현이다. 마치 사람들은 세계가 이렇게 대우해주는 사람이라면 분명히 중요하리라고 생각하는 듯하다. 소스타인 베블런Thorstein Veblen, 1857~1929이 간파했듯이 상대적 희소성 때문에 사치품은 특별한 어떤 것을 대표하고 중요성을 상징한다남들보다 돋보이거나 뽐내고 싶어서 비싼 물건일수록 사려고 드는 인간의 심리를 경제 용어로 베블런 효과라 한다 ─ 옮긴이.

내가 하고 싶은 말은, 그 사람 자신이든 다른 사람이든 어느 누구도 사람의 중요성을 부로 평가해서는 안 된다는 것이다. 개인의 자질을 활용하는 행위와는 달리, 단순한 돈의 소유는 자기표현적일 수 없을까? 그러나 돈은 자기표현적인 집을 만들어내는 데 사용할 수 있고, 이 지출은 건축가·건축업자·가구 제작자에게 영향을 미칠 수도 있다. 그리고 돈을 축적하는 활동은 자기표현적인 동시에 타인에게 영향을 미치는 방식으로 행해질 수 없을까? 그러나 개인이 생산 활동의 실질적 내용이나 그가 가진 재능의 발휘에 집중하기보다 하나의 수단인 돈에 관심을 집중하는 한, 그의 정신은 내재 가치가 전혀 없는 것에 사로잡혀 있을 뿐이다. 돈과 부는 그 자체로 미묘한 표현 수단이 아니다. 돈과 부에는 복잡한 어떤 것을 반영하는 소용돌이와 구조가 결핍되어 있다.

왜 우리는 돈이 어떤 활동의 일차적 동기임을 천히 여길까? (우리가 가족이나 자기 자신을 먹여 살리는 동기를 천하다고 생각한다는 뜻이 아니다.) 어떤 활동의 일차적 동기가 돈이라는 것은, 돈으로 할 수 있는 것을 그 활동 자체의 가치와 의미보다 높은 곳에 둔다는 뜻이다. 이것은 그런 활동을 더럽힌다. 우리는 그 활동의 가치와 의미가 돈의 가치와 의미보다 높다고 생각하기 때문이다. 만일 어느 철학자가 그는 돈을 위해 생각한다고 말하고, 의사가 돈을 위해 병을 치료한다고 말하고, 바이올린 제작자가 현금을 위해 그 일을 한다고 말한다면, 우리는 그들의 활동이 어딘지 모르게 타락했다고 느낀다. 그리고 만일 그들이 그 일의 의미와 가치를 아주 형편없이 이해하여 그것을 돈벌이 이하로 여긴다면, 어떻게 수준 높은 일을 할 수 있겠는가? 심지어 프로이트에 따르면 명예욕과 아름다운 여자에 대한 사랑 때문에 글을 쓰는 남성 작가도(프로이트는 어느 것이 우선인지 구체적으로 밝히지 않았다), 그런 종류의 글을 쓰는 것으로 인한 명예를 바란다. 글의 수준은 그들의 욕망에 본질적으로 포함되어 있다. 반면에 무색무취의 돈은 가치 있는 어떤 것도 대표하거나 표현할 필요가 없다. 그러므로 유력한 동기로서 돈은 그 대행자의 관심을 그의 활동의 윤곽과 질에서 다른 곳으로 분산하는 것에 그치지 않는다. 돈을 더 높이 평가하는 사람은 자신이 그의 활동을 왜곡된 눈으로 보고 있음을 보여주고, 이 왜곡된 눈은 그 활동을 수행하는 방식에 반드시 영향을 미친다. 하지만 그 왜곡은 그 활동에 대한 그의 관점이 아니라 돈에 대한 그의 관점에만 존재하지는 않을까? 삶은 그런 식으로 구분될 수 없다. 다른 것들을 소중히 여기고 이 활동을 하는 사람은 한 명의 통합된 개인이며, 이때 그 활동은 가치 척도를 가진 개인이 수행하는 그런 종류의 활동이다. 어떤 사람을 사랑하는 것보다 돈을 더 사랑한다면 그는 그 사람을 사랑하지 않는 것이다.

권력자는 권력을 다른 사람들에게 큰 영향을 미치는 방식으로 의미 있게 이용하고 행사할 수 있다. 만일 중요성이 정말로 실재의 한 차원이라면, 단지 권력을 소유하는 것만으로 그 사람이 더 큰 실재를 갖게 된다고 말할 수 있을까? 심지어 그 권력이 타인을 지배하는 데에 쓰이거나, 단지 권력자가 타인에게 자신의 의지를 강요하고 특정한 방식으로 행동하게 만들기를 원한다는 이유만으로 어떤 대안들을 사전에 차단하는 데 쓰인다 해도, 그에게 더 큰 실재가 돌아간다고 할 수 있을까? 권력의 소유와 행사 자체를 통해 영향을 미치는 것이 그 사람에게 더 큰 실재를 가져올 수 있다 해도, 그로 인해 그의 실재는 다른 방면에서 훨씬 더 크게 감소할 수 있다. 권력은 부패를 불러오는 경향이 있고, 어느 누구도 그로부터 크게 자유롭지 못하다. (권력을 휘두르거나 돈, 영향력, 명성을 쌓기 위해 평생을 바친 사람들의 얼굴을 보기만 해도 알 수 있다.)

우리가 명백한 사실을 내보이기 위해 복잡한 이유들을 애써 따져온 것은 중요성을 중립적으로—종류에 상관없이, 단지 영향을 미치는 것으로—정의했기 때문이다. 그런 중요성의 어떤 형식들은 사람을 더 진실하게 만들지 못한다는 것이 그 명백한 사실이다. 애초에 몇몇 종류의 영향과 단지 고려의 기초로 삼을 몇몇 종류의 이유만이 의의 있는 '중요성'을 구성한다고 지정하는 것이 더 간단하지 않을까? 18장 '어둠과 빛'에서 우리는 실재의 내용에 대한 현재의 중립적 규정을 다시 살펴볼 것이다.

가치, 의미, 중요성과 어깨를 나란히 하는 네 번째 평가적 양상 또는 실재의 차원이 바로 **무게**다. 어떤 것의 무게는 그것의 내적 실체성과 강함이다. 정반대 경우를 생각하면 도움이 된다. 어떤 사람이 '가볍다'라고 불릴 때 그것은 무슨 뜻일까? 그때 이야기되는 것은 영향과 중요성일 수도 있지만, 대개는 중요성의 기초가 되는 (또는 기초가 되어야 하는) 자질을 의미한다고 생각한다. 그 사람이 얼마나 견실한지, 그의 생각이 얼마나 신중한지, 그의 판단이 얼마나 신뢰할 수 있는지, 그 사람이 거센 공격이나 더 깊은 조사를 어떻게 견디는지 사람들은 비평하곤 한다. 묵직한 사람은 유행이나 면밀한 조사에 흔들리지 않는다. 로마인은 그것을 **진지함**gravitas이라 불렀다.

우리는 무게를 이런저런 종류의 외적 변화에 대한 저항으로 규정할 수도 있다. (더 자세히 규정하면 세 요소를 확인할 수 있다. 어떤 것은 특정한 힘들에 직면하여, 특정한 변화에 대해, 특정한 성격에 있어 무게를 갖는다.) 무게는 평형 상태 개념일 것이다. 어떤 것이 안정적인 평형 상태에 있으면 그것은 외부 힘에 저항하거나, 이전 상태나 이전과 비슷한 상태로 복귀한다. 또한 개인, 견해, 원칙, 감정도 무게가 있으면 외적 압력이나 힘에 직면하여 스스로를 유지하거나 회복시킨다. 이는 무게라는 내적 개념의 외적 특징이며, 그 특징은 외적 힘에 어떻게 저항하는가로 드러난다. 우리는 어떤 것이 이렇게 스스로를 유지할 수 있게 해주는 내적 실체가 무엇인지 아직 이야기하지 않았다.

때때로 무게는 어떤 것이 관계망 속에 얼마나 긴밀히 통합되어 있는가에 의존한다. 무게 있는 견해는 충분히 고려한 끝에 내린 견해고 많은 사실, 더 큰 쟁점, 가능한 반론을 고려하는 견해다. 무게 있는 감정은 일시적 변덕이 아니라 개인의 다른 노력·계획·목표·욕망과 연결되어 있고, 그것들과 통합되어 있는 감정이다. 아마 그 감정은 그렇게 긴밀하게 잘 들어맞을 수 있도록 얼마간 수정을 거쳤을 것이다. 그런 다중 연결망은 외부 압력이 닥쳤을 때 어떤 것을 굳게 유지시킨다. 게다가 그것은 자신을 무너뜨릴 수도 있었던 많은 것을 이미 고려했기 때문에 그것들을 통합한 끝에 무게를 갖게 되었다.

무게의 일반적인 내적 특성, 즉 개인·믿음·감정에 유용한 어떤 특성을 발견하면 좋을 것이다. 실체나 밀도의 양을 이야기한다면 그것의 특성을 규정하지 못하고 단지 그 현상을 명시하게 된다. 아마 종류가 다른 것들은 각기 다른 면에서 실체성을 띨 테고, 몇몇 외적 특징과 외부 압력에 직면하여 자신을 유지하고 복구하는 능력만을 공유할 것이다. 그러나 우리가 무게를 외적 기준으로 본다 해도 그것은 내적 현상이다. 구체적인 경우에 무엇으로 나타나든 무게는 내적 속성이며 평형을 유지하는 기초다.

의미가 그렇듯 중요성은 외적 연결이나 관계와 관련 있다. 반면 가치처럼 무게는 내적 조직성과 관계가 있다. 무게는 가치와 한편이고 중요성은 의미와 한편이다. 가치는 어떤 것의 본래적 통합성인 반면, 의미는 외적인 것들과의 관계이고 통합이다. 그러므로 '무게/가치 = 중요성/의미' 라는 산뜻한 공식에서 우리는 아래와 같은 표를 만들 수 있다.

	본질적	관계적
통합	가치	의미
강함	무게	중요성

가치, 의미, 중요성, 무게 등 실재의 네 평가적 차원을 간단히 나타낸 이 표는 네 차원을 이해하기 쉽고 만족스러운 관계에 놓는다. 이때 우리는 단지 이 네 차원을 기준으로 모든 것을 논의하고 평가할 수 있기를 바랄 수도 있다. 그러나 애석하게도 이론적 목적을 위해 (하지만 어쩌면 삶에는 다행스럽게) 이 네 차원으로는 우리가 내리기 원하는 모든 평가를 수용할 수 없다.

깊이 역시 우리가 높이 평가하는 자질이다. 예술 작품, 감정, 과학 이론, 수학적 정리, 개인, 이해 방식 등은 깊을수록 좋다. 영적인 길을 걷는 사람들은 가장 깊은 실재와 연결되려고 노력한다. 때로는 더 깊은 것이 완전히 필요 없을 때도 있지만, 일천함과 피상성은 일반적으로 바람직한 자질이 아니다.

깊이를 폭으로 바꾸어 모든 것을 일률적으로 만들려는 노력은 매혹적이다. 심도 있는 과학 이론은 다른 많은 이론 및 문제와 연결되고, 깊은 감정은 다른 많은 감정의 현을 울리고 많은 변화를 이끌어낸다. 그렇다면 우리는 깊이를 모든 것이 같은 평면 위에 있는 광범위한 연결망으로 이해할 수 있을까? 모든 것은 같은 표면 위에 있지만, 어떤 것들이 다른 것들보다 더 광범위하고 폭넓은 면적을 차지하고 있을 때, 우리는 이 양상을 깊이로 이해한다. 평면의 나라인 플랫랜드Flatland, 에드윈 애보트Edwin Abbott가 1884년에 발표한 소설 《플랫랜드》에서의 세상을 가리킨다 — 옮긴이의 거주자들이 평면기하학의 특징을 이용해 굴곡을 추론하는 것과 비교할 수 있다.

그러나 다른 많은 차원이 즉시 떠오르는 상황에서 왜 굳이 이 하나의 환원에 매달려야 할까? 깊이가 하나의 적절한 차원이라면 어떤 것의 진폭, 즉 그것의 크기와 범위는 어떠한가? 더 큰 일, 더 넓은 영역, 더 큰 자아 등 이 모든 것에서 순수한 크기, 그에 수반하는 확장된 포괄 능력은 긍정적 자질이다. 자아를 평가할 때 우리는 그 넓이와 부피, 내적 공간의 범위에 관심을 기울인다. 만일 우리가 가치, 의미, 중요성, 무게, 깊이, 진폭에 대해 기꺼이 이야기한다면 우리의 목록에 높이를 추가해야 하지 않을까? 더 높은 감정, 더 높은 예술 작품, 더 높은 기쁨이 있지 않은가? 높이가 그렇다면 강도는 왜 안 되겠는가?

만일 우리가 자아, 그 삶, 감정, 활동, 타인과의 관계 등을 판단하고자 할 때 사용하는 모든 평가적 차원을 목록에 올린다면 독창성, 생생함, 활력, 완전함도 올려야 하지 않을까? 그리고 이것들이 모두 올라간다면 창조성, 개인성, 표현성은 왜 안 되겠는가? 또한 (범위를 더 넓히자면) 진·선·미는 왜 안 되겠는가?

평가적 차원의 수를 늘리는 것은 강한 긍정적 감정을 바라보는 우리의 시각에 영향을 미친다. 감정은 바로 긍정적 평가를 구현할 때 긍정적이기 때문이다. 어떤 긍정적 평가는 가치의 차원에 의존하지만 우리는 어떤 것이 의미, 무게, 중요성, 깊이, 강도, 생생함 등을 갖고 있다고 긍정적으로 평할 수도 있다. 감정이 이 다양한 차원에 따른 평가에 기초하고, 더 나아가 우리가 이 강한 긍정적 감정들을 갖고 있다는 것 자체가 삶의 가치, 의미, 강도, 깊이 등에 기여한다. 이것은 스폭 문제에 가장 진실한 답이 된다. 이 감정들은 평가적 차원에 대응할 뿐 아니라 그 차원에서 우리를 구성하는 데 일조한다.

우리가 평가적 차원의 과잉, 즉 수많은 차원의 폭발을 만나게 된 것은 놀라운 일이 아니다. 평가적 차원의 끝없는 목록에는 실재의 차원이 열거된다. 이 차원들은 어떤 것을 더 진실하게 만든다. (다른 것들이 일정하다면) 어느 차원에서든 더 높이 평가되면 더 진실해진다. 그리고 이전의 주제를 확장해 이야기할 수 있듯이, 감정은 실재에 대한 우리의 유사적 대응이다. 실재에는 많은 양상, 많은 차원이 있다는 것을 앞에서 보았다. 그렇다면 왜 그중 일부만이 평가적 차원을 구성하리라 기대해야 할까? 실재의 모든 차원이 저마다 평가와 관련되어 있고, 우리의 노력과 관련되어 있지 않을까?

Chapter 16

실재의 행렬

우리 삶을 이끌어주는 다양한 실체

앞에서 전개한 사색에서 우리는 최초의 네 차원인 가치·의미·중요성·무게에서 시작했고, 다른 많은 것을 포함시켜 그 목록을 확대했다. 이제 평가적 차원의 가능한 목록을 최대로 늘려보자. 여기에는 다음과 같은 것들이 포함될 것이다(숨을 깊이 들이마셔야 한다). 가치, 의미, 중요성, 무게, 깊이, 진폭, 강도, 높이, 생생함, 풍부함, 온전함, 진·선·미, 성취, 에너지, 자율성, 개인성, 활력, 창조성, 초점, 목적, 발전, 평온, 신성함, 완벽함, 표현성, 신빙성, 자유, 무한성, 지속성, 영원성, 지혜, 이해, 삶, 고상함, 유희, 웅대함, 위대함, 광휘, 성실, 개성, 고상함, 이상성, 초월, 성장, 새로움, 팽창, 독창성, 순수함, 단순성, 소중함, 의의, 방대함, 심오함, 통합성, 조화, 번영, 힘, 운명. (행여 빠진 것이 있는지 묻지 말자. 그러나 이 차원들 중 어느 것이 경험 기계로 실현 가능하고, 어떤 것들이 그 장치를 무시하는지는 물어볼 만하다.)

이 차원 목록은 소모적이다. 이렇게 긴 목록이 무질서한 뒤범벅으로 남는다면 그것들을 정확히 이해할 수 없다. 우리는 약간의 지적 통제력을 얻기 위해 이 목록을 체계화할 필요가 있다. 하지만 이 목록은 신성불가침이 아니다. 이것을 체계화하는 과정에서 새로 부상하는 틀에 들어맞지 않는 차원을 생략하거나, 그 틀이 요구하는 새 차원을 추가할 수 있다.

우리는 실재의 많은 차원을 어떻게 정리하고 분류해야 할까? 나는 그 차원들을 하나의 표, 즉 가로줄과 세로줄의 행렬로 배열하고자 한다. (행렬을 선택한 데에는 친숙함 외에 다른 이유가 있을까? 여러분은 실재의 차원들이 어떤 구성으로 배치되기를 기대할까? 14차원의 공간으로 나뉜 도넛 형태나, 빛을 내뿜는 무한 차원의 구체일까?) 앞에서 우리는 네 개의 차원으로 아래와 같은 2×2 행렬을 만들었다.

	본질적	관계적
통합	가치	의미
강함	무게	중요성

더 큰 행렬을 만들어 모든 차원을 포함하는 것은 많은 이론적 목적에 유용하다. 행과 열에 붙은 표제들은 실재의 범주일 것이다. (2×2 행렬에서 열에는 **본질적**과 **관계적**이란 이름이, 행에는 **통합**과 **강함**이란 이름이 붙었다.) 그런 다음 우리는 왜 열과 행에 그 표제들이 붙었는지 따져볼 수 있다. 실재의 더 큰 범주화에 그 이름들이 들어간다면 실재는 어떤 모습일까? 만일 우리가 만드는 행렬에 빈칸이 포함되면, 우리는 우리의 목록에 없는 어떤 차원이 그 자리를 채울지 물을 수 있다. (그런 식으로 우리의 차원 목록의 완성도를 점검할 수

있다.) 우리는 또한 어떤 특별한 범주가 중요하다고 깨닫고, 그것을 이미 채워진 열이나 행에 적합한 표제로 볼 수도 있다. 더 나아가 이 행렬은 우리가 지금까지 보지 못한 차원들 간의 관계, 즉 몇몇 차원이 같은 열이나 행에 들어가게 해주는 유사성을 드러낼 수 있다. 또한 각각의 차원에 대해 우리는, 그것이 열과 행의 표제에 해당하는 두 양상으로 들어가 있는 것을 볼 수 있다. 혼란스러운 목록을 행렬로 체계화하면 이해하기 쉽다. 우리는 그것들의 새로운 관계를 보고 왜 그 행렬이 그런 구조를 갖게 되었는지 조사하여, 행렬을 구성하는 차원들을 더 잘 이해하게 된다. 차원들을 하나의 행렬로 체계화할 때에는 너무 강제적으로 배열하거나, 적절한 위치에 대해 너무 많이 자의적 결정 내리지 않아야 한다. 그러나 강제나 자의성을 완전히 배제할 수 있다는 것은 지나친 희망일 것이다.

가치, 의미, 중요성, 무게의 네 차원만 고려할 때 적당하고 이해하기 쉬웠던 2×2 행렬을 이용해 우리는 새 행렬을 만들어나갈 수 있다. 우리는 이 행렬을 확대된 행렬의 핵으로 이용해 행렬을 증축할 수 있다. 목록 속의 몇몇 다른 차원이 **본질적** 또는 **관계적** 표제의 열에 자연스럽게 들어맞을까? 만일 그렇다면 그것들은 어떤 새로운 행을 불러들일까? 이에 대한 답이 긍정적이라면 더 큰 행렬이 만들어지고, 비슷한 질문이 반복되면 행렬은 계속 커진다. 때때로 다른 것들과 자연스럽게 어울리는 한 차원이 추가되면, 우리는 그 확대된 집단을 더 선명하게 드러내기 위해 행이나 열의 표제를 수정해야 할 수도 있다.

실재의 차원들을 행렬로 나타내면 엄밀한 이론적 기능 외에 다른 기능에도 도움이 된다. 만일 매끄럽고 만족스러운 행렬을 만들 수만 있다면(한눈에 봐도 우리는 아직 그런 것에 도달하지 못했다), 그런 기능들을 미학적 기능이라 부를 수도 있다. 그 행렬은 실재의 다양한 차원이 통합되어 있고 이해하기 쉽게 서로 관련되어 있으리라는 바람, 실재의 영역이 자체의 유기적 통일성을 보여주리라는 바람을 담고 있다. 우리는 이 행렬을 **가치 표**table of values로 생각할 수도 있다. 나는 뒤에 나올 도표가 타당한지 확신하지 못한다. 이 장의 나머지에는 이상하고 때로 당황스러운 이론화들이 등장하고, 그것들은 현대 철학의 비위에 상당히 거슬린다는 것을 인정한다. 그것을 생략하면 현재의 철학자들에게서 날아올 타격을 피할 테지만, 이미 나는 불안하다.

그러나 아무리 특이해도 이 도표는 실재에 담긴 통일성을 상징적으로 표현하거나, 그 통일성에 관한 정확한 이론이 무엇이든 그에 대한 우리의 욕구를 상징적으로 표현한다. 그렇다면 그 도표를 일종의 은유, 즉 실재의 내적 구조를 나타내고 환기하기 위한 대상으로, 또는 최소한 실재의 더 적당한 상징이 나타날 때까지 그런 상징을 대신하는 어떤 것으로 보자. 여기 제시한 실재 표는 정확하지 않을 수 있지만 실재적일 필요는 있다.

이제 하나의 행렬 안에 실재의 차원들을 배열해보자.˙다른 두 차원인 완성도와 완벽함은 자연스럽게 **통합** 표제 아래에 들어갈 듯하다. 완성도는 통합의 **목적인**目的因 또는 목표이고 그 성취이지만, 완벽함은 그 이상의 어떤 것으로 보인다. 어떤 것의 성취 너머에는 그것의 이상적 한계가 있다. (이상적 한계 자체도 일종의 성취일 수 있지만, 성취는 그 이상적 한계에 못 미칠 수 있다.) 완성도는 통합의 양상에서 본 어떤 것의 성취인 반면, 완벽함은 최대한의 가능한 지점까지 그리고 어쩌면 그 지점 밖의 이상적 한계까지 실행된 통합이다.

우리가 맨 처음 그린 2×2 행렬은 이제 다음과 같이 확장된다.

	본질적	관계적	성취 또는 목적인	이상적 한계
통합	가치	의미	완성도	완벽함
강함	무게	중요성		

두 개의 빈칸에 무엇이 들어갈까? 강함의 이상적 한계는 전통적으로 신의 것으로 돌렸던 특성인 전능함, 무한의 힘이다. 이상적 한계의 열에 신학자들이 논의해온 많은 특성이 모이는 것은 놀랍지 않다. 신적 존재나 신 개념은 존재의 많은 속성과 양식의 이상적 한계를 보여주기 때문이다.

강함의 성취 또는 목적인은 무엇일까? 우리의 목록에서 두 항목이 적당할 듯하다. 힘과 위대함이다. (하지만 힘은 강함을 묘사하는 더 광범위한 용어 아닐까?) 중요성을 논할 때 우리는 중요성의 두 양상인 외적 영향과 고려되는 것을 구분했다. 우리는 그 구분법을 강

• 일부 독자는 이 장에 공감하지 않을 것이다. 그들은 이미 '실재'에 대해 너무 많은 이야기를 들었거나, 다음 이야기가 지나치게 추상적이라고 느낄 것이다. 만일 그렇다면, 나는 그들에게 우리 둘 다 불필요한 고통을 겪지 않도록 다음 장으로 건너뛸 것을 제안한다. 하지만 2×2 행렬을 그린 다음 논의가 계속되는 동안 그것을 점차 확대한다면, 남아 있는 독자는 무슨 일이 벌어지는지 보게 될 것이다. 또는 267쪽의 완성된 행렬을 미리 보는 것도 독자들에게 도움이 될 것이다.

함의 행에도 적용할 수 있다. 그에 따라 위대함, 즉 강함의 성취는 두 측면을 갖는다. 힘이 영향 측면에서 강함으로 성취된다면, 어떤 것이 어떻게 고려되는지는 무엇이 성취할까? 자율성과 사랑받음이 고려 대상이 될까? 전능함은 강함의 영향 측면과 관련된 이상적 한계다. 전능함이 고려 대상이 되는 것의 이상적 한계는 무엇일까? 나는 숭배받음이라고 생각한다.

숭배받음과 사랑받음이 그 행의 하위 항목으로 들어온다면, **강함**은 이제 그 행을 가장 잘 묶는 표제가 아닐 듯하다. **실체성**substantiality 또는 **실체적임**이 더 잘 어울릴 것이다. 어떤 것은 어떻게 실체적일까? 어떤 것의 실체성의 본질적 성격은 그것의 무게이고, 그 실체성의 관계적 성격은 그것의 중요성이고, 그 성취는 그것의 위대함이다 등등. 어쩌면 우리는 어떤 것의 실체성이 아니라 그것의 **실체**라고 더 간단히 말해야 할지 모른다. 만일 실체가 무엇인지 확실히 모르겠다면, 다음 문장이 도움이 될 것이다. 어떤 것의 실체의 본질적 성격은 그것의 무게이고, 그 관계적 성격은 그것의 중요성이고, 실체의 성취는 위대함이다 등등.

일반적으로 한 행의 표제를 명확히 하려면 열의 표제와 그 행의 항목들을 함께 이해하는 것이 좋다. 가령, 실체라는 행에는 각 열에 속하는 실체의 항목들이 있다. 이와 마찬가지로 어떤 열의 표제를 명확히 하려면 한 행의 표제와 그 열의 항목들을 더 명확히 이해하는 것이 좋다. 예를 들어, 성취는 통합이 완성되었을 때 이루어진다. 행렬 전체를 한 바퀴는 도는 것도 이해를 높일 수 있다. 이는 마치 우리가 어떤 주제를 공부할 때, 단지 막연하게 이해하는 어떤 글을 읽고, 이 막연한 이해를 이용해 두 번째 글과 세 번째 글을 어느 정도 파악하고, 그런 다음 첫 번째 글로 돌아가 그것을 더 잘 이해하고, 그다음 두 번째와 세 번째 글로 돌아가 그것을 더 잘 이해하는 것과 같다. 하지만 이 행렬을 만들고 체계화하는 일은 카드로 집을 짓는 것처럼 느껴질 수 있음을 인정한다. 제대로 섰을 때에도 그것은 불안하게 기우뚱거리는 것처럼 보일 수 있다.

우리의 목록에서 세 차원은 종종 함께 묶여 한 호흡으로 언급된다. 진truth · 선goodness · 미beauty가 그것이다. 이것들을 한 줄로 놓으면 즐거울지 모른다. 그러나 철학자의 일반적 관점에서 이 묶음에서 진의 존재는 당혹스럽다. 철학자는 참true이란 말을 명제나 문장이나 진술, 즉 언어 항 같은 것에 적용한다. 그런 것이 참인 경우는 사실과 일치할 때, 상황이 어떤지를 묘사할 때다. 매우 겸손한 서술적 진술은 참일 것이다. 가령, 앞 페이지에는 모음 'ㅏ'의 출현이 최소 한 번 나온다는 진술이 그것이다. 잘 만들어진 각각의 모든 진술은 그것이 참이거나 그 부정이 참이기 때문에, 참의 진술의 수는 우리가 어떻게 해야 하는지를 알거나 우리가 초점을 맞추기를 원하는 것들보다 더 많다. (다음 진술들을 생각해보라. "앞 문장에는 942개의 단어가 들어 있지 않다." "코끼리 한 마리가 지금 내 펜을 쓰고 있는 것은 사실이 아니다.") 참의 문장처럼 겸손하고 진부한 것이 미·선과 함께한 목록에 속할까? 어쩌면 근본적이거나 중요한 참의 문장들, 즉 알 가치가 큰 문장들만 거기에 속할지 모른다. 그러나 진이란 단어가 미·선과 함께 입에서 딸려 나올 때, 나는 그것을 메타언어의 어떤 것으로, 문장이나 명제 같은 어떤 것의 한 속성으로 해석하는 것이 가장 좋다고는 전혀 생각하지 않는다. 진리와 미가 동일하다고 주장한 존 키츠John Keats, 1795~1821의 말이 옳든 그르든 진은 미·선과 같은 종류에 적용된다. 그것은 문장과 명제에만 국한 되지 않는다.˙ 더 나아가 나는 진이 본래 관계적이라고 생각할 때가 가장 좋다고도 생각하지 않는다. 진이 상응이든 논리 정연함이든 폭로든 상관없이 말이다.

어떤 것의 진리는 그것의 내적 존재다. 어떤 것의 진리는 그것의 내적 본질이고, 이 본질은 (항상 그렇지는 않지만) 멀리 빛날 수 있다. 어떤 것의 진리는 그에 대한 가장 깊은 진리이고(도움이 된다면 이것을 메타언어적으로 이해해도 좋다), 그것의 내적 본질에 관한 진리다. 어떤 것의 진리는 그것의 내적인 빛이다. (그래서 밖으로 빛난다.) 어떤 것의 내적 본성, 그것의 가장 깊은 본질이 어둠일 수는 없을까? 에릭 에릭슨 Erik Erikson, 1902~1994, 독일 출생의 미국 정신분석학자 — 옮긴이 이 《간디의 진실Gandhi's truth》을 썼다면, 우리는 스탈린이나 히틀러의 진실을 쓸 수 있을까? 이 문제는 피해야 더 좋겠지만, 단지 어떤 것의 실재가 그것의 존경할 만한 또는 바람직한 본성이라고 규정하고 피할 수는 없다. 본성이라는 것이 있다면 말이다.

• 현대 철학자 마르틴 하이데거Martin Heidegger는 진리를 더 넓게 해석했다. 그가 볼 때 진리는 일종의 진술인가 무진술인가, 폭로인가 비폭로인가다. 비록 그의 진리 개념은 더 넓게 적용되지만, 왜 우리가 특별히 그 말을 문장에 적용하는 경향이 있는지를 이해할 수 있는 것은 하이데거의 이론 덕분이다. 폭로와 비폭로는 하이데거에게는 개인적 주제 이기도 했다. 그는 결코 그가 나치즘에 얼마나 깊이 연루되어 있는지를 말하지 않았으니 말이다. 통찰력 있는 다음 논문을 보라. Thomas Sheehan, "Heidegger and the Nazis," *New York Review of Books*, Vol. 35, No. 10 (June 16, 1988), pp. 38~47.

통합과 실체성 밑에 어떤 행, 즉 우리가 그 표제를 아직 모르는 범주나 양식이 있다면, 진은 **본질적**이라는 첫 번째 열에 들어갈 것이다. 선과 미가 그 옆에 나란히 배열된다면, 선은 관계적 열에 들어간다. 본질적 성격이 진이고 관계적 성격이 선인 범주에서, 미는 성취에 해당한다. 심지어 그렇게 되어야 하는 것조차 아름답게 여겨진다. 진과 선에 미를 더하는 것은 단지 이 목록의 배열일 뿐 아니라 목록의 성취인 듯하다.

우리는 본질적 양상이 (어떤 것의) 진이고, 관계적 양상이 선이고, 성취가 미인 존재의 범주나 양식을 세 번째 행에 놓았다. 그렇게 고상한 범주의 이상적 한계는 무엇일까? 무엇이 그것의 이상적 한계일 수 있을까? 신성함일 것이다. 진·선·미·신성. 이 열은 멈추지 않고 이어질 수 있다.

본질적 양상인 진으로 시작해서 이상적 한계인 신성으로 끝나는 범주는 과연 어떤 범주일까? **탁월함**이나 **본질**이라는 표제는 완벽하게 들어맞지 않을 듯하다. 그것은 **빛**의 범주라고 말하고 싶다. 어떤 것의 본질적 빛은 그것의 진이고, 관계적 빛은 그것의 선이고, 빛의 성취는 그것의 미이고, 신성함은 그 빛의 이상적 한계다. 이 말은 영감을 자극하지만 불분명하다는 것을 인정한다. 그러나 그것을 거부하기보다 좀 더 완전한 이해를 기다리는 것이 좋겠다.

몇몇 차원은 어떤 것의 크기 및 **범위**와 관련 있다. 어떤 것의 깊이, 높이, 진폭, 무한이 그런 차원들이다. 깊이는 본질적이고, 무한은 이상적 한계, 높이는 성취일 것이다. 그렇다면 임시로(비록 내키지 않더라도) 진폭을 관계적으로 보기로 하자. 다른 차원들은 어떤 것의 **에너지**를 가리킨다. 어떤 것의 강도와 활력이 그런 차원들이다. 강도는 내적이고, 활력은 밖으로 흘러나온다고 생각한다. 여기에서 창조성은 에너지의 성취로 적합할 것이다. (에너지의 이상적 한계, 즉 무한한 에너지에 대해서는 특별한 말이 떠오르지 않는다.) 12장 '더 진실한 존재'에서 실재에 대한 논의를 시작할 때, 우리는 초점의 예리함과 생생함에 대해, 즉 어떤 것이 형상을 이루고 우뚝 서 있는 정도에 대해 고찰했다. 그렇다면 **초점**은 일반적 범주로 우리의 행렬에 추가되어야 한다. 나는 초점의 성취 또는 **목적인**이 무엇인지, 뚜렷한 형상을 나타내는 것이 무엇인지 확신하지는 못하지만, 아마 그것은 배경 그리고 타인들과 뚜렷이 구별되는 개인성일 것이다. 그렇다면 그 이상적 한계는 절대적 특수성과 절대적 고유성, 즉 독자성sui generis일 것이다. 차원들의 또 다른 범주는 충만함, 많음, 풍부함, 총체성을 다루는 범주일 것이다. 여기에서 이상적 한계는 완전한 포괄성일 것이다. 그러나 그것들의 정확한 위치는 불분명하다. 충만함을 그것들의 일반적 범주로 놓고, 총체성을 성취로, 풍부함을 관계적 양상으로 놓아보자. 그렇다면 그것의 본질적 양상은 아마 구조나 조직이 될 것이다. 이제 우리는 (비틀거리면서) 옆의 상단 행렬에 도달했다.

실재 차원들의 무질서한 목록에 비해 이 행렬은 비록 허약하지만 약간의 통일성이 있다.

앞에서 언급한 다른 차원들을 포함하기 위해 새로운 행들을 더할 수도 있다. **독립성**이란 표제의 행에는 각각 자기 주도, 자유, 자율, 자기 선택이 들어갈 것이다. (이것들과 그 아래 행들은 이제 표준

	본질적	관계적	성취 또는 목적인	이상적 한계
통합	가치	의미	완성도	완벽함
실체	무게	중요성	위대함	전능
빛	진	선	미	신성
범위	깊이	진폭	높이	무한
에너지	강도	활력	창조성	무한 에너지
초점	예리함	생생함	개인성	독자성
충만함	조직	풍부함	총체성	완전한 포괄성

이 된 열들의 순서에 따라 본질적, 관계적, 성취 또는 목적인, 이상적 한계로 나열된다.) 우리는 평온, 화해 또는 외부와 하나됨, 조화, 이해를 넘어선 이상적 한계를 포함하는 **평화**의 행을 추가할 수 있다. 또한 **발전**이란 표제의 행은 (내적) 성숙, (외적) 성장, 목적, 운명을 포함할 것이다. 마지막으로 존재의 행에서는 본질적 양상에 시간적 존재가, 관계적 양상에 공간적 존재가, 성취 또는 목적인에 인과적 상호작용이, 이상적 한계에는 필연적 존재성 또는 자기 원인causa sui 이 들어갈 것이다. 네 개의 추가된 행들은 아래와 같은 도표를 이룬다.

	본질적	관계적	성취 또는 목적인	이상적 한계
독립성	자기 주도	자유	자율	자기 선택
평화	평온	화해	조화	이해를 넘어선 평화
발전	성숙	성장	목적	운명
존재	시간적 존재	공간적 존재	인과적 상호작용	자기 원인

우리의 첫 번째 도표에 (16차원을 담고 있는) 이 네 행을 추가하면

11행과 4열로 확장된 도표가 탄생한다. 11은 그 이상으로 체계화하지 않고 단지 나열하기에는 상당히 큰 수지만, 어쩌면 7이라도 그랬을지 모른다. 하지만 우리는 이 과정을 한 단계 더 발전시킬 수 있다. 만일 우리가 (네 차원으로 구성된) 새로운 행을 발견하고 위의 확장된 도표에 추가하여 4×12 행렬이 나온다면, 그 12행을 따로 4×3 행렬로 배열할 수 있을 것이다. 그렇게 하면 그 12행들이 서로 어떻게 관련되어 있는지 더 잘 이해할 수 있고, 2차원의 4×12 행렬을 3차원의 구조, 즉 4×4×3의 직사각 다면체로 변형시킬 수 있다. 그런 다면체에는 48개의 차원이 담기고 서로 긴밀히 관련될 것이다.

이 사색이 참으로 빈약하다는 것을 인정한다 치고, 이것이 어떤 효과를 발휘하는지 살펴보자. 우리가 4×3 배열로 체계화하려는 11행의 표제들은 다음과 같다(열두 번째는 아직 이름 없이 추가된다). 통합, 실체, 빛, 범위, 에너지, 초점, 충만함, 독립성, 평화, 발전, 존재. 이것들을 어떻게 이해하기 쉽게 분류해 묶을 수 있을까? 범위·통합·충만함·실체의 행들은 **구조적 구성** 또는 조직이라는 좀 더 일반적 범주에 속하는 반면 빛·에너지·초점은 집중적 운동 또는 **벡터 방향**과 관계가 있다. 게다가 이 조직 안에서 어떤 쌍들은 자연스러워 보인다. 벡터 방향인 에너지는 구조적 구성인 충만함과 자연스럽게 짝을 이루는데, 도표의 네 열에서 에너지와 충만함의 두 행이 어떻게 상응하는지를 보면 확인할 수 있다. 에너지 차원이 집중된 형식이라면 충만함 차원은 펼쳐진 구조적 조직이다. 초점과 통합 쌍, 빛과 범위 쌍도 마찬가지다. 실체는 이름이 붙지 않은 열두 번째 범주와 쌍을 이룰 것이다. 행 표제들의 세 번째 집단은 방법이나 방식, 또는 **양식**과 관계가 있다. 우리는 이 묶음에(위에서 제시한 순서대로) 독립성·발전·평화를 넣을 수 있고, 존재는 실체 및 무명의 범주와 묶을 수 있다.

그 결과 아래와 같은 행렬이 나온다.

벡터 방향	구조적 구성	양식
에너지	충만함	독립성
초점	통합	발전
(무명)	실체	존재
빛	범위	평화

새 집단(구조적 구성, 벡터 방향, 양식)은 어떤 것의 기능적 성격, 즉 그것이 어떻게 **작동하는가**를 명시할 것이다. 그것은 기능의 구조적 기초와 작용의 종류(방향과 양식)를 명시한다. 그러므로 우리는 또한 그것이 어떤 것의 **기능적 성격**을 명시한다고 말할 수 있다. 다른 한편으로 도표의 네 열(본질적, 관계적, 목적인, 이상적 한계)은 철학자의 용어로 지향성, 즉 밖으로 움직이는 서사를 명시할 것이다. 그러나 이것은 시간에 따라 전개되지 않으므로 그것을 어떤 것의 **잠재력**으로 볼 수 있다. 좀 더 중립적으로 말하자면, 우리는 그것을 일종의 방향성으로 볼 수 있다. 이제 우리는 다면체의 세 면 중 두 면인 기능적 성격과 방향성(또는 잠재력)을 완성했다.

그렇다면 다면체의 세 번째 면은 무엇일까? 우리의 확장된 행렬에서 12행의 표제들을 다시 분류하면 그것을 만날 수 있다. 이번에는 네 집단으로 분류한다(그것은 구조적 구성, 벡터 방향, 양식의 세 범주와 교차한다). 독립성·에너지·충만함은 **생기**라 부를 수 있는 집단에 속하고, 빛·범위·평화는 **정신**spirit이라 부를 수 있는 집단에 속하며, 초점과 통합은 **집중성**이라 부를 수 있는 집단에 속하고, 어쩌면 발전도 시간에 따른 집중성에 들어갈 것이다. 마지막으로 존재와 실체는 더 좋은 용어가 없기 때문에 '거기 있음thereness'이라 부를 수 있는 집단에 속할 것이다. 이 네 종류의 좀 더 일반적 범주들, 정신·집중성·생기·거기 있음은 모두 (큰 단어에 의존하자면) 어떤 것의 존재성being을 묘사한다. 이렇게 해서 존재성이 다면체의 세 번째 면이 된다.

〈그림 2〉는 우리의 (직사각) 다면체의 모습을 보여주고, 그 세 축인 방향성, 기능적 성격, 존재성을 함께 보여준다. 이 4×3×4 다면체 안에는 실재의 48개 차원이 배열된다. 〈그림 3〉부터 〈그림 6〉은 모든 차원을 볼 수 있게 다면체를 분할했다.

영국 철학자 존 L. 오스틴John L. Austin, 1911~1960의 주장에 따르면, 비록 우리는 실재의 차원 양상들을 구체적으로 명시하여 실재를 다소 구체화하지만, 실재 개념에 대해 아주 일반적으로 말하는 것은 잘못이라고 한다. 오스틴은 그보다 더 겸손한 단어인 **진짜**real라는 말을 살펴보라고 말한다. 예를 들어 진짜 시계나 진짜 오리처럼 우리는 어떤 것이 그 종류에 진짜 속하는지 아닌지를 이야기한다. 오스틴에 따르면 **진짜**는 단지 다른 부정적인 상태의 것들과 대조하기 위해 사용된다는 것이다. 진짜는 미끼, 장난감, 인공적인 것, 염색한 것 등과 대조된다. 이 다른 방식의 존재는 독립적인 내용물을

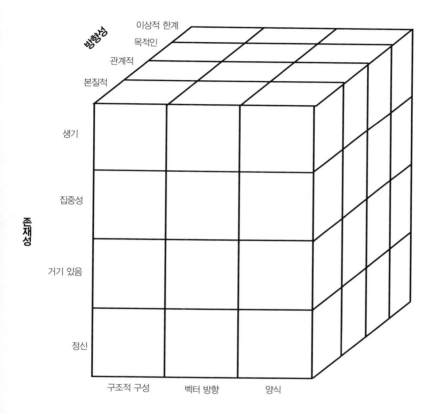

방향성

이상적 한계
목적인
관계적
본질적

존재성

생기
집중성
거기 있음
정신

구조적 구성　　벡터 방향　　양식

기능적 성격

〈**그림 2**〉 실재의 다면체

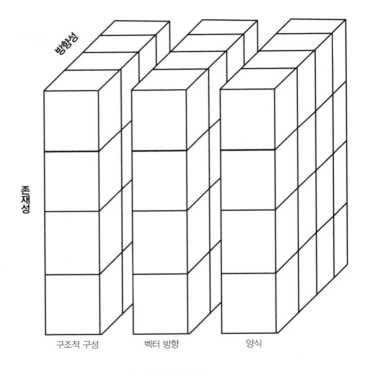

<그림 3> 모든 성분을 볼 수 있게 분할한 다면체

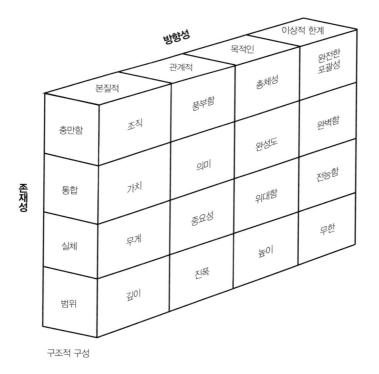

〈그림 4〉 다면체의 전체적인 구조적 구성

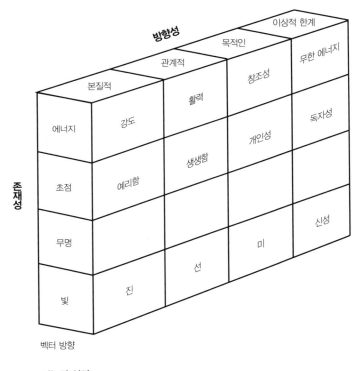

방향성

존재성

이상적 한계

목적인

관계적

무한 에너지

본질적

창조성

활력

에너지

강도

독자성

개인성

초점

예리함

생생함

무명

신성

미

빛

선

진

벡터 방향

기능적 성격

〈그림 5〉 다면체의 전체적인 벡터 방향

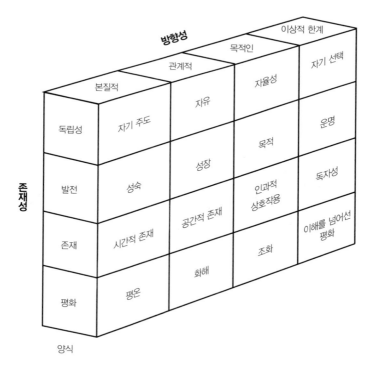

방향성

존재성

이상적 한계

목적인

관계적

자기 선택

본질적

자율성

자유

독립성   자기 주도   운명

목적

발전   성숙   성장   독자성

인과적
상호작용

존재   시간적 존재   공간적 존재   이해를 넘어선
평화

조화

평화   평온   화해

양식

기능적 성격

〈**그림 6**〉 다면체의 전체적인 양식

갖고 있다. 화자가 어떤 것을 '진짜'라고 부를 때, 그것은 단지 그가 염두에 두고 있는 이 다른 방식 중 하나(또는 몇 개)를 제외하는 것에 불과하다.* 그러나 이 다른 존재 방식들은 장난감, 인공적인 것, 염색한 것 등 각각 그 종류의 가짜로, 또는 덜 진짜의 것으로, 혹은 단지 그 종류의 진짜가 아닌 상태로 존재하는 한 방식이다. 그 특수한 종류의 충분히 진짜가 아닌 방식의 목록은 길고 무제한적이다. 그 내용은 부분적으로 그 종류의 성질에 달려 있지만, 그럼에도 우리는 이렇게 물어야 한다. 충분히 진짜가 아닌 이 모든 방식이 왜 존재하는가? 오스틴이 보기에 '진짜' 개념에는 긍정적 내용물이 없다. 그것은 단지 부정적 방식들을 제외하는 역할만 한다. 그러나 이 '부정적' 방식은 왜 존재할까? 무엇이 그 목록을 만들어낼까? 우리뿐 아니라 심지어 오스틴이 보기에도, 어떤 방식들이 덜 진짜이거나 가짜이거나 진짜가 아닌 것으로 간주되는지 아는 방법이 있는 듯하다. 하지만 이 다른 방법들을 일단 분류하면 '진짜'는 단지 가짜로 존재하는 다른 방식들의 집단과 대조될 뿐이라고 주장할 강력한 이유가 있다기보다는, 그 집단이 진짜의 만족스러운 개념과 대조되는 것으로 간주 및 분류된다고 주장할 수 있을 듯하다. 그로 인해 우리는 실재의 성격(또는 적어도 더 작은 실재로 간주되는 것들의 공통 맥락)을 고찰해야 한다는 과제로 되돌아간다. 그러나 우리는 더 진실하거나 덜 진실할 수 있는 여러 방법이 있다는 오스틴의 주장에는 동의할 수 있다. 실재의 차원적 양상들

---

* John. L. Austin, *Sense and Sensibilia* (Oxford, England: Clarendon Press, 1962), Chapter VII.

의 목록이 그 방식들을 표시해준다.

그럼에도 여기에서 실재라는 일반적 범주에 호소하는 것은 자의적이지 않을까? 그 모든 차원(가치, 의미, 무게, 중요성, 강도 등)을 하나의 전체 범주에 넣고 그것을 실재라 부른다고 해서 명확한 어떤 것이 추가되는가? 그저 이 더 구체적인 차원들에 대해 이야기하거나, 그것들에 다른 어떤 일반적 용어를 적용하는 것이 더 낫지 않을까? 특히 여기에서 **실재**라는 용어가 현실과의 결합을 느슨하게 한다면? 이 차원들을 실재의 차원들로 묶는 방법이 그 차원들과 실재의 성격을 동시에 설명한다고 독자들이 (나처럼) 느꼈기를 바란다. 더 나아가 그 차원들을 (2차원) 도표의 복잡한 그물로 배열하면 그 차원들은 서로 단절된 목록으로 남지 않는다. 상호관계가 없는 것들은 아귀가 잘 들어맞지 않는다. 그것들은 어떤 한 개념의 상호 관련된 양상들을 이룬다고 생각하는 것이 합리적일 것이다. 그렇지 않다면 왜 그것들이 그렇게 서로 잘 어울리겠는가? (이 주장은 행렬 내의 일부 배열이 '느낌'에 상당히 의존했다는 것을 인정할 때에도 마찬가지다. 하지만 좀 더 빈약한 다면체의 경우 이 주장은 무게가 줄어들 것이다.) 행렬이나 다면체의 상호 관련된 구조(차원들을 배열한 방식, 행과 열의 명칭, 차원들을 분류한 일반 범주들)를 사실/가치 문제나 경험적 적용 같은 더 자세한 이론에 이용하는 것도 유용할 것이다. 경험적 적용의 예로는, 무엇이 기억에 지속적 효과를 남기는가를 다루는 문제, 또는 자신이나 세계가 비현실적으로 느껴진다고 보고하는 정신병 환자를 이해하는 문제가 있을 것이다. 형이상학이 그것을 다른 곳에 적용하는 것도 하나의 과제일 것이다.

그럼에도 차원들의 상호 관련성 때문에 그 차원들이 어떤 한 개념의 양상들을 의미한다고 가정해도, 왜 그것을 실재 개념이라고 불러야 할까? 실재의 전통적 기준들을 나열해보면 더 충분한 답이 보일지 모른다. 예를 들어, 어떤 변형을 견디는 불변성(또는 더 적게 변함), 안정적 평형 상태, 가치나 존경의 대상, 더 큰 영속성, 상황의 목표를 구체적으로 명시함, 다른 현상의 기초가 됨, 다른 것들과 대조되었을 때 그것들보다 더 크게 보임 등이 그런 기준들이다. *

그러나 나는 이것들을 하나의 선명하고 만족스러운 그림으로 결합하거나 왜 **이것들**이 **실재**의 기준인지, 왜 실재가 바로 이 기준들을 예시하는지를 설명할 좋은 방법을 모른다. 그래서 다시 이 장에서 제시한 것의 그 임시적 성격을 강조하는 것이 좋겠다. 우리는 더 적절한 도표, 실재의 차원들을 더 잘 체계화하는 방법, 그리고 특히 그 도표가 알려주는 기초적 이야기와 그것이 묘사하는 실재 그리고 그 안에서의 우리 위치를 더 잘 보여주는 좀 더 깊은 이해를 발전시킬 필요가 있다. 실재의 기본 성격을 더 깊이 고찰한 몇몇 생각을 이 장의 부록에서 소개하고자 한다.

• 플라톤의 실재의 정도 이론에 관한 이해하기 쉬운 논의를 보라. Gregory Vlastos, *Platonic Studies* (Princeton, N. J.: Princeton University Press, 1973), Essays 2 and 3.

실재의 형이상학

궁극적 실재의 어떤 성격이 우리가 그려온 그 특별한 질서를 만들까? 과학적 자연주의, 서양의 일신론, 베단타 철학, 중관 불교, 철학자들의 형이상학적 가설들을 포함해 내가 아는 어떤 이론도 앞서 전개한 행렬이나 다면체를 설명하지 못한다. 어떤 이론도 왜 실재가 그런 차원들을 포함하는지, 그리고 행과 열의 그 범주들에 따라 구성되는지 설명하지 못한다. (그 행렬에는 그만큼 더 불리할까?) 나는 행렬에 나타난 실재의 성격을 고찰하고자 한다. 그러나 그 고찰은 내 바람보다 더 애매하고 둔탁하다.

궁극적 실재란 개념은 언급되는 이론에 따라 각기 다른 것을 가리킬 수 있다. 모든 것의 구성에 들어가는 기본 재료일 수 있고, 모든 현재 사건을 설명하는 기본적 설명 차원일 수도 있고, 다른 모든 것을 야기하는 인자일 수 있고, 모든 것이 발전해가는 목표일 수 있고, 가장 진실한 것일 수도 있다. 그러나 이렇게 다른 궁극성의 양식들도 공통적인 특질을 공유한다. 궁극성은 항상 어떤 배열의 극단을 표시한다. 이 배열은 일련의 설명, 일련의 발생, 일련의 더 먼 목표 등에 기초했을 수 있다. 각각의 경우, 궁극적인 것은 어떤 배열의 끝에 오고, 그 배열은 중요하고 대단히 길며, 어쩌면 무한할 수도 있다. 바로 그 위치가 그것을 궁극적으로 만든다. 그 배열의 더 좋거나 더 중요한 끝이 그것의 궁극적인 면을 구성한다. 궁극적 실재는 그 배열의 가장 표면적인 곳이 아니라 가장 깊은 끝에 놓여 있다. 진실하다는 단어는 "가장 높고, 가장 깊고, 가장 안쪽에 있고, 가장 본질적인 것, 또는 그것을 넘어선 더 이상의 어떤 것도 생각할 수 없는 최상의 것들을 가리킨다"*라고 독일 철학자 하인리히 리케르트Heinrich Rickert, 1863~1936는 주장했다.

궁극적 진리는 어떤 중요하고 긴 배열의 더 좋은 극단을 표시한다. 실재의 차원 양상들(가치, 의미, 무게, 강도 등)은 어떤 것들이 그에 따라 질서 있게 배열될 수 있는 차원들이다. 각각의 차원은 그에 해당하는 성질이 많을수록 더 좋고 더 진실하다. 물론 가장 많으면 가장 진실하다. 실재의 차원은 아리스토텔레스의 가치와 다르다. 아리스토텔레스의 가치에서 최고의 위치는 양극단이 아니라 중용(황금률)에 있다. 아리스토텔레스의 주장에서 용기는 비겁과 무모함의 **중간**에 있는 반면, 기본적인 평가 차원들에서 용기는 더 많을수록 더 좋다. 이 평가 차원들은 또한 (점증하는) 실재의 기본 차원들이라서 점수가 높을수록 더 큰 실재를 낳는다. 실재와 평가

• 다음에서 인용했다. W. M. Urban, *The Intelligible World* (London: Allen and Unwin, 1929), p. 152.

의 기본 차원들은 내림세 없이 계속 상승한다. 실재의 성격에 관한 올바른 이론이 있다면 왜 그런지를 설명할 것이다.

실재는 끝없고 무한하다. 그 차원들에는 정지점과 포만점이 없다. 실재가 얼마나 예리하게 출현할 수 있는가는 끝이 없고, 그 에너지·충만함·초점·통합 등에는 한계가 없다. 실재는 최종 수준이나 기본 수준이 없고, 정류장이 없다. (실재의 궁극은 궁극성이 없다는 것일까?) **이상적 한계**란 표제가 붙은 마지막 열은 정지점을 나타낸다고 봐서는 안 되지만, 다양한 정도는 있을 수 있다. 어떤 신비주의자들은 그들의 이전 경험을 확실히 초월한다는 새로운 득도 경험을 보고하지만, 한때 그들은 진정으로 그 이전 경험을 무한하고 능가할 수 없는 경험으로 보았다. 이 과거 경험들은 그때에는 평범한 경험과 비교하여 가장 강렬한 표현으로 묘사하는 것이 적절했지만, 이제는 한계가 있다고 여겨진다. 무한한 실재는 여러 수준의 무한성을 포괄할 것이다. 실재가 무한하다는 것이 실재의 기본 사실이라면, 실재가 여러 정도로 존재하는 것은 놀랍지 않을 것이다. 그러므로 실재는 차원들, 즉 등급을 가진 양상들로 구성된다.

그럼에도 우리는 왜 실재가 그런 구체적 행렬이나 다면체로 배열되고, 그 차원들이 정확히 그런 행과 열로 배열되는지 이해하기 원한다. 그 행과 열의 이름에 대해 우리가 제공할 수 있는 어떤 일반적 설명이나 이야기가 있을까?

행렬의 네 열은 어떤 것의 잠재력을 지정하는 프로필에 해당한다. 만일 어떤 것의 본질적 성격이나 본성, 그것의 관계적 성격, 그것의 성취, 그것의 이상적 한계를 안다면, 우리는 그것의 잠재적 방향성, 그것의 이력, 그것이 무엇을 향하는지를 아는 것이다. 네 열은 본질적, 관계적, 성취, 이상적 한계 순서로 나열된다. 여기에서 그 방향은 단지 외적 확장의 방향일까, 아니면 더 복잡한 이야기가 숨어 있을까?

통합, 실체, 빛, 범위, 에너지 등 다면체로 배열하기 전 행렬을 이루는 11행의 표제들은 (각각의 정도로) 어떤 것의 상태, 다시 말해 어떤 것의 존재 양식의 세로 단면, 그것의 형이상학적 구조를 묘사한다. 이 행렬을 다면체로 변형한 뒤 우리는 더 나아가, 이 상태 묘사가 두 부분이나 두 양상으로 나뉜다고 말할 수 있다. 어떤 것의 기능적 본성, 즉 그것이 어떻게 작동하는가에 대한 묘사와 그 존재에 대한 묘사가 그것이다.

세 개의 가장 일반적 축인 존재성, 기능성, 방향성은 하나로 묶일 수 있다. 존재는 방향을 가진 기능 및 작동의 양식이고, 향하는 상태다. **존재는 (무엇인가를) 향하여 작동한다** Being operates toward. 여기에는 주어인 **존재**being, 동사인 **작동하다**operate, 전치사(방향성)인 **향하여** toward가 있다. 그렇다면 목적어는 무엇일까? 존재는 무엇을 향해 작동할까?

여기에서 네 가지 가능성을 나열해볼 가치가 있다. 첫째, 실재의 기본 성격은 존재의 방향적 작동, 존재의 지향적 작동에 있다. 그것은 기본적인 형이상학적 사실이다. 어떻게든 무작위가 아닌 쪽을 향해 움직이거나 성장하거나 변화하거나 작동하는 존재가 있는 것이다. (똑같지는 않지만, 이는 개인이 목표를 향해 행동하는 것과 유사하다.) 이 지향적 작동에는 내재적 목적론이 있다. 존재는 (무엇인가를) 향해 작동한다는, 실재에 관한 기초적인 형이상학적 사실 안에서 가치가 탄생한다. (이때 가치는 유기적 통일성의 정도가 아니라, 유효하다고 평가되는 모든 것의 가장 일반적 의미로 사용된다.) 우리는 다음과 같이 말할 수도 있다. 존재는 가치를 향해 작동한다. 가치는 존재가 방향을 갖고 작동함으로써 발생한다. 만일 존재가 정적이거나 존재의 운동이 무작위라면, 가치는 생기지 않을 것이다. 가치가 어떤 방향에 미리 존재하기 때문에 존재가 그쪽을 향해 움직이는 것이 아니다. 존재가 (어떤 것을) 향해 그쪽으로 움직이기 때문에 가치가 있다. 존재, 그 작동, 그 방향성 이 세 가지 성분은 매우 기초적이어서, 우리는 존재가 **틀린** 방향으로 작동하지는 않는지 물을 방법이 없다. 이 질문을 던지기 위해 딛고 설 더 깊은 수준이 없는 것이다. 그런 그림은 추상적 수준에서는 매혹적일지 모른다. 그래도 우리는 이의를 제기하고자 한다. 만일 우리가 알고 있는 가장 큰 것, 즉 우주가 열사와 해체를 향해 움직이고 있다면, 이 방향은 우주적 가치의 본성을 지정하거나 결정할까? 어떤 것을 향해 움직이는 것이 실재나 존재라면 그것은 왜 달라야 할까?

두 번째 가능성은 존재가 무엇을 향해 작동하는가에 더 구체적 내용을 부여한다. 그 방향성은 내적인 것에서 관계적인 것으로, 목적인으로, 그리고 이상적 한계로 향하고, 마지막에는 이상적 한계에 의해 결정된다. 그 열에는 완벽함, 전능, 신성, 무한, 무한 에너지, 독자성, 완전한 포괄성, 자기 선택, 이해를 넘어선 평화, 운명, 자기 원인이 포함되어 있었다. 물론 많은 것이 예로부터 신의 속성으로 간주되어왔다. 이 두 번째 가능성에 따르자면, 존재가 나아가는 지향점은 신이 되는 것이다. 신은 존재의 기원이나 그 이전의 원인이 아니라 그 **목표**이고, 존재가 움직이고 작동하는 지향점인 것이다. 존재가 도달하는 곳은 신이 되는 것이다! (아주 고무적이지만 우리는 그 열들을 역순으로 배열할 수는 없었을까?)

세 번째 가능성은 예로부터 신학적 성격을 더 많이 띤 것으로 신을 존재의 기원으로 본다. 그럼에도 존재는 여전히 신처럼 되는 것을 향해 나아갈 수 있다. 다시 말해, 신과의 새로운 공동 정체성, 신 혼자서는 획득할 수 없을 정도의 실재를 소유하는 공동 정체성을 형성하기 위해, 신의 (거의) 모든 이상적 한계의 성질들을 가진 상태를 향해 움직일 수 있다. (그때 우리는 **그것의** '자식'인 새로운 어떤 것을 창조할 수 있을까?)

신과 신앙에 관한 앞의 장은, 그 사색이 신의 본성이 아니라 신 개념을 묘사했다고 말하면서 끝맺었다. 형이상학적 사색이 도움이 될 수 있을까? 만일 신이 존재의 기능성의 이상적 한계라면, 신의 본성은 이 이상적 한계를 나타내는 구체적 차원들에서 한정된 내용을 부여받게 된다. 그러나 앞에서 보았듯이, 신 개념은 그 자체로 가능한 가장 큰 완벽함이 필요 없으며, 따라서 신이 그 이상적 한계에 속한다고 생각할 이유(아마 사람들의 가장 높거나 가장 깊은 경험들을 통해 드러나는)가 있어야 할 것이다.

네 번째 가능성은 존재의 방향적 움직임을 반복적이거나 회귀적인 과정으로 본다. 우리는 이상적 한계 수준에서 존재의 단면이 새로운 행렬의 첫 열을 점유한다고 볼 수 있고, 그에 대해 이렇게 물을 수 있다. 그것의 관계적 성격, 목적인, 이상적 한계는 무엇인가?

그것은 다른 어떤 것이 될 수 있다. '이상적 한계'라는 개념은 추이적일 필요가 없다. 어떤 것의 이상적 한계의 이상적 한계는 그것의 이상적 한계일 필요가 없다. 다음이 그 예다. 양의 유한 정수들을 늘어놓은 시퀀스의 이상적 한계는 가장 작은 무한수일 수 있지만, 이로부터 성립 가능한 무한수들의 이상적 한계는 양의 정수들의 이상적 한계가 아니다. 최초의 무한수는 이미 유한수의 범주를 벗어나고, 새 범주의 이상적 한계는 유한수와 너무 멀어서 그것의 이상적 한계가 될 수 없다. 그러므로 행렬이나 다면체의 열들의 그 순서는 반복 과정을 나타낼 수 있다. 그런 가능성은 상상력을 자극한다. 그러나 어떤 문제의 일반화는 종종 그 해답을 가리키지만, 이 반복 가능성은 존재가 무엇을 향해 움직이는가를 더 적절히 이해할 수 있도록, 우리가 지금까지 고찰해온, 최초이지만 반복되지 않는 그 행렬이나 다면체를 설명하지는 못하는 듯하다.

존재가 방향을 갖고 작동한다는 주제는 고무적이지만 애매하다. 우리는 아직 실재의 본성과 배열을 더 깊이, 더 충분히 이해할 수 있는 지점에 도달하지 못했다.

The
Examined
Life

Chapter 17

어둠과 빛

삶 전체에 영향을 주고 자신을 변화하는 방식

이 책에서 그린 실재가 완전히 낙관적이지는 않다. 여기에는 고통스럽거나 비도덕적 방향을 가진 구체적 차원이 추가될 수 있다. 악도 포괄적일 수 있고, 고통도 강렬할 수 있다. 그렇다면 실재와 더 깊이 연결되고 더 진실해지라는 권유는 위험하지 않을까? 전체를 결합한 입장으로 이 위험을 줄일 수 있겠지만, 그래도 우리와 실재의 관계가 부정적 방향으로 증가할 수 있는 여지가 남지 않을까?

'긍정성' 자체에 실재의 한 차원의 지위를 부여하고, 그것을 행렬에 넣는다고 해서 부정적 방향의 문제가 제거되진 않을 것이다. 다른 모든 점이 동등하다면 어떤 것이 더 긍정적일수록 그것은 더 진실할 테고, 그래서 긍정적 방향으로 가는 것은 더 진실해지는 한 방법일 것이다. 그러나 여전히 긍정성은 불확실한 위치에 머문다. 여러 차원 사이에서 그것은 다른 차원들이 누리는 기회로 인해 축소될 수 있으므로 어떤 사람이 가장 큰 실재로 가는 길은 부정적 길일 수 있다.

실재의 어떤 차원들은 확고히 긍정적인 성격이 있다. 예를 들어 가치와 의미, 선과 신성이 그것이다. 빛의 행에 포함된 것들은 모두 긍정적이다. (다른 긍정적 차원도 있으며, 어떤 차원은 도덕상 중립적으로 여겨진다.) 그렇다면 다른 어떤 차원 범주, 즉 **어둠**의 행이 있고 그 범주는 도덕적 문제에 특별히 초점을 맞추지 않지만, 고통과 비극처럼 우리가 부정적이라 부르는 것들을 명백히 포함하지 않을까? (어둠의 본질적 양상은 고통으로, 그 관계적 양상은 절망과 분노로, 그 성취는 비극으로 나타나지 않을까? 그렇다면 무엇이 그 한계일까?) 이것들은 투쟁, 반대, 갈등과 더불어 단지 현실의 양상이나 차원이 아니라 실재의 양상이나 차원이 아닐까?

니체는 그런 힘 중 활발한 유희와 투쟁을 중대하고도 삶을 향상시키는 것으로 보았다. 그는 긍정적인 것과 선한 것에만 초점을 맞추면 끝 부분이 잘리고 몸통만 남게 된다고 생각했다. "인간도 나무와 같다. 인간이 높이와 빛을 열망할수록 그의 뿌리는 지면으로, 밑으로, 어둠 속으로, 깊은 곳으로, 즉 악으로 더 강하게 뻗어간다."* 어둠은 악과 하나로 분류되지 말아야 한다. 악은 어둠의 한 형태에 불과하기 때문이다. "가장 높은 것이 그 높이에 도달하려면 가장 깊은 곳에서 출발해야 한다." 마지막으로 그는 이렇게 말했다. "위대한 인간, 팽팽하게 긴장한 활이 발전하는 것은 바로 상반된 것들의 존재와 그것들이 만들어내는 느낌을 통해서라고 나는 믿는다."** 니체의 말은 단지 부정적인 것은 긍정적인 것에 필요한 도구적 수단이라는 뜻이 아니라, 둘이 함께 지속적으로 긴장을 유지하는 역동적 전체를 이룬다는 의미다. 그가 높이 평가한 것은 이 전체와 그것의 긴장이고, 장애물뿐 아니라 장애물의 극복이다.

릴케는 어느 편지에 다음과 같이 썼다.

인생이 두려움으로 가득 차 있다는 것에 때로 충분히 그리고 기쁘게 동의하지 않는 사람은 누구라도, 우리 존재의 말할 수 없는 풍부함과 힘을 결코 소유하지 못합니다. 그는 단지 인생의 변두리를 걷다가, 어느 날 판결이 내려질 때 살지도 죽지도 못할 것입니다. 두려움과 환희의 동일성, 동일한 신의 머리에 달린 두 얼굴, 아니, 그와 우리의 거리에 따라서 또는 우리가 그것을 지각하는 마음 상태에 따라서 단지 표정만 이쪽이나 저쪽으로 바꾸는 하나의 얼굴, 바로 이것이 오르페우스에게는 비가悲歌와 소네트의 진정한 중요성이자 목적입니다.[•••]

나는 부정적인 것을 긍정적인 것과 대등하게 놓는 단계—틀림없이 유쾌함과 해방감을 안겨줄 단계—까지는 나아갈 수가 없다. 다른 두 경로가 앞에 있다. 하나는 일반적 실재에서 출발해 부정적인 것에 종속적 지위를 부여하는 길이고, 다른 하나는 처음부터 긍정

• Friedrich Nietzsche, *The Will to Power* (New York: Vintage Books, 1968), p. 967.
•• Friedrich Nietzsche, *Thus Spoke Zarathustra,* in Walter Kaufmann, ed., *The Portable Nietzsche* (New York: Viking, 1954), pp. 154, 266.
••• 1923년 4월 12일, 마르고트 시조-노티스-크라우이Margot Sizzo-Notis-Crouy 백작 부인에게 보낸 편지. 다음 책에서 인용했다. Stephen Mitchell, ed., *The Selected Poetry of Rainer Maria Rilke* (New York: Random House, 1982), p. 317.

적인 것을 기초로 삼고 시작하는 것이다. 나는 부정적인 것을 포함하는 좀 더 형식주의적 시도인 첫 번째 방법으로 시작할 것이다.

비극과 고통은 사람을 완전히 압도하거나 파괴하지 않을 때 더 큰 실재로 가는 수단이 될 수 있으며, 자체적인 강함이 있다. 그러나 부정적인 것은 한계가 있다. 이는 단지 부정적인 것이 실재의 다른 차원들(빛의 행에 속하지 않은 것들까지 포함하여)을 크게 가로막는 경향이 있고, 그래서 비록 어떤 측면들에서는 실재 점수를 높여주지만 전체적으로 실재 점수를 낮추는, 좋지 못한 거래이기 때문만은 아니다. 부정적인 것은 그 자체의 성격 때문에 그 이상으로 제한된다. 만일 우리의 행렬에 어둠이란 이름이 붙을 만한 행이 있다면, 그 열의 점수들은 빛의 행의 점수보다 낮을 것이다. 적절한 크기의 척도에서, 부정적인 것의 가장 높은 가능한 실재 점수는 긍정적인 것이 도달할 수 있는 점수에 못 미칠 것이다. 실재의 기준은 부정적인 것을 향해 똑같이 우리를 인도하지 않는다.

가치와 같은, 행렬의 어느 실재 차원에서든 어떤 것이 더 높은 위치로 이동하면 그것은 그만큼 더 진실해지는 반면, 고통이나 악 같은 증가는 그 자체로 어떤 것을 더 진실하게 만들지 않는다. 그것은 단지 강도나 깊이처럼 이미 주어진 다른 실재 차원들에 편승할 때에만 그렇게 하고, 그 차원에서의 점수를 끌어올린다. 악으로서의 악은 어떤 것을 더 진실하게 만들지 않고, 가치로서의 가치는 어떤 것을 더 진실하게 만든다. 게다가 어떤 부정적 양상들은 단지 어느 (긍정적) 차원과 다를 뿐 아니라 그것의 **반대**일 수가 있다. 예를 들어, 악을 통한 실재의 증가는 단지 우연히 다른 어떤 차원에서 실재 점수를 낮추는 것에 그치지 않는다. 그것은 직접적으로 반대 차원의 실재 점수를 낮추고, 반대 차원이 어떻게 하향 이동하는가에 의해 부분적으로 규정된다. 부정적인 것은 단지 어느 긍정적 차원에서의 위치를 높여줌으로써 어떤 것의 실재를 증가시킬 수 있지만, 그 자체나 적어도 그 일부는 다른 긍정적 차원을 직접 방해하거나 약화한다. 실재의 어느 차원에 직접 반대하여 실재의 정도를 높이려는 그런 시도를 완전히 배제한다면, 이는 그럴듯한 원칙이 될 것이다. (그러나 부정적인 것을 **이해하는** 상태는 실재 차원에서의 한 단면으로서, 그 자체로 긍정적이고 깊은 어떤 것일 수 있다.)

어둡거나 부정적 면 또한 본래 (도덕적으로) 악하지 않은 것이나 어떤 실재 차원의 **정반대**를 포함하기도 한다. 예를 들어 고통과 비극이 그것들이다. 나는 이것들이 어떤 것의 실재성을 증가시킬 때에 그것을 **다른** 차원보다 높은 곳으로 이동시킬 경우에만 실재를 증가시킬 수 있다고 이분법적으로 생각한다. 나의 일부는 어둠의 이 요소들이 종속적이 아니라 그 자체로 실재의 개별적이고 독립적인 양상들이라고 인정하고 싶기 때문이다. 그것이 실재에 대한 더 심오하고 더 온전한 견해 아닐까? 고민스러운 문제다.

그러나 부정적인 것의 종속적 지위는 실재와의 의도적 연결의 성격에 의해 강화된다. 갈등과 투쟁, 대립과 파괴도 연결된 것들이지만, 누구라도 실재와 연결하겠다고 의도하는 그런 종류의 것은 아니다. 하지만 만일 우리가 바라는 것이 긍정적 연결이라면, 그것은 본래 긍정적 실재와 연결될 때 더 충분하고 완전하게 발생할 수 있다. 만일 (앞에서 우리가 부인했던 것과는 달리) 실재의 부정적 측면이 똑같이 깊고 크다고 해도, 그 측면은 부정적 연결이나 긍정적 연결을 통해 똑같이 깊고 충분히 연결될 수는 없을 것이다. 우리가 목표하는 실재와의 연결 유형은 우리가 갖고 있는 실재의 성격뿐 아니라 우리가 연결되는 실재의 성격에 영향을 미친다. 게다가 전체를 결합한 태도는 부정적인 것을 지향하지 않을 것이다. 누군가에게 부정적으로 행동하는 것은 (비록 몇몇 측면에서 그의 실재를 증가시킬지 몰라도) 실재와의 전체적 연관성을 축소하고, 따라서 우리와 실재의 (모든) 연관성에 관심을 기울이는 결합적 태도에 의해 배제된다.

아마 우리가 소유하거나 관계할 수 있는 가장 큰 실재는 긍정적일 것이다. 긍정적인 것이 전체적 최적화다. 하지만 부정적인 것을 향한 작은 변화들은 우리의 실재(우리와 실재의 연결)를 향상시키지 않을까? 다소 망설여지긴 하지만 여기에서도 나는 낙관적 입장을 주장하고 싶다. 어두운 걸음들은 그가 현재 갖고 있거나 알고 있는 것보다 더 큰 실재에 도달하게 해줄 수 있지만, 결합된 태도에 부합하는 똑같이 작은 걸음들을 통해 그가 도달할 수 있는 가장 큰 실재로 그를 이끌지는 못한다.

긍정적 범주와 부정적 범주의 기초는 무엇일까? 그 차이는 가장 근본적 수준에 존재할까, 아니면 나중에 발생할까? 이 범주들을 실재의 행렬에 포함된 항목들의 상호작용에서 만들기보다는, 그 행렬을 구성하는 행과 열의 이름들과 그 범주들을 연결하는 편이 이론적으로 더 만족스러울 것이다. 이 구체적인 행과 열의 이름들 속에 숨어 있는 줄거리를 발견할 때, 긍정적인 것과 부정적인 것의 근본적 차이는 기초를 갖게 될 것이다.

더 큰 실재를 향한 이동은 어두운 길을 따를 필요는 없지만, 행복 원칙에서는 멀어질 수도 있다. (소크라테스, 간디, 아인슈타인, 예수, 나폴레옹, 링컨 등 우리가 가장 진실하다고 생각하는 사람들이 다른 사람들보다 더 **행복했**다고 보기는 어렵다.) 그러나 행복은 가능한 갈등 개념보다 실재 개념과 더 흥미로운 관계에 있다. 우리가 특별히 진실하다고 느낄 때 우리는 행복을 느낀다. 강하고, 집중적이고, 지속적이고, 적절한 행복은 그 자체로 매우 진실하고, 우리 자신이 매우 진실하다고 느끼게 해준다. 아마 그렇다면 행복의 느낌은 단지 **좋게** 느껴지기 때문만이 아니라 자신이 진실하다고 느낄 수 있는 분명한 길이기 때문에 우리가 바라는지도 모른다. 그러나 행복의 매력과 근본적 이유의 일부가 더 진실하게 존재하고 느끼는 것과의 연결이라면, 다른 길이 더 큰 실재와 더 작은 행복을 가져올 때 갈등은 그렇게 날카롭지 않을 것이다. 그때 이 다른 길은 우리가 (부분적으로) 행복을 원하는 본래 이유를 더 많이 가져올 것이기 때문이다. 그러나 진실하다고 **느끼는** 것은 비록 가치 있기는 해도, 나는 무엇보다 그것을 찬미할 뜻은 없다. 기본적인 것은 느낌이 아니라 **실재성**이기 때문이다. 실재성이 없는 느낌은 경험 기계도 제공할 수 있다.

앞에서 우리는 존재(또는 현실)를 확장된 행렬의 한 행으로 놓았다(시간적, 공간적, 인과적 상호관계와 자기 원인의 항목들과 함께). 우리가 공식화한 최초의 실재 원리들은 현실 원칙들이었고, 그 원칙들은 쾌락의 수단으로서(프로이트의 원리) 그리고 본래 중요하고 가치 있는 것으로서 현실과의 연결을 권유했다. 현실은 (확장된) 행렬의 한 행이기 때문에, 현실과의 연결은 그 자체로 더 진실해지는 한 방법이 된다. 그렇다면 처음의 현실 원칙들은 없어도 될까? 그러나 현실은 실재의 **일부** 차원과 관련 있는 반면, 우리의 행렬은 현실과 연관 없이 다른 차원들을 통해 더 큰 실재를 획득할 여지를 남긴다. 만일 실재 행렬 안에서 현실 행이 특별히 큰 **무게**를 부여받는다면, 이 문제를 우회하거나 최소한 축소할 수 있다.

실재의 차원들을 한 행렬 안에 배열할 때 우리는 그 차원들의 상호 구조와 관계를 이해하게 되지만, 그 차원들에 등급을 부여하진 않는다. 둘 중 하나가 실재의 **모든** 차원에서 다른 것보다 더 높은 자리를 차지하지 않는 한, 어느 것의 실재가 더 큰지를 알 수 있는 정해진 방법은 없다. 경제학자들이 등급을 부여할 때 쓰는 형식적 장치인 무차별 곡선과 트레이드오프 ─ 어느 것을 얻기 위해서는 반드시 다른 것을 희생해야 한다는 경제 관계 ─ 옮긴이를 활용할 줄 안다고 해도 그것만으론 어렵 없다. 만일 어떤 것들이 여러 차원에서 높은 점수를 가질 때 더 진실하고, 그래서 폭넓음이 중요하다고 생각한다면, 실재를 평가하기 위한 전반적 공식은 이 점을 고려해야 할 것이다(예를 들어, 위처럼 진열되어 있고 어쩌면 가중치가 부여되었을 차원들의 기본 집단을 한 단어로 통합하는 방법으로).

나는 빛의 행의 전체 항목 진·선·미·신성에 특히 높은 가중치를 부여하고 싶다. 그러나 우리는 결코 차원들을 완전히 일률적으로 평가하지 않으며 그렇게 할 수도 없다. 그러나 차원들을 단지 목록화하는 것은 유용할 수 있고 무엇을 고려해야 하는지, 무엇이 관련되어 있는지를 상기해준다. 행렬은 차원들의 최초 목록에 체계를 부여하고, 정확한 상호관계에 대한 이론과 자아의 통합에 관한 모델 역할을 함으로써 실재의 훌륭한 모델을 제공한다.

실재의 영역은 사전에 계층 구조로 정해지지 않고, 차원들을 결합하고 통합하는 새로운 방식들에 열려 있다고 생각하면 된다. 완전한 순서를 몰라도 어쨌든 창조적으로 노력해볼 여지는 있다. 우리는 미리 정해진 척도에서 위로 이동할 때가 아니라, 실재의 차원들을 결합하고 드러내는 우리만의 새로운 방법을 찾고 발명할 때 가장 진실해진다. 우리 자신의 특징과 기회를 활용할 때 우리는 우리 자신과 삶을 형성해 실재의 차원들 속에서 특별한 궤적을 만들어낼 수 있다. 다른 사람들은 지금까지 그런 것을 공식화해본 적이 없다. 하지만 막상 그것을 보면 그것이 진실하게 살아가는 우리 특유의 방식임을 알아보고 그렇다고 받아들일 것이다.

한 관점에서 볼 때 (완전히 결정론적이지 않은 세계에서) 자유 의지의 본질은 우리가 여러 이유에 어떻게 무게를 부여하는가에 있다.* 어떤 것이 어떤 행동에 찬성하는 이유인가 반대하는 이유인가는 우리에게 달려 있지 않다. 그것은 그 고려 대상의 성격이 결정할 테고, 우리가 무엇을 고려하는가는 사회적 요인이 구체화할 것이다. 그러나 구체적 이유에 부과하는 무게는 외적 요인에 의해 미리 결정되어 있지 않다. 어떤 행동을 하기로 결정할 때 우리는 그 이

• 이 견해는 나의 책 *Philosophical Explanations*, pp. 294~316에 자세히 나와 있다. 이 책은 또한 완전히 결정론적인 세계에서 무엇이 자유 의지를 구성할 수 있는지 제시한다. pp. 317~362를 보라.

유를 곰곰이 생각하고, 어느 이유에 가장 큰 비중을 둘지 결정한다. 우리는 중요한 이유에 더 큰 비중을 부여하고, 법률이 선례를 따르듯 계속 그 가중치를 유지한다. 선택하고 나면 다른 사람들과 우리는 그 행동을 뒷받침한 이유가 더 비중이 컸기 때문에 우리가 그렇게 행동했다고 말할 것이다. 하지만 만일 우리가 (할 수도 있었던) 다른 행동을 했다면 그 행위 역시 그것을 뒷받침한 다른 이유에 의해 발생했다고 말할 수 있다. 그 행동 자체가 그 행동에 유리한 고려 대상들을 원인의 지위까지 끌어올려서, 우리는 그 행동이 야기되었지 인과적으로 결정되지 않았다고 말할 것이다. 어떤 범위 안에서, 우리를 움직이는 그 이유들의 무게는 우리가 부여하기 때문에 우리의 행동은 우리에게 달려 있다. 그러므로 실재의 (평가적) 차원들이 정해진 계층 구조 안에 미리 배치되어 있지 않고 나중에 후회하고 슬퍼할 어떤 것이라는 바로 그 사실 덕분에 우리는 자유롭게 행동할 수 있는 셈이다.

실재의 차원에 가중치를 부여하고, 그 차원들을 드러내는 우리 자신의 방법을 찾는 것보다 더 극단적 위치에서 우리 각자는 최소한 은연중에라도 자신의 도표를 만들어야 하고, 상호 연결된 실재의 본성을 이해하고 살아야 하며, 도표에 추가하고 탐구하고 대응하고 우리 삶에 통합될 새로운 차원들을 식별해야 한다. (순수함도 도표에 들어와야 할까? 품위는 어떠한가?) 우리가 도달한 어떤 구체적 행렬도 최종이라고 간주해서는 안 된다. 우리 각자는 지금까지 이해할 수 있었던 가장 광범위하고 가장 체계적인 행렬을 숙고하고, 그에 따라 살며, 항상 그것을 변화시킬 준비를 해야 한다.*

더 큰 실재에 대한 관심이 부정적이거나 비윤리적 방향으로 우리를 이끌 수 있지 않을까 하는 걱정으로 이 장을 시작했다. 그렇다면 윤리 자체를 직접 살펴보면 도움이 될 것이다. 윤리는 단일 구조가 아니라 네 개의 층으로 구성되어 있다. 첫 번째 층인 존중의 윤리는 다른 성인의 삶과 자율성을, 성인이 될 청소년의 잠재성과 함께 존중하라고 명령한다. 그 규칙과 행동 원리는 개인의 선택 영역에 대한 간섭을 제한하고, 살인이나 노예화를 금지하며, 존중해야 할 권리들의 좀 더 일반적 목록을 지정한다. 두 번째 층인 대응성의 윤리는 다른 사람들의 실재와 가치에 대응하는 방식이다. 즉 그들의 실재를 고려하고 긴밀하게 드러내는 방식으로 행동할 것을 명령한다. 그것의 행동 원리는 실재를 진실한 것으로 취급하라는 것이며, 여기에서도 다음과 같은 지침들을 내린다. 타인의 실재를 파괴하거나 축소하지 말고, 타인의 실재에 대응하고 그것을 향상시키기 위해 행동하라.**

존중과 대응성 중 무엇이 우선일까? 둘이 갈라질 때 어느 쪽을 따라야 할까? 대응성은 더 높은 층이지만, 존중의 층 위에 얹혀 있다. 이는 존중의 원리와 규칙이 반드시 요구된다는 뜻이다. 어떤 특수한 상황에서 대응성이 다른 어떤 것을 요구할 때, 우리는 그래

---

* 실재의 전체 범주만큼이나 광범위하고 포괄적인 것이 있다. 여러 전통에서는 우리가 아직 건드리지 않은 또 다른 영역에 대해 이야기하고, 그것을 공허·침묵·결여라고 부른다. 특별한 명상법을 통해 우리는 내면에 존재하는 이 영역에 도달할 수 있고 그 안에서 살 수 있다고 한다. 그때 부상하는 새로운 기준은 무엇일까?

** 존중의 윤리, 또는 그것의 한 형태는 나의 책 *Anarchy, State, and Utopia*에 제시되어 있고, 대응성의 윤리는 *Philosophical Explanations* 5장에 제시되어 있다.

도 그것을 해야 하겠지만, 존중의 규칙에서 최소한으로 갈라지거나 일탈하는 방식으로 해야 한다. 두 층은 최소 훼손의 원칙principle of minimum mutilation으로 묶여 있다. 즉 존중의 원리들을 따르고, 대응성을 이루기 위해 거기에서 일탈할 필요가 있을 때는, 존중의 규범을 **최소한으로** 위반하거나 교란하는 방식으로 일탈하라는 것이다.

이 구조가 대응성을 먼저 최대화하는 다른 구조와 어떻게 다른지 주목하라. 그런 다음 대응성을 최대화하는 정책이나 행동 중에서, 존중의 원리를 가장 잘 충족하는 한 가지를 골라보라. 최소 훼손의 원리는 대응성을 성취하기 위해 존중의 규칙에서 일탈하는 것을 묵인하지만, 존중을 막무가내로 희생시키고 대응성을 최대화하게 하지는 않는다. 대응성의 추가 획득은 반드시 존중의 추가 손실보다 커야 한다. 때로 우리는 존중 규칙을 다소 훼손하는 어떤 대응 행동을 선택하기도 하지만, 대응성을 최대치로 끌어올리는 행동이 있더라도 존중의 규칙을 너무 심하게 훼손한다면 그것을 선택하지 않는다.˙ 그렇다면 이것은 대응성을 최대화하는 구조가 아니거나, 존중을 정도에 벗어나지 않게 명령하는 구조다. 이 구조는 더 큰 대응성을 위해 존중에서의 일탈을 허용하지만, 이는 단지 존중의 규범을 **완전히** 고수할 때의 손실을 능가할 정도로 더 클 때뿐이다. 이 구조가 묵인하는 분기는 최소 훼손과 필연적 관련이 있다.

세 번째 층은 배려의 윤리다. 배려의 태도는 그 범위가 보살핌과 관심에서부터 친절함, 더 깊은 자비, 사랑에 이른다. 대응성 역시 때때로 이와 관련 있거나 이것을 명령하는데, 이는 대응되고 있는 실재의 구체적 성격에 달려 있다. 그러나 배려의 태도들은 독립적으로 고려해야 할 만큼 충분히 특수하다. 이 층은 또한 자신의 가치와 원리를 갖고 있다. 좀 더 강렬할 때 그것은 **불살생**不殺生 ahimsa, 즉 모든 인간과 모든 생명체에 대한 비폭력, 그리고 사랑을 명령한다("남들을 대할 때에는 사랑하는 사람들을 대하듯 하라"). 여기에서 우리는 종종 종교적 기초들을 발견한다. 불교의 자비, 유대교의 체다카tzedakah(사회적 정의), 기독교의 사랑이 그것이다. 하지만 비종교적 형태도 가능하다. 대응성이 존중을 지키듯이 배려의 윤리도 이전의 윤리들을 지킨다. 그것을 권유하는 것이 앞의 두 윤리에서 일탈할 때에도 그것을 따를 수 있지만, 이는 최소 훼손의 원리에 따를 경우로 한정된다.

어떤 의미에서 나중의 층들은 더 **상위의** 층이다. 그 층들은 이전 층들에서의 일탈을 정당화할 수 있으며, 그 기준들은 더 직관적으

• 어떤 행동(이것을 행동 A라 부르자)이 존중이 요구하는 것(이것을 존중 A라 부르자)을 얼마나 많이 이행하는지 측정할 수 있고, 행동 A가 실재에 대한 대응성이 요구하는 것(이를 대응성 A라고 부르자)을 얼마나 이행하는지 그 양을 측정할 수 있다고 가정해보자. 존중의 규칙과 원리를 완전히 고수하는 것을 R*로 표시하자. 이때 만일 A가 더 많은 대응성을 성취하기 위해 존중이 요구하는 것에서 일탈한다면 'R*-존중 A'는 이 일탈의 양을 나타낼 테고, 최소 훼손의 원리는 이 구체적 차이를 축소하거나 최소화하려고 노력하라고 요구할 것이다. 존중의 규범과 더 일치하는 행동 B가 아니라 행동 A를 하겠다고 결정할 때(B는 존중의 규칙과 완전히 일치하거나, 그것들을 덜 훼손할 것이다), 우리는 A의 대응성이 B의 대응성보다 얼마나 큰지(대응성 A-대응성 B), A의 존중이 B의 존중보다 얼마나 작은지(존중 B-존중 A) 측정할 수 있어야 한다. 그다음 가장 중요한 것은 둘 중 어느 쪽이 더 큰지 판단해야 하는 것이다. 이는 단지 두 합계를 비교하는 문제가 아니라 도덕적 판단의 문제다. 대응성과 존중의 크기를 재는 서로 다른 두 척도에 많은 것이 의존할 것이기 때문이다. A를 추천하는 경우는 '대응성 A-대응성 B'가 '존중 B-존중 A'를 초과할 때뿐이다. 그렇지 않으면 B를 행하거나, 존중의 규범과 더 많이 일치하는 다른 행동 C를 행할 것이다. C의 더 큰 존중이 B의 더 큰 대응성보다 작지 않기 때문이다. (최소 훼손을 특징으로 하는 이 구조는 다음 책에서 좀 더 자세히 설명했다. *Philosophical Explanations*, pp. 485~494.)

로 보인다. 그러나 이전 기준들은 더 기초적이므로 먼저 충족되어야 한다. 또한 그것들은 일탈에 대해 강한 중력을 발휘하여 최소 훼손의 원리에 순응하도록 끌어당긴다. 하나의 층 안에서 한 개인에 대한 존중(또는 대응성이나 배려)이 요구하는 행동은 다른 개인에 대한 그 태도가 요구하는 행동과 다를 수 있고, 심지어 같은 개인에 대해서도 똑같은 태도가 다른 행동을 명령하는 듯 보일 수 있다. 이 차이들은 한 층 위로 이동하면 해결된다. 존중의 층에서 차이가 발생하면, 대응성의 층에서 문제가 해결되는지 봐야 하고, 여기에서도 차이가 해결되지 않으면 배려의 층을 봐야 한다. 그리고 상위 층으로 올라가도 해결되지 않을 경우 한두 층 내려가면 문제를 해결할 수 있다.

또 다른 층은 빛의 윤리다. (나는 독자들에게 **빛**이란 단어에 주어진 특별한 의미를 상기시킬 목적으로 이번에 한하여 그 단어를 사용하고자 한다.) 빛의 범주는 실재 행렬의 한 행이었고, 그 항목들은 진·선·미·신성이었다. 이 층에서 우리는 우리가 영향을 미칠 수 있는 사람들의 빛을 향상시키거나 우리 자신의 빛을 증가시키는 태도를 취할까? 타인에 대한 태도와 행동 양식이 자기 자신의 존재 방식과 구별될 때, 타인에 대한 윤리적 행동을 최고의 존재 방식과 결합하는 문제가 발생한다. 빛의 층은 그 차이를 해소한다.

빛의 윤리는 존재자에게 빛의 그릇이 되라고 요구한다. 빛의 존재자가 되는 것은 빛의 전달자가 되는 것이다. 이때 자아와 타인의 구별이 극복된다. 빛은 그 빛남과 구분할 수 없고, 빛의 존재는 그 현현顯現과 구분할 수 없기 때문이다.

빛의 매개체가 된다는 것은 **비개인적** 매개체가 된다는 것이다. 빛에 개인적 인장을 찍으려 하면 빛을 뒤틀고 왜곡해 개인의 틀 안에 감금하게 된다. 《바가바드기타Bhagavad Gītā》 고대 인도의 힌두교 3대 경전 중 하나 — 옮긴이는 동기 없는 행동을 강조했다. 내 생각에 이는 자기 자신을, 다른 어떤 것의 작용을 가능하게 하고, 그것을 타인에게 전달할 수 있는, 순수하고 비개인적 수단으로 만든다는 뜻이다. 오페라 가수는 자신을 음악의 매개체로 보고, 몸의 충분한 자원과 공명을 이용해 몸 전체에 음악이 흐르게 한다. 음악을 해석하려고 함으로써 공연에 개인적 인장을 찍는 사람과, 음악의 흐름을 순수하게 허용하려고 노력하는 사람 사이에는 차이가 있다. 물론 오페라 가수도 그만의 노래를 통해 우리에게 개인의 흔적을 들려주는 구체적 개인이지만 그 차이는 부인할 수 없다. 아마도 가수 자신은 그것을 자신의 흔적으로 듣지 않거나, 자신이나 우리가 그렇게 들을 수 있게 포장하지 않는다는 점이 차이일 것이다.

이 전달 수단은 개인의 경계와 개방성의 초점을 명확히 하고, 진·선·미·신성의 예시나 사례에 주목하고, 그것들에 자양분을 공급하고, 그것들이 충분한 범위에 걸쳐 변형하도록 허락하고, 그런 다음 자발적으로 작용한다. 진·선·미·신성이 당신 전체에 영향을 미치고 당신을 변화시키는 방식이, 당신의 빛의 방식이 된다. 우리는 이제 또 하나의 현실 원칙을 공식화할 수 있다. 여섯 번째 원칙은, 빛의 그릇이 되라는 것이다.

앞에서 우리는 가치에 대한 세 가지 태도인 이기적 태도, 관계적 태도, 절대적 태도를 곱셈 공식으로 결합하려 시도했지만 사실 이것은 그 태도들을 어떻게든 묶으려는 필요 외에는 뚜렷한 근거가 전혀 없는, 인위적 통합이었다. 그러나 빛의 그릇은 그 태도들을 더 구체적으로 확인하는 그 순간에도 그 셋을 실질적으로 통합한다.

지금까지 제시한 실재의 이론에서, 대부분의 차원들(예를 들어 강도, 생생함, 중요성, 그리고 유기적 통일성의 정도로서 가치)은 거의 실재의 내용물이 될 수 있다고 인정한다. 그런 형식주의적 이론 때문에 악이나 고통, 잔인한 권력이나 단순한 부 같은 것들도 실재를 증가시키지 않느냐는 문제가 발생했다. 실재 자체가 어떤 구체적 내용을 요구한다고 설명하지 않았기 때문이다. 그러므로 다소 설득력이 떨어지지만, 그 형식주의적 실재 이론이 어떻게 어두운 내용물에서 벗어날 수 있는지 보여주는 시도들을 도입했다. 그런 시도의 대안으로 우리는 빛의 행(진·선·미·신성)을 실재의 내용물로 삼을 수 있다. 그리고 다른 모든 차원은 이 내용물을 포용할 때에만 실재를 증가시킬 수 있다. 강도나 생생함은 진·선·미 또는 신성을 강화하거나 더 생생하게 만들 때 실재를 증가시키고, 가치는 진·선·미·신성의 일부분이 다양하게 결합한 통합물이고, 깊이는 그것들의 깊이일 때 더 큰 실재에 기여한다 등등. 또는 다른 차원들이 빛의 내용물로 채워지게 하는 대신 일반적으로 그 차원들이 빛의 대립 요소로 채워지지 않으면 실재를 증가시킨다고 볼 수 있다. 그렇다면 중립적 내용물이 그 차원들을 채워도 도움이 될 것이다.

그러나 더 이상 우리는 중립적 실재 이론의 효용을 입증하려고 노력하지 않을 테고, 실재는 처음부터 진·선·미·신성 위에 구축된다고 볼 것이다. 하지만 왜 우리는 미덕의 어떤 중립적 근거를 제시하려 했을까? 왜 미덕과 빛에만 전념한다고 인정하지 않는가? 만일 결국 미덕에 이르지 못하는 어떤 중립적 이야기를 한다면, 우리는 그것이 적절한 중립적 이야기가 아니라고 말할 것이다. 예를 들어 우리가 아는 한 연역적 논리 자체는 미덕을 가리키지 않는다. 어쩌면 우리는 다른 사람을 설득하기 위해 중립적인 이야기를 바라는지 모르지만, 역사는 그것이 별로 성공적이지 못한 길이었음을 보여준다. 그리고 만일 그 이야기가 성공적으로 미덕에 이른다 해도, 충분한 탐구력을 가진 비평가는 그것이 애초부터 띠고 있던 비중립적 색조나 비중립성이 은밀히 끼어든 장소를 밝혀낼 것이다. 결국 그것이 하나부터 열까지 중립적이라면, 항상 악덕보다는 미덕에 이르지 못할 것이다.

칸트는 의무의 기초가 선한 성향이 아닌 어떤 것이기를 원했다. 인간의 성향을 하나로 묶기 위해서였다. 그는 도덕성의 더 안전한 기초를 원했다. 선한 성향이 없거나 강하지 않다면 어떻게 되겠는가?* 이론윤리학의 많은 해석은 우리 자신의 성향에 대한 두려움이나 불신에 기초해 있고, 그것들을 하나로 묶으려는 의도를 품고 있다. 그들은 미덕에 대한 기초를 찾고, 미덕을 떠받치는 사실적 **존재**를 찾는데, 이는 선에 어떤 추가 권위를 부여하지 않으면 그 **매력**이 충분히 강하지 않다고 가정하기 때문이다. 이와 마찬가지로, 선의

---

* 데이비드 샤피로David Shapiro는 *Neurotic Styles*에서 아주 작은 행동까지도 일반적인 금언과 원리에 따라 행하려는 강박적 개인의 성향을 묘사한다. 그런 개인은 자신의 전반적 결정에 도달할 필요가 있을 때, 그것을 주어진 구체적 상황에 일반 원리들을 적용하는 기술적 문제로 대체한다.

기초를 합리성에서 찾는 사람들은 합리성이 둘 중에 더 안전하다고 가정한다.

만일 우리가 우리의 성향을 신뢰한다면 우리는 윤리학을 어떻게 보게 될까? 그때 우리는 윤리학을, 우리가 가진 좋은 성향의 증폭으로, 그 성향들을 확대하고 조직화하고 소통시키는 수단으로, 빛의 그릇과 매개체가 되는 방법을 알려주는 안내자로 보게 될 것이다. 만일 윤리학의 기초에 대한 이론적 구축이 빛의 매력에 대한 불신에서, 즉 욕망들의 통합에 대한 불신에서 유래한다면, 이때 과제는 그 빛을 논증으로 보강하는 것이 아니라, 우리 자신을 우리의 성향을 신뢰할 수 있는 존재로 바꾸는 것이 된다.

빛의 차원에 대해, 내적 실재(그리고 그 명료함과 투명성)에 대해, 선에 대해, 내면의 미와 키츠의 미와 진리의 동일시에 대해, 신성에 대해 이해하기 쉬운 말로 설명하고, 왜 빛이 그것들의 적절한 성분이나 은유처럼 보이는지 설명할 수 있다면 좋을 것이다. 어떻게 사람의 얼굴은 선함으로 빛나는 듯 보일 수 있고, 왜 목적인은 종교 예술에 적합한 듯하며, 어째서 퀘이커교도는 '내면의 빛'을 강조했을까? 아마도 언젠가 우리는 윤리적 존재가 되는 것을 이해하게 될 것이다. 그 기초나 결과가 아니라 윤리적인 삶이 무엇을 의미하는지 말이다.

Chapter 18

신학적 설명들

왜 신은 악을 허용했는가

형이상학뿐 아니라 신학도 어둠과 씨름해왔다. 전통적 신학에서는 왜 신이 세상에 악을 허용했는지 묻는다. 나는 전통에서 벗어난 답을 고찰하고 싶다. 신자에게 이 문제는 절박한 문제인 동시에, 비신자 역시 그것을 흥미롭게 느끼거나, 최소한 도전해볼 만한 지적 과제로 생각할 수 있다.*

'악의 문제'는 예로부터 상상했듯이 신에게는 몇 가지 속성에 의해 성립한다. 그 속성은 전지전능과 선이다. 신에게 그런 속성이 있는데도 악이 존재한다. 그 속성 중 하나를 제거하면, 이 힘겨운 지적 갈등은 완전히 사라진다. 만일 신이 전능하지 않다면 악을 막을 수 없으므로 악이 존재할 수 있다. 만일 신이 전지하지 않다면 세계를 창조할 때 악을 창조하는 줄 몰랐을 테니 악이 존재할 수 있다. 만일 신이 선하지 않거나 악(최소한 우리가 알고 있는 악)의 존

---

* 이 장의 이전 형태는 다음에 담겨 있다. *Ploughshares*, Vol. 11, No. 4, pp. 151~166.

재를 꺼리지 않거나 신이 사악하다면, 이 경우에도 악이 존재할 수 있고 (지적인) 문제는 전혀 없다. 악이 악한 행동을 하는 사람에게 있든 무고한 사람에게 큰 고통을 안겨주는 사건(대표적인 예가 지진이다)에 있든, 전지·전능·선의 특징이 악의 존재와 화해할 방법은 전무해 보인다. 악을 포함하고 있는 세계를 해명해줄 종교적 설명은 전무한 듯하다. 어쨌든 적절하고 만족스러운 종교적 설명이나 신정론神正論. 악의 존재를 신의 섭리로 보는 이론 — 옮긴이은 지금까지 제시되지 않았다.

한 방침은 신의 존재를 아예 부인하는 것이었다. 어떤 견해에 따르면 악이란 일종의 성질 결여라고 한다. 악이란 선의 결핍이다. 악을 만든 것은 신이 아니다. 신은 단지 모든 곳에 선을 충분히 채워 넣지 않았을 뿐이다. (이 이론가들은 만일 신이 악을 창조하지 않고 단지 선을 충분히 창조하지 않았다면, 분명 존재하는 악에 대해 신이 도덕적 책임을 적게 지리라 생각했을 것이다.)

악은 단지 선의 결핍이라는 견해는 결코 신빙성 있게 여겨진 적이 없고, 특히 악을 경험하거나 겪은 사람에겐 더욱 그러했다. 만일 선이 0 이상의 어떤 점수라면, 악은 0이 아니라 0 이하의 어떤 점수일 것이다. 단지 선의 결핍이 아니다. 그것은 그 자체의 권리를 가진 어떤 것, 즉 부정적인 어떤 것이다. 한 학설에서는 악이 세계에서 우리를 교육하는 역할을 한다고 봐왔다. 세계는 커다란 학교이며, 키츠는 이를 영혼을 만드는 골짜기라 불렀다. 우리는 악을 경험하고 고통을 통해 지혜를 얻는다. 그러므로 신적 존재는 우리를 가르치기 위해 친절하게도 악을 제공했다.

이런 생각은 왜 우리가 몇 단계 진급하지 못했는가라는 매우 심각한 문제를 불러일으킨다. 왜 우리는 사전에 더 진보한 지위를 가진 존재로 만들어지지 않았고, 그로 인해 이 모든 학습 과정을 실제로 거쳐야만 하는가?

또 다른 전통적 학설에서는 악을 자유 의지의 파생물로 본다. 신적 존재는 자유 의지를 가진 인간을 창조했고, 때때로 그것을 이용해 악을 행할 수 있게 했다. 그러나 인간에게 일어나는 모든 나쁜 일이 다른 인간들이 한 행동의 결과로 일어나지는 않는다. 지진, 폭풍과 같은 자연재해가 발생한다. 자유 의지 이론가들은 원칙상 이 사건들을 신에게서 자유 의지를 부여받은 다른 존재들, (타락한) 천사나 악마의 행동 탓으로 돌릴 것이다. 어떤 방식으로든 모든 악은 자유로운 행위자의 행동으로 설명될 것이다.

그러나 만일 신이 자유 의지를 가진 존재를 창조하고자 했다면, 그중 누가 자유 의지를 (잘못) 사용해 악한 행동을 할지 미리 예측하고, 그 뒤 그들을 창조 과정에서 제외할 수 없었을까? (이것이 정말 가능한지 많은 문헌이 정밀한 논쟁을 벌인다.) 자유 의지는 가치 있고 자율적인 행위자만이 악보다 선을 선택함으로써 덕을 가질 수 있다. 그러나 자유 의지를 통해 악을 설명하는 이론가는, 자유 의지는 좋고 가치 있다고 주장할 뿐 아니라, 그것이 대체물보다 월등히 가치 있다고 주장해야 한다. 자유 의지의 대체물이 선함goodness을 생득적으로 가져서 자연스럽고 불가피하게 선the good을 선택하는 존재라고 가정해보자. 아마 그것은 유혹에 직면해서 자율적으로 선을 선택하는 자유 의지를 가진 존재만큼 훌륭하지는 않을 것이다. 하지만 그렇다면 그것은 얼마나 나쁠까? 그 차이는 이 세계에 가득 찬 모든 악과 고통을 정당화할 만큼 그렇게 크고 중요할까? 대체물과 비교했을 때, 자유 의지를 가진 존재들이 있음으로써 획득되는 추가 가치는 자유 의지 때문에 (이론상) 생기는 모든 악과 고통을 충분히 상쇄할까? 조금도 과장하지 않고 말해도, 그것은 불확실하다. •

이 문제를 볼 수 있는 다른 입장들을 떠올려보자. 세계가 (일반적인 해석처럼) 무에서 창조되지 않고 선재하는 물질로 창조되었다는 견해가 있다. 플라톤은 《티마이오스Timaeus》에서 신적 장인이 그렇게 행동했다는 견해를 취한다. 유대교 신비 철학인 카발라의 견해에서는, 그 이전에 창조 행위가 있었고 그때 남겨진 파편들이 현재의 창조와 부정적 상호작용을 일으켰다고 주장한다. 그래서 신은 악의 창조나 창조의 결함에 책임이 없다. 그런 것들은 이전의 잔해 물질 탓이기 때문이다. 신이 그 물질을 가지고 작업해야 했다면, 우리는 무엇을 기대할 수 있겠는가? 그러나 이 견해는 신의 능력에 한계를 부여한다. 비록 선재하는 물질을 활용했다 쳐도, 신은 왜 악의 찌꺼기가 남지 않도록 그것을 변형하지 못했단 말인가?

플로티노스와 신플라톤주의에 따르면, 신적 존재(일자the One)는 더 낮은 수준을 발산한다고 한다. 신적 존재는 이 수준을 무심결에

• 종교적 설명은 자유 의지의 목적이 **우리**를 위한 그 내재 가치에 있다고 가정할 필요가 없다. 신이 예측 불가능한 존재를 만들기 위해 자유 의지를 부여했고, 그래서 흥미와 놀라움을 느끼면서 그들의 이야기를 추적할 수 있다고 가정해보자. 그들은 신의 텔레비전 연속극일 것이다.

방출하고, 그에 대해 알지 못한다. 다시 말해 그 수준들을 분비한다고 말할 수 있다. 신적 존재는 이 낮은 수준을 모르기 때문에, 그것을 막을 수 있는 일을 전혀 하지 못한다. 신은 갈수록 많은 수준을 만들어내고, 각각의 수준은 다른 수준을 발산한다. 당신이 신에게서 아주 멀리 떨어져 있을 때, 당신은 악이 존재하는 수준에 도달하게 된다. 그리고 불행하지만 그 수준이 바로 우리가 거주하는 곳이거나, 최소한 우리의 물질적 본성이 거주하는 곳이다. 신플라톤주의의 견해가 이론적으로 적절하든 아니든, 그것은 신을 숭배할 가치가 있는 존재로 보지 않는다. 우리에게 제시된 존재는 자신이 무엇을 하는지 모르는 존재, 무심결에 무엇인가 발산하는 존재, 어떤 일이 벌어지는지 모르는 존재다. 그런 이론은 형이상학으로는 괜찮지만 종교로서는 부적합하다.

신플라톤주의와 함께 카발라의 기초가 된 학설을 주장한 그노시스주의자는, 우리의 세계를 창조한 신성은 절대적으로 완벽하지 않고 절대적으로 현명하지도 않았다고 주장했다. 그것은 또한 존재했던 최고의 신성도 아니었다. 우리의 조물주보다 더 높은 신, 우리의 세계와 더 멀리 떨어진 신이 존재했다. 우리 세계는 어떤 조력자나 반란을 일으킨 어떤 신이, 또는 어쨌든 그 일을 어설프게 하다 망쳐버린 누군가가 창조했다. 그노시스주의자들은 이 세계를 탈출하는 것, 더 높고 절대적으로 선한 신과 어떻게든 접촉하기 위해 지방 귀족의 영역인 이 세계에서 벗어나는 것이 그들의 과제라고 생각했다.

사상사에는 다양한 종류의 이원론적 견해가 자주 출현했다. 이

원론적 견해에 따르면 둘 이상의 신을 가정하면 절대적으로 선한 하나의 신이 존재한다고 말할 수 있다. 그는 우리가 다루는 신이 아니라 이 모든 것에 책임을 지고 있는 신이다. 그러나 이것은 단지 문제를 뒤로 미룰 뿐이다. 똑같은 문제를 다른 수준으로 떠민다. 만일 더 높은 신이 최고의 신이라면(둘로 한정하고, 셋이나 무한 수의 수준에 대해서는 신경 쓰지 말자), 그 높은 존재는 왜 우리 세계를 지배하는 존재가 이렇게 엉망을 만들어놓도록 허락할까? 만일 그 최고의 신적 존재가 절대적으로 선하고, 고통이나 악의 출현을 원하지 않는다면, 왜 그는 하위의 신에게 이런 난장판을 만들도록 허락할까? (그를 중단시킬 힘이 없을까?) 만일 그 높은 존재가 하위 존재를 창조했다면, 왜 그렇게 올바르게 행동할 존재로 만들지 않았을까? 그노시스 교리는 어떤 잘못에도 책임이 없는 신이 어딘가에 있다고 생각한다면 잠시 만족을 찾을 수는 있지만, 문제를 단지 뒤로 미루는 것이 분명하다.

카발라는(나는 위대한 학자 게르숌 숄렘Gershom Scholem, 1897~1982의 설명을 따르고자 한다), 신적 존재 안에, 즉 **아인소프**einsof(무한으로 번역됨) 안에 속성들, 영역들(세피로트sefirot, 수들)이 있다고 주장한다. 표준적인 카발라의 견해에서, 세계 속의 악은 다양한 신적 속성 사이의 긴장 때문에 발생한다. 각각의 속성은 본래 선하다. 어떤 속성도 나쁘거나 악하거나 비난받을 만하지 않다. 단지 그것들이 상호작용할 때에만 좋지 않은 일이 발생한다. 잘 어울리지 않는 두 속성에 대해 카발라의 저자들이 심판(딘din)과 사랑의 친절함 또는 자비(헤세드chesed)를 강조하는 것은 우연이 아닐 것이다. 이 속성들은 긴장을 일으키고 올바른 균형에 도달하지 못하며, 그 긴장과 불균형 때문에 세계에 불화가 생긴다.

우리는 이렇게 물을 수 있다. 신적 존재는 왜 그 균형을 맞추지 못했을까? 그것은 신적 존재의 불완전함 때문이 아닌가? 그러나 심판과 사랑의 친절함, 정의와 자비 사이에 무엇이 올바른 균형인지 누가 알겠는가? 이것들은 항상 긴장 상태에 있다. (어떤 관점에서 정의가 있으면 자비의 여지가 있다고 보기 힘들다. 자비가 사람들에게 마땅히 받아야 할 것보다 적게 주는 것, 예를 들어 작은 처벌을 내리는 것이라면 나쁜 행위에 대한 대가로서 공정할 수 있을까? 내가 이 질문을 던지는 이유는 자비와 정의가 양립할 수 없음을 인정하기 위해서가 아니라 그것들이 별개의 영역에 놓일 때, 즉 정의는 과거를 바로잡으려 하고, 자비는 미래를 치유하려 할 때에도 여전히 사라지지 않는 긴장을 드러내기 위해서다.)

사상사에는 정의와 자비의 긴장이 항상 존재했기 때문에, 카발라 사상가는 현명하게도 정의와 자비의 불균형에 주목했다. 그것은 신적 본성에 어떤 결함이 있음을 나타내지 않았을 것이다. 정의와 자비의 성격을 감안할 때 그 속성들 자체가 쉽게 조화를 이루지 않기 때문이다. 그럼에도 신적 존재는 정의와 자비를 모두 포함해야 한다.

그러나 왜 신적 존재는 완벽한 균형을 만들지 못했을까? 심지어 신이 만들 경우에도 단 하나의 올바른 균형이란 있을 수 없다고 주장할 수도 있지만 일반적 카발라 이론에서는 딘, 즉 정의나 심판이 자신의 경계를 넘어 올바른 균형을 이룬다고 보았다. 이삭 루리아

Isaac Luria, 1534~1572, 카발라 역사에서 가장 위대한 인물 — 옮긴이의 견해에 따르면,
세계를 창조하기 위해 신적 존재가 자기 안으로 수축할 때, 딘의
일부가 응고되거나 농축되어 남겨졌고, 이 작은 얼룩이 결국 우리
가 마주치는 나쁜 것들을 만들어낸다고 한다. 후에 메시아를 자처
하며 사람들을 현혹한 사바타이 체비Sabbatai Zevi, 1626~1676의 신봉자
가자의 나탄Nathan of Gaza, 1643~1680은, 신에게 각기 다른 요소가 있다
고 주장했다. 완전히 자족적인 신이 있었고, 그 신은 세계를 창조
할 마음이 전혀 없었으며, 훌륭한 아리스토텔레스학파의 사상가처
럼 단지 사색에 골몰하기를 원했다. 그러나 신의 다른 부분은 세계
를 창조하길 원했다. 신의 자족적 양상이 악이 존재하는 세계의 창
조에 저항했기 때문이다.

　이 모든 카발라 이론은 다음과 같은 미덕이 있다. 그 이론들은
세계 안의 악의 존재를 설명할 때 신적 본성에 포함된 어떤 긴장,
갈등, 또는 상호작용 과정에 의거한다. 숄렘이 지적했듯이, 이렇게
그 이론들은 내적 본질과 삶 — '영혼psyche'은 충분하지 않다 — 그리
고 신적 존재의 지속적 존재를 설명한다는 점에서 신지론적神智論的
이다. 이 영역 안에서 그들은 많은 운용의 여지를 발견하고, 전통
문헌의 신비주의적 경험과 해석 그리고 종종 비전적秘傳的 경험과 해
석을 활용한다.

　1492년 스페인에서 추방될 때 유대인은 엄청난 외상을 겪었다.
쫓겨나고 추방되었지만 반드시 돌아온다는 카발라의 세키나(신의
현존의 한 양상인 영광을 이르는 말) 개념에는 예루살렘과 성지에서
추방된 유대인의 세속적 상황이 반영되었다. 가장 큰 외상의 고통

이 지상의 유대인을 괴롭힐 때, 카발라주의자들은 신의 영역에서
도 모든 것이 조화롭지는 않다고 주장했다. (카발라가 당시 유대인에
게 호소력이 있었던 큰 이유는 이 유사점에 있었다고 숄렘은 주장한다.)
신이 자신만의 이유로 이곳에 악을 창조했고(신은 자유 의지나 그와
비슷한 어떤 것을 가진 존재를 창조하고자 했다) 그 뒤 단지 행복하게
휘파람만 분다고 보는 표준적 견해와는 달리, 카발라주의자는 신
에게도 고민거리가 있다고 말했다. 나쁜 일이 벌어지는 인간의 영
역과, 그 영역을 가만히 놔두지 않고 신의 영역에서 벌어지는 사건
사이에는 유사점이 있었다. 신의 외상은 유대인의 추방에 상응했
다. 신의 한 양상은 적절한 곳에 있지 않고 유배 중이었다. 유대인
은 수행해야 할 특별한 역할이 있고, 그렇게 해서 신의 **세키나**가 제
위치로 돌아오게 할 수 있다는 것이 그들의 생각이었다. 카발라의
몇 가지 특징은 나중에 다시 살펴보자.

악의 문제에 관한 고트프리트 라이프니츠Gottfried Leibniz, 1646~1716의
견해는 볼테르Voltaire, 1694~1778의 풍자 소설 《캉디드Candide》를 통해
가장 잘 알려져 있다. 신은 가능한 모든 세계 중 최고의 세계를 창
조했다고 라이프니츠는 말했다. 볼테르는 차례로 재난을 겪은 뒤
우스꽝스럽게 "그래, 이것이 가능한 모든 세계 중 최고의 세계야"
라고 말하는 인물을 제시했다. 미적분학을 공동으로 발명한 라이
프니츠처럼 똑똑한 사람이 어떻게 볼테르가 풍자할 정도로 한심한
말을 했을까? (낙관주의자는 이곳이 가능한 모든 세계 중 최고라고 생각
하고, 비관주의자는 그에 동의한다는 농담을 생각해보라.)

라이프니츠는 실제로 무엇을 말하려 했을까? 신은 가능한 세계

중 가장 완벽한 세계를 창조하려 했다고 라이프니츠는 생각했다. 가능한 세계는 모순이 없는 세계다. 당신이 지금 책을 읽는 동시에 책을 읽지 않은 세계는 가능하지 않다. 라이프니츠에 따르면, 논리적 가능성의 테두리 안에서 신은 가장 훌륭하고 가장 완벽한 세계를 골랐다. 하지만 어떤 면에서 가장 좋고 가장 완벽했을까?

라이프니츠가 생각한 완벽한 세계는, 원리와 법칙의 단순한 집합에서 풍부한 세부 사항이 발생하는 세계였다. 가장 완벽한 세계에는 가능한 가장 단순한 방식으로 발생한 최대의 다양성이 존재하는 세계, 즉 최대의 유기적 통일성이 존재하는 세계일 것이다. 세계를 구성할 때 당신은 단순한 자연법칙을 원하지만, 그 법칙이 작용하는 가운데 때때로 지진과 자연재해가 발생하고 사람이 길을 잃고 그 속에 빠지곤 한다. 그러나 신은 그것을 피할 수도 있었다. 신은 건포도 케이크 위에 건포도를 뿌리듯, 적당한 순간에 기적을 발명해 세상에 뿌릴 수도 있었다. (모세스 마이모니데스Moses Maimonides, 1135~1204는 기적이 사전에 계획되었는지 아니면 나중에 튀어나왔는지를 고찰한다.) 각각의 재난은 작은 묘수 하나로 피할 수도 있다. 기적이 아니더라도 최초의 자연법칙을 조금 복잡하게 해서 그 속에 작은 장치들을 넣으면 피할 수도 있다. 그것도 가능할 수 있었지만 라이프니츠가 보기에 그렇게 하면 아주 불완전하고 아름답지 못한 세계가 만들어졌을 것이다. 건포도로 가득한 세계는 완벽하지 않고 바람직하지 않을 것이다. 그래서 그는 세계를 창조할 때 신은 가능한 모든 세계 중 가장 완벽한 세계를 창조했다고 보았고, 또 (그와 신 모두) 최대한 풍부하고 다양한 사실이 매우 단순한 방식으로 발생하는 세계가 가장 좋다고 보았다.

분명 볼테르가 풍자한 것은 이 개념이 아니다. 그럼에도 우리는 그렇게 미적 완벽함에 대해서만 신경 쓰는 신적 존재를 왜 숭배해야 하는지 의문을 품을 수 있다. 만일 나쁜 일, 비도덕적인 일이 발생해도 그 존재는 그것이 세계의 미적 완벽함을 해치지 않는다면 전혀 신경 쓰지 않을 것이다. (그는 다음과 같은 정도로만 신경을 쓸 것이다. 만일 두 세계가 미적인 완벽함에서 동률을 이룬다면, 그는 우리에게 고통을 가장 적게 주는 세계를 고를 것이다.)

그러나 우리는 라이프니츠의 견해를 수정하여 (경제학자의 말처럼) 거래를 포함할 수 있다. 이 수정된 견해에서, 신은 가능한 모든 세계 중 가장 완벽한 세계(가장 단순한 방법으로 최대의 다양성을 만드는 세계)를 창조한 것이 아니라, 가능한 모든 세계 중 열일곱 번째로 완벽한 세계를 창조한다. 그는 세계를 뒤덮을지도 모를 수많은 고통을 누그러뜨리기 위해 형이상학적 완벽함을 얼마간 희생시킨다. 그런 신은 우리에게 관심을 기울인다. 그는 단지 가장 단순한 방식으로 발생하는 가장 완벽한 세계를 선택하지 않았다. 그는 여기저기에 몇 개의 건포도를 떨어뜨려 상황을 복잡하게 만들었다. 물론 그는 우리를 위해 도덕적으로 가장 훌륭한 세계를 창조하지 않았다. 이 세계에는 수많은 작은 기적과 건포도가 떨어져 있어서, 1,695번째로 완벽한 그 세계 역시 그가 보기에 너무 아름답지 않고 불완전하다. 그러나 그는 또한 그의 관점에서 볼 때 가장 훌륭한 세계를 창조하지도 않았다. 그는 몇 가지를 희생했고, 이곳의 도덕적 선을 높이기 위해 그의 완벽함의 척도상 낮은 곳에 해당하는 세계를 창조했다. 그런 존재를 모든 인간의 행복에 관심을 기울이지 않았다는 이유로 비난해서는 안 된다. 그는 우리에게 모든 관심을 기울이지는 않았지만, 우리를 위해 중요한 것들을 희생했다. 그러나 이 수정된 라이프니츠의 견해도 악의 존재에 대해 적절한 종교적 설명을 제공할 수 있다고는 생각하지 않는다. 그 이유는 곧 밝힐 것이다.

라이프니츠의 시대 이래로 많은 철학자가 최고는 아니지만 가능한 세계에 대해 논의해왔다. 최근의 철학자 중 조지 슐레진저George Schlesinger는 가능한 모든 세계 중 최고의 세계는 없다고 주장했다. 최고일 수 있는 유일한 것이 있다면 무한한 가치의 세계일 테지만, 무한한 가치를 지닌 유일한 것은 신적 존재, 즉 신이다. (신은 자기 자신처럼 무한한 가치를 지닌 또 다른 존재를 창조하지 못한다. 그 이유를 지금 살펴볼 필요는 없다.) 그래서 세계를 창조할 때 신이 할 수 있는 일은 단지 유한한 가치의 세계를 창조하는 것이다.

하지만 신은 왜 세계를 창조하고자 할까? (우리는 어떤 문제에 대해서는 사색하지 않는 것이 좋다는 경고를 알고 있다. 또한 그런 것들을 사색해봤자 결국 그것들이 세상에 생겨나지 않았다면 더 좋았으리라는 깨달음에 도달한다는 것도 안다.) 대개 창조에 관한 신학적 논의는 악에 대한 논의와 별도로 전개된다. 사람들은 그것을 별개의 문제로 가정한다. 왜 세계를 창조하는가? 왜 악이 포함된 세계를 창조하는가? 그러나 창조의 이유, 즉 완벽한 신적 존재가 왜 완전히 만족스러운 세계가 아닌 다른 어떤 세계를 창조하는지 이해한다면, 우리는 왜 이 세계가 악을 포함하여 지금과 같은 성격을 지녔는지를 이해하게 될 것이다.

신은 자신의 가치를 더하기 위해(이미 완벽히 자족적이고 무한히 가치 있는 존재지만) 또는 필요 때문에(유대교 전통에서는 종종 개개인 또는 유대 민족 전체가 수행할 수 있는 역할들을 설명하지만) 어떤 세계를 창조하려는 것이 아니다. 신적 존재는 존재하는 총 가치를 높이려고 노력하지 않는다. 총 가치는 신 자신의 현존 때문에 이미 무한하다. 그보다는 자체적인 다른 가치를 창조하려는 것이며, 그래서 창조된 세계는 단지 유한한 가치를 지닌다.

세계를 창조할 때 신은 어떤 정해진 크기, 즉 유한한 크기의 가치를 창출한다. 이는 마치 신이 어떤 숫자를 고르는 것과 같다. 신이 가령 1,000,563라는 숫자를 고르면 그 숫자가 세계 내의 가치·미덕·선의 양이 된다. 그렇다면 우리는 신에게 이렇게 묻는다. "왜 더 높은 숫자를 고르지 않았는가?" 신은 그러면 어떤 숫자를 골라야 했냐고 되묻는다. 우리가 "5,000,222라면 어떤가?"라고 말하면 신은 답할 것이다. "내가 그 수를 골랐다면, 그대는 '왜 더 높은 숫자를 고르지 않았느냐?'고 물을 것이다. 내가 창조한 세계가 무한한 가치를 지닐 수 없다면, 그것은 유한한 가치를 지닌 세계일 것이다. 따라서 내가 창조한 어떤 세계도 더 낮지 않다는 이유로 똑같이 비난받을 수 있다." 이론상 가능한 모든 세계 중 최고의 세계는 없다. 이는 가장 큰 양의 정수가 없는 것과 같다. 신이 어떤 세계를 창조했든 그보다 더 나은 세계가 항상 있을 것이다. 신은 세계를 창조하려 할 때 이런저런 세계를 골라야 했고, 결국 이 세계를 골랐다.

그러므로 악의 문제에 대한 슐레진저의 답은 다음과 같이 반문한다(기술적 속임수처럼 느껴진다). 우리는 무엇을 불평하는가? 우리는 신이 왜 이 세계를 더 좋게 만들지 않았는지, 왜 그 속에 악이 존재하는지를 물으면서 이 세계에 대해 불평하는가? 신이 어떤 세계를 창조했든지 우리는 똑같은 말을 하지 않았을까?[•]

우리는 그렇지 않다고 대답하고 싶어 한다. 우리는 자연스러운 선을 긋고, 왜 신이 적어도 그 선보다 더 나은 세계를 만들지 않았는지 물을 수 있기 때문이다. 우리는 악의 존재에 선을 그을 수 있다. 어쩌면 악이 없는 그 세계는 우리의 상상만큼 대단한 세계가 아닐 테고, 어떤 세계가 얼마나 대단할 수 있는가에는 끝이 없을 것이다. (어쩌면 신이 정말로 대단한 세계를 만들었다면, 거기에는 우리가 아예 포함되지 않을 것이다!) 그러나 적어도 신은 지금 존재하는 이 모든 엄청난 아픔과 고통이 없는 세계를 창조할 수 있었다.

악의 존재가 하나의 선을 긋지만, 이 세계는 점수와 가치 면에서 그 선에 이르지 못한다. 왜 신은 최소한 그 선이라도 넘지 않았을까? 슐레진저의 논증에서 이에 대한 재응답은 선의 개수가 무한하다는 것이다. 우리는 악의 비존재와 관련된 하나의 선에만 주목하면서, 왜 신이 그 선을 넘지 않았는지 묻고 있다. 그러나 그는 다른 많은 선들을 넘었다. 이 세계가 겪을 수 있었지만 겪지 않고 있는 수많은 재난이 있고, 이 세계는 그런 재난을 겪지 않도록 창조되었

[•] 다음을 보라. George Schlesinger, "The Problem of Evil and the Problem of Suffering," *American Philosophical Quarterly*, Vol. 1 (1964), pp. 244~247. *Religion and Scientific Method* (Dordrecht, Holland: D. Reidl, 1977).

다. 신은 그 선들을 넘었다. 만일 그가 (악의 비존재와 관련된) 이 선도 넘었다면, 우리는 또 다른 선에 눈길을 돌려 왜 신은 그 선을 넘지 않았느냐고 물을 것이다. 논증은 이제 한 차원 위로 이동하여 창조에 각기 다른 가치의 양을 부여하는 대신, 이번에 한하여 그을 수 있는 선이 얼마나 많은지에 관심을 기울일 것이다.

어떤 사람들은 어째서 신은 최소한 엄청난 규모의 악이라도 막지 않았는지 물을 수도 있다. 이에 대해서도 비슷하게 대답할 수 있다. 신은 가장 엄청난 규모의 악을 막았다는 것이다. 예를 들어, 신은 1억 명이 죽을지도 모를 사건과 전쟁을 피할 수 있게 했을지 모른다. 가장 엄청난 일이 신에 의해 제거된 뒤 남는 악 중 가장 큰 것이 무엇이든 그것은 우리가 실제로 알고 있는 척도에서 최고이기 때문에 우리에게는 엄청나게 보일 것이다. 그래서 그때에도 우리는 왜 신은 최소한 가장 엄청난 악이라도 제거하지 않았는지를 묻는 오류를 범할 것이다. 그러나 신은 그렇게 했다.

아마 이 이론은 우리가 악의 문제의 만족스러운 해답을 생각할 때 처음에 나열했을 지적 기준을 충족시킨다. 우리는 단지 신의 전지전능과 선을 세계의 악의 존재와 논리적으로 화해시킬 어떤 것을 원했을지 모른다. 우리는 그것들을 화해시키는 이론이라면 무엇이든 만족스러운 해답이 되리라 생각했을 것이다. 그러나 이 이론은 그렇지 않다.

악의 존재를 바라보는 적절한 종교적 견해에 부과해야 할 조건이 하나 있다. 그런 견해는 실제로 고통이나 아픔이나 악을 겪는 사람에게 해줄 어떤 말을 제공해야 한다는 것이다. 그렇다고 해서 그 말이 반드시 고통에 빠진 사람에게 위로가 되어야 한다는 뜻은 아니다. 오히려 진실한 이야기는 위로가 되지 않을지도 모른다. 그러나 그것은 사람을 위축되게 하거나 당황스럽게 하지는 않을 것이다. 우리가 지금까지 고찰해온 이론이 제공한 것은 어떤 사람에게는 말하기가 불가능한, 품위 있는 얘기가 아니다.

악의 존재를 바라보는 또 다른 견해도 똑같은 결점이 있지만 설명할 가치가 있다. 신이 혼자만의 상황에 머물기보다, 왜 세계를 창조하기를 원하는지 그 이유를 생각해보자. 그것은 단 하나의 세계를 창조하기 위한 이유인가? 부적절한 일련의 창조 이야기나, 상호작용을 하지 않는 나란한 우주들을 주제로 한 과학 소설들을 생각해보라.*

신은 그 자신의 가치나 선 또는 무엇인가를 높이기 위해 세계를 창조하지 않는다. 그의 가치는 이미 무한하다. 그리고 존재하는 가치의 총량이 증가되지도 않는다. 이미 무한에 도달한 양에 유한한 양을 더해봤자 더 커지지 않는다. 그렇다면 그 이유는 유한한 가치의 그 세계를 그 자체와 그것의 가치를 위해 창조하는 것이어야 한다. 그러나 그렇다면 왜 단지 **하나만** 창조할까? 왜 여러 세계, 상호

• 데이비드 루이스David Lewis는 *Counterfactuals* (Oxford: Basil Blackwell, 1973)에서 가능한 모든 세계가 존재한다는 입장을 제시하고, *Plurality of Worlds* (Oxford: Basil Blackwell, 1986)에서 그 입장을 정교하게 다듬고, 그 반론들에 대해 그것을 옹호했다. 나는 *Philosophical Explanations*에서 앞뒤가 잘린 이 입장이 어떻게 다음 질문에 답하는 데 도움이 될 수 있는지 설명했다. 왜 아무것도 없는 대신 어떤 것이 존재하는가? 이 장에 제시된 악의 문제에 이것을 적용한 논의는 스티븐 필립스Stephen Phillips와의 토론에서 제시했다.

작용하지 않는 여러 우주를 창조하지 않을까?

만일 신적 존재가 그런 일을 한다면 그 세계들은 과연 어떠할까? 그는 세부적으로 똑같은 세계를 끊임없이 반복해서 창조할까? 그것은 아무 의미가 없을 테고 다섯 번, 열두 번, 또는 100만 번을 창조해도 마찬가지일 것이다. 그러나 어떤 다른 세계를 추가한다면 얼마간의 다양성을 끌어들이게 되고, 이미 창조한 것에서 빼지 않아도 되는 자체적 가치가 발생한다. 그렇다면 신적 존재는 양의 순가치positive value를 가진 모든 세계를 창조할 것이다. (어떤 세계의 선이나 가치 같은 평가 항목의 양에서 나쁜 것의 양을 뺐을 때 결과가 플러스이면 그 세계는 양의 순가치를 갖는다.) 어떤 세계가 존재하지 않는 것보다 존재하는 것이 낫다면 그 세계는 창조된다. 그러므로 우리는 신적 존재가 다수의 우주를 창조하는데, 그것들 모두가 가치 있는 경우를 상상할 수 있다.

우리는 이 우주에서 많은 결함을 본다고 말하고, 왜 신은 우주를 더 좋게 만들지 않았는지 질문한다. 그러나 신은 더 좋은 우주를 만들었다. 신은 우리가 상상하는 바로 그 방식대로 더 좋은 다른 우주를 만들었다. 신은 그 우주도 만들고 이 우주도 만들었다. "그런데 왜 신은 이 우주만 만들지 않았을까?" 신이 이것과 저것을 다 만드는 대신 저것만 만들었다면 더 나았을까? 아니, 이 우주도 존재할 가치가 있다면 그렇지 않다. "하지만 왜 신은 나를 이 우주가 아닌 저 우주에 놓지 않았을까?" 물론 신이 이 우주에 놓은 사람은 누구나 같은 질문을 할 것이다. (게다가 이 우주나 당신 자신은 단지 이 우주나 이와 비슷한 우주에만 존재할 수 있게 만들어졌을지 모른다.)

이 설명에는 양의 순가치를 지닌 모든 세계를 창조하는 선한 신적 존재가 있으며, 비록 얼마간 악을 포함하고 있지만 우리의 세계도 그중 하나다. 우리의 세계는 존재하지 않는 것보다 존재하는 편이 더 낫다. 또한 선한 신은 왜 이 세계를 더 좋게 만들지 않았는가에 대한 답은, 신은 더 좋은 **다른** 세계도 만들었다는 것이 된다. 신은 가능한 모든 세계 중에서 가장 좋은 세계뿐 아니라(라이프니츠가 생각한 것처럼) 다른 어떤 세계를 포함하여 가능한 모든 좋은 세계를 창조했다. 신은 다수의 가능한 (좋은) 세계를 창조한 것이다. 만일 신이 무한수의 세계를 창조한다면, 이 세계는 무한 가치의 창조로 가는 그의 경로일 것이다. 신이 창조한 각 세계의 가치는 유한하지만(그리고 양수다), 그 유한 가치들의 무한 합은 무한할 수 있다.

이 이론은 악을 경험하는 누군가에게 제시하기가 조금 더 쉽지만, 신이 도덕적으로 용인할 수 있는 행동을 했다고 볼 수 있는지는 불분명하다. 어떤 세계가 양의 순가치를 지녔다고 해서, 그것을 창조하는 것이 자동으로 문제없고 도덕적으로 무방할까? 이와 동일한 원칙이 어린아이를 낳는 경우에 어떻게 적용될지 생각해보자. 어느 부부에게 작은 하인이 있으면 편하겠다는 이유 외에는 아이를 낳고 싶은 이유가 전혀 없다고 가정해보자. 그들은 이렇게 생각한다. "일도 바쁘고 놀기도 바쁜데, 그렇지 않으면 아이를 왜 낳겠어? 하지만 아이를 낳아 반쯤 노예로 길들여 부려먹는다면, 그 존재는 양의 순가치를 지닐 거야. 아이를 낳는다고 아무도 우리를 비난할 수 없을 거야. 왜냐하면 아예 없는 것보다 그렇게라도 사는

게 더 나을 테니까. 그러니 아이를 낳아서 영원히 하인으로 부려도 아무 문제 없어. 어떤 것의 존재가 무존재보다 더 가치 있는 한 그 것을 창조한다는 방침에 따르는 것이니까."

그러나 분명 부부가 그런 식으로 아이를 낳아 기른다면 문제가 있다. 왜 문제가 되는가를 우리가 궁극적으로 어떻게 설명하든, 그 들은 아이에게 그런 존재를 부여하고 나서 이런 말로 비난의 화살 을 피할 수는 없다. "그렇지 않다면 우리는 아예 아이를 낳지 않았 을 거야. 그 존재는 양의 순가치를 지녔는데 뭐가 불만이지?" 일단 아이가 존재하면 아이는 일정한 도덕적 지위를 갖는다. 부모를 비 롯한 다른 사람들은 아이의 존재가 양의 순가치라고 해서 아이를 제멋대로 다뤄선 안 된다.

미래의 인구 전체에게 영향을 미치는 결정들에서 이 문제는 첨 예하게 부각된다. 그리고 도덕 이론가들은 거기에 적용할 올바른 도덕적 원리를 쉽게 설명하지 못한다.* 인구가 계속 증가하는 인도 에서 각 개인이 아예 존재하지 않는 것보다 살아 있는 것이 더 좋 다고 생각할지라도, 우리는 인도의 인구가 지금보다 적으면 더 좋 겠고, 더 적은 사람이 더 잘살면 좋으리라 믿는다. 막대한 수의 인 구가 계속 증가하지만 개개인의 삶이 행복과 거리가 멀거나 죽지 못해 산다면, 행복의 총량을 극대화하는 것이 바람직하다고는 생 각하기 어렵다. 그런 상황이라면 행복의 평균이 크게 떨어질 것이

---

* 다음을 보라. Derek Parfit, *Reasons and Persons* (Oxford, England: Oxford University Press, 1984), Part IV.

다. 그러나 우리는 단지 행복의 평균이 최대치이기 때문에 어떤 상황이 바람직하다고 생각하지 않는다. 단지 한두 사람만 극단적으로 행복해도 그럴 수 있기 때문이다!

지금까지 존재하지 않았던 새로운 사람들을 세계 안으로 불러들일 때의 문제점은 새로운 우주를 창조할 때의 (이번에는 신이 직면하는) 문제점과 비슷하다. 하나의 우주는 얼마나 좋아야 창조할 가치가 있을까의 문제는, 한 개인의 삶이 어때야 그 개인이 존재하는 것이 더 좋다고 생각할 수 있을까의 문제와 유사하다. (하지만 뒤에서 이 문제는 달라진다. 첫 번째 답의 범위 밖에 존재하는 각 개인에 대해, 우리는 그 개인이 존재하지 않으면 더 좋으리라 말하지 않는다.)

두 주제는 다르다. 하나는 사람들이 새로운 사람들을 창조하는 것에 대해 생각하는 경우인 반면, 다른 하나는 신적 존재가 우주를 창조하는 것에 대해 생각하는 경우다. 그럼에도 불구하고 두 문제의 구조는 비슷하다. 그런 상황들에 맞는 도덕적 원리가 무엇인지 생각해내기는 매우 어렵다. 그러나 적어도 다음 원리는 용인될 수 없다. 어떤 것의 존재가 양의 순가치를 지녔다면 그것을 창조하는 것은 항상 도덕적으로 용인될 수 있다. 그러므로 신이 양의 순가치를 지닌 모든 우주를 창조했고, 우리의 우주도 비록 악이 많이 포함되어 있지만 그런 우주들 중 하나라는 말로 악의 문제가 해결되지는 않는다.

하지만 순가치가 어떤 상당한 양보다 크다면 그런 모든 우주를 창조하는 것은 괜찮을 것이다. 어떤 우주의 순가치가 0보다 큰 것만으로는 충분하지 않다. 그 순가치는 0보다 훨씬 큰 수준이어야 한다. 그 역치 값이 정확히 얼마인지는 알아내기가 어려우나 우리의 우주는 좀 더 엄격한 이 조건을 충족시키고, 분명히 분계cutoff 점수를 상회한다.

인구수에 대한 결정이 어떤 원리를 따라야 하는지 확신하지 못할 때, 우리는 신학에 의존해 도덕철학의 문제를 해결할 수 있을까? 올바른 인구 정책을 발견하기 위해 우리는, 신이 우주를 창조할 때 어떤 일반 원리를 적용했기에 이 우주를 창조했을까를 숙고하여, 그런 일반적 도덕 원리를 공식화해야 할까? 그것이 과연 신이 우리의 세계를 창조할 때 따른 원리인지 아닌지를 알아내어, 그와 비슷한 구조를 가진 영역에서 도덕 원리를 시험할 수 있을까? 그렇게 하면 신이 이 우주를 창조할 때 받아들일 수 있게 행동했다는 종교적 전제에 기초하여, 종교에 윤리 이론의 역할을 부여하게 될 것이다. 그때 우리는 어떤 윤리 이론이 일정한 결과에 도달했는가 아닌가에 의해 그것을 시험할 수 있고, 이 시험을 통과한 것만이 다른 어려운 도덕적 문제를 결정할 때 사용할 수 있는 후보가 될 것이다.

그렇다면 신이 매우 큰 양의 순가치를 지닌 가능한 모든 세계를 창조했고 우리의 세계도 그중 하나라는 말로, 악의 문제를 해결할 수 있을까? (왜 신은 더 나은 세계를 창조하지 않았을까? 그러나 그는 그것도 창조했다.) 내가 보기에는 이것 역시 고통을 겪는 사람들에게 말하기가 어려울 듯하다. ("이 세계는 신이 창조한 수많은 세계 중 하나입니다. 그가 더 좋은 세계를 만들지 않았다고 불평하지 마세요. 신은 그것을 만들었으니까요. 신은 더 좋은 세계를 많이 창조했고, 더 나쁜 세계도 창조했습니다. 당신과 당신의 고통은 단지 그 중간 어딘가에 있을 뿐입니다.") 우리는 또한 신은 일정한 역치 이상의 **가치**를 지닌 모든 세계가 아니라 **실재**를 지닌 모든 세계를 창조했다는 견해를 고려할 수 있다. 물론 그렇게 하면 악이 포함될 여지가 더 많아지지만, 신이 우리가 숭배할 적합한 대상으로 계속 남을지는 불확실하다.

다른 윤리적 구분법을 사용하면 이 문제에 약간의 여지를 얻을 수 있다. 어떤 것을 하는 것과 그것이 일어나게 놔두는 것(또는 방해하지 않는 것)을 구분할 수 있고, 최종 결과를 최대화하려고 노력하는 것과 단지 어떤 도덕적 제한들을 따르는 것을 구분할 수도 있다. 혹자는 이렇게 말할지도 모르겠다. 신은 사실 가능한 모든 세계 중 최고의 세계 또는 우리에게 가장 좋은 우주를 창조하고 극대화할 의무가 없다고 말이다. 신이 너무 끔찍한 일을 하지 않고 또 다양한 것을 자제한다면, 비록 어떤 나쁜 일들이 일어나게 **허락한다**고 해도 신은 도덕적 책임에서 자유롭다. 그러나 전 우주의 조물주와 관련했을 때, 어떤 것이 일어나게 만드는 것과 단지 방관하는 것을 구분하기는 불확실하다.

그렇다면 악의 문제에 만족스러운 답이 되려면 어떤 기준을 충족시켜야 할까? 첫 번째 분명한 기준은, 어떻게든 전지·전능·선함이라는 신의 세 가지 속성과 세계 내의 악의 존재를 화해시켜야 한다는 것이다. 만족스러운 답이 되려면 그것들을 지적으로 일치시켜야 한다.

둘째, 그 답은 자신이 고통을 겪고 있거나, 사랑하는 사람이 고통을 겪고 있거나, 세계 내의 고통을 경험하여 알고 있는 누군가에게 실제로 우리가 기꺼이 말할 수 있는 어떤 것이어야 한다.

세 번째 기준은 앞의 기준들보다 불확실하다고 느낀다. 그것은 심리적 고찰과 관계있기 때문이다. 내가 느끼기에 그와 유사한 어떤 것을 좀 더 개인적인 질문에서 찾을 수 있다. 즉 우리의 부모가 과거에는 전능하게 느껴졌지만 왜 우리에게 더 낫거나 결코 완벽하지 않은가라는 질문에 도움이 되지 않으면, 우리는 실제로 만족스러운 종교적 설명을 발견하지 못한다. (종교적 믿음이 단지 가정생활을 크게 투사했다는 주장이 아니다.) 나는 그 차원에서도 만족스러운 답을 찾아야 한다고 생각한다.

넷째, 카발라 전통에서 끌어낸 악에 대한 설명은 신적 존재를 불가침으로 남겨두지 않는다. 신은 최고의 행위(어떤 좋은 기능을 최대화하고, 가능한 모든 세계 중 가장 좋은 세계를 창조하고, 우리에게 자유의지를 주는 등의 행위)를 즐겁게 하고 있고, 신이 최고의 행동을 하는 가운데 때때로 지상의 우리에게 끔찍한 결과가 초래된다고 말하는 것으로는 불충분하다. 신은 그저 즐겁게 진행할 수 없다. 최소한 잊을 수 없는 악행을 다루는 만족스러운 설명이 되려면, 그 결함이 신의 영역에 반영된다는 것을 보여야 한다.

신이 가능한 모든 세계 중 최고의 세계를 창조했다고 보는 라이프니츠의 견해나, 신이 단 하나의 우주가 아니라 이 우주를 포함한 충분히 좋은 모든 우주를 창조했다는 식으로 교묘하게 수정한 (그래서 왜 신이 더 좋은 우주를 창조하지 않았는가에 명랑하게 답하는) 견해는 이 조건을 충족시키지 못한다. 그 이론들은 모두 신적 존재를 우리의 곤경과 상황에서 너무 멀리 떨어뜨려놓는다.

다섯째, 만족스러운 설명은 숭배할 가치가 있는 신적 존재, 즉 종교의 대상이 될 수 있는 신적 존재에 대해 이야기해야 한다. (플로티노스는 이 영역이 이곳을 잘 모르는 신이 발산한 저차원의 영역이라고 했는데, 그의 이론은 이 시험을 통과하지 못한다.) 초연한 형이상학적 이론은 만족스러운 설명이 될 수 없다. 신은 이곳에서 벌어지는 일들에서 초연하지 말아야 할 뿐 아니라, 그 설명은 우리를 단지 신의 피조물로 보는 것이 아니라 우리를 이런저런 방식으로 신과 묶어야 한다. 그 '대상관계'는 양방향으로 원활해야 한다.

홀로코스트는 악의 문제에 대한 답이 거쳐야 할 또 다른 조건을 우리에게 떠안겼다. 이론에서 모든 악은 아무리 경미해도(아이의 고통) 전지전능하고 선한 신이 왜 그것을 허락하는가라는 신학적 질문을 불러일으킨다. 그러나 악이 홀로코스트처럼 막대하고 치명적일 때 지적 문제는 똑같아도, 감정의 문제는 그렇지 않다. 그것은 특별한 문제를 불러일으킨다.

더욱이 그것은 유대교 전통에 특히 문제가 된다. 유대교에서는 유대인이 신적 존재와 특별한 관계에 있다고 주장하기 때문이다. 유대교 신학이 신적 존재를 악의 존재와 화해시키는 어떤 이야기나 설명을 어떻게든 제시한다고 해도 그것으론 충분하지 않다. 유대인에게 가해진 그 특별히 엄청난 악이 어떤 종교적 그림에 들어맞아야 한다. 어떤 사람은 시간적으로 아주 가까운 이스라엘 건국이 모든 것을 복구하지 않을까 생각하지만, (언급하기 쉬운 문제가 아님에도) 나에게 이것은 받아들일 수 있는 답이 아닌 듯하다. 이스라엘에 살고 있는 홀로코스트 생존자에게도 마찬가지다.

미래의 유대교 신학은 카발라가 유대인의 스페인 추방에 대해 했던 것을 홀로코스트에 대해서 해야 한다고 생각한다. 카발라가 보기에 유배 중인 세키나의 상황과 유대 민족의 상황은 서로를 반영했다.

홀로코스트는 우주에서 발생한 일종의 불화다. 그것은 신의 삶이나 영역에서 발생한 어떤 불화로 메아리처럼 되풀이되어야 한다. 신은 불가침으로 남지 않는다.

우리는 완전히 만족스럽지는 않아도 필요한 설명의 기미가 보이기 시작하는 세 가능성을 언급할 수 있다. 홀로코스트는 유대 민족의 존재를 거의 끝냈기 때문에, 어떤 신학적 견해에서는 그것이 그 정도 규모의 신적 사건, 즉 신의 존재를 거의 끝낸 어떤 사건에 대응한다고 주장할 수도 있다. 모욕적인 말을 할 의도는 없지만, 예를 들어 그것은 신이 벌인 자기 파괴의 시도였을지 모른다.

왜 그런 일이 일어날까? 그런 일이 일어날 수 있을까? 신적 존재가 자신의 존재를 끝내기로 결정할 수 있을까? 신적 존재에게 그럴 능력이 있을까? 철학 문헌에는 전능함의 역설이라 알려진 다소 교묘한 질문이 있다. 신은 신도 들 수 없을 정도로 무거운 돌을 들어 올릴 수 있을까? 만일 신이 그 돌을 창조할 수 없다면 그가 할 수 없는 어떤 일이 있게 되고, 그래서 신은 전능하지 않아진다. 만일 신이 그 돌을 창조할 수 있다면 신이 할 수 없는 다른 일(그 돌을 들어 올리는 일)이 있을 것이다. 어느 경우든 신은 전능하지 않은 것처럼 보인다. 이 문제는 속임수이기 때문에, 여기에서 나는 그것을 입증하려 했던 시도들을 검토하지 않을 것이다.

신적 존재가 자신의 전능한 힘을 끝낼 수 있는지는 다소 불분명하다. (나는 성급하게 전능함의 역설 **풍으로**, 그럴 수 없다면 신은 전능하지 않다고 결론짓고 싶지 않다.) 우리가 신의 것으로 생각하는 특성에 대해, 신은 그 소유를 중단할 수 있을까? 신은 전능한 존재이기를 멈출 수 있을까? 신은 마음먹기에 따라 존재하기를 멈출 수 있을까? 그 답은 우리에게 명백하지 않을 뿐 아니라, 신적 존재인 자신에게도 명백하지 않을지 모른다. 신적 존재를 전지하다고 **정의해서**는 안 된다. 그 수준에서 자신의 힘에 어떤 한계가 있는지 신은 어떤 사실을 모를 수가 있다. 신은 자신의 존재를 완전히 끝낼 수 있는가 없는가는 신이 자신에 대해 결코 알 수 없는 사실일지 모른다. 그리고 어떤 다른 과제를 완수하려면 신은 그것을 알아야 하거나 시도해야 할지 모른다.

그렇다면 자신의 존재를 끝내려는 신의 시도는 신의 개념에 의해 배제되지 않으며, 그 크기는 우리의 우주에서 일어난 전대미문의 불화에 상응한다. 크기는 적당해도 이 이론은 부적당하다. 신의 자기 파괴 시도가 하나의 실험이고, 자신의 한계에 대한 지적 호기심의 발로라면, 그런 동기의 사건은 아무리 중대해도 홀로코스트에 비교될 종류가 아니다. 홀로코스트는 유대인이 비자발적으로 겪은 일이기 때문이다. 나는 제시할 만한 적당한 동기를 모르지만, 어쩌면 신은 어떤 다른 자멸적 동기에 이끌려 자기 파괴를 시도할 수도 있다.

다음은 또 다른 시도이고 이 역시 부적당하다. 사람들이 예로부터 생각해왔듯이, 신에게는 자신이 선택한 모든 것을 할 무한한 능력이 있다. 신은 전지하므로 현재의 모든 사건과 미래에 일어날 모든 사건을 안다. 그러나 신은 모든 사실에 대한 무한한 지식이 있음에도 무한한 지혜는 없다. 지혜는 종류가 다르고 (일상적인) 지식과도 다르다. 사람들이 다음과 같이 말하는 상황이 어떤 종류인지 생각해보라. "전쟁을 해보지 않으면 그게 어떤지 모를 것이다." 우리는 전쟁에 대해 책을 읽을 수 있고, 영화를 볼 수 있고, 설명을 들을 수 있지만, 여전히 알 수 없는 무언가가 있다. 거기에는 우리가 모르는 종류의 지식, 경험적 지식, 철학에서 때때로 '습득에 의한 지식'이라 부르는 것이 있다.

제아무리 신이라도 직접 겪어야만 알 수 있는, 또는 그의 피조물들이 겪는 것을 경험해야 알 수 있는 것들이 있을까? 그리스인들은 고통스러운 경험을 해야만 지혜를 획득할 수 있다고 주장했다. 신적 존재도 그와 비슷한 방식으로 지혜를 획득해야 할까? 이 경험을 얻을 때 신은 불가침으로 남지 않게 될까? 사람들이 이곳에서 경험하는 고통은 어떤 식으로든 신적 존재에게도 영향을 미칠까? 다른 식으로는 획득할 수 없는 종류의 지식, 다른 어떤 중요한 과제에 필요할 수도 있는 지식을 얻기 위해 신도 그 경험들을 겪을까? 처음부터 절대적으로 지혜롭지 않다면, 그것은 신적 존재를 불완전하게 만들까? 어쩌면 신적 존재가 처음부터 충분한 지혜를 갖고 시작하기보다 지혜를 획득하는 것이 더 나을지 모른다. 신적 존재가 어떤 정해진 방식으로 지혜를 얻는 것이 더 나을 수도 있다.

세 번째 견해는 신이 자신의 형상대로, 자신의 물질적 표현으로서, 즉 일종의 자기표현 행위로서 (인간이 아니라) 세계를 창조했다고 주장할 것이다. (물질적 세계 전체가 신적 존재의 감정의 표현물일까? 우리는 신의 감정 속에서 그 일부로 살고 있을까?) 신의 선함이 감소하지 않고도 신은 전체에 반하는 경향이 있지만 잘 통제되는 부차적 부분을 갖고 있을지 모른다. 이는 선한 사람들이 열정이나 무의식적 욕망을 통제하면서 그것을 표현하지 않거나 용인되는 방식으로만 표현하는 것과 똑같다. 그렇다면 이 신의 형상대로 창조된 우주의 성격은 어떠할까? 이 방대한 우주에는 조화를 이루지 않는 작은 부분이 있지만 그것들은 우주의 전체적인 훌륭함을 막지 않을 것이다. 이 세 번째 견해에서 볼 때, 신은 가능한 가장 완벽한 세계를 창조하기보다, 그 자신의 형상대로 세계를 창조하려고 한다. (혹은 어쩌면 신은 다수의 그런 세계를 창조하고, 그 모두가 저마다 자신의 적절한 표현일 수도 있다.) 비록 신이 잘 통제하는 작은 부분은 그를 불완전하게 만들지 않을지라도, 이 우주에서 그것들이 표현될 때에는 (도덕적) 불완전함으로 나타난다. 이 우주는 완벽한 닮은꼴이 아니다. 우리의 우주를 신의 표현물로 만드는 그 지도는 신을 완벽하게 나타내지 않는다. (그럼에도 우리는 신의 표현에 기여한 것에, 그의 초상화에 한 터치로 존재하는 것에, 그의 이름에 하나의 모음으로 존재하는 것에 큰 기쁨을 느낄 수 있다.)

이 세 번째 견해는 신의 영역 속의 어떤 것을 이곳의 악과 관련시킨다. 그러나 그 어떤 것이 거기에서는 크게 근심스럽지 않을 것이다. 그렇다면 악의 문제에 대한 만족스러운 해답은, 근심스러운 것들을 나타낸(그러나 증가시키지 않는) 지도에 따라 표현되는 그런 우주에 우리를 놓는 것이다. 더 나아가, 지도에 표시되는 것들은 우리가 얼마나 근심하는가이고, 하나의 전체로서 우주는 그 속의 악에 대해 별로 근심하지 않을 것이다. (그러나 여기에서, 악의 문제에 대한 만족스러운 해답을 찾는 우리의 요구는 너무 인간 중심적이지 않을까?)

이상의 세 대안들, 즉 자기 파괴, 지혜, 신의 형상에 따른 세계 창조와 관련된 견해는 신적 존재의 내면과 동기에 대한 만족스러운 이론은 아니다. 앞서 보았듯이, 신 개념은 가능한 가장 완벽한 존재가 아니다(이것에 제한되지 않는다). 앞에서 우리는 그 개념을 다음과 같이 공식화했다. 두 번째로 가장 완벽한 존재보다 월등히 뛰어나고, 이 세계와 가장 유의미한 관계에 있는(가령 조물주로서), 가장 완벽한 실제적 존재. 약간 다른 정의에서는 '가장 완벽한'이란 개념을 '가장 진실한'으로 바꿀 것이다. 그때 신은, 두 번째로 가장 진실한 존재보다 월등히 더 진실하고, 이 세계와 가장 유의미한 관계에 있는, 가장 진실한 실제적 존재일 것이다. 이때 신의 완벽함이나 선함에 포함되어 있는 듯한 결함은 신의 전체적인 더 큰 **실재**에 기여할 것이다. 어쨌든 신학(특히 유대교 신학)의 다음 과제는 카발라주의자처럼, 신적 존재의 내적 존재에 대해 대담한 사색을 펼치는 것이다. 신의 영역 또는 신의 본성 깊은 곳에 존재하는 악, 그러나 그 자체로 악이 아닌 악에 관한 쟁점들에 추진력을 불어넣기 위해서는 대담한 이론이 필요하다.

The
Examined
Life

Chapter 19

홀로코스트

타락한 인류에 의한 기독교 시대의 종말

제2차 세계대전 동안 유대인을 말살하겠다는 의도로 유럽 유대인
의 3분의 2를 살해한 홀로코스트는 그 중요성을 조금이라도 간과
할 수 없을 만큼 대단히 중대한 사건이다. 그때 일어난 일들은 연
대기를 기록하는 것조차 어렵다. 그 고통과 야만스런 잔혹성에 대
한 많은 정보가 희생자들과 함께 사라졌기 때문이다. 뿐만 아니라
자세한 기록은 읽기만 해도 마음이 흔들리고 마비된다. 독일인 가
해자는 수시로 유대인을 잔인하게 구타하고, 유대교 회당에 몰아
넣고 산 채로 불태워 죽이고, 기도복 숄을 입은 사람들에게 휘발유
를 부어 불을 붙이고, 부모가 보는 가운데 아이들의 머리를 벽에
처박고, 이른바 '의학 실험'을 자행하고, 무덤을 직접 파게 하고는
기관총을 난사해 그 무덤을 가득 채우고, 노인들의 수염을 잡아 뜯
어 벗기고, 사람들을 공포에 몰아넣고선 조롱을 퍼붓고, 조직적이
고 무자비한 방법으로 유대인 하나하나를 죽이고, 그 과정에서 그
들의 인격을 완전히 파괴하고, 일말의 희망과 부분적 협조를 유지

시키기 위해 동부에 재정착하게 해주겠다는 거짓말을 하고, **트레블 링카**폴란드 바르샤바 부근의 나치 수용소 ─ 옮긴이 기차역에서 가스실까지 유대인 들을 벌거벗은 채 걷게 하고, 그 거리를 **힘멜파르스트라세** Himmelfahrstrasse, 즉 천국으로 가는 거리라 불렀다. 이 목록은 끝이 없 으며, 그 모든 일을 축약하고 상징하는 한두 사건이나 몇 개의 사 건을 찾아낼 수가 없다. *

우리는 이 사건들을 어떻게 이해해야 할까? 사회과학자와 역사 가는 그 원인들을 추적할 수 있다. 그들은 서양 문명의 정점에 도 달한 괴테·칸트·베토벤의 나라가 어떻게 그 심장부에서부터 한 민 족을 말살하려 하고, 그렇게 잔인하고 집요하게 그 계획을 추진하 고, 그토록 불편한 증오를 공개적으로 표현하는 한 인간의 주도에 동의할 수 있었는지를 밝힐 수 있다. 그 과정에서, 예를 들어 그 이 전의 반유대주의나 어느 문화에나 존재하는 민족적 우월감 같은 다른 현상도 반드시 살펴봐야 한다. 그리고 우리는 그 사건의 여 파, 즉 유럽 동부와 중부에서 일어난 유대인 축출 현상, 핵무기의 탄생을 추적할 수 있고, 또한 서양 문명에 대한 우리의 사고방식

---

* 폴란드인, 우크라이나인, 루마니아인 등 다른 사람들도 적극적으로 참여하고 도왔다. 그 들은 나름대로 유대인에 대한 증오에 사로잡혀 그들을 체포하는 일에 협조하고, (처음에 는 착취당하는 유순한 노동자로서 독일인의 명령에 따라 행동했지만) 유대인이 남긴 재물과 집 을 마음껏 약탈했다. 어떤 사람들은 모든 것을 알면서도 종종 괜찮다는 듯 수수방관하거 나 희생자의 탈출을 방해했다. 예를 들어 영국인은 팔레스타인으로 탈출하는 사람들을 가득 실은 배들을 독일로 돌려보냈고, 다른 나라에도 그렇게 하라고 압력을 가했다. 또 한 미국 국무부와 육군성은 유럽 유대인의 탈출을 차단했고, 그들의 이주를 방해했으며, 아우슈비츠의 가스실과 그곳에 이르는 철로들을 폭파하라는 촉구를 외면했다.

에, 그리고 그리스에서부터 르네상스와 계몽운동을 거쳐 최근으로 이어지는 희망적 사고에 그것이 어떤 슬픈 결과를 낳았는지 추적할 수 있다.

홀로코스트는 우리가 중요하게 대응해야 하는 사건이다. 그러나 어떤 대응이 도움이 될지는 불분명하다. 그것을 기억하고, 끊임없이 괴로워하고, 그런 일의 재발을 막기 위해 노력하고, 구슬픈 눈물을 흘리면 될까?

홀로코스트의 의미는 그런 추적이 알아내고 그런 대응이 담아낼 수 있는 것보다 훨씬 중대하다. 나는 홀로코스트가 기독교 전통이 상상했던 인간의 타락아담과 이브의 타락 ― 옮긴이과 같은 사건이고, 인류의 상황과 지위에 철저하고 근본적인 변화를 가져온 사건이라고 믿는다. 인간이 원죄를 갖게 된 에덴동산의 사건이 실제로 일어났다고 믿지는 않지만, 그와 비슷한 일이 방금 일어났다고 생각한다. 인류는 타락했다.

나는 그 모든 의미를 이해해야 한다고 주장하는 것이 아니다. 그러나 다음은 반드시 이해해야 한다고 생각한다. 만일 인간이 종말에 이른다면, 즉 인류가 핵전쟁으로 파멸하거나 인류가 번식을 계속할 수 없을 정도로 치명적인 구름이 지구를 뒤덮는다면, 이제 그것은 더 이상 **특별한** 비극이 아니라는 것이다. 인류가 그런 일을 당해 **마땅하다**는 뜻이 아니다. 그런 사건은 수많은 비극과 고통, 아픔과 죽음, 자식이 제공하는 지속성과 의미의 상실을 수반한다. 누구라도 그런 일을 일으킨다면 그릇되고 소름끼치는 일일 것이다. 내가 말하고자 하는 의미는 다음과 같다. 만일 인간의 역사와 인류가 종말을 맞이했다면 과거에는 개개인의 비극을 뛰어넘는 **특별한** 비극이었을 테지만, 이제 인간의 역사와 인류가 더럽혀진 상황에서 그로 인한 상실은 개개인의 상실을 뛰어넘는 **특별한** 상실이 아닐 것이다. 인류는 존속할 권리를 상실했다.

왜 이런 상황이 되기 위해 홀로코스트가 필요했다고 말하는가? 서양의 선진 문명이 이미 은근히 장려했던 추한 일들을 알고 있지 않은가? 노예 제도와 노예 무역, 콩고에서 벨기에인 및 인디언을 말살한 아르헨티나인, 인디언을 학살하고 배신한 미국인, 제1차 세계대전에서 수많은 생명을 잔인하게 짓밟은 유럽 국가들, 그리고 세계사의 소름끼치는 기록들. 홀로코스트에 비교되는 잔인성과 재난이 무수하다는 주장은 무의미하다. (중국, 러시아, 캄보디아, 아르메니아, 티베트를 보라. 이 세기는 잔혹의 시대로 기록되지 않을까?) 진실은 홀로코스트가 그 상황의 **정점을 찍고**, 그것을 만천하에 공공연히 드러냈다는 것이다.

그러나 홀로코스트 하나만으로도 충분했을 것이다. 가문을 망신시키는 친척처럼, 인류의 친척인 독일인은 우리 모두를 망신시켰다. 그들은 개인의 명성이 아니라 우리 모두의 명성을 더럽혔고, 인류의 명성을 더럽혔다. 행위자와 방관자가 한 짓이 전적으로 우리 책임은 아니지만 우리는 완전히 더럽혀졌다.

다른 별에서 온 존재들이 우리의 역사를 들여다본다고 상상해보자. 만일 그 이야기가 불현듯 끝나고, 그 역사 속에 담긴 생물종이 핵전쟁이나 그와 비슷한 사건으로 자멸해도, 그들은 부적당하다고 느끼지 않을 것이다. 이 관찰자들은 **개별적** 비극들을 볼 테고, 그 생물종의 종말에 담겨 있는 그 이상의 비극은 보지 못할 것이다. 그런 비극을 저지른 그 종은 그럴 만한 지위를 잃어버렸다. 다시 한 번 말하지만 그 종이 파멸해 마땅해서가 아니라, 단지 더 이상 파멸하지 않을 자격이 없기 때문이다. 만일 다른 별에서 온 어떤 존재가 우리의 역사를 속속들이 읽고 그 이야기가 파멸로 끝난다면, 그것은 종지부의 협화음처럼 만족스러운 결말이 아니겠는가?

홀로코스트는 신의 행위를 이해하려는 유대교 신학에 특별한 문제를 던지지만, 그와 동시에 기독교 신학에도 어떤 근본적 영향을 미친다. 여기에서 내가 언급하는 것은 기독교가 수세기 동안의 반유대주의적 가르침에 대해, 홀로코스트의 만행이 벌어지는 동안 실제로 조직적 역할을 한 것에 대해, 또는 홀로코스트가 발생하지 않을 문명을 창조하지 못한 사실에 대해 공동 책임이 있고 그에 대해 조사해야 한다는 것이 아니다. 신학이 처한 상황 자체가 변했다는 뜻이다.

기독교 신학은 인류의 상황에 두 번의 중대한 변화가 있었다고 주장해왔다. 첫째는 인간의 타락이고, 둘째는 그리스도의 못 박힘과 부활이다. 후자는 인류를 구속했고 인류에게 타락 상태에서 벗어날 수 있는 길을 제공했다. 못 박힘과 부활을 통해 상황이나 가능성이 어떻게 변했든 그것은 이제 끝났다. 그리스도가 연 문을 홀로코스트가 닫아버린 것이다. (나는 기독교인이 아니지만, 그것은 홀로코스트가 기독교에게 던진 의미를 보지 못하게 하는 장애물이 아니고, 오히려 더 분명하게 볼 수 있게 해주는 듯하다.) 홀로코스트는 세 번째 중대한 변화다. 예수가 죽기 전에 남긴 윤리적 가르침과 모범적 삶은 여전히 남아 있지만, 그리스도의 구원 메시지는 이제 효력을 잃었다. 이런 의미에서 기독교의 시대는 막을 내렸다.

기독교 신학에 따르면 그리스도의 성취는 단 한 번뿐이라고 생각할 수 있다. 그는 과거와 미래의, 우리의 크고 작은 모든 죄를 구속하고 죽었다. 그러나 그것으로 끝이 아니었다. 사람에게 자유 의지를 부여할 때 신은 의도적으로 자신의 전지함을 제한하고, 그래서 더 이상 사람들이 어떤 선택을 할지 예측하지 못한다고 보는 신학적 견해를 기억해보라. 인류를 구속하기 위해 외아들을 보냈을 때, 아마 신은 인류를 다시 구속해야 할 홀로코스트 같은 것을 전혀 예상하지 못했을 것이다. 그러나 예수가 어떤 고통을 겪고, 그의 아버지인 신이 그것을 지켜보면서 어떤 고통을 겪었든지, 그것은 홀로코스트에 직면한 인류를 구속하기에는 불충분했다. 기독교 신학은 그렇게 주장해야 한다. 혹은 개개인의 현재 상황이 어떻든지 홀로코스트는 인류 전체에게 근본적으로 새로운 상황과 지위를 만들었고, 그것은 예수의 희생으로도 치유할 수 없고 치유하기로 예정돼 있지도 않은 것이었다. 이제 인류는 다시 타락했다. 이때 인류가 멸망하거나 소멸한다면, 그 종말은 더 이상 특별한 비극이 아닐 것이다.

인류는 영원히 이러한 타락 상태에 머물까? 시간을 두고 우리가 우리의 행동으로 할 수 있는 일은 없을까? 그래서 다시 한 번 우리가 소멸하거나 파괴되면 그것이 특별하고 더 큰 비극이 될 수는 없을까? 우리는 우리 자신을 구속할 수 없을까? 어떤 '재림'도 우리의 지위를 변화시킬 수 없으며, 어쨌든 재연 같은 것으로는 불가능할 것이다. 행여 가능하다면 인간의 행동만이 우리를 구속할 것이다. 하지만 가능할까?

만일 인간 집단들이 우리의 역사적 비극에 대해 함께 참회하고 수백 년 동안 평화와 선함을 유지한다면 효과가 있을까? 어쩌면 우리가 해야 할 일은 우리보다 훌륭한 다른 생물종의 탄생을 돕는 것인지 모른다. 그렇다면 단지 한 걸음 비켜서는 것으로 지상에 존속할 지위를 다시 얻을 수 있을까?

그보다 우리는 우리 자신의 본성을 변화시켜, 타인이 고통당할 때 함께 불행해지고 고통을 겪는 존재로 거듭 태어나거나, 적어도 타인에게 고통을 가하거나 그들의 고통을 야기할 때 또는 그런 가해를 방관하고 허락할 때 함께 고통을 겪는 존재로 거듭 태어나야 할지 모른다. 그런 변화가 어떻게 일어나든, 그것은 인간이 서로에게 가하는 고통의 양을 확연히 줄일 것이다. 그러나 세계에는 아주 큰 고통이 존재한다. 만일 타인이 어떤 이유로든 고통당할 때마다 우리가 함께 불행해진다면, 우리는 1년 내내 불행할 것이다. 그리고 어떤 사람들이 타인에게 고통을 가할 때마다 우리가 항상 불행하다면, 모든 사람이 똑같이 변하지 않을 경우 불행은 우리의 끝없는 운명이 된다. 혹은 타인이 큰 고통을 가할 때와 우리 자신이 작은 고통이라도 가할 때에만 우리가 불행해져야 할까? 그러나 만일 이전이나 이후의 다른 반유대주의 사건들, 또는 민족적 우월성을 내세우는 집단적 주장들을 이제 홀로코스트의 프리즘을 통해 봐야 한다면, (주고받은 고통이 아주 크고 강하고 다양했지만) 그 뒤로는 어떤 곳에서 발생한 인간의 고통이라도 홀로코스트의 일부로 보고 느껴야 하지 않을까?

어쩌면 누군가에게 어떤 고통이라도 가해질 때나, 누군가가 어떤 고통을 느낄 때 우리 자신이 고통을 겪는 것만이 우리가 인류를 구속할 수 있는 유일한 길인지도 모른다. 지금까지 우리는 너무 격리되어 있었는지 모른다. 이젠 그것으로 부족하다. 기독교 교의는 예수가 인류의 고통을 짊어지고 인류를 구속했다고 주장해왔고, 다른 사람들에게도 그리스도를 따르라고 가르쳤지만, 다른 사람들도 예수처럼 구속을 위해 고통을 짊어져야 하리라고는 예상하지 않았다. 만일 기독교 시대가 끝났다면, 이제 우리 각자가 인류의 고통을 짊어져야 하는 시대가 그 자리를 대신할 것이다. 홀로코스트 이전에 예수가 우리를 위해 했다는 것을, 이제 인류는 스스로 해야 한다.

이로 인해 예수와 기독교의 불화가 호전될 수 있을까? 그리스도가 무엇을 성취했든 이제 그것은 효력이 없다. (유대인과 기독교인이 모두 동의할 것이다.) 행여 인류의 지위가 복구될 수 있다면, 그것은 단지 (거의) 모든 사람이 스스로 타인의 고통을 짊어지는 것 외에는 다른 방법이 없다. 기독교인은 이것이 그리스도의 메시지를 더욱 진실하게 유지하고 실현하는 새로운 시대라고 생각할 수 있고, 유대인은 그 이후로 모든 사람이 달라져야 할 정도로 중대하고 소름 끼치는 고통에 대해 다른 사람들이 진정으로 슬퍼하는 것을 볼 것이다. 홀로코스트는 구속의 문제를 우리 앞에 새롭게 던져놓았다. 달라진 점은 이제 구속이 우리 자신, 인류 전체에게서 나와야 하고, 그 결과가 불확실하다는 것이다.

어떤 사람은 이렇게 생각할 수도 있다. 타인의 고통을 짊어지기보다 인류를 구속되지 않은 상태로 놔두고, 그래서 인류가 소멸할 때 어떤 비극도 남지 않게 하는 것이 더 낫다고 말이다. 심지어 그는 인류의 종말에 관한 이 생각들은 결국 추상적일 뿐이고 단지 가설에 불과한 하나의 비극만을 이야기하는 반면에, 만일 우리 모두가 인류의 고통을 스스로 짊어진다면 실제적인 고통을 주는 수많은 사건이 연루되기 때문에, 그냥 이대로가 더 낫다고 생각할지 모른다. 그러므로 인류가 스스로를 구속할 유일한 방법이 있다고 해도, 그냥 구속되지 않은 채 놔두는 편이 더 낫지 않을까? 만일 인류의 종말이 특별한 비극이 아니라면 그것은 얼마나 큰 비극일까? 우리가 살면서 견딜 수 있는 비극 아닐까?

그러나 지속 가치가 있는 진행 중인 인간 사업에 참여하는 것은 우리의 삶과 삶에 내포되어 있다고 생각하는 의미의 사소한 일부분이 아닐 것이다. 지금은 당연히 여기지만 한때 많은 활동이 그 의미나 중요성을 발견했고 또 다른 많은 활동이 마땅한 자리를 발견했던 것은 바로 그런 배경에서였다. 그 배경을 해체하거나 깨뜨리면 다른 모든 것이 유지될 수가 없다.

지금까지 나는 홀로코스트에 적절한 무게를 부여하는 하나의 해석을 개략적으로 제시했다. 그러나 다른 해석들을 배제하거나, 어떤 일이 벌어지든 이것만이 옳다고 주장하고 싶지는 않다. (아주 최근에 일어난) 그 잊을 수 없는 사건의 충분한 중요성과 의미는 개인의 이해력을 뛰어넘고, 분명히 나의 이해력도 크게 초과한다.

홀로코스트는 주변의 모든 것을 일그러뜨리는 거대한 지각 변동이다. 때때로 물리학자들은 중력 질량에 의해 주변의 평탄한 물리적 공간이 뒤틀리고 일그러지는 현상들을 설명한다. 중력이 클수록 일그러짐도 커진다. 홀로코스트는 인간의 공간에서 일어난 거대하고 지속적인 일그러짐이라고 말하고 싶다. 그 소용돌이와 뒤틀림은 아주 멀리까지 퍼져나갈 것이다. 히틀러 역시 주변 사람들, 즉 그의 추종자들, 그의 희생자들 그리고 그를 쓰러뜨려야 했던 사람들의 삶을 일그러뜨린 힘이었다. 그가 만들어낸 소용돌이는 아직 잦아들지 않았다. 어쩌면 크기를 막론하고 모든 악은 저마다 인간의 공간을 어느 정도 일그러뜨릴 것이다. 우리가 그것을 알아챈 것은 지각 변동이 일어난 후였다.

Chapter 20

깨달음
삶의 아픔과 고통을 줄여주는 경험적 증거

인간 존재의 최고 목표는 무엇인가라는 질문에, 다양한 동양 전통은 **깨달음**enlightenment이라고 답한다. 그 목표를 구체적으로 설명하는 방식과 그것을 지칭하는 용어 (**해탈**nirvana, **득도**satori, **구원**moksha 등)는 각기 다르지만, 모두 깨달음의 4중 구조를 말한다. 깨달음은 경험, 가장 깊은 실재와의 접촉, 자아에 대한 새로운 이해, 자아의 변형으로 이루어진다.

깨달음 경험을 설명하는 사람들은 자신의 묘사가 부적당하다고 주의를 준다. 그 경험(또는 경험들—그것이 모든 사람에게 똑같이 경험된다고 가정해서는 안 된다)은 더없이 행복하고, 무한하고, 경계나 끝이 없고, 황홀하고, 에너지가 넘치고, 순수하고, 빛나고, 대단히 강력하다고들 한다. 게다가 그것은 어떤 것에 대한 경험, 더 깊은 실재의 본성을 계시하는 경험처럼 느껴진다. 이 실재는 외적일 수 있고, 우주를 구성하는 무한하고 순수한 실체일 수 있고, 자아의 더 깊은 본성일 수 있다. 또는 가장 깊은 실재인 **브라만**Brahman은 가장 깊은 자아인 **아트만**ᵃtman과 동일하다고 주장하는 베단타 철학에서, 그 실재는 둘 다일 수 있다. 이 경험은 실재가 일상에서 드러나는 것과는 아주 다르다는 것을 보여주는 듯하다. 만일 이 경험을 완전한 환각—당사자들이 부분적으로 그것의 계시적 힘 때문에 싫어하고, 또 부분적으로 그것의 다른 성질들 때문에 싫어하는 것—으로 무시해버리지 않는다면, 그 옹호자들은 무시할 수 없는 문제를 떠안게 된다. 실재가 왜 이전에는 그들에게 그렇게 나타나지 않았는가를 설명하는 문제가 그것이다. 바로 이것을 이론적으로 설명해야 하는 과제 때문에, 경험 자체의 권위에 기인하지 않은, 일상 세계에 관한 특별한 이론과 가설, 즉 그것이 환각, 꿈, 허구적 창조 등이라는 가설들이 생겨난다.

깨달음의 경험은 더 깊은 실재를 계시하는 듯 느껴지지만, 이것이 그 경험과 독립적으로 존재하거나 그 경험을 통해 성격을 드러내는 어떤 실재가 있다는 것을 보증하진 않는다. 그 경험들은 심지어 그런 것을 경험한 사람에게조차 좀처럼 반복되거나 정확히 복제되지 않으며, 따라서 그런 식으로 그것의 객관적 타당성을 보여주는 경로는 막혀 있다. 그러나 어떤 과정들은 이 특이하고 계시적인 경험들을 좀 더 신빙성 있게 만든다. 명상, 요가 호흡법 등이 그렇다. 어떤 사람들은 이런 과정들이 환각을 만들어낸다고 보지만, 또 다른 사람들은 그것들이 베일을 걷어내 실재를 드러낸다고 본다. 진화론 입장에서 보면 이런 과정들은 믿을 수 없을 듯하고, 때로 거기에서 나오는 특이한 경험들의 타당성도 믿음이 가지 않을 수 있다. 의식 상태와 실재가 조화를 이루지 않는 유기체는 후손을 거의 혹은 전혀 남기지 못한다. 그래서 상황이 어떤지 알 수 있게 잘 적응한 것은 특이한 어떤 것이 아니라 우리의 일상적인 의식 상태다. 그러나 우리가 진화론을 기초로 내릴 수 있는 결론은, 우리의 일상적 의식 상태는 자식을 양육하는 나이까지 유기체인 우리가 생존하는 데 필요한 실재의 자질들을 탐지할 수 있게 적당히 잘 적응했다는 것이다. 그 자질들은 눈에 보이는 중간 크기의 물리적 대상을 움직이는 일상적인 물리적 특성들이다. 만일 더 깊은 영적 실재가 있지만 그 본성이 우리의 생존과 번식과 무관하다는 것을 모르고, 진화는 생존과 번식에만 '관심을 기울인다'면, 진화는 이 근본적인 실재를 알거나 그와 관계할 수 있는 의식 상태들을 선택하지 않을 것이다. 그래서 우리의 일상적 의식 양식들이 더 깊은 실재를 드러내지 않는다는 사실은 그에 대한 반증이 되지 못한다.

그러나 사람들이 겪고 보는 특이하고 이상한 경험들은 더 깊은 실재를 입증하는 논증일까? 그 경험들의 존재 여부는 다음 질문에 대한 답에 달려 있다. 사람들이 요가 호흡법이나 명상 같은 것을 하지만 더 깊은 실재가 존재하지 않을 때, 사람들은 어떤 경험들을 하는가, 혹은 우리는 그들이 어떤 경험들을 하리라 예상하는가? 만일 더 깊은 실재가 없고, 단지 일상적이고 상식적인 실재만 존재한다면, 그 사람들은 더 깊은 실재가 아닌 무엇을 경험할까? 더 깊은 실재가 없을 때에도 그들이 똑같이 무한하고 순수한 실체의 존재를 경험한다면, 그것은 더 깊은 어떤 실재가 그런 식으로 존재한다는 것을 보여주거나 입증하는 증거가 아니다. 실제 상황이 어떻든지 그들이 똑같은 경험을 한다면, 그 경험은 상황의 실체를 보여줄 수 없다. 그리고 기본적이고 특별한 실재가 부재해도 그 똑같은 경험들이 일어날 수도 있다고 생각할 이유가 있다. 사람들이 생각을 가라앉히고, 의식을 무상무념의 상태로 만들고, 아무것에도 집중하지 않을 때, 그들은 무한인 듯한 경험을 하리라고 예상할 수 있지 않을까? 어쨌든 경험에 한계나 윤곽이나 차별을 부여하는 모든 것이 제거되거나 억압된 상태일 것이다. 특별한 경험들을 얼마나 신뢰해야 할지를 알기 위해 우리와 그런 경험들을 하는 사람들은 그 대안이 무엇인지 알 필요가 있다. 즉 실재가 깊지 않고 그보다는 대부분의 사람이 일상적으로 생각하는 것과 같다면 어떤 경험들을 기대해야 하는지를 말이다. 어느 누구도 아직 이 대안의 기준선을 구체적으로 제시하지 않았기 때문에, 깨달음의 특별한 경험들(에 관한 보고들)에 기초해 무엇을 믿어야 하는지 판가름하기는 여전히 어렵다.

이 깨달음의 경험이 드러내듯이, 보이는 실재는 단지 일상적으로 경험하는 것보다 더 깊은 실재가 아니라, 가장 깊은 실재인 듯 느껴진다. 그러나 경험의 성격 자체가 그 궁극적 깊이를 과연 보증할 수 있는지는 불확실하다. 또 다른 수준에 감춰진 의외의 다른 성격이 경험 수준의 기초일 수 있을까? 어느 선승은 앞선 깨달음을 능가하고, 뒤집고, 다른 빛을 발하는 더 깊은 깨달음을 나중에 경험했다고 보고했다. 그리고 20세기 인도 철학자이자 신비주의자인 오로빈도 고시Aurobindo Ghosh, 1872~1950는 허무의 경험(불교도들이 가장 깊다고 말하는 경험)을 보고했고, 그것을 통해 충만하고 무한하고 환희에 찬 의식적 실재에 한층 더 깊이 도달하는 경험(베단타)을 할 수 있었다고 말했다. 또한 불교의 현자들도 두 경험을 뒤바뀐 순서로 한다고 보고한다. 즉 충만하고 무한한 실재의 경험과 그것을 뒷받침하는 허무의 경험을 동시에 한다는 것이다.

깨달음의 경험이 가장 깊은 실재에 대한 경험이든 아니든, 부분적으로 그 경험 자체의 강렬한 실재성(이 단어의 특별한 의미에서) 때문에 그것은 대단히 깊은 실재를 드러내는 것처럼 느껴진다. 이 실재는 완전히 긍정적인 것으로 경험되거나, 부정적으로 보이는 우주 속의 모든 것에 회복의 장소와 목적을 주는 것처럼—아마 실제로는 그 경험으로부터 추론한 결과일 것이다—경험된다. 그렇다면 현실 원칙들은 행복 원칙을 가장 깊이 실현할 수 있는 한 경로가 된다.

그때 자아는 다르게 경험된다. 다시 말해 더 이상 의식의 일상적 요소에 둘러싸여 있지 않은 듯이, 또는 단지 그것들로만 채워져 있지 않은 듯이 경험된다. 자아는 시간 밖에서 목격하는 의식처럼 경험되고, 시작과 끝이 없는 무한하고 순수한 의식처럼, 자기 앞에 있는 것을 비추는 순수한 거울이자 관찰자인 것처럼, 더 큰 우주와 분리되지 않은 빈 공간처럼, 공간 속의 한 존재자라기보다 무한한 공간처럼, 또는 가장 깊은 실재 자체와 동일한 것처럼 경험된다. 각각의 경우에 자아의 경계는 확장되거나 분해된다.

이렇게 경험되는 자아의 아주 다른 이 특성 때문에 몇몇 동양 이론은 불필요한 어려움에 직면해왔다고 생각한다. 만일 자아가 아주 다르거나 그렇게 훨씬 더 훌륭하다면, 왜 우리는 그것을 이전에는 못 깨달았을까? 만일 자아가 그렇게 풍부하다면, 어떻게 그렇게 영리하지 않을까? 동양 이론이 내놓은 설명은 일상적 시각이 착각이나 환각이라는 것이었다. 그래서 그런 착각이 어떻게 발생하는지 또는 왜 그것이 항상 존재해왔는지를 설명하기 위해, 깊은 자아(아트만이나 푸루샤Puruṣa)처럼 훌륭한 것이 어떻게 그런 환각을 겪을 수 있는지를 설명하기 위해, 그리고 일단 사라지면 돌아오지 않는 그 이유를 설명하기 위해 받아들이기 힘든 이론들이 탄생했다.

이 이론가들은 자아의 변성transformation을 주장하는 편이 나을지 모른다. 한때 자아는 제한되었지만 이제는 아니라고 말이다. (그 대신 그들은 다른 대안을 추구하여, 자아는 항상 제한되어 있지 않았지만 과거에는 자기 본성을 잘못 알았다고 말한다.) 더욱 인상적으로, 그들은 한때 자아는 무한하고 순수한 실체(브라만)와 동일하지 않았지만 이제는 그렇게 되었다고 말할 수도 있다.[•] 크고 힘찬 강으로 흘러드는 지류를 상상해보라. 본류로 들어간 뒤 그 물은 막강한 강의 일부가 되고, 뒤돌아보면 눈길이 닿는 곳까지 막강한 강이 있다. (그들은 그 사소한 지류를 거의 알아차리지 못한다.) 합류하기 전에는 아니었지만 이제 그 물은 강과 동일해졌다. 강은 항상 거기에 있었고, 그 물은 이제 강과 동일하다(이 하류에서 또는 현재 단계에서). 그러나 이전에 상류에서 이 물은 단지 지류와 동일했고, 큰 강과는 동일하지 않았다. 이 물의 정체성은 우리가 언제 묻느냐에 달렸다. 만일 정체성이 시간에 따라 변할 수 있다면, 착각 이론은 불필요

• 정체성이 시간에 따라 변할 수 있다고 인정하는 이론에 대해서는 다음을 보라. David Lewis, "Survival and Identity", in Amelie Rorty, ed., *The Identities of Persons* (Berkeley: University of California Press, 1976), pp. 17~40.

해진다. 그래서 그 이론들은 이렇게 주장할 수 있다. 브라만은 항상 존재했고 이제 자아는 그것과 동일하지만 과거에는 동일하지 않았다고. (자아는 전에도 브라만과 동일했지만 그렇지 않은 듯한 어떤 착각 때문에 괴로워했다고 말할 필요가 없다.) 이제 필요한 것은 변성 이론, 즉 한때 무한하고 순수한 실체와 동일하지 않았던 자아가 나중에 동일해질 수 있다는 이론이고, 이것이 착각 이론을 대체한다.

깨달음을 경험하는 동안 개인은 자신의 가장 깊은 자아가 매우 다르다고 느낄 뿐 아니라, 종종 그 경험의 결과로 자신이 변화됨을 느낀다. 아주 다른 양식의 자기 조직화를 경험하는 덕분에 그는 일상 세계도 다르게 마주친다. 제한된 자아의 관심사 때문에 세계를 덮고 있던 구름이나 왜곡이 줄어든다.

깨달음의 경험은 세 측면을 통해 개인을 자아 중심주의에서 벗어나게 한다. 첫째, 개인은 제한이 줄어든 자아를 경험하고, 자아를 무한하고 순수한 의식으로 경험한다. 그 관점에서 개별 자아의 일상적 관심사는 중요하지 않다. 둘째, 개인은 가장 깊은 실재를 경험하는데, 그 관점에서도 일상의 이기적 관심사는 중요성을 잃는다. 세 번째이자 가장 중요한 측면에서, 깨달음의 경험 자체가 월등히 높은 가치와 중요성을 지니는 것으로 경험되고, 그래서 다른 이기적 관심사는 경험 자체의 가치와 핵심적 위치에 완전히 종속되게 만든다. 그 깨달음의 경험이 가장 진실하고 가치 있는 것으로 느껴진다. 그러므로 그것을 경험하는 사람은 다른 것들을 더 높은 곳에 두거나, 그것의 계시적 성격을 완전한 착각이라고 무시하기를 거부한다.

이 사람들에 대한 묘사를 보면—나는 특히 선승과 동양의 스승에 관한 이야기를 염두에 두고 있다—그들은 절대적으로 집중하고, 명석하고, 확실하고, 자신감이 넘치고, 태도가 분명하고, 종종 기존의 틀을 깨고 목표로 곧장 돌진한다. 그들은 자신의 목표를 알고 있으며 시야가 분명하다. 또한 최대한 진실하다.

깨달음의 경험은 더 이상 자아를 제한된 개별 존재자로 동일시하지 않을 뿐 아니라 더 이상 어떤 존재자가 아닌, 하나의 공간에 더 가까워지는 경험이 되기도 한다. 실존주의는 존재가 본질에 선행하고, 그러므로 각 개인은 자기 본질을 자유롭게 선택할 수 있다고 주장했다. 깨달음의 경험은 어떤 특수한 존재도 아닌 상태의 경험이다. 우리가 필연적으로 되어야 하는 자연적 상태란 없다. 그렇다면 우리는 본질을 아예 소유하거나 선택할 필요가 없으며, 그런 것을 갖고 있다고 생각하는 것은 잘못이다. 본질이나 정체성을 갖고 있다는 것은 우리가 필연적으로 갖고 있는 어떤 성질들, 우리가 반드시 소유해야 하는 성질들이 있다는 것이고, 또한 그런 종류의 존재자에게 적용되는 적절한 기준이 있다는 뜻이다. 그렇다면 완전히 자유롭다고 느끼기 위한 필요조건은 그런 의미의 정체성을 갖지 않는다는 것이고, 우리의 어떤 특성도 필연적으로 유효하지 않으며, 우리가 반드시 유지해야 할 어떤 종류의 상태도 없다는 것이다. *이것이 '나'와 '자아'의 개념에도 확대될 수 있을까? 그래도 이 개념들은 깨달음을 얻은 존재가 느끼는 정체성의 일부 아닐까? 만일 인생의 의미 문제가 우리의 한계에 의해 생기고, 우리가 그 한계 밖의 다른 것들과 연결되고 그것들을 초월하여 의미를 획득하려 한다면, 그리고 만일 깨달음의 경험이 한계가 전혀 없는 상태, 어떤 구체적 정체성도 필연적 성질과 기준을 부과하지 않는 상태의 경험이라면, 그것은 더욱 유의미하게 느껴질 것이다. 좀 더 엄밀히 말하자면 그것은 완전히(무한히) 유의미하게 느껴지거나, 의미의 바로 그 문제를 초월하여 의미의 어떤 문제, 다시 말해 한계가 존재할 필연적 배경이나 전제를 말살해버린다.

깨달음의 유혹은 놀라운 것일까? 그 경험은 가장 진실하고, 가장 깊은 실재로 보이는 것과의 접촉을 포함한다. 그리고 그 개인은 더 진실하고 완전히 자유로운 존재로 변하고, 여기에 황홀한 행복이 더해진다. 게다가 그 개인은 새롭고 더 정확한 눈으로 실재를 보게 되고—그 경험이 정직하다는 가정 하에—가장 깊은 실재를 좀 더 적절히 표현하는 유사 장치가 된다.** 깨달음은 결말이 아무리 매혹적이라도 직접 추구할 수 있는 목표가 아닐지 모른다. 추구 방법과 그

• 어떤 사람들은 여기에 필연성 개념에 대한 최근의 철학적 공격들을 결부할 수도 있다. 다음 논문을 보라. W. V. Quine, "Necessary Truth," *The Ways of Paradox* (Cambridge, Mass.: Harvard University Press, 1976).

•• 그렇다면 심리적 건강은 어떠할까? 깨달음과 관련하여 무엇이 사실인지를 알기는 어렵지만, 불교의 명상 수행을 가르치는 진지한 서양의 지도자들, 오랜 훈련을 쌓았고 하루에 여러 시간 동안 집중적으로 명상하는 경험과 헌신적 태도를 겸비한 그 지도자들도 지속적인 불안이나 타인을 조작하고 지배하려는 시도를 초월하지 못한다는 믿을 만한 보고가 있다. 그들은 때때로 전문적인 심리 치료를 찾는다. 다음을 보라. *Inquiring Mind* (Berkeley, California), Vol. 5, No. 1 (Summer, 1988). 아마 이 지도자들은 깨달음을 얻었다고 주장하지 않기 때문에 이 보고의 솔직함과 진지함은 추천할 만하다. 우리는 그들의 사례에서 깨달음과 심리적 건강의 관계를 추정할 수는 없다. 그러나 깨달음 자체에 관한 보고서는 심리적 건강 문제를 직접 다루지 않기 때문에 낙관적인 결론을 끌어낼 때는 다소 조심하는 것이 바람직하다.

동기의 일부가 깨달음을 통해 변할 수 있는 바로 그 자아 구조를 강화하는지 모른다. 비록 구체적 단계가 없다 해도, 깨달음이 참으로 최고의 선이라면 당신의 삶이 깨달음과 관계 맺는 것은 중요하다.

많은 사람이 깨달음의 목적은 다른 영역으로 탈출하여 환생과 고통의 순환을 벗어나는 것이라고 생각하는 반면, 오로빈도를 비롯한 어떤 사람들은 그 목적이 물질적 존재를 변화시키는 것이라고 생각한다. 그러나 그것은 개인의 애착, 사랑과 친구 관계에 어느 정도 비용을 요구하는 듯하다. 오로빈도는 이렇게 말한다. "이 최고의 존재를 힐끗 보기만 해도 눈이 부시고 그 흡인력이 너무 강력한 탓에, 우리는 그것을 추구하기 위해 다른 모든 것을 무시해도 괜찮다는 느낌에 쉽게 빠진다." •

선불교의 그럴듯한 해석에서도 깨달음이나 득도satori가 이 세계를 바라보는, 매우 다르지만 구체적인 시각과 관련이 있고, 그래서 다른 영역으로 벗어나는 것이 아니라 이 세계와의 다른 관계를 필요로 한다고 본다. 선문답은 이성적·개념적 한계를 깨우치기 위해 고안해낸, 무의미하고 답할 수 없는 질문이 아니다. 그렇지 않다면 왜 명백하게 무의미한 다른 질문들을 놔두고 그런 질문을 하겠는가? 선문답은 이 세계를 매우 다른 시각으로 보도록 수행자를 유도하기 위해 고안한 것으로, 새로운 시각으로 볼 때 비로소 의미가

• *The Synthesis of Yoga* (Pondicherry, India: Sri Aurobindo Ashram, 1955), p. 14. 오로빈도는 생애의 마지막 20여 년 동안 그의 영적 공동체 안에 마련된 세 칸짜리 거처에 은둔하면서 가끔씩 방문객들을 만나고, 자신의 저작들을 수정하고, 추종자들에게 편지를 써 보내고, 영적 성장에 대한 긴 서사시 〈사비트리Savitri〉를 썼다.

통하는 명확한 대답들을 감추고 있다. 게슈탈트gestalt 심리학자들의 잘 알려진 그림들을 생각해보라. 어떤 그림은 화병으로 보이기도 하고 서로 마주보는 두 얼굴로 보이기도 한다. 형상이었던 것이 배경으로 변하는 것이다. 또 젊은 여자와 늙은 여자의 그림에서는 늙은 여자의 코가 젊은 여자의 턱과 뺨으로 바뀌고, 정육면체 그림을 어떻게 보느냐에 따라 바닥의 오른쪽 꼭짓점이 전면의 꼭짓점이 되기도 하며 후면의 꼭짓점이 되기도 한다. 어떤 사람이 착시 그림을 한 방식으로 볼 때, 우리는 다른 시각으로 전환할 수 있는 한 특징을 지적해주어 그 그림을 달리 보게 할 수 있다. 예를 들어 "화병의 오른쪽 곡선을, 왼쪽으로 향하고 있는 코의 옆모습을 나타내는 선으로 보라"라고 얘기해줄 수 있다. 선의 시각도 다른 영역이 아니라 이 세계를 향해 있지만, 그것과 일상적인 시각의 차이는 화병과 두 얼굴의 차이와 같다. 어쩌면 일상적 시각도 하나의 구체적 특징, 즉 자아를 중심으로 모여 응고되어 있을지 모른다. 우리가 객관적이든 주관적이든 어떤 존재자를 갖고 이 세계에 살고 그 존재자가 우리의 자아일 때, 나머지 세계는 그것을 중심으로 배치된다. 다음과 비교해보라. 일단 그것을 코로 볼 때, 나머지 그림은 두 얼굴을 이루도록 자리 잡는다. 명상, 선문답, 호통, 타격 같은 선불교의 수행법은 자아의 지배력을 늦추고, 자아라는 존재자와의 동일시를 중단시켜 세계를 완전히 달리 보게 하도록 고안한 것들이다. 이 해석에서 선은 완전히 독립된 다른 영역으로 들어가는 것이 아니라, 실제 세계의 게슈탈트에 변화를 불러들이고 당신의 관점을 흔들어 자아를 중심으로 조직된 그림에서 멀어지게 한다. 그 변화를 가정할 때 선문답에는 명백한 정답이 있다.

깨달음에 이르는 길은 삶의 아픔과 고통을 단지 피하는 것이 아닌 그 이상의 방법을 통해 아픔과 고통을 줄여주기도 한다. 다음에 경험적 증거가 있다. 양반 다리를 하고 오랫동안 명상하면 처음에는 고통이 밀려온다. 무릎과 발목이 아프고 감각들이 극심해진다. 하지만 명상할 때 다른 것(예를 들어 들숨과 날숨)에 집중하듯 그 감각들에 집중하면 변화를 느낄 수 있다. 그 감각을 당신의 감각이 아니라 하나의 감각으로, 즉 어떤 강렬한 감각으로 여기고 그에 집중하라. 의식과 함께 그 속으로 들어가면 어느덧 놀랍게도 그 감각의 성격이 변하기 시작한다. 처음에는 믿기 힘들 것이다. 그것은 더 이상 동질적인 하나의 통증이 아니라, 여러 부분으로 나뉘어 여기저기에 산재하는 감각이 된다. 당신은 그 감각들에서 어느 정도 거리를 유지하게 되고, 그것들을 당신의 감각이 아니라 단지 거기에 존재하는 감각으로 여기고 관찰하게 된다. 게다가 그 감각들은 더 이상 고통스럽지 않다. 여전히 강렬하게 느껴지고, 때로는 시각 같은 다른 감각 양식으로 느껴지지만 그래도 아프게 느껴지지 않는다. 적어도 이 경우에서 어떤 것이 아프다는 것은 그것을 나 자신의 것으로 보고 그 감각에 어떤 성질들을 투사하는 관점에 달려 있는 듯하다. 그 감각들 자체에 주의를 기울일 때 그것의 아픈 성질은 해소되고 그 감각들은 다르게 경험된다. 이 '무통' 현상은 어디까지 확장될 수 있을까? 아마 여러 시간 동안 계속되거나 강도가 높은 감각에는 적용되지 않을 것이다. 이것은 통증을 자발적으로 겪을 필요가 있다는 주장이 아니라, 단지 명상 수행법은 어느 정도의 통증을 잠시 동안 줄이거나 제거할 수 있다는 말이다. 합리적으로 생각해볼 때 수행과 훈련을 거치면 감소의 폭이 더 커질 테고, 깨달음의 경험을 이용할 줄 안다면 훨씬 더 많이 감소할 것이다. 깨달음의 과정에서 쾌락 원칙의 하나인 무통 원리가 얼마간의 만족을 이끌어낸다.

궁극적으로 우주와 그 안에서의 우리 위치는 완벽하고, 그래서 깨달음의 이야기는 유효하다. 깨달음의 이야기는 우리에게, 우리는 소유할 가치가 있는 모든 것을 최고 수준까지 가질 수 있고, 존재할 가치가 있는 모든 것이 될 수 있다고 말해준다. 그러므로 깨달음의 교의는 비극의 궁극적 실재, 그리고 악을 피하기 위해 때때로 어떤 가장 중요한 선을 실제로 희생시키거나 영구히 잃을 수밖에 없는 필연성을 인정하지 않는다. 그렇다면 그 교훈은 가장 깊은 지혜를 보여주는가, 아니면 그것은 가장 고귀하고 가장 아름다운 어리석음일까? 깨달음과 그것의 모든 배경 이론은 사실이기에는 너무 좋다고 생각해야 하지 않을까? 그 가능성에 대한 확실한 증거와 입증이 없다면 깨달음이라는 바구니에 모든 계란을 담지 않는 회의주의자로 남아야 하지 않을까? 차라리 다음과 같은 생각이 확실하고 궁극적인 지혜 아닐까? 우리는 인간의 조건에서 벗어날 수 없고, 그럴 수 있다는 생각은 따지고 보면 결국 피상적 믿음에 불과하다. 혹은 지혜가 한때 마지못해 고통스럽게 그러나 그릇된 판단으로 필연성이라 결론지었던 것을, 뒤늦게 공치사하는 경우는 아닐까? 지혜가 냉혹한 현실주의와 착각의 부재를 자랑스러워하면서 자신의 증상에 집착하는 신경증 환자처럼, 부차적인 이득 때문에 비극에 매달리지는 않을까?

때때로 우리는 매우 희박하다고 생각하는 가능성을 포함하여 이런저런 가능성이 매우 멋지게 보이거나 실제로 멋진데도, 단지 사실이 아니기를 원하기 때문에 그것들을 무시하는 경향이 있다. 이를 받아들이려면 세계에 대한 전반적 이해, 그리고 우리의 삶, 습관, 사고방식, 목표에 대한 큰 그림을 너무 많이 뜯어고쳐야 하기 때문이다. 우리는 개인적·지적·문화적 적소의 명백한 경계에 적응한 상태고, 그래서 이제는 그 경계가 바뀔 수 있다고 생각하고 싶어 하지 않는다. 그래서 우리는 번드르르한 주장을 내세워 어떤 가능성을 즉석에서 무시하고, 근본적인 변화의 필요성을 회피하여 위안과 편안함에 안주한다! 그러나 현명한 사람은 경솔한 맹신을 버리고 새로운 것을 배우는 기회에 마음을 연다. 그는 새롭고 놀라운 가능성에 신중히 주의를 기울이고, 그 가능성을 시험적으로 탐구하고 실험한다. 만일 그 과정에서 어떤 가능성이 확신의 증거들을 보여주면—이해를 넓혀주는 강력한 경험이든, 바람직한 개인적 변화든, 동일한 가능성을 더 깊이 있게 추구한 적이 있는 다른 사람과의 만남이든—그는 여전히 얼마간 조심하면서도 더욱 자신 있게 나아갈 것이다. 블레즈 파스칼Blaise Pascal, 1623~1662은 무한한 획득 가능성에 모든 인생을 걸라고 권유했지만, 우리는 통계학자가 설명하는 두 가지 오류—참인 것을 거부하는 오류와 거짓인 것을 받아들이는 오류—를 기억하고, 때로는 과감하지만 여전히 조심스럽게 나아가면서, 이 중요한 문제에서 두 오류를 피하기 위해 최선을 다하는 편이 나을 것이다.

Chapter 21

모든 것의 정당한 몫

성인이고 싶은 유혹과 인간이고 싶은 유혹

부처, 소크라테스, 예수, 간디 등 인류의 가장 위대한 영적 스승들은 개인의 삶을 통해 빛나는 모범을 보여준 위인들이다. 그들은 만인에게 선포한 주장과 원리뿐 아니라, 그들 자신의 생생한 현존을 통해 강한 영향을 미친다. 우리는 단지 그들의 가르침을 만나는 것이 아니라 가능한 범위 안에서 그들처럼 되기를 원한다. 그들은 우리보다 더 진실해 보이고 그들의 생생한 실재는 우리를 자극한다. 그들처럼 된다는 것은 우리도 더 진실해진다는 뜻이다. 이 스승들의 존재와 삶에는 그들의 가르침이 실현되어 있다. 우리는 그들의 삶을 보면서 그들이 말하는 것을 배우고, 그 말의 의미를 배운다. 그들의 삶, 때때로 그들의 죽음은 행동으로 드러난 그들의 가르침이다. 그들은 추상적 가르침을 구체적으로 보여준다.

그들은 우리에게 이야기를 들려주고, 우화를 말해주고, 우리 자신을 연결할 수 있는 자극적 고리를 던져준다. 그들이 이야기를 들려주기도 하지만, 오늘날 우리는 이야기 속에서 그들을 만난다. 플라톤의 초기 대화에서, 팔리어 경전에서, 복음서에서, 바알 셈 토브Baal Shem Tov, 1698~1760의 이야기에서. 이 이야기들 속에서 우리는 그들의 모습과 행동을 그려본다. 그들의 삶은 그들의 가르침을 확신하게 하는 중요한 역할을 한다. 우리는 그들의 가르침이나 그들의 올바른 삶을 이미 공식화된 다른 진술들에서 이끌어내지 않는다. 우리는 그들의 권위에 기초해 그들의 견해를 받아들일 수 있지만, 그 권위는 그들의 이야기 속에 드러난 그들의 존재와 삶에서만 나올 수 있다. 처음부터 우리는 그들의 삶이 올바른 길이라는 원칙을 가정하고 시작하지 않는다. 우리는 그들의 삶을 보고 경외와 감동을 느낀다. 그들은 훌륭한 본보기를 통해 가르침을 준다.

모든 영적 스승에게서 저마다 독특한 특징을 이끌어낼 수 없지만 중요한 특징을 찾아볼 수는 있다. 첫째, 그들은 자신이 중요하다고 여기는 것들을 몸소 실천했다. 그들의 삶에는 자신의 가치가 녹아 있다. 그들이 중요하다고 여기는 것들은 실제로 매우 훌륭하고 존경할 만한 가치들이다. 가령 소크라테스는 질문, 부처는 자비, 예수는 사랑, 간디는 비폭력과 행동의 진실이 그 가치들이었다. 그들은 다음과 같은 특징을 보여주었다. 친절, 비폭력, 생명에 대한 사랑, 소박함, 단순 명쾌함, 정직, 순수함, 초점, 집중, 더 깊은 실재를 실현하는 삶, 내적 평온, 물질적이고 세속적인 것들에 대한 상대적 무관심, 밝은 에너지, 내적 강인함 등이다. 그들은 우리에게 잠재된 최선의 모습에게 말을 걸고, 우리를 그 모습으로 돌려보낸다. 그들 앞에서 우리는 자신이 게을리했던 최고의 모습을 상기하고, 최선의 자아에 미치지 못했던 모습을 부끄러워한다. 우리는 그들에게서 존경할 만한 여러 자질뿐 아니라 우리와 다른 내적 체계와 구조를 감지한다. 그들은 빛의 그릇이다.

영적 스승들은 그들의 가치를 최대한 실현한 전형이다. 그들의 호소력은 부분적으로 이 높은 가치들의 호소력이지만, 또 다른 부분은 그들이 가치의 전형이자 구현자로서 성취한 엄청난 실재성이다. 이는 마치 플라톤의 형상이 지상에 구현된 듯하다. 그러나 이것이 가능했던 것은 영적 스승들이 다른 많은 가치를 제외하고 하나 또는 소수의 가치를 구현했기 때문이다. 전반적 가치들을 다루었다면 각각의 가치가 발하는 빛이 희석되었을 것이다.

영적 스승들은 그들에게 중요한 것에 완전히, 전적으로 매진한다. 타협하거나 자신들의 가치에서 벗어나지 않는다. 그들은 이 가치에 일생은 물론 죽음까지 바친다. 일반적으로 영적 스승들은 하나의 가치를 특별히 대표하는데, 이는 그들이 거래나 타협을 거부하기 때문에 가능하다. 그러나 그들이 공통적으로 소유하는 그 이상의 가치들이 있다. 그들은 종종 의문을 전혀 품지 않고 모든 사람, 심지어 모든 것과의 긍정적 관계를 모범적으로 보여준다. 거의 어떤 상황에서도 타인에게 해를 입히지 않는다. 또한 그들의 삶은 소박하다. 물질적인 것을 축적하지 않고 때로는 축적된 부를 포기하며 위대한 **순수함**의 이미지를 보여준다. 영적 스승들은 외부 힘에서 자유로워 보인다. 외부의 어떤 위협도 그들을 변화시키지 못한다. 그들은 내적 욕망에서도 자유로워 보인다. 스스로 원하지 않으면 어떤 것도 그들을 압박하지 못한다.

영적 스승을 통해 우리는 그런 가치들(또는 어느 한 가치)에 전념하는 삶을 살 수 있다는 것과 그것이 놀랍고 좋은 방식임을 보게 된다. 그리고 그 방향으로 이끌린다. 그 가치들을 삶으로 보여준 사람을 우리가 만나지 못하고 단지 그에 대한 설명을 듣기만 했다면 그렇게 생각하지 못할 것이다. 이 영적 스승들은 그들을 만난 많은 사람에게 지대한 영향을 미치고, 더 높거나 더 깊은 목적과 (본인들이 더 좋다고 생각하는) 더 나은 자아를 이끌어낸다.

우리는 영적 스승들의 세 측면을 구분할 수 있다. 첫 번째는 그들의 윤리적·예술적 영향이다. 그들은 인상적이고 종종 역설적이며 예술적 흥미를 자아내는 인물들이다. 또한 때때로 힘든 문제에 대해 조언을 던져주고, 그들을 서술하는 책이 허구임이 분명할 때에도 그와 같은 효과를 미친다. 실제 이야기가 아닐 때에도 우리는 그 인물들이 흥미와 영감과 감동을 불러일으킨다고 느낀다. 두 번째 그들은 어떤 특정한 삶의 방식이 **가능하다**는 것을 그들의 존재로서 입증한다. 세 번째는 앞의 두 측면이 우리 삶에 던져주는 모든 효과를 능가하는 측면으로, 그 사람들의 **실질적** 존재와 행동의 결과, 즉 그들의 행동과 존재가 만들어낸 차이가 그것이다. 이는 그것을 묘사하는 이야기들과 그런 일이 가능하다는 우리의 믿음에서 나오는 효과를 뛰어넘는다. (예를 들어, 기독교인은 예수의 삶과 죽음이 인간과 신의 관계를 실제로 바꾸었다고 믿는다.) 이 인물들을 영적 스승으로 다루는 동안 나는 처음 두 측면과 그로부터 우리에게 일어나는 일들에만 초점을 맞추고자 한다. 세 번째 측면은 다른 문제이고 내가 여기에서 증명할 문제가 아니지만, 그 측면을 애초에 배제하여 불쾌감을 유발하고 싶지는 않다.

영적 스승들의 전체 행적은 인상적이고 영감까지 이끌어내지만, 우리는 몇몇 특징에 대해 약간의 주저할 수도 있다. 영적 스승들은 그들에게 중요한 것을 양보하지 않는다. 그래서 때로는 그들이 추구하는 최고의 이상에 **조금이라도** 못 미치는 것을 피하기 위해 심지어 삶을 포기할 듯한 인상을 풍긴다. 반면에 내가 나의 삶을 포기하겠다고 결심한다면 그것은 **최저** 수준으로 가라앉는 것을 피하기 위해서일 것이다(나는 분명히 그러기를 바란다). 어쩌면 그보다 꽤 높은 수준이 하한선일 수도 있지만, 최고의 이상에 조금이라도 못 미치는 것을 피하기 위해 삶을 포기하지는 않을 것이다. 이것은 내가 얼마나 부족한 사람인지 보여줄 수도 있지만, 그보다는 영적 스승들의 비타협적 자세가 너무 엄격하고 완벽해서 아무 거리낌 없이, 심지어 하나의 이상으로 존경하기가 어렵다는 것을 보여준다고 생각한다. 우리는 현명한 사람이 언제 참을 수 없는지 알듯이, 언제 타협하는 것이 적절한지도 안다고 생각한다.

우리는 영적 스승들이 그들의 특별한 이상을 지나치게 고수한다고 여기고, 심지어 **어떤** 특별한 이상은 썩 존경하지 않을 수도 있다. 설령 그렇더라도 우리는 마치 그들처럼 헌신적으로 지지할 어떤 이상(그것이 어떤 이상인지 모를 수도 있지만)이 우리에게도 있기를 바랄지 모른다. 더 나아가 우리는 노동 분업의 효과를 믿고서 다른 **누군가**가 최고의 이상을 철저하게 지지하고 있다는 사실에 기쁨을 느낄 수도 있다.

영적 스승들은 그들 특유의 가치를 대표하는 모범으로서 빛을 발하지만, 우리를 위한 모범으로서도 빛을 발할까? 그들은 단지 가치의 본보기가 아니라 삶의 본보기이기도 할까? 한 측면을 예로 들자면 우리가 열거한 네 명의 위인 소크라테스, 부처, 예수, 간디는 가족과 자녀와의 지속적인 생활이 부재했거나 부족했다. 각각의 위인이 완벽하지 않았다거나 심각한 결함이 있었다는 뜻이 아니다. 그들의 삶을 보면 그럴 수도 있지만, 심지어 영적 스승들의 완벽주의를 걱정할 때에도 어떤 완고한 완벽주의를 기준으로 삼는 것은 부적당할 것이다. 《간디의 진실》에서 저자 에릭 에릭슨은 평범한 종류와 몇몇 특이한 종류를 포함한 인간적 약점과 노이로제에서 간디가 어떻게 자신을 특별한 인물로 만들 수 있었는지 묘사했다. 또한 월터 잭슨 베이트Walter Jackson Bate, 1918~1999도 새뮤얼 존슨Samuel Johnson, 1709~1784의 전기에서 그와 비슷한 주제들을 탐구했다. 영적 스승들이 우리와 똑같은 평범한 자질을 갖고 있다고 해서 그들을 비난하거나 그들이 그 재료로 빚어낸 훌륭한 형상과 빛깔을 무시하는 것은 부적당한 흠잡기에 불과하다.

 내 요점은 다른 것이었다. 이 스승들이 보여주고 예시하는 긍정적 이상 자체를 조사하고 그것에 결함이 있는지를 살펴보는 것이 타당하다. 그들의 삶에 어떤 가치 있는 것들이 없었다는 사실이, 그들의 이상이 그것들의 자리를 빼앗은 결과였을까? 만일 그것들 중 일부가 평범한 삶의 중요한 부분이고, 우리가 희생하거나 포기하고 싶어 하지 않는 부분이라면, 우리는 영적 스승들을 우리 삶의 모델로서 볼 때 조심스럽게 접근할 필요가 있다. 그들은 진실의 몇몇 차원에서 극히 진실하지만, 삶의 타협적 거래들을 포함한 균형 있는 삶이 영적 스승들의 강렬하고 일방적인 삶보다 현실과 더 많이 접촉하고, 더 많은 실재를 포함하지는 않는지 의문을 품어볼 수 있다.

조지 오웰George Orwell, 1903~1950도 간디에 관한 글에서 그 점을 언급했다. "평범한 사람이 성인聖人이 되기를 거부하는 이유가 단지 매우 어렵기 때문이라고 너무 쉽게들 가정한다. 다시 말해 평범한 인간을 실패한 성인으로 보는 것이다. 많은 사람은 성인이 되기를 진정으로 바라지 않는다. 아마 성인의 지위를 획득하거나 열망하는 소수의 사람은 인간으로 남고 싶은 유혹을 거의 느껴보지 못했을 것이다." 여기에는 부정적인 어조가 너무 많이 담겨 있다. 우리는 두 가지 유혹, 즉 성인이고 싶은 유혹과 인간이고 싶은 유혹을 충분히 그리고 똑같이 느끼지 않을까?

일반적인 생각으로, 가장 깊은 실재에 대한 관심은 주변의 평범한 세계에서 개인을 멀리 떨어뜨리는 것처럼 보인다. 예를 들어 한 개인이 신성한 측면에 초점을 맞출 때 그는 종종 그 이하의 것들, 즉 일상적인 일이나 다른 사람들, 중요하고 높지만 가장 깊고 가장 높지 않은 가치와의 충만한 연결에서 멀어지는 듯 보인다. 그것은 가볍게 넘길 수 있는 비용이 아니다. 그런데 개인이 자신을 가장 깊이 연결할 수 있는 의식적 실재가 전혀 없다고 가정해보자. 그렇다면 영적 탐구는 헛되고 공상적이지 않을까? 그러나 앞에서 묘사한 개인적 자질들은 여전히 인류의 횃불로 남을 것이다. 만일 이 사람들이 더 깊은 실재와 접촉하지 **않고** 그렇게 될 수 있었다면 놀랍지 않은가? 이는 더 깊은 실재의 존재에 대한 논증이 아니다. 놀랍다는 것은 불가능하다는 뜻이 아니다. 더 깊은 실재가 존재한다면 그것은 외적인 것이 아니라 그들 자신의 일부일 수 있다. 그러나 가장 깊은 실재와 접촉하는 듯 보이고—자신이 창조하고 상상으로 만들어내 집중하고 있는 실재가 아닌—어떤 실재가 존재하지 않는데도 그 스스로 더 깊은 실재를 선명하게 보여준다면, 이는 비범한 인간적 성취일 것이다. 연결할 수 있는 가장 깊은 의식적 실재가 없다 해도, 사람들은 그들의 몫을 훌륭히 수행할 수 있다. 이것은 모든 종류의 상황이 바람직하려면 사람이 마치 가장 깊은 실재가 실제로 존재하는 것처럼 행동해야 한다는 주장이 아니다. 무인도에 혼자 남겨진 로빈슨 크루소가 다른 사람이 거기에 있으면 더 좋겠다고 결심하고, 그다음부터 그 '타인'에게 사적 자유를 주기 위해 얼마간 거리를 두고 (완전히 혼자서) 대화를 나눈다면, 이는 칭찬할 만한 일이 아닐 것이다. 그러나 우리가 지금까지 살펴본 의미에서, 가장 깊은 실재와 관계를 맺는다는 것은 그것을 구현하고 드러내는 것이며, 그 일은 사람이 자신의 특성들을 통해 할 수 있다.

우리는 가장 높고 가장 깊은 실재와 연결되기를 원한다. 이것을 제7현실 원칙이라 부르자. 하지만 그것이 우리가 해야 하는 유일한 일일까? 더 폭넓은 현실 원칙이 있다면, 단지 가장 깊고 가장 높은 실재가 아니라 모든 실재와 연결되고 모든 실재에 충분히 대응하라고 요구할지 모른다. 이것을 제8현실 원칙이라 부르자. 문제는 그것을 반박할 수 없는 그럴듯한 형태로 진술하는 것이다.

실재에 충분히 대응하려면 두 가지가 필요하다. 대응의 충만함과 대응 대상인 실재의 충만함이다. 그리고 후자는 가장 진실한 것, 즉 가장 깊고 가장 높은 실재에 대응하는 것과 모든 실재에 대응하는 것을 모두 포함한다.

문제는 이 모든 것을 하나로 합칠 수 있느냐다. 가장 진실한 것, 가장 깊고 가장 높은 실재에 가장 충만하게 대응하는 동시에, 그보다 못한 실재를 포함한 전 범위의 실재에 가장 충만하게 대응할 수 있을까? 인생은 짧고 우리의 능력은 한정돼 있어 무엇인가는 포기해야 할 듯하다. 《니코마코스 윤리학》에서 아리스토텔레스는 비슷한 성격의 문제에 직면했다. 우리는 최고 능력을 최대한 발전시키고 활용하는 일에 전념해야 하는가, 아니면 다방면의 발달을 추구해야 하는가? 각각에는 중대한 희생이 따르는 것 같다.

크든 작든 모든 실재에 충만하게 대응한다는 것은 어떤 일일까? 사람들은 모든 부분에 똑같은 시간을 분배하여 똑같이 **광범위하게** 대응하고 싶어 하진 않을 것이다. 그렇게 하면 가장 높고 가장 깊은 부분을 너무 많이 간과하게 된다. 그보다는 그것들의 실재성에 비례해서 대응하는 것이 좀 더 나은 원리일 것이다. 그런 비례 원리의 구조를 살펴보자. 우리가 이용할 수 있는 것보다 더 엄밀한 방법을 상상하고, 그것으로 각각의 실재성이나 중요성을 측정할 수 있다고 가정해보자. 비례 원리는 두 대상에 대응할 때에는 그 실재성(의 정도)의 비율에 맞춰 대응하라고 요구할 것이다. 그러나 우리는 너무 산만해진다. 모든 부분에 저마다 합당한 비율을 부여한다면 우리가 대응할 수 있는 실재의 부분이 너무 많을 것이다. 그러나 실재의 충만함에 대한 대응이라고 해서 각각의 모든 부분에 대응하라고 요구하진 않는다. 그것은 단지 충분한 범위에 대응

하고 그 **범위** 안에서 비례적으로 대응하라고 요구한다.˙

그러나 혹자는 가장 높거나 가장 깊은 실재는 무한하고 무한히 진실한 반면, 다른 모든 것의 실재는 유한하며 그 사이에는 깊은 심연이 있다고 생각해왔다. 그렇다면 그 실재성들을 측정한 값의 비율 역시 무한할 것이다. 무한은 유한을 삼켜버리기 때문에, 이 비례 원리도 결국 가장 깊은 실재에 전적이고 배타적으로 대응하라고 요구할 것이다. 그래서 그것은 뚜렷이 그리고 단순히 가장 진실한 것에만 집중하라고 요구하는 원리와 비록 다르게 보여도, 실은 다르지 않을 것이다. 대상들에 합당하고 비례적인 관심을 기울이는 원리는 어느 하나가 무한히 진실하거나 중요하다면 다른 모든 것을 무시하라고 요구할까? 이 어려움을 해결할 수 있는 방법이 있다. 대응의 대상인 실재의 크기만을 고려하지 않고 대응 자체가 얼마나 진실한가를 고려하는 것이다.

비례 원리는 대상의 실재성에 비례하는 대응을 요구했다. 그러나 그 대응들은 다른 어떤 것에 비례할 수도 있는데, 그렇다면 그것은 또 다른 비례 원리일 것이다. 대응들은 단지 얼마나 광범위한가, 즉 그것들이 얼마나 많은 시간·관심·에너지를 쓰거나 부여받는가의 측면에서 다를 뿐 아니라, 얼마나 **강렬한가**의 측면에서도 다

• 이렇게 생각하면 도움이 된다. 대략 실재성이 비슷한 것들을 여러 집단으로 묶어보자. 한 집단에는 (대략) 동일한 실재성을 가진 것들이 묶일 것이다. 이 집단들에 비례 원리를 적용하라. 비례 원리는 각 집단에서 최소한 하나를 (그러나 같은 수를) 선택하고, 그다음 그것들의 실재성에 비례하여 대응하라고 요구한다. 각 집단에 비례적으로 관심을 기울이고 대응한다면, 우리는 단지 가장 높거나 가장 깊은 부분이 아니라, 충분한 범위의 실재와 연결되고 그에 대응하게 될 것이다.

르다. 대응 대상의 편차는 대응의 편차, 즉 대응 자체가 얼마나 강렬하고 진실한가로 이어진다. 우리가 어떤 것에 기울이는 관심의 강도는 (원칙상) 부족함이 없다. 그러나 각기 다른 대상은 우리의 관심에 다르게 보답하는데, 이는 그 자체의 본성 때문이기도 하고 우리 자신 때문이기도 하다. 이와 같이 우리의 대응들은 그 안에 포함된 실재성이 다를 수 있다. 대응들은 범위뿐 아니라 강도가 다르다. 이런저런 원리들이 우리의 대응이나 관심을 배정할 때, 그것들이 배정하는 것은 그 **정도**, 즉 각각의 것에 얼마나 많은 시간과 관심과 에너지가 주어지는지를 배정한다. 우리는 그 대응의 정도를 (제1비례 원리가 주문하듯) 대상의 실재성이 아니라, 그에 대한 대응 자체의 실재성에 비례하게 할 수 있다. 이 새로운 비례 원리는 대응의 폭과 강도를 대비시킨다. 실재에 대한 두 대응 폭의 비율은 우리가 강렬함이라 부르는 대응 자체의 실재성 비율과 짝을 이룰 것이다. (실재에 대한 대응 강도가 전 범위에 걸쳐 일정하지 않고 대응 폭에 따라 변한다면 복잡한 문제가 생기지만 여기에서는 무시하고자 한다.)

가장 깊은 실재(또는 신)의 경우에 이 모든 것은 다음과 같은 것을 의미한다. 가장 깊은 실재는 다른 어떤 실재보다 무한히 크지만 (두 실재의 비율은 무한하다), 그에 대한 우리의 대응은 다른 모든 대응보다 무한히 더 진실하지는 않다. 분명 이는 유감스럽지만 그래도 엄연히 존재하는 우리의 한계 때문이다. 만일 대상이 관심과 대응에 얼마나 보답하는가에 비례하여 우리가 그것에 관심을 기울이고 대응한다면, 제2비례 원리가 권유하듯이 우리는 가장 깊은 실

재에게 배타적으로 관심을 기울이진 않을 것이다. 그 자체의 본성
은 다른 모든 실재를 삼켜버리지만, 그에 대한 우리의 대응은 다른
모든 대응을 삼켜버리진 않는다.

그러나 대상에 주어지는 대응의 실재성과 강렬함은 엄밀하게 정
해져 있지 않고, 시간에 따라 변할 수 있다. 어쩌면 가장 깊은 실재
에 조금이라도 대응할 때 그것은 우리의 능력을 확대하고, 훨씬 더
강렬하고 진실한 대응으로 이어질 것이다. 이런 조건에서 제2비례
원리는 대응 폭의 증가도 요구할 것이다. 분명 이 ('양의 피드백'의)
순환은 계속될 수 있다. 그렇다면 결국 가장 깊은 실재는 완전하고
배타적인 대응을 받을 수 있지만, 우리가 준비되었을 때에만 그럴
것이다.·

제1비례 원리는 대응의 정도가 대상의 실재성에 비례해야 한다
고 말한다. 제2비례 원리는 대응의 정도가 대응 자체의 실재성에
비례해야 한다고 말한다. 우리는 대응의 정도를 대응 자체가 지닐
강도와 실재성에 맞게 비례시키고 조정해야 한다. (정도 개념은 실
재의 한 차원이거나 몇몇 차원과 연결되어 있기 때문에, 대응의 정도도 그
것의 실재성 총량을 평가하는 데 포함되어야 한다.) 각각의 원리는 무
한한 실재의 경우만 제외하면 매력적이고, 개인이 두 원리를 모두
충족시킬 때 제3원리, 즉 어떤 것에 대한 대응의 실재성은 그것의

· 그러나 제1비례 원리는 가장 깊은 실재에 거의 대응할 수 없는 사람에게 권하는 내용이
너무 나태해 보일 수 있다. 그것은 그 실재에 사소한 관심만 기울여도 된다고 너무 쉽게
허락하지 않을까? 단지 이 극단적 경우를 위해서가 아니라 일반적 경우들에서, 대응을
더 큰 실재 **쪽으로** 조금이라도 (그리고 다소 불균형적으로) 돌리려면 다른 요인을 도입해야
할 것이다.

실재성과 비례해야 한다는 원리도 충족될 것이다. 잠시 이 제3비
례 원리를 살펴보자.**

만일 실재 전체에 충분히 대응하면서 살아야 한다면(제8현실 원
칙), 대응의 성격은 우리가 가진 시간·관심·대응성의 한계를 고려

** 제1비례 원리는 아래와 같다.

$$\frac{\text{A에 대한 관심의 정도}}{\text{B에 대한 관심의 정도}} = \frac{\text{A의 실재성}}{\text{B의 실재성}}$$

제2비례 원리는 아래와 같다.

$$\frac{\text{A에 대한 관심의 정도}}{\text{B에 대한 관심의 정도}} = \frac{\text{A에 대한 대응의 실재성}}{\text{B에 대한 대응의 실재성}}$$

위 두 원리에서 제3비례 원리가 나온다.

$$\frac{\text{A에 대한 대응의 실재성}}{\text{B에 대한 대응의 실재성}} = \frac{\text{A의 실재성}}{\text{B의 실재성}}$$

만일 제2비례 원리에서 대응의 실재성이 무대의 중심을 차지하고 대상의 실재성을 대
체하면, 이 대응들의 실재의 총합을 최대화하고 그에 따라 우리의 대응 정도를 배정하
지 않을 이유가 없다. 그런 최대화 정책은 하나의 비례 원리는 아니지만, 여기에서 둘
중 하나로 결정하는 것은 불필요하다. 우리의 대응 능력의 한계를 감안할 때, 이 최대
화 원리와 제2비례 원리는 둘 다 실재의 다양한 부분에 대한 대응을 낳는 결과로 이어
지고, 그래서 어느 것이나 가장 깊은 실재에만 집중하는 것을 피한다. 제2비례 원리와
최대화 원리 사이의 문제가 얼마나 복잡한지는, 일치 또는 개선 원리 대 최대화 원리와
관련된 비슷한 구조의 문제를 다루는 행동심리학자의 고찰에서 볼 수 있다. R. J.
Herrnstein and W. Vaughan, Jr., "Stability, Melioration, and Natural Selection," in
L. Green and J. H. Kagel, eds., *Advances in Behavioral Economics*, Vol. 1
(Norwood, N. J.: Ablex, 1987). pp. 185~215; R. J. Herrnstein, "A Behavioral Alternative
to Utility Maximization," in S. Maital, ed., *Applied Behavioral Economics*, Vol. 1
(New York: New York University Press, 1988), pp. 3~60. 사람들은 시간이 지남에 따라 대
응의 강도와 실재성이 대상의 실재성에 맞게 조정되고, 그래서 대상의 실재성과 비례
를 이루리라는 희망에서 비례 형식을 고수할지 모른다. 이때 자신의 합당한 대응 능력
이 발전함에 따라, 제2비례 원리는 제1비례 원리에 결합되고, 대응 폭과 강도를 비교
하면 동시에 대응 폭과 대응의 실재성을 비교하게 된다.

하여, 제2비례 원리에 의해 구체적으로 결정될 것이다. 한 개인의 모든 에너지가 가장 높고 가장 깊은 실재에 대응하는 일에만 들어가지 않는 이유는, 현재와 같은 대부분의 사람은 그렇게 해도 그에 비례한 진실한 대응이 나오지 않기 때문이다. 상당한 시간과 관심이 실재의 다양한 부분에 쓰이기 마련이다. 그러나 몇몇 견해에서 볼 때, 실재의 어느 부분에 대해서든 우리의 대응이 얼마나 진실할 수 있는가에는 (원칙상) 한계가 없다. 초월주의자들, 실재의 모든 부분을 고양시키고 신성화하기 위해 만들어진 613개의 다양한 유대교 율법들, 그리고 모든 활동에 완벽한 관심과 초점을 기울이는 불교의 명상법을 생각해보라. 제2비례 원리와 모든 실재에 대한 초점이 매력적으로 보이는 것은 단지 우리의 대응성에 결함이 있기 때문이 아니다.

그러나 우리는 대응성의 결함 때문에 또는 실재의 덜 깊은 부분에도 깊이와 중요성이 있기 때문에 그런 부분에 일시적으로 집중해도 된다는 말보다 더 자세한 설명을 듣고 싶을 수도 있다. 즉, 우리는 현실의 사소하고 피상적인 부분에 초점을 맞춰도 괜찮다고 듣기를 원할 수 있다. 그러나 여기에서도 우리는 우리가 이것에 얼마나 완전히, 얼마나 오래 집중할 수 있는가에 한계가 있음을 인정할 수 있다. 그럼에도 실재의 가장 높거나 가장 깊은 부분에만 집중하는 것은 완전히 **인간적인** 삶으로 이어지지 않는다. 여기에는 재미, 모험, 흥분, 휴식 같은 다른 것이 필요하다. (비록 그것들도 실재의 차원들을 갖고 있지만) 그것들은 다른 한편으로 우리 인간성의 많은 측면을 표현하거나 충족하기 때문에 우리는 그것들을 소중히 여긴다.

위에서 공식화한 제3비례 원리는 대응의 실재성을 대상의 실재성에 비례한다. 그런 전반적인 비례 패턴에는 어떤 비례 **계수**가 포함된다. 예를 들어 어떤 대응은 대상의 실재성의 절반에 해당하는 실재성을 갖거나, 그 실재성의 3분의 2, 10분의 1, 또는 다섯 배에 해당하는 실재성을 가질 수 있다. 비례 개념은 대응들의 집단에 적용된다. 고립된 하나의 대응은 비례성을 가질 수가 없고, 변덕스러운 비례 계수를 보일 것이다. 그러나 만일 어떤 대응이 어디서나 **똑같은** 비례 계수를 보이고 모든 대응이, 예를 들어 대상의 실재성의 3분의 1에 해당하는 실재성을 가질 때에만 대응들의 집단은 비례적일 수 있다. 어느 한 대응의 비례 계수가 잘못될 유일한 경우는 1보다 클 때다. 어떤 것에 대한 대응이 그것의 샐재성을 증가시킬 수 있는 경우가 아니라면, 그것이 갖는 실재성보다 더 큰 실재성으로 대응하는 것은 지나친 과잉 대응일 것이다. (제롬 D. 샐린저Jerome D. Salinger, 1919~2010는 감상이란 어떤 것을 신보다 더 많이 사랑하는 것이라고 묘사했다.) 세계가 대단히 풍부하다는 것은, 심지어 비례 계수가 1보다 낮거나 1과 같다고 해도 우리가 대응할 수 있는 대상이 넘쳐난다는 의미다.

비례 패턴은 큰 추상적 매력이 있지만 세부적으로 생각하면 적절한지 걱정스럽다. 한 대응 계수가 나머지 것들과 다를 때 불균형이 발생한다. 예를 들어 다른 모든 대응이 대상의 실재성의 절반에 해당하는 실재성을 갖는 데 반해 한 대응은 3분의 2만큼의 실재성을 가질 때다. 그러나 이것은 나머지 것들을 증가시키기(증가시키려고 노력하기)보다 다음에 예외적 대응을 감소시켜야 한다는 뜻이 아니다. 어쩌면 이상적인 패턴은 일정하게 1의 계수로 대응하면서 모든 대응을 그 수준으로 끌어올리는 것일 수 있다. 우리는 그렇게 대단한 정도까지 능력을 넓힐 수 없지만, 더 높은 비율로 계속 이동할 수는 있다. 그러나 그 이동은 융통성이 없어야 할까? 한 대응의 비례 계수를 급격히 올리면 그로 인해 나중에 다른 대응들의 계수를 끌어올릴 능력이 높아지지 않을까?

전반적 비례가 바람직하다고 가정해도, 때때로 우리는 어떤 대응을 크게 높이기 위해 그것의 계수를 1에 더 가깝게 끌어올릴 수 있다(그것이 다른 대응들을 끌어올리는 데 도움이 되지 않을 때에도). 특히 두 경우에 그렇다. 첫째, 어떤 것의 실재성이 특별히 높아서(상대방이나 예술 작품이나 신성함) 우리의 대응이 그 정도의 크기일 경우, 둘째, 어떤 것의 실재성이 극히 낮아서 어떤 큰 노력이 없어도 그 실재성에 (1의 계수로) 맞출 수 있는 경우가 그것이다. 특별히 어울리지 않게 불균형이 큰 경우는 다르다. 중간 범위의 실재성을 가진 것들에 매우 높은 비례 계수로(그러나 1보다 상당히 낮게) 대응하거나, 매우 큰 실재성을 가진 것들에 그보다 훨씬 낮은 계수로 대응하는 경우다.

비례 계수들이 크게 달라서 더 진실한 것보다 덜 진실한 것에 더 큰 절대량으로(단지 비례가 아니라) 반응할 때 가장 부당하게 보인다. 두 대상이 같은 종류나 장르에 속해 있을 때 특히 그렇다. 그럼에도 작품의 크기가 작다는 것이 중요할 수도 있지만, 겉으로 작아 보이는 것에 예술가가 대단히 강하게 대응하는 경우를 우리는 부당하게 보지 않는다. 월러스 스티븐스Wallace Stevens, 1879~1955의 유리 항아리에 대한 사색테네시의 언덕 위에 올려진 항아리를 세계의 중심으로 끌어올리는 우화시 〈항아리의 일화Anecdote of the Jar〉를 말한다 — 옮긴이, 샤르댕Jean Baptiste Siméon Chardin, 1699~1779의 정물화들이 그런 예다. 이때 우리는 예술가가 그 대상의 거의 **모든** 실재에, 즉 1에 가까운 계수로 대응한다고 생각한다. 그리고 그로부터 생각하지도 못했던 엄청난 실재를 배우고, 더 나아가 덜 충분히 대응되는 다른 것들도 그보다 훨씬 높은 실재성을 지닐 수 있다고 결론지을 수 있다. (겉으로 사소해 보이는 것들에서 발견할 수 있는 실재의 깊이로 따질 때, 이 작품들은 모든 것의 실재성이 동등하다는 것을 보여줄까?) 상당한 실재성을 지닌 **어떤 것**에 충분히(1의 계수로) 대응하는 것은 중요하기 때문에 이때 부당하다고 볼 수 있는 유일한 불균형은, 상대적 실재성을 잘못 계산해서 나온 것임에도 비례적인 것처럼 잘못 제시되는 경우다. 릴케는 〈두이노의 비가〉 일곱 번째 시에서 이렇게 말한다. "지상의 어떤 것을 한 번이라도 진실로 경험하면 평생 가기에 충분하다." 그렇다면 진실을 아는 것이 중요하다. 각각의 불균형적 대응이 문제없을 경우는 올바른 계산이 수반될 때다. 그러나 부조화를 너무 일반화해서는 안 된다. 우리는 단지 올바른 계산을 확인하는 것에 그치지 않고, 그에 따라 살아야 하기 때문이다. 그럼에도 사람들이 어느 특별한 대응의 비례와 그 충만함에 어떤 가중치를 부여할지 스스로 판단할 여지가 있다.

이 장에서 비례에 관해 쓰는 중에 나는 때때로 나 자신이 대상들을 그 구조 속에 **밀어 넣고** 있음을 느꼈다.* 우리가 비례적으로 살아야 하고 모든 것에 정당한 몫을 부여해야 한다는 말은 받아들일 수 있는 원리처럼 여겨지고, 마치 지혜가 그것을 요구하는 것처럼 들린다. 우리는 지혜라는 것이 원래 모든 것에 정당한 몫을 부여하고, 모든 것을 평가 및 이해하며, 그 가치와 의미 그리고 더 나아가 좀 더 일반적으로 실재의 각 차원에서의 위치를 아는 것이라고 기대한다. 이는 우리 **삶**도 그렇다는 뜻일까? 이것은 마치 우리가 현명하게 살기로 되어 있느냐는 질문처럼 들리고, 그래서 **그래야 한다**는 답처럼 느껴진다. 그러나 불균형적으로 살면서 단지 몇몇 활동

- 이전의 어려움 중 **일부**는 내가 독자들에게 권유한 기술적 편법으로 피할 수 있었다. 우리는 대응들을 그 실재성에 비례시키는 대신, 대응의 실재성의 **기본 크기**를 최대화할 수 있다. (이 곡선의 크기 개념에 대해, 12장 '더 진실한 존재'에서 설명했다.) 대응의 막대그래프에서 높이 y축은 대응의 실재성을 나타내고, 폭 x축은 그 대응에 할당된 가중치를 나타낸다. 이때 가능한 절차는, 각각의 대응에 동등한 무게(그러므로 동등한 폭)를 할당하는 것이다. 그러면 모든 대응이 동등하게 나온다. 이 절차가 규정하듯 대응들의 실재성 크기를 최대화하면 반드시 비례적 대응이 아니라 다양한 대응이 허용되고, 그와 동시에 가장 깊거나 가장 높은 실재에만 대응할 필요(즉 애초에 비례성을 고찰하게 만든 어려움)가 없어진다. 또 다른 절차는 서로 다른 대응에 다른 가중치를 부여하는 것이고, 그러면 막대그래프들은 폭이 달라진다. 정확히 대상의 실재성에 따라 대응에 가중치를 부여하는 것도 매력적인 생각이다. 막대의 높이는 대응의 실재성, 폭은 대상의 실재성을 나타내고, 그 대응이 만들어내는 총면적은 둘의 결과물이 될 것이다. 앞서 확인한 제1비례 원리는 대응들을 대상의 실재성에 비례시켰다. 그러나 이는 애초의 어려움을 다시 불러들였다. 만일 어떤 것의 실재가 무한하다면 **모든** 대응이 그것을 향해 집중될 것이다. 혼재의 제안도 어떤 것의 실재가 무한할 때 어려움에 직면한다. 그것에 대한 반응의 그래프는 무한히 넓어지고, 그래서 (대응의 높이가 극소량보다 클 때) 무한한 면적을 포함하며, 그 결과 다른 것들에 대한 어떤 대응도 (심지어 무한한 것에 대한 더 큰 대응도) 긍정적으로 간주할 수 없을 것이다. 곡선 아래의 총면적이나 그 크기를 늘릴 수 없기 때문이다. 그러나 유한한 경우에 대하여 이 특별한 차별적 가중치 부여는 조사해볼 가치가 있다. 한편, 각 대응이 동등한 무게와 폭을 갖는 첫 절차는 무한한 경우 때문에 실패하지 않는다는 점에 주목하라. y축에서 대응의 높이는 대상의 실재가 아니라 대응의 실재고, 그래서 막대의 총면적은 여전히 유한하다.

과 통로에만 대부분의 관심을 쏟는 것이 더 좋을 수도 있다고 가정해보자. 그때 지혜는 그런 삶의 방식에 정당한 몫을 부여하고, 그렇게 살기를 권유할 것이다. 그러나 지혜는 그 충고에 따라 어떤 것들에게 정당한 몫보다 더 작은 몫을 부여하진 않는다. 지혜의 과제는 삶을 사는 것과는 다르기 때문이다. 분명 지혜는 삶을 인도하겠지만, 지혜가 인도하는 삶이 반드시 지혜의 전 범위를 그대로 복제할 필요는 없다. 삶은 지혜의 말을 따를 수는 있지만 지혜의 모든 말을 똑같이 따라 하지는 않는다.

어떤 것에나 정당한 몫을 부여하기는 매우 어렵다. 그렇다면 어떻게 우리는 모든 것에 정당한 몫을 부여할 수 있을까? 어떤 것의 정당한 몫은 우리의 충만한 존재에서 나오는 충만한 대응, 대상의 실재성에 충분히 일치하는 실재성을 가진 대응이며, 그래서 그 비례 계수는 1이다. 우리는 모든 것에 대해 이렇게 할 수 없다. 또 다른 부적당한 대응들을 얼마간 더 적당하게 만들기 위해 이미 부적당한 대응을 자제하는 것은 명백히 더 낫다고 볼 수 없다.

나는 대응을 정당한 몫에 대한 행위로 보는 것, 대상의 실재성에 경의를 표하는 것이 중요하다고 생각한다. 그때 중요한 것은 대응의 양이나 대응의 실재성의 양(또는 크기)이 아니라 대응 방식, 대응 정신이다. 그러나 '정당한 몫'에 대한 언급은 그것을 갚아야 할 빚이나 의무처럼 보이게 만들 수 있지만, 그것이 오히려 칭찬에 가깝다고 말하고 싶다. 또는 헌정이나 어쩌면 사랑에 더 가까울 것이다. 세계를 사랑하고 그런 태도로 세계에서 사는 것은 이 세계에 합류하는 정신으로 최대한 충분히 대응하며 사는 것이다.[**] 이 대응의 충만함은 또한 우리를 확대한다. 사람들은 사랑하는 것을 포용하고, 그것의 안녕이 일부나마 그들의 안녕이 되면 그것은 그들의 일부가 된다. 영혼과 개인의 크기는 부분적으로 그 개인이 이해하고 사랑할 수 있는 것의 범위로 측정할 수 있다.

그러나 세계에 이렇게 대응하고 세계 속에서 그런 방식으로 산다고 해도 그것은 그에 비례하는 관심을 요구하지 않을 것이다. 충분히 균형 잡힌 삶을 영위하는 개인은 그렇게 하고 있는 것처럼, 즉 무엇보다 실재의 상대적 비율들에 정당한 몫을 부여하고 있는 것처럼 보일 것이다. 그러나 나는 일생 동안 중요한 모든 것에 대해, 정확한 비율이 아니고 심지어 단지 대리적인 활동으로 부여하더라도, 어느 정도 상당한 무게와 관심을 부여해야 한다고 말하고 싶다. 이는 단지 정당한 몫을 부여하는 나만의 방법인지도 모른다.

•• 원칙상 어떤 대응이 구체적 방식이나 정신 자체를 구현하는 정도를 측정할 수 있고, 그래서 또 다른 양적 기준이 출현할까? 그러나 그 총량을 최대화하는 것에 초점을 맞추면 구체적 행동의 방식과 정신에서 벗어날 수 있고, 그런 한 방책을 고수하면 자기 자신의 실재를 향해 그 정신을 보여주지 못할 수 있다.

철학자가 사랑하는 지혜

사람의 내면을 보고 이해할 줄 아는 방법

철학philosophy은 지혜에 대한 사랑을 의미한다. 지혜란 무엇이고, 지혜를 어떻게 사랑할 수 있을까? 지혜는 중요한 것에 대한 이해이며, 이 이해는 (지혜로운) 개인의 생각과 행동에 스며 있다. 덜 중요한 것들에는 적절한 원근법이 적용된다. 지혜의 이해는 세 가지 측면, 세 가지 관련 주제에서 특별하다. 삶의 쟁점들에서, 삶을 위한 특별한 가치가 있다는 점에서, 보편적으로 공유되지 않는다는 점에서 그것은 특별하다. 모든 사람이 아는 어떤 것은 중요할 수도 있지만 지혜로 간주되진 않을 것이다.

지혜는 실용적이고 도움이 된다. 지혜는 잘 살고 핵심 문제에 대처하며 인간이 직면할 수 있는 위험을 피하기 위해 이해해야 하는 것들이다.˙

이 일반적 설명은 지혜의 구체적인 여러 개념에 맞게 고안되었다. 그 개념들은 열거하는 목표(또는 위험)나, 그것들에 순위를 매기는 방식, 권유하는 대처 수단 등이 다를 수 있지만, 내용물의 차이에도 불구하고 그것들을 지혜의 개념으로 만드는 것은 모두 이 일반적 형식에 들어맞는다는 것이다. 그 개념들은 잘 살고 잘 대처하기 위해 알아야 한다는 도식에 들어맞는다. 그러나 이 도식은 다양한 지혜 개념을 포함하지만, 텅 비어 있지는 않다. 세계 내의 모든 것이 그 도식에 들어맞지는 않는다. 한 예로 사워크림_{생크림을 젖산으로 발효해서 만든 신맛이 나는 크림 − 옮긴이}은 들어맞지 않는다. 어쨌든 지혜가 일종의 이해나 지식이라고 명시할 때 그 도식은 과도하게 좁아진다는 생각이 들 수도 있다. 상상할 수 있는 어떤 견해에서는, 최상의 삶은 지식이나 이해가 전혀 없이 사는 삶이라고 주장할 수 있지 않을까? 그러나 비록 그 견해가 (만일 옳다면) 지혜를 담고 있을지는 몰라도, 다른 미덕이 무엇이든 그것은 지혜가 담긴 **삶**을 권유하지는 않을 것이다. 우리는 요점을 일반화할 수 있다. 만일 지혜가 개인이 가질 수 있는 구체적인 어떤 것이라면, 최상의 삶은 그 구체적인 것이 없는 삶이라고 주장하는 견해를 상상할 수 있다. 그래서 어떤 사람은 지혜에 대한 설명이 주어지더라도 어떤 삶들, 즉 지혜라고 명시된 그것이 없는 삶들을 최상의 삶에서 자의적으로

• 지혜의 각 구성 요소에 변주를 가미하면 위의 개략적인 설명에 복잡한 문제들이 추가될 수 있다. 지혜는 우리가 알아야 하거나 이해해야 하는 것일까? 무엇을 이해하는 것이 중요하거나 필요하거나 크게 유용할까? 지혜에는 그것을 알거나 이해하는 방법을 아는 것이 포함될까? 지혜는 잘 살기 위해 필요한가, 가장 잘 살기 위해 필요한가, 성공적으로 살기 위해 필요한가, 행복하게 살기 위해 필요한가, 만족스럽게 살기 위해 필요한가, 남들의 기대처럼 살기 위해 필요한가, 가장 중요한 목표가 득도든 내세에서의 가장 좋은 삶이든 혹은 무엇이든 반드시 필요한가? 우리가 대처해야 하는 것은 삶의 핵심 문제들인가, 딜레마나 문제점이나 비극들인가? 지혜는 위험을 피하게 해주는가 아니면 단지 때때로 줄여주는가? 그러나 위의 간단한 설명은 우리에게 충분한 도움이 된다. 더 충분히 논의하면, 지혜는 정도에 따라 존재한다는 사실을 만나게 된다. 개인은 더 지혜로울 수도 있고 덜 지혜로울 수도 있다. 그것은 단순히 지혜로운가 아닌가의 문제가 아니다.

배제한다고 보고 그 설명에 반대할 수 있다. 그러나 이 반대는 잘못이다. 그 설명 자체는 어떤 삶을 최상의 삶에서 제외하는 것이 아니라 단지 현명함에서 제외하기 때문이다. 물론 이론적으로는 최상이나 최고의 삶의 일부가 되지 않고도 지혜가 그런 삶을 설명할 수는 있다. 그러나 지혜는 최상의 삶으로 통하는 수단이고 그런 삶의 필수적 부분이라는 것이 나의 가정이다. 지혜의 이런 이중 역할과 양립하지 않는 설명은 모두 결함이 있다고 생각한다. 만일 지혜가 일종의 지식이나 이해라면, 우리는 그런 종류의 지식을 높이 평가하고 최상이나 최고의 삶은 그 자체로 그것을 어느 정도 포함한다고 명확히 말할 수 있다. 그 지식을 어느 정도까지 그리고 어떤 형태로 포함하는가는 지혜의 일반적 설명이 결정할 문제가 아니다.

만일 기본 진리들이 삶을 인도하는 지침이나 삶의 의미를 보는 관점과 무관하다면, 지혜는 완전히 그런 진리들을 아는 것이 아니다. 물리학자들이 우주의 기원과 작용에 대해 설명하는 깊은 진리들이 실용적으로 거의 중요하지 않고, 우주의 의미와 그 안에서의 우리 위치에 대한 생각을 변화시키지 않는다면, 그런 진리를 안다 해서 그것을 지혜로 간주하지는 않을 것이다. (그러나 우주의 기원과 영속성을 어느 신적 존재의 계획으로 보는 견해에서는, 만일 그 지식이 인간적 삶의 목적과 가장 적절한 방식에 대한 결론을 낳는다면, 그것을 지혜로 간주할 수도 있다.)

지혜는 한 종류의 지식이 아니라 다양한 종류를 포괄한다. 현명한 개인이 알고 이해할 필요가 있는 것들은 긴 목록을 이룬다. 삶의 가장 중요한 목표와 가치가 무엇이고, 궁극적인 목표라는 것이 있다면 그것은 무엇인가, 너무 큰 비용을 치르지 않고 그 목표에 도달할 수단은 무엇인가, 어떤 종류의 위험이 그 목표 성취를 위협하는가, 그 위험들을 어떻게 인식하고 피하거나 최소화할 수 있는가, 다양한 종류의 인간은 (위험이나 기회 앞에서) 어떤 행동과 동기를 보이는가, 성취하거나 회피할 수 없거나 불가능하거나 부적당한 것들은 무엇인가, 언제 무엇이 적절한지 어떻게 알 수 있는가, 어떤 목표가 충분히 성취되었다는 것을 언제 알 수 있는가, 어떤 한계들을 피할 수 없고 그런 한계들을 어떻게 받아들여야 하는가, 자기 자신과 타인이나 사회와의 관계를 어떻게 개선할 수 있는가, 다양한 것들의 진실하고 불명확한 가치를 어떻게 알 수 있는가, 언제 장기적 관점을 취해야 하는가, 사실·제도·인간 본성의 다양성과 완고함은 무엇인가, 자기 자신의 진실한 동기를 어떻게 이해하는가, 삶의 주된 비극과 딜레마에 어떻게 대처하고 맞서야 하는가, 또한 삶의 주된 좋은 것들에는 어떻게 대처해야 하는가 등이 그 목록을 이룬다. 이외에 부정적인 지혜도 있을 것이다. 무엇이 중요하지 않은지, 무엇이 비효과적 수단인지 등등. 좋은 금언 모음집이라면 이 이상이 포함되고, 재치 있는 냉소도 섞여 있을 것이다.

어쩌면 지혜의 다양성은 겉보기에 불과하고 모든 것은 하나의 핵심적 이해에서 흘러나올지 모르지만, 그렇다고 처음부터 가정하거나 명기할 수는 없다. 모든 지혜를 흘려보내는 하나의 진리를 이해한 사람은, 그와 비슷하게 살고 충고하면서도 단지 다양성에 머문 사람보다 더 현명할까? 전자는 더 깊이 보겠지만, 만일 이론적으로 통합했을 때 실질적인 차이가 나오지 않는다면, 그가 더 현명한지는 불확실하다.*

　현명한 사람은 이 다양한 것을 알고 그에 따라 산다. 그것들을 알기만 하는 사람은 다른 사람들에게 좋은 충고를 해주지만, 자신은 어리석게 산다면 현명하다고 할 수 없다. 이런 사람은 적어도 한 가지를 모른다고 말할 수 있다. 그는 그가 알고 있는 다른 모든 것을 어떻게 적용해야 하는지를 모른다. 그러나 그가 자신의 지식을 적용하는 법을 알면서도 단지 그렇게 행하지 않는 것은 절대적으로 불가능할까? 사람들은 수영하러 가지 않고도 수영하는 법을 알 수 있다. 우리가 이 질문에 어떻게 대답하든 현명해지려면 개인은 지식과 이해, 즉 지혜를 가져야 할 뿐 아니라 그것을 사용하고 그에 따라 살아야 한다. 그러나 그것이 현명한 사람은 자신의 이해와 노하우 외에 다른 어떤 것을 소유해야 하고, 그것을 적용해 그 이해와 일치하는 삶을 만들어내야 한다는 뜻일까? 어쩌면 현명하다는 것은 본인이 갖고 있는 이해와 노하우 때문에 어떤 방식으로 산다는 것일지 모른다. 그렇다면 지혜의 일부인 동시에 그 이해와 노하우에서 그에 따른 삶으로 넘어가는 데 필요한 또 다른 제3의 요

---

* 지혜의 다양한 성분이 하나의 진리에서 유래할 수 있든 없든, 우리는 그것들을 하나의 일관된 지적 구조의 여러 양상으로 볼 수도 있다. 예를 들어 개인이 예산 절감을 통해 가장 높은 무차별 곡선으로 이동하는 것을 보여주고, 타협적 거래, 실행 가능한 것들의 한계에 대한 지식, 선택의 원리를 포함한 기호나 가치의 순위를 보여주는 경제학자의 도표와 유사한 어떤 것일 수 있다. 지혜의 성분들로 이루어진 다른 구조도 경제적 사고방식에 따른 구조화에 적합할 수 있다(행동 비용, 열망 수준, 대안 행동에 대한 정보 등). 그러나 나는 어떤 하나의 통합적 구조가 지혜의 모든 부분을 명쾌하게 포괄한다고는 생각하지 않는다.

인은 불필요할 것이다.

그러나 높은 확률이 진리를 보장하지 않듯이, 지혜는 삶의 중요한 목표들을 달성하도록 성공을 보장하진 않는다. 세계의 협조도 있어야 한다. 어떤 사람이 현명한 사람이라면 그는 올바른 방향으로 갔을 테고, 만일 세계가 그의 여정을 방해한다면 그는 그에 대응하는 법도 알아냈을 것이다.

지혜의 개념은 확장을 위한 적합한 장소보다 실행 가능성을 구속하기에 더 적합한 장소인 듯하지만, 여기에는 뚜렷한 이유가 전혀 없다. 실행 가능한 것들의 한계에 주목한다는 것은 세 가지를 안다는 뜻이다. 첫째, 이용할 수 있는 최상의 대안이 갖고 있는 부정적 측면, 둘째, 최상의 것을 위해 포기해야 하는 차선 대안의 가치(경제학자들이 '기회비용'이라 부르는 것), 셋째, 가능성 자체의 한계, 즉 가능한 선택의 대상 중에서 제외되는 어떤 대안들. 예를 들어 《문명과 그 불만Civilization and Its Discontents》에서 프로이트는 문명의 부정적 측면 중에서 성적 본능과 공격 본능의 자유로운 실행을 억압하는 것들을 나열하고, 이는 문명의 혜택들을 위해 치러야 하는 불가피한 대가라고 주장했다. 부정적 측면이 없는 문명의 혜택이라는 조합은 실행 가능한 공간에 포함되지 않는다.

한계에 특별히 주목하는 지혜의 경향은 그 자체로 급진주의자보다 보수주의자를 더 좋아하는 듯하다. 인정받지 못하는 중요한 구속을 지적하는 것은 지혜의 중요한 부분을 이룰 수 있지만, 불가능하다고 잘못 간주된 어떤 중요한 가능성을 지적하는 것보다 더 중요해야 할 이유는 무엇일까? 왜 실행 가능성의 영역을 축소하는 것이 그것을 확장하는 것보다 더 현명해야 할까? 경제 성장의 한계를 설명하는 사람들은, 그들의 말이 옳다면 지혜를 말하는 셈이다. 또 다른 저자 줄리언 사이먼Julian Simon, 1932~1998은 《근본 자원The Ultimate Resource》에서 실질적 한계는 아주 멀리 있다고 주장한다. 다시 말해, 우리가 거주하는 지구에 분포한 각 자원의 양은 다른 저자들이 절대적 한계라고 열거하는 것보다 훨씬 많고, 그 자원들을 추출하기 위해 새로운 과학 기술들을 사용할 수 있으며, 그러므로 자원 고갈은 우주여행으로 대규모 이주가 가능해지고 나서 한참 뒤에나 온다고 주장한다. (개인적으로는 지구를 약탈한 다음 버리고 떠나는 것을 추천하고 싶지 않다! 그리고 실행 가능성의 물리적 한계가 얼마나 먼지 보여주는 그의 사고 실험을 제외하고, 사이먼 역시 나와 같으리라고 생각한다.) 만일 사이먼이 옳다면 이것도 우리를 불필요한 큰 구속에서 구해내는 지혜의 한 조각으로 간주되어야 한다. 만일 우리가 얼마나 조화롭게 살 수 있는지를 강조하는 유토피아 사회 이론가의 말이 옳다면 그것 역시 지혜일 것이다. 지혜가 음침한 견해를 특별히 좋아해야 할 이유는 전혀 없다. 어떤 일반적 논증을 통해 인류가 가능했던 것을 잘못 보고 무시한 경험보다 불가능했던 것을 잘못 보고 시도한 것 때문에 더 큰 대가를 치렀음이 입증된다고 해도, 이는 특별히 신중하라는 권유이지 새로운 가능성을 환영하지 말라는 뜻은 아니다.

지금까지 묘사한 지혜 개념은 인간 중심적이다. 즉 그것은 인간의 삶에 중요한 것에 초점을 맞춘다. 그러나 사람이 아닌 다른 것에게도 안녕이 있을 수 있다. 예를 들어 동물, 외계의 이성적 존재는 물론이고 심지어 경제, 생태계, 사회와 문명, 식물이 그렇고, 책, 음반, 의류, 의자, 강 등과 같은 무생물도 그럴 수 있다. 그러므로 더 일반적이고 관대하게 지혜를 본다면, 지혜는 모든 것의 안녕을 알고, 무엇이 모든 것의 안녕을 위협하는지 알고, 그 위험에 어떻게 대처해야 하는지 아는 것이라 할 수 있다. (윤리학의 부분들은 서로 다른 사람의 안녕이나 인간 대 다른 종류의 안녕 사이에 일어나는 갈등을 다루고, 그런 갈등을 어떻게 처리하거나 해결해야 하는지 알기 때문에 지혜에는 윤리학의 그런 부분이 포함될 것이다.) 이보다 제한된 지혜는 구체적인 것이나 종류를 대상으로 삼을 테고 그것의 안녕, 그것에 대한 위험 등을 아는 것이 포함될 것이다. 그런 지혜는 때때로 구체적인 역할이나 직업에서 발견된다. 그러나 그 안녕의 개념을 널리 적용할 줄 모르는 사람은 일반적으로 지혜롭다고 할 수 없다. 그는 어떤 구체적인 것들이 안녕과 전혀 무관하다고 잘못 생각할지 모르고, 그래서 그런 종류의 것에는 지혜가 있을 수 없다고 생각할지 모른다. 그런 사람은 단지 사람에 대해서만 지혜롭고, 심지어 그때에도 그의 지혜는 제한되어 있을 것이다. 사람이 아닌 다른 것들의 안녕에 사람들이 어떻게 대응해야 하는지 구체적으로 알지 못할 때, 그는 인간과 실재의 관계에서 어느 적절한 부분을 구체적으로 모를 수 있지만, 사실 그 부분은 **인간**의 안녕의 일부다. 그러므로 인간에 대한 그의 지혜조차 부분적인 것에 그칠 수 있다.

지혜는 인간의 삶에서 볼 때에도 부분적일 수 있다. 경제, 외교, 자녀 양육, 전쟁, 직업상의 성공 등에서 현명할 때(또는 현명하다고 말할 때)가 그런 경우다. 이 모든 것의 공통점은 무엇이 중요한지,

그와 관련된 위험을 어떻게 피해야 하는지 등을 안다는 의미에서 일반적인 지혜 개념에 그것들이 들어맞는다는 것이다. 차이가 있다면 그 지혜의 대상이 무엇이냐에 있다. 다양한 사회적 상황이나 긴급 상황에서 우리는 지혜의 다른 부분들을 특별히 필요로 할 테고, 그래서 그 부분들에 각기 다른 가중치를 부여할 것이다. 그렇다면 삶에 관한 지혜를 이루는 어떤 한 종류의 지혜가 있을까? 그 최후의 지혜는 단지 구체적으로 전문화된 지혜의 모든 종류에 가중치를 부여할 줄은 모른다. 그보다는 우리의 모든 삶에 공통적인 것에 대한 지혜, 정상적인 인간의 삶이 무엇과 관계를 맺는 것이 중요한가(중요하다고 판단하는가)에 대한 지혜가 그런 지혜다. 그리고 우리가 어떤 구체적인 분야를 명시하지 않고 (단지) 지혜에 대해 이야기할 때 의미하는 지혜다. 예를 들어 어떤 사람이 사업 문제에서는 현명할 수 있지만, 그는 현명한 사람이 아니라고 우리가 말할 수 있는 것은 그런 의미에서다.

신탁을 통해 아테네 유일의 현자라는 명성을 얻은 소크라테스는 스스로 현명하다고 생각하는 다른 모든 사람과는 달리, 자신이 현명하지 않다는 것을 알고 있다는 깜짝 선언을 했다. 더 나아가 그는 다른 사람에게도 그런 종류의 지식을 전파하려고 노력했다! 그는 종종 경건함·우정·정의·선 같은 인간의 공통 관심사에 관한 대화에 다른 사람들을 끌어들였고, 그들을 자가당착에 빠뜨리거나 혼란에 빠졌음을 인정하게 만들었다. 그들은 그런 중요한 개념들을 정의하지 못했고, 모든 경우에 해당하는 명시적 설명을 제시하지 못했으며, 그런 경우를 설명할 때에도 단지 가까운 다른 것들에 의존했다. 이로부터 소크라테스는 그들이 경건함이나 정의나 우정이 무엇인지 모른다고 결론지었다. 그러나 단지 그 개념을 정의하거나 설명하지 못한다고 해서 그런 결론을 내릴 수 있을까? 언어 이론가가 아니라면 '문법적 문장'이란 개념을 정의하지 못하고 구체적인 모든 문법 규칙을 정확히 설명할 수 없겠지만, 그래도 우리는 문법적 문장이 무엇인지를 안다. 우리는 단지 '귀'로 문법적인 문장들을 식별하고 안정적으로 만들어낼 수 있으며, 비문법적인 문장들을 가려낼 수 있다. 이와 마찬가지로 소크라테스의 대화 상대는 우정이란 일반 개념을 정확히 정의하지 못했어도 우정이 무엇인지를 알고, 우정을 유지하고, 배신당한 경우를 알아보고, 우정의 문제에 대해 충고할 줄 알았을 것이다.

지혜에 포함되는 지식도 우리가 명시적으로 설명하지 못해도 소유할 수 있는지 모른다. 지혜의 일반 개념에 대해 또는 지혜와 관련된 구체적인 것들에 대해 소크라테스가 다그치는 혹독한 시험을 통과해야만 지혜로운 것은 아니다. 그렇다고 명시적 지식과 이해가 가치 있고 만족스러울 수 있다는 것을 부인하지는 않는다. 명시적 지식도 어려운 상황에 대처하거나 다른 사람에게 어떤 지혜를 가르칠 때 도움이 될 수 있지만, 현명한 개인은 자신의 본보기를 통해서나 적절한 속담이나 상투를 이용해(언제 어떤 것을 인용해야 하는지 안다면) 지혜를 가르칠 수도 있다. (그러나 철학자는 모든 것을 명시적으로 말하고 싶은 유혹에 사로잡힌 사람이다.)

그렇다면 현명한 사람은 무엇을 가장 중요하게 여길까? 이때 우리는 가장 중요한 것, 즉 최고선은 지혜 자체라고 대답하고(또는 그렇게 말해서 문제를 우회하고) 싶어진다. 지혜는 명백히 수단으로서 중요하다. 무엇이 중요하고 가치 있는지 알고 또 삶의 위험과 그에 어떻게 대처해야 하는지를 안다면, 바르게 살 가능성이 훨씬 높아진다. 그러나 지혜는 미덕을 위한 수단일 수는 있지만 반드시 필요하지는 않다. 어떤 사람은 중요한 목표의 성격과 중요성을 충분히 이해하지 못해도 사회적 조건화 같은 것을 통해 그 중요한 목표가 어느 쪽에 있는지 운 좋게 알게 되었을지 모르고, 매우 좋은 환경 탓에 위험을 겪지 않고 쉽게 목표를 달성할 수도 있다. 그런 행운아는 자신의 미덕과 상관없이 여러 특별한 능력을 획득할 수 있다. 그러나 그는 현명하게 살고 있지 않을 수 있고, 그의 삶과 자신을 실현하기 위해 지식과 지능을 발휘하지 않을 수 있다.

지혜를 향한 철학의 사랑은 무엇과 관계가 있을까? 물론 철학은 지혜롭게 살고, 더 많은 지혜를 찾고, 다른 사람의 지혜를 존경하라고 권유한다. 또한 지혜에는 단지 수단적 가치가 아니라 내재 가치가 있다고 주장하고, 높이 평가한다. 그러나 철학이 지혜를 사랑할 때, 그것은 지혜를 다른 어떤 것보다 더 사랑할까? 행복이나 깨달음보다 더? 철학자들은 종종 지혜가 가장 큰 행복을 가져올 수 있고, 심지어 지혜가 그것을 보장한다고 믿는다. (그래서 고대인은 종종 지혜로운 사람이 고문을 당하는 어려운 상황에 대해 논의했다. 예를 들어 키케로Marcus Tullius Cicero, BC 106~BC 43의 《투스쿨룸에서의 담론 Tusculanae Disputationes》 제5권을 보라.) 어쩌면 그들은 지혜와 행복이 갈리면 사람들이 지혜를 무시할지 모른다는 걱정 때문에, 지혜가 가장 큰 행복을 불러온다고 주장했는지 모른다. 그러나 미덕의 순위를 다음과 같이 정하면 그런 무시는 발생하지 않는다. 첫째, 행복이 결합된 지혜, 둘째, 행복 없는 지혜, 셋째, 지혜 없는 행복, 넷째, 행복과 지혜가 모두 없는 상태. 여기에 행복을 만들어내는 지혜의 강한 경향성을 더하면, 첫 번째는 두 번째보다 가능성이 더 높아진다. (그리고 지혜의 결핍은 종종 큰 불행으로 이어지기 때문에, 세 번째는 출현할 가능성이 더 낮아진다.) 행복을 만드는 지혜의 경향성은 두 가지에서 기인한다. 첫 번째이자 가장 분명한 요인으로 지혜의 관심사 중 하나는 어떻게 하면 행복을 획득할 수 있느냐다. 둘째, 지혜는 그 자체로 극히 가치 있기 때문에, 그것을 소유하고 그 사실을 인식하는 것 자체로도 깊은 행복을 만들어낼 수 있다(고문이나 그 밖의 요인에게 압도당하지 않는다면).

철학자가 지혜를 사랑할 때, 그는 사랑에 빠진 다른 사람들처럼 사랑하는 자의 장점을 과도하게 확대 해석할까? (그리고 철학자는 지혜와 지혜에 대한 사랑 중 과연 어느 것을 더 많이 사랑할까?) 그가 지혜를 칭찬하고 지혜에 대한 사랑을 노래할 때, (자신의 사랑을 최대한 아름답게 선언하는 모든 행복한 연인처럼) 그의 얼굴에 피어나는 너그러운 미소는 적절한 반응일까?

어쨌든 모든 것의 한계를 아는 지혜는 그 자신의 한계를 알지 못할까? 모든 것을 적절한 관점에서 보는 지혜는 그 자신을 적절한 관점으로 보지 못할까? 자기 이해를 찬미하는 지혜는 그 자신을 이해하지 못할까? 다른 어떤 것이 지혜보다 중요하다면, 지혜는 무엇이 중요한지 알고서 그것을 우리에게 말해줄 수 있어야 할까? 지혜가 다른 어떤 것이 더 중요하다고 결론짓는다고 해도, 이 결론에는 모순된 것이 전혀 없다. 그리고 그것을 식별할 줄 안다고 해도 그것이 지혜를 더 중요하게 만들진 않는다. (플라톤은 하위자가 어떻게 상위자를 판단할 수 있느냐고 묻곤 했다. 그러나 하위자는 상위자가 더 상위에 있다는 것을 분명히 알 수 있다.) 만일 지혜가 다른 어떤 것을 더 중요하게 본다면, 그것을 더 많이 얻기 위해 지혜는 지혜의 일부나 지혜의 기회를 희생시키라고 권유할 수도 있다. 그렇다면 한 차원 위에서 지혜는 최고의 통치권을 행사한다. 그러나 그 통치 행위조차도 지혜를 가장 중요하게 만들지 못한다. 대법원은 최종으로 다른 모든 것을 판결하는 권한이 있지만, 그것이 대법원을 가장 중요한 통치 기관으로 만들어주진 않는다. 만일 정치 공무원이 사회에서 벌어지는 다른 모든 활동에 대한 (합법적) 권력을 갖고 있다고 해도, 그것이 권력의 보유와 행사를 사회의 가장 중요하고 가치 있는 활동으로 만들진 않는다.

삶에서 무엇이 가장 중요한지 이해하고, 그에 따라 자기 삶을 이끌어가는 것은 지혜의 일부분이다. 가장 중요한 것은 지혜 자체라는 선언으로 그 이해를 생략할 수 없다. 그럼에도 우리는 지혜를 높이 평가해야 할 이유들을 생각해볼 수는 있다. 아리스토텔레스가 주장했듯이 인생에서 가장 중요한 미덕 중에는 삶에 본질적인 것이 있다. 그것은 폭넓은 상황에서 올바르게 사는 능력과 경향을 갖는 것 그리고 그 능력을 능숙하고 현명하게 발휘하면서 사는 것이다. 지혜와 지혜를 발휘하는 것도 자아의 중요한 구성 요소일 수 있고, 자아는 지혜를 적용하고 발전시킬 때 뚜렷한 모습을 갖추게 된다. 그러므로 지혜는 단지 다른 목적을 위한 중요 수단이 아니라 그 자체로 중요한 목적이고, 개인의 삶과 자아에 본질적 구성 요소다.

게다가 현명하게 살고, 가장 중요한 것을 추구하고, 자기 자신을 그것에 열고, 폭넓은 상황을 고려하고, 자신의 능력을 최대한 발휘해 능숙하게 헤쳐나가는 과정은 그 자체로 실재와 깊이 연결되는 방법이다. 현명하게 사는 개인은 상황이 떠먹여주는 밥을 먹으면서 나아가는 사람보다 실재와 더 완전하게 연결된다. 그가 전 범위의 실재를 비례적으로 추구하든 아니든, 그는 그 범위를 인식하고, 실재의 여러 차원을 알고 이해하며, 자신의 삶을 실재의 가장 폭넓은 맥락에서 본다. 그러므로 현명하게 사는 것은 실재와 가장 가깝게 연결되는 수단일 뿐 아니라 우리 삶의 방식이기도 하다. (바로 이것이 내가 지혜에 관해 말하고 싶은 핵심이다.)

지혜는 삶을 헤쳐나가는 법을 알고, 어려움에 대처하는 법을 아는 것에 그치지 않는다. 또한 지혜는 가장 깊은 이야기를 알고, 어떤 일이 발생하든 그것의 가장 깊은 의미를 보고 이해할 줄 아는 것이다. 여기에는 각각의 것과 사건이 실재의 다양한 차원에 일으키는 파급 효과를 이해하는 것, 인접한 미덕뿐 아니라 최종 미덕을 알고 이해하는 것, 그리고 이 관점에서 세계를 보는 것이 포함된다. 철학자가 사랑하는 것이 바로 이 지혜이며, 이런 지혜의 중요성은 쉽게 무시할 수 없다.

그럼에도 서양 전통이 명시적으로 공식화해온 지혜의 원리는 널리 적용될 정도로 충분히 일반적일 때, 그 자체로서 어려운 삶의 선택을 결정하거나 구체적 딜레마를 해결할 정도로 정밀하지 않다. 여기에는 양 극단의 중용을 선택하는 아리스토텔레스의 원리

(한 견해에서는 이것을 상황에 비례하는 대응과 감정, 즉 어울리는 대응과 감정을 권유하는 것으로 해석한다), 성찰 없는 삶은 살 가치가 없다는 소크라테스의 언명 "내가 나를 위해 주지 않는다면 누가 나를 위해 주리요? 그러나 내가 나 자신만 위한다면 나는 과연 무엇이란 말인가? 그리고 지금이 아니라면 언제겠는가?"라는 랍비 힐렐의 진술이 포함된다. 지혜의 원리들이 단지 일반적 종류의 목표와 미덕을 나열할 때(그리고 그것들을 결합하는 일반적 방법들을 권유할 때), 그 원리들이 제시하는 지침은 판단과 성숙을 대신하지 못한다. 그럼에도 그런 원리들은 쉽게 이해할 수 있게 해주며, 인생에서 고려해야 할 것들을 열거한 간단한 목록이 있다면 그것들을 고려하는 방법이 구체적으로 명시되지 않았을 때에도, 그것은 삶에 도움이 될 수 있다.

그러나 왜 일반적 원리가 각각의 모든 상황에 적용되고 그 속에서 구체적 행동 지침을 명시할 수 있을 만큼 정확하게 공식화될 수 없을까? 여기에서 우리는 주제가 허용하는 것 이상의 정확함을 기대해서는 안 된다는 아리스토텔레스의 언명을 인용하는 것으로는 부족하다. (아리스토텔레스 이후로 여러 주제에 대해 글을 쓴 많은 저자는 이 말을 인용하면서 위안을 구했지만, 정확함의 한계가 어디에 있는지 확신할 수 있는 자격을 가진 사람은 특별히 뛰어난 정신을 소유한 아리스토텔레스뿐이었다.) 왜 인생이라는 주제는 좀 더 정확한 이해를 허락하지 말아야 할까? 인생 자체가 혼탁하고 애매하다는 대답으로는 설명되지 않는다. 우리가 이해하는 범위에서, 그 말은 단지 설명해야 할 사실을 다시 진술하는 것에 불과하기 때문이다.

나는 그 답을 확실히는 모르지만 과학적 지식에 비유하면 도움이 될 듯하다. 사람들은 과학에서 하나의 가설은 고립된 데이터에 의해 확립되거나 논박될 수 있다고(당분간, 어쨌든 새로운 데이터가 나올 때까지) 생각할지 모른다. 그러나 피에르 뒤앙 Pierre Duhem, 1861 ~1916과 W. V. 콰인 W. V. Quine, 1908~2000의 뒤를 잇는 최근 이론가들은 일단의 과학적 지식이 하나의 상호 연결된 망을 이루는 범위를 강조하고, 그 범위 안에서 우리가 어느 특정 가설 및 이론을 채택하거나 수정하는가에 따라 특정 데이터는 조정되거나 무시된다고 주장한다. 어느 특정 가설을 거부할지, 아니면 그것을 받아들이지만 충돌하는 데이터를 수용하기 위해 이론적 수정을 가할지는 결과로 산출되는 전체적 이론이 얼마나 좋은가에 달려 있다. 이것은 한 이론의 전체적 훌륭함을 측정하고, 그것을 경쟁 이론들과 비교하고, 그 데이터에 대한 적합성과 지속적 문제 상황에 대한 적합성을 고려하고, 또 그 설명의 힘, 단순성, 이론적 유용성, 기존 지식과의 일관성을 고려한 결과에 의해 결정될 것이다. 지금까지는 관련 있다고 생각되는 부분적 평가 요인들을 통합하고 조화시키기위해 공식화된 적절한 일반 규칙이 없었다. 전체적인 과학적 평가를 수행할 때 우리는 다양한 하위 기준의 균형을 맞추기 위해 직관적 판단을 이용해야만 한다. (우리는 아직 적절한 규칙을 발견하지 못했을까, 아니면 그것은 원칙상 불가능하거나 우리의 제한된 지능을 벗어난 일일까?) 그러나 그런 것이 공식화된다고 해도, 그것은 어떤 큰이론의 전반적 성격을 평가할 것이다. 그래서 특정 가설에 대한 판단에는 간접적으로, 즉 오랜 추론의 사슬을 통해 다른 모든 부분의 서로 다른 가능성을 고려한 후에야 적용될 것이다. 어떤 그림이 말을 그린 것이라는 사실은 캔버스 위의 특정 지점에 어떤 색의 물감을 칠해야 하는지를 결정하지 않는다. 더 나아가 어떤 전체적 기준이 실제로 어떤 특정 결과를 결정한다고 해도(다른 어떤 결과도 실질적으로 그 기준과 양립하지 않으리라는 점에서), 주어진 수의 단계나 시간의 양 안에서 우리가 그 기준을 적용하면 어떤 결과가 나올지 알아낼 수 있다는 보장은 전혀 없다.

많은 양상, 영역, 부분, 상호 연결이 얽혀 있는 삶에 대해서도 어쩌면 어떤 전반적 기준만을 제시할 수 있을지 모른다. 예를 들어 삶과 실재 그리고 우리와 실재의 관계 맺음을 향상시킬 수 있도록 실재의 윤곽을 만들라는 것이 그런 기준일 것이다. 전체적 평가는 다양한 하위 기준(실재의 다양한 차원)의 균형을 맞춰야 하고, 그때 우리는 직관적 판단을 사용해야 한다. 그 과제를 수행할 수 있는 어떤 명시적 규칙도 없다. 개인은 전체적 기준에 자신의 삶을 적응시켜야 하지만, 어떻게 해야 그것을 가장 잘할 수 있는가는 개인의 특징, 그의 현재와 미래의 기회, 지금까지의 삶의 방식, 다른 사람이 제공하는 상황에 달려 있고, 또한 하위 기준들의 전체적 균형에 달려 있다. 과학적 지식이 그렇듯 삶의 지혜도 전체론적 형식을 취한다. 학습하고 적용할 공식은 없다.

균형과 비례를 완벽하게 갖춘 판단이라면, 젊은이가 부분적인 것에 열정을 쏟고 큰 야망을 추구하는 것을 막을 수도 있지만, 젊은이는 그런 것을 통해 강렬한 경험을 얻고 큰 성취에 도달한다. 심지어 균형을 갖춘 노인이라도 아리스토텔레스적인 중용에 항상 머물 필요는 없다. 그도 지그재그의 길을 따라갈 수 있으며, 지금 이 방향으로 과도한 열정을 쏟고 나중에 반대 방향으로 균형을 맞출 수 있다. 그의 균형은 중심 집중 경향_{변수들의 값이 평균값에 가까워지는 경향 — 옮긴이}으로 드러날 테고, 또한 편차들이 너무 오랫동안 너무 크지 않고 장기적으로 나쁜 결과를 남기지 않는다는 사실에 의해 드러날 것이다. 즉시 균형을 회복하는 그의 능력은 장기적으로 계속되는 패턴에 균형을 부여하지만, 여기에는 젊음의 낭만과 과도한 열정을 얼마간 혀용하고 표현하는 방식이 포함될 것이다. 지혜는 노인병 같을 필요가 없다.

Chapter 23

이상과 현실

인간을 특정한 방향으로 이끌고 미래를 바꾸는 세계

현명한 이상이라면 그 이상을 추구하는 방법을 고려할 것이다. 현실은 종종 따르고자 하는 이상의 **타락**으로 묘사되며, 공산주의·자본주의·기독교에 대해 많은 사람이 "그것은 결코 시도된 적이 없는 좋은 생각"이라고 말했다. (그 대신 이렇게 말하면 어떨까? "그것은 좋은 생각이지만 시도하기에는 너무 안 좋다." 각각의 제도를 비판하는 사람들은 그것이 하나의 이상으로도 바람직하지 않다고 주장한다.) 그러나 오랫동안 하나의 이상이 제도화되고 세계 안에서 어떤 식으로 작동한다면, 결국 **그것이** 세상에 출현한 이상의 모습이다. 그렇다면 그 기치 아래에서 반복적으로 일어나는 일에 대해 그저 책임을 회피하는 것은 바람직하지 않다.

제2차 세계대전 중에 새로운 대공포를 시험한 이야기를 읽은 적이 있다. 시험할 때 그 무기는 매우 좋은 성능을 발휘하여 비행기를 여러 대 격추했지만, 막상 제작해서 군에 보급했을 때에는 제 성능을 발휘하지 못했다. 시험할 때 그 무기를 다루었던 부대는 대단히 능숙하고, 신중하고, 기민하고, 영리하고, 협조적이고, 의욕적이었다. 그 무기는 복잡하고 대단히 섬세했으며 세부적인 것들을 정확히 조작해야 발포할 수 있었다. 그러나 평범한 포병 부대원이 일반적 야전 상황에서 대공포를 사용했을 때, 그들은 그것을 제대로 다룰 수 없었다. 어떤 의미에서 그것은 이상적 무기였지만, 막상 여러 대가 세상에 나와 사람의 손으로 작동되었을 때에는 비효율적인 무기였고 재난이었다.

자유롭고 자발적 교환, 시장의 필요를 충족하기 위한 생산자의 경쟁, 외부의 위압적 간섭이 없는 상황에서 각자의 이익을 추구하는 개인들, 거래 당사자로서 기능하는 국가, 각 개인이 서비스에 대한 보상으로 타인이 정한 것을 받는 방식, 타인에게 희생을 강요하지 않는 원리. 이 자본주의적 이상은 다음의 측면들과 짝을 이루는 동시에 그것들을 은폐한다. 국제적 약탈, 기업들이 외국이나 국내 정부에게 뇌물을 주고 특권을 얻어 경쟁을 피하고 특별한 지위를 이용하는 행태, 한정된 사적 시장을 묵인하는 (종종 고문에 의존하는) 독재정권을 지지하는 경향, 자원이나 시장을 얻기 위한 전쟁, 감독자나 고용주가 노동자를 지배하는 경향, 기업이 제품이나 제조 공정의 유해한 영향을 은폐하는 경향 등. 이는 자본주의적 이상이 실제로 작동할 때 나타나는 어두운 측면이다. 이 밖에도 매우 광범위하고 자유롭고 자발적인 생산과 교역, 개인 소득 등이 있다. 그러나 그것은 분명 그 이야기의 일부분이다.

공산주의적 이상을 살펴보자. 자유롭게 협조하는 사람들이 계급 차별이나 특권이 없는 사회에서 평등하게 살고, 그들의 노동 조건과 사회생활을 공동으로 통제하고, 어느 누구도 궁핍하게 놔두지 않고, 어느 누구도 생산적으로 노동하지 않으면 잘살 수 없는 공산주의적 이상은 다음 측면들과 짝을 이루고 그것들을 은폐한다. 정부 관료의 수입과 특권의 엄청난 불평등, 노동 규율을 유지하기 위한 고압적 위협들, 정부에서 독립한 노동 조직의 부재, 정당들이 권력을 놓고 경쟁하는 정치 제도의 부재, 표현의 자유 말살, 광범위한 검열, 예술에 대한 통제, 강제 노동 수용소, 조직화된 밀고 체계, 잔인한 독재정치, 국가가 사회의 모든 부분을 공적으로 보고 국가 행위에 귀속된 것으로 보는 경향. 이것은 공산주의적 이상이 실제로 작동할 때 드러나는 이야기의 **전부**는 아니지만, 분명 그 이야기의 일부분이다.

기독교적 이상은 어떠한가? 이웃뿐만 아니라 원수조차 사랑하는 마음, 비폭력, 가난하고 고통받는 자들에 대한 봉사, 신이 지상에 내려와 베푸는 구속과 구원, 신앙 공동체 안에서의 공유 등은 다음 측면들과 짝을 이루는 동시에 그것들을 은폐한다. 다른 신앙을 가진 자들을 뿌리 뽑기 위해 또는 원하지 않는 사람들에게 그 신앙을 강요하기 위해 벌이는 종교 재판, 권력자들의 엄청난 범죄를 (심지어 축복하거나) 보지 못하도록 사람들의 시선을 다른 곳으로 돌리는 경향, 교의를 전파한다는 명목으로 미개한 민족을 정복하는 행위, 식민지 정책과의 결합, 서양의 공식적이고 지배적인 의례 종교로서 풍요롭고 흡족한 지위를 누리는 경향. 이것은 기독교적 이상이 실제로 작동할 때 드러나는 이야기의 **전부**는 아니지만, 분명 그 이야기의 일부분이다.

민족주의도 국가, 그리고 그 전통과 가능성에 대한 사랑을 이상으로 내건다. 동포에 대한 애착, 국가의 업적에 대한 자부심, 특별히 좋은 국가를 건설하는 일에 기여하는 행위, 외부 공격과 위협에 대한 국가 수호. 이런 애착들은 아주 무해하고 크게 보면 가족애와 같은 종류의 유익한 애착이지만 현실에서 강력한 힘을 가진 민족주의는 말이 많고, 다른 민족에게 적대적이고, 영토를 확장하고, 다른 민족을 깔보거나 그들을 '적'으로 바꾸고, 공격적이고, 잔학한 행위를 저지르도록 국민을 유도하고, 격렬한 호전성을 정당화한다. 이것은 민족주의적 이상이 현실에서 어떻게 작동하는가에 관한 모든 이야기는 아니지만, 분명 그 이야기의 일부분이다.

우리가 이런 이상들을 실현하지 못하는 것은 우리 자신의 인간 본성 때문일까? 선천적인 인간 본성에 관한 쟁점들은 어떤 특성이 **바꿀 수 없는가**의 관점에서 논의되는 경향이 있다. 인간은 뿌리 깊은 소유욕이 있고, 자기중심적이고 가족중심적인가(암시적이고 우회적인 질문이다), 또는 사회주의는 가능한가? 이보다는 어떤 특성들을 바꾸거나 줄이기 위해 사회는 얼마나 많은 힘을 써야 하는지, 그리고 그런 특성을 피할 수 있는 문화적 사회화 방식들을 유지하기 위해 얼마나 노력해야 하는지를 숙고하는 것이 더 유익할 것이다. 인간 본성은 정해진 결과물의 집합이 아니라 변화에 대한 난이도의 기울기로 보는 것이 가장 좋다. 다시 말해 어떤 특성들을 피하기 위해 지불해야 하는 비용이 얼마나 큰가의 관점에서 보는 것이다. 그러므로 인간 본성은 어떤 사회 제도들을 불가능하게 만들지는 않지만, 그것을 달성하고 유지하기 어렵게 만들 수는 있다.

여기에서 우리는 다음과 같이 말하고 싶은 유혹에 부딪힌다. 위에 열거된 실제적 결과 중 어떤 것도 그 이상을 창시하거나 설립한 사람이 의도하지는 않았다. 자본주의의 그런 이면은 정부의 개입이거나 개인적 폐해다. 공산주의의 그런 이면은 원초적 권력욕이다. 기독교의 그런 이면은 제도화된 위선이다. 민족주의의 그런 이면은 맹목적 애국주의와 주전론이다. 그러나 이 대답으로는 부족하다. 그 이면들은 이 세계에서, 이 지구 위에서 우리가 그 이상들을 작동시킬 때 반복해서 나타나는 부분들이다. 그것은 그 이상들의 실제이고, 우리가 만든 결과물이다.

그러나 그것이 다가 아니다. 때로는 이상의 양상들이 실현되기도 하고, 제도화는 이상을 완전히 꺾지 못한다. 그리고 이상에는 실제로 일어나는 것보다 더 많은 것이 포함되어 있다. 이상을 고찰할 때 우리는 그것이 대규모로 의도에 따라 운영될 때 어떻게 작동하는지를 생각하는 경향이 있다. 그런 그림은 흥미롭고 매력적일 수 있다. 그러나 이상의 내용물은 우리가 실제로 이상을 어떻게 운영하는가에 의해 소진되지 않으며, 또한 그 안에는 우리보다 더 나은 사람들에 의해 실현되는 경우가 포함된다. 우리는 각 이상을 여러 상황의 묶음으로 간주할 수 있다. 첫째, 그것을 운영하는 사람들이 정기적으로 만드는 실제 상황, 둘째, 그것을 운영하기에 적합한 사람들이 의도한 대로 운영했을 경우의 상황(즉 '이상적 상황'), 셋째, 그 중간의 다양한 상황들. (우리는 실제 상황보다 훨씬 열악한 어떤 상황들도 이상의 범위에 넣어야 할까?)

이상으로서의 이상을 생각할 때 우리는 두 번째인 '이상적 상황'만을 생각하는 경향이 있다. 이것은 잘못이다. 그러나 그 대신 첫 번째 상황, 즉 이상이 실제로 계속 작동하는 방식만을 생각하는 것도 잘못이다. 그 역시 일면적이다. 그러나 이상을 단지 그 모든 방식을 합친 것으로 생각하는 중립의 입장은 너무 차별성이 없다. (의미론에서 개념을 생각할 때 바로 이 방식을 이용해, 가능한 모든 세계에서 그것이 지시하는 것을 명시하고, 각각의 가능한 세계를 대상과 대응시킨다.) 이 상황들은 전체 개념 안에서 중요성이 다르고, 그래서 이상에 대해 생각할 때 우리는 이 상황들에 각기 다른 가중치를 부여할 수 있다. 실제 상황은 최소한 절반으로 간주하는 것이 적당하다. 그것은 제도화된 이상이 되풀이해서 가동되는 장기적 방식이기 때문이다. 실제로 항상 일어나는 것이 현실화된 이상의 절반을 넘는다.

그러나 이미 말했듯이 이것이 전부가 아니다. 이상은 우리를 특정 방향으로 이끌고, 그럼으로써 미래의 현실에 영향을 미치기 때문이다. 그리고 훌륭한 이상은 우리가 그에 못 미칠 때에도 우리의 영감을 자극한다. 세계를 이상의 관점에서 보면 이해하기 쉬울 수 있으며, 실제 상황이 약간 안 좋더라도 그보다 훨씬 이상적인 상황의 빛을 쪼일 때, 우리는 기꺼이 그 상황을 감수할 수 있다. 그러므로 나는 이런 이상이 없으면 우리가 더 잘 살 수 있다고 생각하지 않는다. 어쨌든 그것의 반사실counterfactual은 불확실하다. 이 이상을 대신해 다른 이상을 갖거나, 아예 이상이 없다면 좋을까? 어느 쪽이든 우리가 더 훌륭하게 행동하거나 우리 자신에 대해 더 좋게 느낄지는 의심스럽다. 우리 모두가 지속적으로 행동할 수 있는 수준보다 더 나은 이상을 공식화할 수 있다는 사실은 부끄러움의 원천일까, 자부심의 원천일까? 나는 둘 다라고 생각한다. (그렇다면 그 비율은 어떨까?)

철학적 이상을 따르려고 시도할 때 우리는 더 나은 다른 세계에서 그 이상이 어떻게 작동했을지 생각해보고 여기에 우리 삶을 관련해본다. 완전한 철학은 단순히 가능한 세계들을 삶과 자의적으로 대응시키지 않는다. 완전한 철학은 그 통합적 성격을 통해, 그 철학에 완벽히 들어맞을 다른 가능한 삶들을 지금 우리의 삶과 연관시키고, 우리 삶에 더 풍부한 반향을 일으킨다. 그런 고찰 덕분에 현실 세계가 의도를 꺾어도 개인은 이성적이거나 현명하기를 바랄 수 있다. 그 이상이 다른 가능한 세계들과 관련되어 있고 그 속으로 확산되기 때문이다. 이곳에서 이상을 구현할 때 우리는 다른 곳으로 흘러넘친다. 그래서 이상 추구는 시간적으로가 아니라 가능성을 통해 불멸의 어떤 기능들을 수행하게 된다. 그때 우리의 삶은 현실 세계에 완전히 담기지 않을 정도로 크게 확대된다.

대부분의 목적을 위해 우리는 이상을 이상적인 것과 현실적인 것이 동등하게 결합된 것으로 간주할 수 있다. 다시 말해, 이상이 실제로 우리와 같은 인간에 의해 운영될 때 지속적이고 반복적으로 어떻게 작동하는가, 그리고 이상이 '이상적으로' 그것을 실현하기에 가장 적합한 사람들(우리보다 나은 사람들)에 의해 운영될 때 어떻게 작동하는가의 결합이다. 양쪽 요소를 동등하게 포함한 것으로 보는 이 균형 잡힌 시각은, 하나의 이상이 실제로 어떻게 이행되는가를 무시하는 경향이 있는 사람들에게는 디플레이션처럼 보일 테고, 단지 실제에만 주목하는 사람들에게는 인플레이션처럼 보일 것이다. 나는 그것이 둘 다라는 의미로 말하고 있다.

두 이상을 비교할 때 우리는 첫 번째의 실제적 상황을 두 번째의 실제적 상황과 비교해 판단하고, 첫 번째의 '이상적 상황'을 두 번째의 그것과 비교해 판단해야 한다. 다른 현실을 우리의 이상과 비교해 판단하는 것은 불공정하다. 다시 말해, 다른 이상이 실제로 어떻게 작동하는가를 우리의 이상이 **이상적으로** 어떻게 작동하는가와 비교해 판단해서는 안 된다. 하나의 이상이 다른 모든 이상을 모든 측면에서 능가하고, 그 이상적 상황이 가장 매력적으로 보이고, 그 현실적 상황이 가장 훌륭하게 작동한다면 아주 좋을 것이다. 만일 전반에 걸쳐 그런 승자가 나타나지 않고, 특히 하나의 이상이 다른 이상보다 더 나은 '이상적 상황'을 만들어내는 반면 다른 이상이 실제로 그리고 꾸준하게 더 잘 작동한다면, 상황은 더 어려워지고 더 흥미로워진다. 어쩌면 우리는 공산주의의 '이상적 상황'이 전 세계 많은 사람에게 매우 큰 호소력을 발휘하는 동시에 자본주의가 이런저런 결함에도 불구하고 현실적으로 훨씬 더 잘 작동하는 역사적 시기에 살고 있는지 모른다. 이는 불안정한 '인지 부조화cognitive dissonance'가 큰 상황이며, 명백한 것을 부인하고 싶은 유혹이 매우 큰 상황이다. '이상적 상황'의 유혹을 거부하는 것, 다음 시대에는 상황이 더 좋아지리라 희망하고 믿기를 거부하기는 매우 어렵다. 만일 서로 다른 사람들이 이상 개념의 이 두 요소, 이상적인 것과 현실적인 것에 일관성 있게 다른 가중치를 부여한다면 — 예를 들어 한 사람은 두 요소에 똑같은 가중치를 부여하고,

다른 사람은 실제보다 이상에 세 배 높은 가중치를 부여한다면 — 그들의 불화가 극심해도 그리 놀랍지 않을 것이다.

　이상적 상황과 현실이 크게 엇갈린다면 이는 이상의 결함일까? 그러나 그 이상을 수정하거나 다른 이상으로 대체해 더 충실히 운영해도 불안정한 변화 때문에 이전 상황에서 크게 벗어나지 못할 수 있다. 이상을 공식화하는 최적의 이론이 있다면, 이상을 최대 이동의 현실적 도구로 간주하고, 인간의 현재 모습을 감안하여(그리고 그 이상을 운영할 때 변화할 인간의 모습을 감안하여) 그 이상의 특징을 명시할 것이다. 어떤 이상이 우리가 그 이상에 항상 못 미치기 때문에 결함이 있지는 않다. 다른 이상이 실제로 우리를 그 방향으로 더 많이 이동시킨다면, 그것은 결함이 있는 이상이다. 첫 번째 이상이 기대하는 결과가 바람직해도, 그리고 우리가 두 번째 이상에 더 크게 못 미친다 해도 말이다.

　프로이트주의와 마르크스주의는 종종 모든 것을 세속화했다고 묘사되지만, 그것을 공식화한 예리한 사회 이론가는 바로 그 세속화와 과정이 어떻게 발생하는지 깨닫고 특별히 그런 세속화를 설명하기 위해 그들의 이론을 창안했다고 볼 수 있다. 한 분야의 모든 견해 중에서, 세속화된 뒤에 가장 훌륭하거나 가장 진실한 것으로 판명되는 견해에 도달했다면 그들은 그것을 제시하지 말아야 했을까? 그러나 뒤늦은 얘기지만, 최소한 그들은 자신들의 견해를 왜곡하거나 오용하는 것을 막기 위해 중요한 예방 조치들을 취해야 했다. 그들보다 못한 사상가라도 그 이상들의 가능한 결과를 정확히 보고 염려할 수 있다. 2차적 묘사에 기초하여 광범위한 왜곡이 발생하기 때문에 나는 한 가지 예방 조치를 취하고자 한다. 어떤 독자도 이 책의 내용을 요약하거나 이 책에서 슬로건이나 표어를 끌어내 제시하지 말고, 어떤 학교도 여기에 담긴 내용에 대해 시험을 치지 말라는 것이다.* 완벽하지 못한 철학은 추구할 가치가 없다.

---

* 레오 스트라우스Leo Strauss에 따르면, 과거의 몇몇 저자들은 다른 방도를 취했다고 한다. 즉 그들의 견해를 그럴듯한 외양으로 위장해서 가장 부지런하고 영리한 독자만 진짜 의미를 발견할 수 있게 했다는 것이다. 그러나 그렇게 해서 그들의 '진정한' 견해가 왜곡되는 것을 막았을지는 모르지만, 쉽게 이용할 수 있는 표면적 내용의 오용을 막을 수는 없었을 것이다. 어쨌든 그 방법은 진실에 대한 표현과 대응의 투명성을 중시하는 철학의 좋은 제시법은 아닐 것이다. 물론 (이것을 알아챈다면 영리하겠지만) 만일 이것이 이 책의 **표면적** 견해에 불과하다면, 그 밑에 다른 견해가 일관되게 흐르고 있을 것이다. 그러나 실제로는 그렇지 않다.

Chapter 24

지그재그 정치학

국민이 다양한 가치를 선택할 수 있는 정치 원리

우리는 삶이 실재의 개념들을 표현하기를 원하고, 그래서 우리 모두의 삶을 규정짓는 제도 역시 우리가 바라는 상호관계를 뚜렷이 표현하고 상징화하기를 원한다. 민주주의 제도와 그에 걸맞은 자유는 단지 정치권력을 제어하고 그것을 공동 관심사 쪽으로 이끄는 효과적 수단이 아니다. 그것은 그 자체로 우리의 평등한 인간 존엄성, 우리의 자율성과 자기 주도 능력을 명백하고 공식적으로 표현하고 상징화한다. 우리는 우리가 실제로 행사하는 투표권이 전체 결과에 아주 작은 영향을 미친다는 것을 알면서도 투표에 참여한다. 자신이 숙고한 판단이나 견해가 다른 사람의 그것과 동등한 무게를 지녀야 하는 자율적이고 자주적인 존재로서 우리의 지위를 그것이 표현하고 상징적으로 확인해주기 때문이다. 이 상징성은 우리에게 중요하다. 민주주의 제도 안에서 우리는 우리와 관련되어 있고 우리를 하나로 묶어주는 가치들이 발현되기를 원한다. 내가 한때 제안했던 자유주의적 입장은 이제 나에게 심각할 만큼 부적절하게 여겨진다. 이는 부분적으로, 그것이 인도주의적인 문제와 공동의 협조 활동을 충분히 결합하지 못하고 허술한 부분을 남겨두었기 때문이다. 자유주의적 입장은 정치가 사회적 쟁점이나 문제에 쏟아야 하는 공식적 관심의 상징적 중요성을 간과하고, 그 중요성과 긴급성을 드러내지 못했다. 그럼으로써 그것들에 대한 우리의 개인적 행동과 관심을 표현하고, 강화하고, 이끌고, 장려하고, 정당화하는 과제를 게을리했다. 정부가 완전히 무시하는 공동 목표―개인의 목표나 가족의 목표와는 다르다―는 우리가 공동으로 관심을 기울일 가치가 없는 것처럼 보였고, 결국 그런 관심을 거의 받지 않게 되었다. 이 세계에는 우리가 정치를 통해 우리의 인간적 결속을 엄숙히 드러내면서 함께해나가야 할 과제가 존재하는데, 우리가 그렇게 공식적 방법으로 함께 그 과제를 수행한다는 사실과 그 행동 자체의 내용이 그런 노력을 이끈다. *

어떤 사람은 이렇게 말할지 모른다. "공식적 행동을 통해 인간의 결속을 드러내는 것은 아무 문제가 없다. 하지만 우리는 개인의 평화로운 삶을 방해하거나 살해하는 것이 아니라 개인의 권리를 존경하면서 그렇게 하고, 이는 다른 시민에 대한 인간적 존경심의 충분한 표현이다. 모든 시민을 더 가까이 묶기 위해 그들의 삶에 간섭할 필요는 없을 뿐 아니라, 개인의 자율성에 대한 방해는 본질적

---

* 지금 이 소견을 밝히는 것은 *Anarchy, State, and Utopia*에서 밝힌 이론을 대체하기 위한 것이 아니다. 그 이론을 현재의 것과 최대한 일치시키면서 그 이론의 많은 부분을 유지하려는 것도 아니다. 나는 단지 그 이론이 잘못으로 드러난 주요 분야를 말하는 중이다. 그 분야는 여럿일 수도 있다.

으로 그에 대한 존경심이 부족하다는 뜻이다." 그러나 개인의 자율성과 자유에 대한 우리의 관심 역시 그 일부는 외부로 표현되는 관심이다. 우리가 자율성과 자유를 가치 있다고 믿는 이유는, 단지 그로 인해 개인이 선택하고 수행할 수 있는 구체적 행동들 때문이거나, 그로 인해 개인이 획득할 수 있는 재화 때문이 아니라, 그로 인해 개인이 선명하고 세련되게 자기를 표현하고 상징화하는 행동을 하고 그래서 더 세련되고 성숙한 개인으로 발전하는 방식들 때문이다. 공동으로 그리고 공식적으로(즉 정치적으로) 표현하는 것이 가장 효율적일 뿐 아니라 가장 좋고 가장 분명할 수 있는 가치가 있다면 그 표현과 상징화에 대한 관심은 개인적인 자기표현에 대한 관심과 연속성을 띤다. 우리 자신에게는 상징적 자기표현을 추구하는 많은 측면이 있으며, 개인적 측면에 우선권을 두더라도 그것에 독점 지배권을 부여할 이유는 전혀 없다. 만일 어떤 것을 상징적으로 표현하는 것이 그 실재성을 강화하는 한 방법이라면, 우리는 정치적 영역을 축소해 우리의 사회적 결속과 인도주의적 관심의 실재성을 축소하기를 원하지 않을 것이다. 이는 공공의 영역이 단지 공동의 자기표현 문제라는 뜻이 아니다. 우리는 그런 행동을 통해 어떤 것을 실제로 성취하고 상황을 변화시키기를 바라고, 사람들을 돕거나 지탱해주지 못할 것으로 여겨지는 정책들이 있다면 그것이 타인들과의 결속을 적절히 표현하지 못한다고 보는 것이다. 자유주의적 견해는 정치의 목적만을 보고 그 **의미**를 보지 못하며, 더 나아가 그로 인해 그 목적을 너무 좁게 본다.

공동 정치 활동은 관심의 유대를 상징적으로 표현할 뿐 아니라 유대 관계 자체의 **구성** 요소가 된다. 정치적 영역에서 관계적 입장은 동료 시민과의 유대 관계를 표현하고 증명하고 싶은 마음을 유발한다. 그리고 어려운 사람을 돕는 것과 이미 잘사는 사람들의 상황을 더 향상시키는 것을 비교했을 때, **우리의** 입장에서 그리고 수혜자의 입장에서 전자가 더 강렬하고 지속적 관계에 도움이 된다고 여겨진다면, 관계적 입장은 공리주의의 난제, 즉 왜 타인의 상황을 개선하기 위한 관심이 특별히 가난한 사람에게 집중되는지 설명할 수 있다. 만일 가난한 사람의 상황을 개선하기 위해 하늘에서 만나가 내려오고 우리는 그들을 도울 필요가 없다면, 우리는 우리의 유대 관계를 공동으로 표현하고 강화할 다른 방법을 찾아야 할 것이다.

그러나 사람들은 결속감과 관심을 느끼지 않을 권리가 있지 않을까? 만일 그렇다면 정치계는 어떻게 없을 수도 있는 것의 상징적 표현을 진지하게 여길 수 있을까? 당사자들이 하지 않겠다고 결정한다면 정치계는 어떤 권리로 그들을 대신해 그것을 표현할까? 그런 사람들은 비록 다른 시민에 대한 관심과 유대감(그리고 다른 사람과 다른 생물에 대한 관심과 유대감)을 느끼지 않을 권리가 있다고 해도, 그것을 의무적으로 느껴야 한다. 만일 그것을 느낀다면 더 나은 인간이 될 것이다. (사람들은 때때로 의무적으로 해야 할 일이 있더라도 그것을 하지 않거나 느끼지 않을 권리를 갖고 있다. 사람들에겐 그것을 선택할 권리가 있다.) 그러나 그들이 스스로에게 뭔가가 부족하다는 것을 깨닫든 못 깨닫든 다른 시민이 그들을 대신해 발언하고 그 관심과 유대의 **부족**을 덮어줄 수 있다. 그들을 위한 이 은폐는 예의상 행해질 수도 있고, 다른 사람이 관심과 결속을 공동으로 확인하는 것을 중요하게 생각하기 때문일 수도 있다. 그렇게 해서 다른 동포들이 얼마나 부주의하고 비인간적인지를 보게 되는 상황을 피할 수 있다면 그 정도 수고는 약소하다.

물론 이 공동의 공식적 확인은 말로 끝나지 않는다. 그와 관련된 프로그램을 지원하기 위해 세금을 내야 한다. (부끄러운 무관심을 가리기 위해 무화과 잎이 창조되었다는 것은 그들이 세금을 내지 않아도 된다는 뜻이 아니다.) 배려와 결속을 상징적이고 공개적으로 표현하는 행위가 전무하다면, 우리는 인간이 동족임을 인정하는 사회를 빼앗긴 채 살 것이다. "하지만 그런 사회를 원하고 필요로 하는 사람들이 전혀 신경 쓰지 않는 다른 사람들에게 세금을 물리는 대신 공공 프로그램을 위해 자발적으로 돈을 내면 어떠할까?" 그러나 많은 사람의 자발적 기부금으로 운영되는 프로그램은 비록 그럴 가치가 충분하더라도, 관심과 유대 관계의 중요성을 드러내는 엄숙한 표시와 상징적 인증이 되지 못한다. 그것은 전체의 이름으로 수행되는 공동의 공식적 행동을 통해서만 가능하다. 중요한 것은 단지 구체적 목적을 달성하거나(사적 기부금만으로 할 수도 있다) 다른 사람에게 돈을 내게 하는 것이 아니라(그들에게서 필요한 자금을 몰래 빼앗아 할 수도 있다) 사회가 소중히 여기는 것에 대해 모든 사람의 이름으로, 사회의 이름으로 엄숙히 발언하는 것이다.

사람에 따라서는 자기 자신만을 대표하는 것을 더 좋아할 수도 있다. 그러나 사회 안에서 살고 그 사회와 동일시한다면 외국 정부를 억압하거나 파괴하는 전쟁처럼 반드시 개인적 책임이 없는 것들에도 부끄러워하고 자신이 직접 하지 않은 일에도 자부심을 느끼게 된다. 사회는 때때로 우리의 이름으로 말한다. 우리는 배려와 결속의 공식적 표현을 제거하여, 그런 표현과 그에 수반하는 프로그램에 반대하는 사람들을 만족시켜줄 수도 있지만, 이는 나머지 사람에게 우리 사회에 대한 부끄러움을 안겨주고, 공공의 관심을 나타내는 사회 목소리는 침묵에 빠질 것이다. 그리고 그 침묵이 우리를 대변할 것이다.

"그렇다면 더 이상 사회와 동일시하지 말라! 그러면 사회가 무엇을 하든, 무엇을 안 하든, 무엇을 말하든, 그 때문에 부끄러워할 필요가 없을 것이다." 그렇다면 공공 정책을 반대하는 사람을 수용하기 위해 우리는 우리의 상호관계에서 가장 중요하다고 여기는 것을 공동으로 표시하고자 하는 욕구와 필요 ─ 개인의 자기표현을 위한 욕구와 맞닿아 있는 욕구와 필요 ─ 를 꺾어야 할 뿐 아니라 감정과 자아의식을 지탱하는 모든 수단을 접고 사회와의 동일시를 중단해야 한다. 이는 너무 큰 희생이다.

만일 민주적 다수가 관심과 결속의 가장 엄숙한 매듭을 공동으로 그리고 상징적으로 표현하기를 바란다면, 소수는 다른 방향이 더 좋더라도 그 과정에 충분히 참여해야 한다. 그 다수는 또한 소수에 대한 관심과 유대 관계를 표현하고, 이를 위해 다수만이 바라는 쪽으로 가도록 소수를 압박하지 않을 수 있다.

더 깊이 파헤쳐보자. 도덕적 이유로 공공 정책의 **목표**에 양심적으로 반대하는 사람이 있다면, 나머지 사람이 그 사람을 공동의 상징적 확인에 포함하기를 원해도, 사회는 가능한 선에서 그가 그 정책에서 발을 뺄 수 있게 허락해야 한다. 미국에서 찾을 수 있는 최근의 예는 많은 국민이 도덕적으로 반대한 전쟁이고, 현재의 예는 일부 국민이 살인과 다름없다고 보는 낙태다. 그런 일들이 행해지거나 정치 제도를 통해 지원되면 모든 사람이 어쩔 수 없이 공범이 된다. 어떤 사람들은 도덕적으로 논쟁의 소지가 있는 것들은 정치 영역에서 깨끗이 제거하고 도덕은 사적인 노력에 맡기자고 제안하지만, 이는 다수가 자신의 가치들을 공식적으로 확인하는 길을 가로막을 것이다. 더 현명한 방법은 그런 정책에 도덕적으로 반대하는 사람들이 거기에서 손을 떼도록 허락하는 것이다. 우리는 경솔한 반대를 허락하고 싶어 하지 않는다. 그리고 만일 그런 정책에 필요한 납세를 거부하도록 허락한다면, 그런 반대의 진정성을 평가해야 하는 큰 문제가 발생할 것이다. 그러므로 개인이 어떤 정책에 도덕적으로 반대할 때, 만일 그가 다른 공공 정책을 위한 세금을 그보다 약간 더 많이(예를 들어 5퍼센트) 낸다면, 애초의 정책을 위한 납세에서 손을 뗄 수 있게 허락하는 방법을 제도화할 수도 있다. 그의 진지함을 이렇게 재정적으로 확인한다고 해도, 양심적 거부를 허용하는 것이 여전히 걱정스러울 수 있다. 그들이 반대하는 정책을 변화시키기 위해 진지하게 노력하는 것이 정치적 과정에 도움이 되고, 만일 그들이 더 이상 개인적으로 관계하지 않으면 그들의 동기가 줄어들 수 있기 때문이다. 그러나 이는 부차적으로 고려할 문제다. 일반적 원칙은, 어떤 정책이 도덕적으로 문제가 있거나 극악하다고 생각하는 사람이 있다면 그를 억지로 참여시키는 일은 피해야 한다는 것이다. (어떤 무정부주의자들이 도덕적 이유로 국가에 참여하기를 아예 거부한다면 그들에게 본래 세금보다 5퍼센트 증액된 금액을, 개인적 자선 사업의 목록에서 구체적으로 몇 개를 골라 거기에 내도록 허락할 수 있다. 그리고 실제로 기부했다는 증빙 서류를 제출해야 하는 것에 대해 그들이 불평해도 그냥 무시할 수 있다.) 이 모든 것이 단지 상징적 회계처럼 보일 수도 있다. (자선 단체에 돈을 기부한 사람이 기금의 배정에 영향력을 행사하는가?) 그러나 그런 상징성마저도 우리에게는 극히 중요하다.

타인에 대한 관심과 유대는 보편적 조세를 통해 상징적 표현성과 (가급적) 효과를 수반하는 정책들을 끌어들일 뿐 아니라, 행동의 자유에 대한 구체적 제약을 요구한다. 예를 들어 차별의 경우를 생각해보자. 어떤 특이한 괴짜(가령 머리가 빨간색인 사람들을 차별하는 사람)가 하면 참을 수 있는 것이, 한 사회에서 큰 집단이 다른 집단에게 상당한 해를 입히고, 특히 피해 집단의 자기 동일성이 바로 그 특성이나 집단 소속에 크게 의존한다면, 그런 차별은 참을 수 없는 것이 된다. 그러므로 흑인·여성·동성애자의 입장에서, 고용·공공시설·주거시설의 임대나 판매 등에서 차별 금지법을 요구하는 것은 정당하다. 여기에 일반성과 중립성을 가미한다면 인종, 성, 성적 취향, 국적 등에 기초한 차별을 금지하는 법이 될 것이다. 물론 타인에 대한 차별이 없다면 애초에 그런 것을 요구해야 하는 부담이 없을 것이다. 그런 차별이 한 집단에게 큰 부담이 될 정도로 만연할 때 차별권이란 것을 무시해야 하는지 아닌지를 따질 필요는 없으며, 그런 권리는 없지만 드물게 발생하는 약간의 차별들은 너무 사소해서 제도적·법적인 개입은 불필요하고 오히려 비용과 역효과를 불러올지 모른다는 의문도 불필요하다.*

관심과 유대는 빈민 배려에서부터 이웃 사랑에 이르기까지 모든 범위를 포괄할 수 있기 때문에, 공식적 정치 영역에서 표현되는 그 형태들은 대단히 광범위하고 강렬할 것이다. 어떤 원리로도 그 선을 그을 수가 없다. 그것은 일반 국민의 현실적인 연대감과 관심이 얼마나 넓고 강한가에 달려 있고, 그들이 이 상징적인 정치 표현을 드러내야 한다고 느끼는 필요성에 달려 있다. 그러나 결속과 관심이, 우리가 공동의 정치 영역에서 엄숙하게 표현되기를 바라는 유일한 것은 아니다. 그 영역에서 과연 어느 가치를 표현하고 추구하고 상징화하는 것이 가장 중요할까?

정치 이론가들은 종종 정치적 '입장'에 마음을 쏟고, 민주적 유권자들이 이론적 일관성을 지키지 못하고 처음에는 이 정당에 권력을 맡겼다가 몇 년 뒤 다른 정당으로 바꾸는 것을 한탄한다. 미

---

* 심지어 우리는 자유에 대한 제한을 표현과 집회의 자유만큼 중요하다고 평가할 수도 있다. 하얀 복장을 한 KKK(백인우월주의를 내세우는 미국의 극우비밀결사 — 옮긴이) 단원들이 흑인 거주 구역을 행진하고, 나치 제복을 입고 나치 깃발을 든 사람들이 유대인 거주 구역을 행진한다고 생각해보라. 또 그와 비슷하게 신랄하고 공격적인 깃발을 든 사람들이 아메리카 원주민 보호 구역, 아시아계 미국인 거주지, 아르메니아인 거주지, 또는 동성애자 구역을 행진한다고 생각해보라. 그곳의 거주자들은 그들의 자아상의 일부를 이루는 집단을 대상으로 과거에 횡행했던 사악한 (그리고 불법적인) 행위들을 부추기는 그런 비난과 과시 행위를 참아야 할까? 우리는 단지 외부의 다른 평화로운 시민들이 이 희생자 집단과의 연대를 표현하기를 바라고, 행진을 방해한 것 때문에 체포되거나 구금되지 않을까 걱정하는 낯빛을 하고서 그들의 앞길을 가로막아야 할까? 아니면 사회 안에서 자유롭게 견해를 나누는 상호작용을 보편적이고 강력하게 보장하면서도, 특별히 이런 종류의 상황을 다루는 '맞춤식' 원리들을 공식화해서 그런 공격 행위들을 법적으로 막을 수 있을까?

국 저술가들은 때때로 유럽 정당들의 이념적 순수함을 부러워하지만, 그곳에서도 유권자들은 사회 민주당과 보수당을 서로 교체하곤 한다. 유권자들은 그들이 무엇을 하는지 안다.

정치 영역에서 촉진하고 장려하고 실현할 수 있는 다수의 가치가 경쟁한다고 가정해보자. 자유, 과거에 불평등했던 집단들을 위한 평등, 공동체적 결속, 사익, 자립, 동정, 문화 발전, 국력, 소외계층 지원, 과거사 바로잡기, 과감한 새 목표 수립(우주 탐사, 질병 정복), 경제적 불평등 완화, 최대한의 보편 교육, 차별 철폐, 약자계층 보호, 시민의 사생활과 자율성, 해외 원조 등이 그것이다. (내가 몇 년 전에 '권리부여론entitlement theory'에서 묘사했듯이 *정의는 또 하나의 중요한 가치일 수도 있지만, 때로는 타협을 통해 압도되거나 축소될 수 있다.) 이 가치 있는 모든 목표를 모든 에너지와 수단을 바쳐 추구할 수는 없으며, 아무리 좋은 것이라도 전부를 한 꾸러미로 조화롭게 묶을 수 없다는 점에서, 어쩌면 이 가치들은 이론적으로 조화를 이룰 수 없을지 모른다. (이사야 벌린Isaiah Berlin, 1909~1997도 자신의 글에서 이 점을 특별히 강조해왔다.)

그렇다면 각각의 정당은 이 모든 목표는 아니지만 그 일부를 대략 일관되게 포함하는 일련의 제안들이 있을 것이다. 그들은 어느 목표들을 선택하는지 그리고 다른 정당과 공유하는 목표에 어떤 등급을 매기는지 서로 다를 것이다. 정치학에서 '주의主義에 입각한' 입장은 그런 목표들에 대한 선택과 순위 부여를 포함하고, 그

• *Anarchy, State, and Utopia*, 7장.

와 더불어 이 선택과 다른 선택에 대한 비판의 이론적 합리화를 포함할 것이다.

이 모든 목표를 조화롭게 수용할 수는 없고, 설령 조화롭게 꾸민다 해도(예를 들어, 어떤 목표를 93번째 목표로 놓아서), 그중 일부는 그 입장에 포함된 것으로 보일 만큼 (또는 기능할 만큼) 뚜렷하지 않을 것이다. 그러나 함께 추구할 수 없는 많은 목표가 시간이 지남에 따라 다른 것들과 화해하거나 결합할 수 있고, 이를 위해 그들은 몇 년 동안 하나의 목표를 추구하고, 다음 몇 년 동안 다른 목표를 추구할 수 있다. 그러나 어떤 정당의 강령도 이런저런 목표들을 몇 년씩 추구하리라 말하지 않는다. 그렇게 할 수 있을 정도로 임기가 길지 않고, 다음 선거 기간이 되면 다른 목표들을 선언할 수 있다.

그러나 권력을 쥐고 있는 정당은 그때가 와도 다른 목표들로 크게 이동하지 못할 것이다. 여당은 기존 목표들을 지지할 유권자, 즉 그 목표들을 계속 추구하는 것에 자신의 이익이 달려 있는 유권자들을 동원할 것이다. 다음 기간에 이 목표들을 포기하거나 크게 축소하려면 아주 다른 지지층을 확보해야 하는데, 이는 쉽지 않은 일이다. 게다가 굳은 신념으로 착수한 정책 중 일부가 성공하지 못할 수 있고, 예상치 못한 불쾌한 부작용과 목표 달성을 가로막는 뜻밖의 어려움이 발생할 수 있다. 이에 대한 대응으로 당은 그 정책들을 더욱더 강력하게 추진할 것이다. 당 조직의 일부는 그 정책과 관련된 전문가나 그 정책들에 대한 높은 평가를 유지하는 전문가로 이루어져 있을 테고, 결국 그것도 '업적'의 일부로 기록될 것이다. 이런 이유로 여당이 똑같은 목표들을 계속 추구하기 위해 이제 와서 매우 다른 수단을 사용하고, 자신이 시행해온 정책을 철저히 줄이거나 변형하기는 극히 어려울 것이다.

다른 한편으로, 그 정책들이 아주 성공적이어서 목표치에 일찍 도달할 수도 있다. 어느 정도가 되어야 '충분하다'고 할 수 있을까? 다른 목표들, 즉 상황이 변했거나 최초의 목표들이 최근에 발전했기 때문에 더 긴박한 다른 목표들로 넘어갈 때는 언제일까? 폭넓은 정치적 목표의 경우, 중요한 구조적 변화를 위해 그것을 계속 추구하는 것이 중요하다고 생각하는 사람들이 항상 남아 있다고 말하는 편이 안전하다. 그러나 다른 사람들은 이제 다른 목표들이 더 긴급하다고 느끼거나 기존 목표를 더 이상 추구하고 싶어 하지 않을 테고, 그 때문에 기존 정책은 이것으로 충분하다고 생각할 것이다.

그러나 정당에 가장 적극적으로 참여하는 사람들은 다른 목표로 전환하는 흐름에 늦게 합류할 테고, 아마도 가장 늦은 편에 속할 것이다. 사실 이 참여자들이야말로 다른 어떤 사람보다 그 목표들에 더 큰 우선권을 부여할 것이고, 그 때문에 애초에 그들은 그 당에 이끌렸거나 적극적인 정치 활동에 큰 힘을 쏟았을 것이다. 그리고 그들 중 많은 사람은 그 목표들을 수년 동안 홍보하고 노력하고, 그에 대해 전문성을 쌓고, 직업적으로 일하는 과정에서 그 목표들에 더 집착하게 되었을 것이다. 다른 목표로 전환할 수는 있겠지만 그들 자신이 그러기를 꺼려할 테고, 유권자들에게 단호한 명령을 듣기 전까지는 그럴 필요를 거의 느끼지 못할 것이다. 여당은 아직 그 메시지를 듣지 못할 것이다.

내가 보기에 유권자들은 다음과 같은 상황에 처했다. 여당은 그들의 목표와 정책을 한동안 추진했다. 유권자는 그 정도면 충분하다고 생각하게 되고, 어쩌면 너무 과하다고 생각할지도 모른다. 이제는 균형을 잡을 때이고, 최근에 경시되었거나 지나치게 저평가된 다른 목표들을 포함시켜야 한다. 그리고 새로 시행된 정책 중 일부를 줄이거나 개혁할 때가 되었다.

이제 새 정당이 새 정책으로 정권을 잡는다. 과거의 여당이 최근에 도입한 정책들에는 크게 전념하지 않고 필요한 (또는 과도한) 수정을 가한다. 그러나 얼마 후 그것을 제대로 시정할 기회가 올 것이다. 정권에서 물러난 당은 때를 기다리고, 자신의 정책을 얼마간 수정하고, 과거에는 추구하지 않았지만 현재의 여당도 추구하지 않는 새 목표들을 추가하고, 시계추가 자신들 쪽으로 돌아오기를 기다린다. 그들은 과거의 목표들에 더 순수하고 강하게 집착하고 싶은 유혹에 빠지기도 한다. 그래서 그 목표들을 철저히 추진하지 않았기 때문에 정권을 잃었다고 주장한다. 영국 노동당이 그 예다. 그러나 이는 유권자들의 뜻을 잘못 해석한 결과다.

유권자들은 지그재그 정치를 원한다. 현명한 서민으로서 그들은 어떤 정치적 입장도 그들이 원하는 정치적 가치와 목표를 모두 수용하지 못하므로 그 가치들이 돌아가면서 추진되어야 한다는 것을 안다. 비록 상당수의 유권자는 어떤 상황에서도 이전 목표와 마음에 드는 정책을 계속 지지하지만, 전체 유권자는 그렇게 현명하게 행동한다. 새로운 목표로 이동하고 변화를 이끌어내는 상당수의 중간층이 있기 때문이다. (이데올로기적 성향이 가장 낮은 유권자들은 정치를 통해 어떤 특정 원리들을 실현하고자 하는 견해에 반대하기 위해 투표를 결심할 수도 있다.) 그리고 어쨌든 새로운 유권자 세대가 나타나 다른 균형을 추구하고 새로운 시도를 열망할 것이다.

이것은 다음 변화 시기를 예측하게 해주는 이론이 아니다. 이것으로 충분한가, 너무 멀리 나갔는가? 이미 어느 정도 진척시킨 것을 더 열심히 추구해야 하는가? 이것은 유권자가 판단할 문제고, 유권자의 판단은 부분적으로 선거 기간에 누가 무엇을 말하는가에 의존한다. (그렇다면 유권자의 좀 더 신중한 결정을 도울 수 있는 방법을 생각할 필요가 있다.) 정권을 잃고 야당이 된 정당의 과제는 과거의 입장을 그대로 되풀이하는 것이 아니라, 이해심과 동정심을 가지고 상당수의 유권자를 움직일 정도로 가치 있는 다른 목표들을 추구하는 것이다. 그와 동시에 과거의 목표나 특별히 친근하다고 느껴지는 새 목표에 기초하여 전망을 명확히 밝히고, 다가올 전환의 길목에서 대중이 자신의 견해를 명확히 형성할 수 있도록 돕는 것이다.

우리는 개인에 따라 다른 시기에, 즉 다수의 유권자보다 더 일찍 또는 더 늦게 전환을 선택할지도 모른다. 그러나 과도한 열정에 사로잡혀 충분한 시간이 흐르지 않은 시점에 현재 대다수가 좋아하는 목표가 아닌 다른 목표를 강력히 추구하는 쪽으로 전환할 필요가 있다고 생각해서는 안 된다. 그리고 그 시기가 언제인지, 또 현재 결합하거나 강력히 추구할 수 없는 가치 있는 목표를 어떻게 조화시켜야 할지 결정하는 것은 나 자신을 포함하여 어느 한 개인이 혼자 결정할 문제가 아님을 겸손하게 인정해야 한다. 과연 민주적인 유권자 집단은 한동안 목표를 추구하고 다른 이상이 표명되는 것을 듣고, 정책의 결과를 개인적으로 더 폭넓게 알아감에 따라, 현재의 적절한 균형을 어느 한 개인보다 더 잘 판단할까? 또는 그들에게 어떤 균형이 적절한지는 그들이 원하는 다음 목적지에 어느 정도 달려 있을까? 지금까지 표명된 어떤 집단의 특별한 정치적 원리를 영구히 제도화하는 것과(내가 말하는 원리는 민주주의를 합리화하고 정당화하여 민주주의 자체에 기초를 제공하는 원리가 아니라, 민주주의 안에서 추구할 목표를 구체적으로 명시하는 원리를 의미한다), 민주 정치의 지그재그 과정 — 유권자들이 이전의 똑같은 원리와 함께 다른 원리도 선택할 수 있는 과정 — 사이에서 선택해야 한다면, 나는 매번 지그재그에 표를 던질 것이다.

The
Examined
Life

Chapter 25

철학의 생명

새로운 목표를 향해 이성적으로 나아가기 위한 도구

흔히 우리가 아직 받아들이지 않은 새로운 목적과 목표에 도달하는 이성적 방법은 두 가지뿐이라고 생각한다. 첫째는 새로운 추구가 기존 목적에 도달하는 효과적 수단임을 발견하는 것이다. 신중함의 대상은 목적이 아니라 항상 수단이라고 아리스토텔레스는 말했다. 둘째는 기존의 목적 중 일부를 잘 다듬고 개선해 다른 기존의 목적들과 더 잘 어울리게 하는 것이다. 일부 철학자가 '동일 명시 cospecification'라 부르는 것이다. 그러나 새로운 목적에 도달하는 또 다른 이성적 방법이 있고, 이는 더 깊은 차원에서 이루어진다. 기존의 다양한 목적과 목표를 조사하여, 어떤 다른 목적과 가치가 그 기초를 이루거나 통합된 기초를 제공하는지 밝혀내는 것이다. 이 방법으로 우리는 아주 새롭고 예상치 못한 목적을 만나고, 그 속에 함축된 의미에 놀랄 수 있다. 또한 우리는 우리가 이해하고 근거를 찾으려 했던 것들을 포함하여, 처음에 시작했던 목적과 목표 들 중 일부를 수정하거나 심지어 거부할 수도 있다. 어떤 과학 이론을 채택했을 때 그로 인해 애초에 설명하려던 데이터나 저차원의 이론을 수정하거나 거부하게 되는 경우와 비교해보라. (예를 들어, 뉴턴의 작업은 케플러Johannes Kepler, 1571~1630의 행성 운동의 법칙에서 시작했지만, 그의 법칙들이 정확히 케플러의 법칙을 설명하고 입증하진 않는다.) 그러므로 우리의 목표와 목적을 철학적으로 살펴보는 노력은 새롭거나 더 깊은 차원에서 새로운 목표와 목적을 향해 이성적으로 나아가기 위한 유력한 도구가 된다.

어떤 사람이 무엇이 중요한지, 즉 자신의 주요 목적과 목표 그리고 그에 도달하는 적합한 수단에 대해 신중한 견해가 있을 때, 우리는 보통 그에게 '철학이 있다'고 말한다. 목표와 목적에 대한 일관성 있는 견해는 당사자가 그에 명백히 의존하지 않을 때에도 삶을 이끌어가는 데 도움이 될 수 있다. 그러나 그렇지 않을 때가 대부분이다. 사람들은 자신의 삶이 어떻게 진행되는지 감시하는 일에 많은 경계심을 쏟아붓는다. 그리고 자신의 철학이 요구하는 방향에서 크게 벗어날 때에야 비로소 의식적으로 주의를 기울인다. 삶의 철학이라고 해서 삶을 과도하게 지적으로 만들 필요는 없다.

개인은 자신과 자신의 삶이 어떤 이론보다 더 풍부하다고 느낄 수 있다. 그는 또한 그런 느낌의 여지를 허용하는 어떤 철학을 공식화할 수도 있고, 그런 철학은 때때로 그것 자체를 포함하여 어떤 금언도 적용하지 않고 자발적으로 존재하는 것이 중요하다고 주장할 것이다. 나중에 그가 자발적으로 사는 어느 시기는, 그 금언을 적용하지 않아도 그 금언의 범위에 포함될지 모른다. 그때 그는 자신이 어느 한 이론을 넘어 많은 것을 수용하고 있다고 느낄 수 있다. 그러나 이것은 우리의 요점을 진지하게 고려하지 못한 생각일 수 있다. 어쩌면 인생이라는 것은 원래 어떤 일반 이론을 공식화해도 모든 것을 포괄하기가 어려운지도 모른다. 물론 인생철학이 있다는 것은 인생에서 무엇이 중요한가에 대한 일반적이고 완전한 이론이 있다는 것과 같지 않다. 그런 포괄적 이론이 가능하겠는가? 과장해서 말하자면 아무리 정교한 이론이라도 기껏해야 1,000개의 요인을 언급하겠지만, 완벽한 정확성에 도달하려면 그 몇 배가 필요할 것이다. 러시아 장편 소설들, 그리고 셰익스피어 희곡의 규모·범위·다방면성을 보면, 어떤 일반 이론이 있다고 해도 얼마나 부적절할 수밖에 없는지 알 수 있지 않을까? 지금 나는 삶의 양상과 요인의 순수한 숫자가 완전히 일반적인 이론을 방해한다고 생각하고 있다. 그리고 어떤 이론도 적절히 다룰 수 없을 만큼 너무 복잡한 요인들이 있을 가능성도 있다(나로서는 이것을 인정해야 할 이유를 모르겠지만). 그러나 앞에서 지적했듯이, 실재의 차원들에 미리 결정된 가중치(무게)를 부여하지 않으면 자유로운 선택의 여지가 살아난다는 것을 기억하자.

삶의 현상들 앞에서 삶의 철학은 하찮게 보일 수도 있다. 삶의 어떤 방식보다도 삶의 현실이 더 중요하게 보일 수 있기 때문이다. 만일 개인의 생존을 구성하는 요소에 점수를 매기고 최댓값을 100이라고 한다면, 살아 있다는 것은 50점, 인간이라는 것은 30점, 능력과 역할의 적당한 역치에 도달한 것은 10점일 것이다. 여기까지의 총점은 90점이다. 그렇다면 어떤 구체적 철학에 따라서 어떻게 살지의 문제, 나머지 10점 중 개인이 성취하거나 획득한 점수가 얼마인지 결정하거나 그에 관여할 것이다. 나머지 10점은 우리가 자신의 행동으로 지배할 수 있는 점수겠지만, 그 범위에서 6점이나 7점을 얻는 것은 우리가 좋든 싫든 이미 90점을 갖고 있다는 사실보다 덜 중요할지 모른다. (90점을 넘은 뒤에도 떼어놓은 당상처럼 보장되는 점수가 있을지 모른다. 실존함 또는 가능한 존재자임에 대한 점수다.) 우리가 어떤 구체적 결정을 내리더라도 그것은 우리가 살아 있고 결정을 내린다는 사실과 비교하면 중요성이 희석될지 모른다. 그러므로 인생에서 중요한 것은 자유재량에 주어진 그 10점에 집중하는 것이 아니라, 우리 모두가 아무 노력 없이 통과한 그 주요 역치들을 항상 의식에 담고 사는 일일지 모른다. (춥고 어두운 우주 한구석에서, 우리는 살아 있는 **모든** 것과 동지 의식을 느껴야 하지 않을까? 물론 그것들이 우리를 위협하지 않는 한에서 말이다.) 그렇다면 자유재량에 주어진 삶의 부분, 그 10퍼센트에 대해 철학이 들려주는 충고 중 하나는 이미 손에 넣은 90퍼센트에 초점을 맞추고 감사하는 일에 그 일부를 쓰라는 것일 수 있다. 그런 충고는 삶의 중대성에 대한 이해를 보여주고, 나머지 10퍼센트에도 도움이 될 것이다.

우리는 그 이상의 목적, 지금까지 간략하게 소개해온 것들을 넘어서는 어떤 궁극적 목적이 필요하다고 느낄 수 있다. 이것이 외부에 존재하는 어떤 목적이고, 우리 삶이 나중에 도달하게 되어 있는 또 다른 영역에 있으며, 우리가 수행해야 할 또 다른 과제라고 그려보는 상상은 매혹적이다. 어떤 전통적 종교들은 내세를 바라고, 신자가 신의 우편에 앉아 그의 얼굴을 볼 수 있는 시간과 영역을 희망해왔다. 다른 종교들은 그런 상상은 **따분하다**며 한탄하고, 쾌활

한 어조로 그 이유를 제시해왔다. 만일 다른 영역이 정말로 있고 내세가 있다면, 그곳에서 우리는 무엇을 하고 싶어 할까? 아마 우리는 그것을 탐구하고, 그것에 대응하고, 그 안에서 관계를 맺고, 창조하고, 우리가 그렇게 얻은 것을 활용하고, 그런 다음 우리 자신을 더 한층 변화시키고, 그런 다음 이 모든 과정을 되풀이하고 싶어 할 것이다. 그 영역은 인간의 활동이 나선형으로 순환하는 또 다른 무대일 것이다. 물론 그것은 그 순환에 좀 더 도움이 되고, 더 풍부한 보상을 주는 무대일 테고, 그 영역의 완벽함은 아무리 강렬한 탐구·대응 등도 흔쾌히 받아들이는 성질이 있을지 모른다. 그러나 우리는 현재의 이 무대에서 보낼 시간이 얼마나 남아 있는지에 주목할 필요가 있다.

지금 나의 사색은 다음에 올 어떤 다른 영역에 관한 것이 아니다. 만일 지상의 삶이 끝나고 다음 영역이 온다면, 그곳에서 우리가 할 수 있는 것은 여기에서와 같은 종류의 일을 그곳에서 가능한 방식으로 하는 것이다. 그 일이란 실재와 마주치고 나선형 활동들을 통해 우리 자신을 더 진실하게 만들고, 우리와 실재의 관계 맺음을 함께 향상시키는 것이다. (만일 신과의 합일이 목표라면, 그렇게 지속되는 그 존재 양식이 우리가 탐구하고 대응할 상태일 테고, 이 상태 안에서 우리 활동들은 대단히 진실해질 것이다.) 그 다른 영역은 이 활동들의 중대성을 다른 수준으로 끌어올리고 실재의 새로운 차원들을 드러내겠지만, 그에 대한 판단에는 같은 기준, 즉 그 나선형 활동들의 성격과 우리가 얼마나 진실해질 수 있는지의 기준이 적용될 것이다. (만일 그곳에서 또 다른 적절한 활동이 가능하다면, 그것들도 그 나선형 과정에 추가될 것이다.) 어쩌면 다른 영역이 존재할 수도 있지만, 그 영역의 목적은 그 너머의 또 다른 영역에서 발견되지 않거나, 만일 그런 목적이 있다면 조만간 새로운 영역이 있어야 하고 그 영역의 목적은 또 다른 새로운 영역에서 발견되지 않을 것이다. 그리고 그 영역이 어디에 있든, 그 안에서도 이 철학은 유효할 것이다.

이는 반드시 지금도 이 철학을 따라야 한다는 뜻이 아닐 수 있다. 현재의 이 영역은 치과의사가 되기 위한 과정처럼 단지 어떤 특성을 획득하기 위한 수단이고, 최후의 적절한 철학을 지금 이 영역에 적용하면 나중에 적용될 범위가 줄어들 수 있다는 생각도 이론적으로는 가능하다. 그 철학은 지금이 아니라 나중에 우리에게 적절할 것이다. 그러나 앞에서 논의한 일상생활의 신성함은 현재 영역의 신성함이다. 미래에 어떤 다른 영역이 있든 없든, 현재의 영역은 우리의 최종 철학을 따르며 살기에 적합하고, 나선형의 활동들에 최대한 몰입하고 실재를 추구하기에 적합한 무대다. 실재를 높이 평가하는 어떤 사람들은 이 세계의 결함에 이끌려 다른 곳에서 실재를 추구해왔다. 그노시스교도와 일부 플라톤주의자가 그랬다. 그러나 이곳의 실재는 실재로서 충분하다. 바로 그것을, 가장 위대한 예술 작품은 그 자신의 실재를 통해 우리에게 보여준다. 현재의 이 영역이 바로 최종 영역이겠지만, 여기에서 전개한 철학은 최종 영역만을 위한 것이 아니다. 그것은 신성한 영역이라면 어디에서나 따르고 살아야 할 철학이다.

22장 '모든 것의 정당한 몫'에 대한 사색에서 그것은 결국 대응이 어떤 것의 정당한 몫이고, 대응·탐구·창조의 행위가 실재에 대한 찬양, 실재에 대한 사랑이라는 뜻이었다. 이 세계에 대한 사랑은 삶에 대한 사랑과 동등하다. 삶이란 우리가 이 세계 안에 존재한다는 것이다. 그래서 삶에 대한 사랑은 살아 있음에 최대한 대응하는 것이고, 살아 있다는 것이 무엇인지를 조사하는 최대한의 탐구 방식이다.

이 삶에 대한 사랑은 다양한 형태로 존재하는 삶의 에너지에 대한 이해와 맞닿아 있고 삶의 다양성, 균형, 상호작용과 본질적으로 맞닿아 있다. 이것을 이해한다면 우리는 동물과 식물을 제멋대로 이용하지 않을 테고, 우리가 가하는 피해를 최소화하기 위해 얼마간이라도 조심할 것이다. 우리와 마주치는 생물의 복잡한 발달사를 이해한다면, 그들을 이용하는 행위를 멈출 수 있을까? 우리는 그들을 이용하지 않으면 생존할 수 없다. 우리도 자연의 일부다. 그러나 우리는 우리의 삶과 그 명령들을 알고 있고, 이것이 다른 생명체들을 수단으로 이용하고 죽이는 행위를 정당화해준다고 말하는 것은 너무 번드르르한 구변이다. 우리는 자연과 그 순환의 일부로서 우리가 취한 것을 갚을 수 있다. 우리는 생명을 살찌우고 강하게 할 수 있고, 우리가 먹고 남긴 것으로 토양을 비옥하게 할 수 있고, 죽은 뒤에는 우리 자신의 몸을 재순환시킬 수 있다. 우리는 자연에서 빌린 것들로 이루어져 있다.

우리 자신을 광대하고 지속적인 자연 과정의 일부로 보면 마음이 차분해진다. (예를 들어, 바닷가에 앉아 끝없이 밀려오는 파도를 보고 그 소리를 들으면서 바다의 광대함을 느낄 때를 생각해보라.) 나 자신을 광대한 과정의 일부로 보면, 우리 자신의 죽음도 그리 중요하게 여겨지지 않고 심지어 걱정스럽게 느껴지지도 않는다. 우리 자신을 (외견상) 광대하고 끝없는 과정의 전체성과 동일시할 때, 우리는 그 속에서 그리고 그것의 일부라는 사실에서 우리의 중요성을 발견할 수 있고, 우리 자신의 개별적 죽음은 잠깐의 중요성을 띠는 것으로 느껴진다.

그러나 만일 우리가 꼭 필요하거나 교체할 수 없는 부분이 아니라면, 광대한 과정의 일부로서 그런 중요성이 우리에게 부여될 수 있을까? 만일 우리가 그 과정의 잉여 부분이라면, 그 과정의 중요성이 어떻게 우리에게 도움이 될 수 있을까? 그러나 만일 존재의 광대함에서 불필요하거나 교체할 수 있는 모든 것을 잘라낸다면, 몸통만 덩그마니 남는 그 존재는 그다지 경이롭지 않을 것이다. 존재의 전체성과 그 시간적 과정이 경이로운 이유 중에는 그것의 커다란 잉여성이 포함되고, 그래서 우리의 존재, 우리와 같은 종류의 존재는 특징적이고 가치 있는 부분이다. 게다가 우리 존재에는 나머지 모든 자연을 구성하는 바로 그 과학 법칙과 궁극적 물질이 가득 퍼져 있다. 자연을 대표하는 자연의 한 조각으로서 우리는 자연의 전 범위를 요약해서 품고 있다.

내가 아는 한 사람들은 인간과 동물 조상의 오랜 역사에서 탄생한 후손이고, 그 역사는 헤아릴 수 없이 많은 우연한 사건, 우발적 만남, 잔인한 포획, 운 좋은 탈출, 지속적 노력, 이주, 전쟁과 질병의 극복 등으로 수놓아 있다. 각각의 인간이 탄생하기까지는 복잡하고 불가능해 보이는 사건의 연쇄가 필요했고, 그 광대한 역사는 각 개인에게 삼나무 같은 신성함을, 아이에게는 비밀스러운 엉뚱함을 부여했다.

존재하는 것과 과정이 움직이는 영역에 속해 있다는 것은 하나의 특권이다. 우리를 그 진행 중인 과정의 일부로 보고 이해할 때, 자신을 전체성과 동일시하게 되고 그로 인한 평온함 속에서 함께 존재하는 모든 동료와의 유대를 느끼게 된다.

우리가 원하는 것은 단지 나선형의 활동 속에서 살고 다른 사람들이 그렇게 하도록 격려하는 것, 나머지 실재와 접촉하고 관계 맺으면서 우리 자신의 실재를 깊이 있게 하는 것, 실재의 차원들을 탐구하는 것, 그 차원들을 스스로 체현하는 것, 창조하는 것, 우리가 소유한 실재성을 최대한 발휘해 우리가 식별할 수 있는 실재의 전 범위에 대응하는 것, 진·선·미·신성을 전파하는 수단이 되는 것, 실재의 영원한 과정에 우리의 특성을 조금이나마 더하는 것이다. 다른 어떤 것도 원하지 않는 그 정신은, 그에 딸린 감정과 더불어 행복과 기쁨의 재료가 된다.

The Examined Life

Chapter 26

어느 젊은 철학자의 초상

완전해진 인간의 삶

열다섯 살인가 열여섯 살에 나는 플라톤의 《국가Republic》의 표지가 바깥쪽으로 보이게 들고서 브루클린의 거리를 돌아다녔다. 나는 단지 일부만 읽었고 그 모두를 이해할 수 없었지만, 그 책 때문에 흥분했고 그것이 대단한 것임을 알았다. 나는 어떤 노인이 내가 그 책을 갖고 다니는 것을 알아보고 감동해서 어깨를 두드려주고 무슨 말이든 한마디 건네주길 얼마나 바랐던가.

나는 때때로 약간 불안한 마음으로, 그 열다섯 또는 열여섯 살의 학생이 자기가 커서 한 일을 어떻게 생각할지 궁금해진다. 그가 이 책에 만족했으리라고 생각하고 싶다. 또 한편으로는 그 젊은이가 그때 원했던 인정과 사랑을 그에게 줄 수 있는 노인은 그가 나이 들어서 된 그 사람이 아닐 수도 있겠다는 의문이 든다. 만일 우리가 부모의 부모가 될 때 어른이 되고, 부모의 사랑을 대신하는 적당한 대체물을 발견할 때 성숙해진다면, 우리 자신이 이상적 부모가 될 때 결국 그 순환은 종료되고 우리는 완전해질 것이다.

나는 이 책을 여러 번 다시 썼다. 그 과정에서 논평과 격려를 아낌없이 내어준 친구들과 가족에게 깊이 감사한다. 유진 굿하트Eugene Goodheart, 빌 푸카Bill Puka, 스티븐 필립스Stephen Phillips는 원고를 몇 차례 읽어주었고, 해박하고 매우 유용한 견해와 충고를 제공해주었다. 에밀리Emily와 데이비드 노직David Nozick 부부는 관심과 호기심을 갖고 지켜보았다. 힐러리 퍼트넘Hilary Putnam, 시셀라 보크Sissela Bok, 해럴드 데이비드슨Harold Davidson, 로버트 아사히나Robert Asahina는 필요할 때마다 도움이 되는 견해를 제시하거나 문제를 지적해주었다. 나의 아내 예르투르드 슈나켄베르그Gjertrud Schnackenberg는 이 책과 나에게 자양분을 공급했다.

집필은 4년이 걸렸다. 처음 펜을 든 것은 1984~1985년으로 하버드대학교에서 허락한 안식년에 일본 야도에서 한 달간 체류할 때였다. 그리고 집필을 완성한 것은 1987~1988년으로, 로마의 아아메리칸 아카데미의 환대로 로마에서 휴가를 보낸 때였다. 나는 1981년부터 집필을 숙고하고 있었다. 초기 단계의 사색은 존엠올린재단John M. Olin Foundation의 후원을 받았고, 중간 단계에서는 세라스카이프재단Sarah Scaife Foundation의 후원을 받았으며, 마지막 단계에서는 미국국립인문학재단 Fellowship from the National Foudowment으로부터 특별 연구비를 받았다. 나는 벨라지오에 있는 록펠러재단Rockefeller Foundation 연구센터인 빌라 세르벨로니에 머무는 동안 원고를 매우 광범위하게 수정했다. 이 기관들이 제공한 도움에 감사한다.

The Examined Life

Robert Nozick